Domenico Losurdo

Eine Welt ohne Krieg

Domenico Losurdo

Eine Welt ohne Krieg

Die Friedensidee von den Verheißungen der Vergangenheit bis zu den Tragödien der Gegenwart

Aus dem Italienischen von Christel Buchinger

PapyRossa Verlag

Titel der Originalausgabe:
Un mondo senza guerre. L'idea di pace
dalle promesse del passato alle tragedie del presente

by PapyRossa Verlags GmbH & Co. KG, Köln
Luxemburger Str. 202, 50937 Köln
Tel.: +49 (0) 221 – 44 85 45
Fax: +49 (0) 221 – 44 43 05
E-Mail: mail@papyrossa.de
Internet: www.papyrossa.de

Umschlag: Verlag, unter Verwendung einer Grafik © by Bubaone, iStock (491248920); Autorenfoto: privat
Druck: Interpress

Die Deutsche Nationalbibliothek verzeichnet diese Publikation in der Deutschen Nationalbibliografie; detaillierte bibliografische Daten sind im Internet über http://dnb.d-nb.de abrufbar

ISBN 978-3-89438-790-7

Inhalt

Zu Erstellung des Textes trugen Stefano G. Azzarà, Paolo Ercolani, Giorgio Grimaldi (der auch die bibliographischen Referenzen erstellte) und Aldo Trotta mit kritischen Anmerkungen, Vorschlägen und Hinweisen bei. Mein Dank gilt ihnen allen.
Domenico Losurdo, 2016

Vorwort

Die Idee einer Welt ohne Krieg an fünf Wendepunkten der zeitgenössischen Geschichte

Zwischen dem Ende der 1980er und dem Anfang der 1990er Jahre schien die Verwirklichung des Ideals einer Welt ohne Krieg in greifbare Nähe gerückt: Der Kalte Krieg hatte mit der Auflösung der Sowjetunion und des »sozialistischen Lagers« und mit dem Triumph des Westens und seines führenden Landes geendet. Waren schwerwiegende und verheerende internationale Konflikte noch denkbar? So, wie sie in ihren bedeutendsten und entscheidendsten Momenten durch akute Widersprüche, Risse, Revolutionen, Kriege und Feuersbrünste gekennzeichnet ist, ist die »Weltgeschichte«, wie seinerzeit Hegel bemerkte (1969-1979, Bd. 12, S. 42), »nicht das Terrain des Glücks«. Doch der unumstrittene Sieg der liberalen und demokratischen Prinzipien, die der Westen verkörperte, schien all dem ein Ende gesetzt zu haben: 1989 wurde als Aufbruch in eine neue Welt im Zeichen des Friedens angesehen, in der endlich Ruhe und Glück nicht mehr von den Ängsten und Befürchtungen der Vergangenheit gestört wurden. Hatte es also noch Sinn, von der Weltgeschichte zu sprechen? Im selben Jahr wurde von dem amerikanischen Philosophen Francis Fukuyama das »Ende der Geschichte« verkündet, was umso gewichtiger war, als er zu dieser Zeit Beamter des US-Außenministerium war (Fukuyama 1989).

Eine kleine Wolke zeichnete sich tatsächlich am Horizont ab: Diplomatische und militärische Vorbereitungen für eine entschlossene bewaffnete Intervention im Nahen Osten liefen auf Hochtouren;

aber von Krieg sollte nicht gesprochen werden. Das internationale Recht musste wiederhergestellt und die Invasion von Saddam Husseins Irak in Kuwait beendet werden. Tatsächlich handelte es sich um einen internationalen, vom UN-Sicherheitsrat sanktionierten Polizeieinsatz. Die »neue Weltordnung« war nun am Werk, und niemand konnte sich dem Gesetz und der Rechtsstaatlichkeit entziehen, die in jedem Winkel der Welt durchgesetzt werden mussten, ohne Rücksicht auf irgendjemanden. Eine Art Weltstaat oder, um es mit Fukuyamas Worten zu sagen, ein »homogener Universalstaat« begann sich herauszubilden, dazu berufen, seine Autorität zu behaupten, ohne dass dabei den staatlichen und nationalen Grenzen übermäßig Beachtung geschenkt würde (Fukuyama 1989). Dies war bereits das Zeichen für das Verschwinden der Geißel des Krieges, der per Definitionem ein bewaffneter Konflikt zwischen souveränen Staaten ist, d.h. zwischen Entitäten, die – zumindest vom Standpunkt der herrschenden Ideologie aus gesehen – 1989 und in den unmittelbar darauf folgenden Jahren im Begriff des Niedergangs waren.

Ein bekannter italienischer Soziologe erklärte, welches Schicksal der am weitesten fortgeschrittene Teil der Menschheit »im Norden des Planeten« dem Krieg vorbehalten habe: »Wir vertreiben ihn aus unserer Kultur, wie wir es mit Menschenopfern, Hexenprozessen, Kannibalen getan haben« (Alberoni, 1990*[/1]). In Anbetracht all dessen war die Expedition gegen den Irak von Saddam Hussein mehr noch als eine internationale Polizeiaktion, sie war Ausdruck einer Friedenspädagogik, die gewiss energisch, aber dennoch für diejenigen, die sie ertragen mussten, von Nutzen war.

Aus der Distanz von gut drei Jahrzehnten, nach einer Reihe von Kriegen, Hunderttausenden von Toten, Millionen von Verletzten und Millionen von Flüchtlingen, ist der Nahe Osten ein Trümmerhaufen und eine Brutstätte neuer Konflikte. Und dies ist nur einer der Brandherde; andere, vielleicht noch gefährlichere, bilden sich in anderen Teilen der Welt heraus, in Osteuropa und in Asien. Die Artikel,

1 Literaturstellen, die aus dem Italienischen übersetzt wurden, sind mit Sternchen gekennzeichnet; die Übersetzerin

die Essays, die Bücher, die das Schreckgespenst eines großen Krieges, ja eines neuen Weltkrieges heraufbeschwören, der sogar die nukleare Schwelle überschreiten könnte, werden immer mehr. Wie lässt sich dieser schnelle Übergang von dem Traum vom ewigen Frieden zu einem Albtraum des nuklearen Holocaust erklären? Bevor man überhaupt versucht, diese Frage zu beantworten, lohnt es sich, eine vorhergehende Frage zu stellen: Ist es das erste Mal, dass die Menschheit vom ewigen Frieden träumt und ein abruptes und schmerzhaftes Erwachen erlebt, oder haben dieses Ideal und die anschließende bittere Enttäuschung eine längere Geschichte, die zu untersuchen interessant und nützlich sein kann?

Um es klar zu sagen: Mehr noch, als jede Position einzelner Autoren zu analysieren, die von der Aussicht auf eine Welt fasziniert sind, die nicht mehr von der Geißel des Krieges und der Kriegsgefahr geplagt ist, geht es hier darum, die historischen Momente zu untersuchen, in denen dieses Ideal bekannte Persönlichkeiten, beträchtliche Teile der öffentlichen Meinung und manchmal Massen von Männern und Frauen inspiriert hat und jedenfalls zu einer echten politischen Kraft geworden ist. Wir haben es im Grunde genommen mit fünf Wendepunkten in der neueren Geschichte zu tun. Der erste setzte 1789 mit den Versprechungen und Hoffnungen der Französischen Revolution ein, die nach dem Sturz des Ancien Régime nicht nur das Ende der traditionellen dynastischen und Kabinettskriege bedeuten, sondern der Geißel des Krieges an sich ein Ende setzen würde, und endete mit den endlosen Eroberungskriegen der napoleonischen Ära. Der zweite Wendepunkt ist von geringerer Bedeutung: Für einen kurzen Zeitraum bemächtigte sich die Heilige Allianz der Fahne des ewigen Friedens oder versuchte sie zu ergreifen, allerdings mit dem Ziel, militärische Interventionen zu rechtfertigen und zu legitimieren, die sie gegen jene Länder führte, die geneigt waren, sich trotz der Niederlage der Revolution von dieser anstecken zu lassen, und sich dadurch schuldig machten, die Restauration und heilige Ordnung, die der Wiener Kongress nach der Niederlage Napoleons installiert hatte, in die Krise zu stürzen. Den dritten Wendepunkt sah man in der Entwicklung des Welthandels und der modernen Industriegesellschaft, die Hand in Hand mit der Illusion ging, dass die neue wirtschaftliche und soziale Realität den Geist der Eroberung durch Krieg verschwinden lassen würde: Eine Illusion, die die Augen vor den Massakern verschließt, die in jenen Jahrzehnten mehr denn je mit dem kolonialen Expansionismus verbunden sind und denen das Gemetzel des Ersten Weltkriegs ein Ende setzt. Der vierte Wendepunkt wurde mit der russischen Revolution im Oktober 1917 eingeleitet, die im Gefolge des Kampfes gegen den Krieg ausgebrochen war und im Kapitalismus-Kolonialismus-Imperialismus das System sah, das gestürzt werden musste, um den Weg für die Verwirklichung eines ewigen Friedens zu ebnen. Das Ende waren blutige Konflikte und wirkliche Kriege, die das »sozialistische Lager« selbst zerrissen. Schließlich der fünfte Wendepunkt: Nachdem er eine Phase langer und heterogener Gärungsprozesse und ideologischer Vorbereitungen erfahren hatte, beginnt er mit dem Eintritt der Vereinigten Staaten in den Ersten Weltkrieg, beschlossen von Präsident Woodrow Wilson im Namen des »endgültigen Friedens«, der mit der Niederlage des Despotismus, insbesondere des wilhelminischen Deutschlands, Wirklichkeit werden sollte. Er gipfelt im Triumph des Westens und seines führenden Landes im Kalten Krieg und im Beginn der »neokonservativen Revolution«. Von diesem Augenblick an wird die weltweite Ausbreitung liberaler, demokratischer Institutionen und des freien Marktes als Schlüssel für den endgültigen Triumph der Sache des Friedens angesehen und hervorgehoben; es handelt sich jedoch um eine Aussage, die mit einer Reihe von »internationalen Polizeieinsätzen« und »humanitären Kriegen« an Glaubwürdigkeit verliert, ebenso wie mit der Eskalation von Konflikten und Spannungen, die die Gefahr von Kriegen auf die Tagesordnung setzt, die nicht weniger blutig wären, als jene, die im zwanzigsten Jahrhundert ausgebrochen sind.

Diese fünf Wendepunkte haben in der einen oder anderen Weise fünf bestimmte Länder in ihrem Zentrum: Das revolutionäre Frankreich, das dem Sturz des Ancien Régime folgte; Österreich, bzw. das Habsburgische Reich, das politisch die Heilige Allianz anführte (zu deren Ideologie die deutsche Kultur insgesamt einen wichtigen Beitrag leistete); Großbritannien, Protagonist der industriellen Revolution und des Aufbaus eines großen Imperiums; Sowjetrussland, das eine revolutionäre Bewegung von weltweiter Tragweite ausgelöst hatte; die Vereinigten Staaten mit der neokonservativen Revolution (oder Konterrevolution), die nach dem im Kalten Krieg errungenen Triumph für einige Zeit hofften, eine imperiale *Pax Americana* in der Welt zu etablieren. Es sind diese fünf Wendepunkte, die nicht immer linear aufeinander folgen und die manchmal im selben historischen Zeitraum aufeinandertreffen und zusammenprallen, die wir zuallererst rekonstruieren müssen, um eine brauchbare Bilanz zu ziehen, damit wir die Illusionen und Enttäuschungen der Vergangenheit verstehen und die wachsenden Gefahren des Krieges in der Gegenwart analysieren und bewältigen können.

Haben wir es mit fünf Wendepunkten zu tun, die regelmäßig mit erhabenen und begeisternden Hoffnungen und Versprechungen beginnen und regelmäßig mit fünf Misserfolgen enden? Dies wäre eine übereilte und einseitige Schlussfolgerung, und sie beginge den Fehler, politisch und sozial sehr unterschiedliche Prozesse zu vereinheitlichen und ihre Komplexität und ihre Widersprüche zu übergehen. Eine ausgewogene Bilanz kann erst am Ende der Darlegung gezogen werden. Zwei Untersuchungsergebnisse können jedoch bereits jetzt vorweggenommen werden. Wer sich das Ideal einer Welt ohne Krieg als einen heiteren und glücklichen Traum vorstellen sollte, der nicht von den politischen und sozialen Konflikten der Umwelt gestört wird, täte gut daran, umgehend nachzudenken: Die große und schreckliche Geschichte der Gegenwart ist auch die Geschichte des Zusammenpralls unterschiedlicher oder sogar gegensätzlicher Projekte und Ideale des ewigen Friedens. Weit davon entfernt, ein Gleichnis für Harmonie und Eintracht zu sein, sind sie meist aus großen historischen Krisen hervorgegangen und haben ihrerseits oft erbitterte ideologische, politische und soziale Kämpfe hervorgebracht und heftige und sogar verheerende Konflikte geschürt. Es gibt ein zweites, vielleicht noch beunruhigenderes Ergebnis. Die Trennlinie zwischen Befürwortern und Kritikern des Ideals einer Welt ohne Krieg deckt sich in keiner Weise mit der Trennlinie zwischen Pazifisten und Kriegstreibern beziehungsweise »schönen Seelen« auf der einen und »zynischen *Realpolitikern*« auf der anderen Seite: Erstere sind möglicherweise kriegslüsterner und zynischer als Letztere. Mit anderen Worten: Das Schlagwort vom ewigen oder dauerhaften oder endgültigen Frieden ist an sich nicht gleichbedeutend mit edlen Idealen; nicht selten wurde es von Kräften aufgeworfen, die eine Politik der Vorherrschaft, der Unterdrückung und sogar des Völkermords praktizieren oder legitimieren wollten. Wie der Krieg, von dem Carl von Clausewitz[2] spricht, ist auch Frieden, sei es ewiger oder dauerhafter oder endgültiger Frieden, die »Fortsetzung der Politik mit anderen Mitteln« und vielleicht sogar die Fortsetzung des Krieges mit anderen Mitteln.

Wir werden auf die ideologischen und politischen Kämpfe und selbst die blutigen Konflikte zurückgeführt, die die Geschichte des Ideals einer Welt ohne Krieg prägen und die in meinem Buch in ihrer Entstehung und Entwicklung rekonstruiert und auf politischer und philosophischer Ebene analysiert werden sollen. Und solche Rekonstruktionen und Analysen erscheinen mir umso dringlicher, je bedrohlicher die Wolken neuer Kriegsstürme am Horizont aufziehen.

2 Zitat hier: www.clausewitz.com/readings/VomKriege1832

1. Kapitel

Kant, die Französische Revolution und der »ewige Frieden«

1.1.
Das Ideal des Friedens und die Grenzen der res publica christiana

Im Gegensatz zu den gängigen Darstellungen verweist das Ideal einer Welt, die endgültig und vollständig von der Geißel des Krieges und der Kriegsgefahr befreit ist, nicht auf weit zurückliegende Zeiten. Man kann sagen, dass es aus den Kämpfen datiert, die dem Ausbruch der Französischen Revolution vorausgingen und ihn begleiteten. Es waren die Jahre, in denen der traditionelle Diskurs, der den Krieg beklagte und zum Frieden aufrief – ja, dies hatte eine lange oder sehr lange Geschichte hinter sich –, mit radikal neuen Elementen angereichert wurde: Der Frieden, der erreicht werden sollte, wurde in universalen Dimensionen gedacht, er sollte das ganze Menschengeschlecht umfassen; außerdem ging er von einem vagen Verlangen, das nur Seufzer und Träume nährte, zu einem politischen Projekt über, das seine Verwirklichung nicht in eine unbestimmte und utopische Zukunft schob, sondern das Problem der radikalen Umwandlung der bestehenden politisch-sozialen Verhältnisse in nahen oder nicht allzu fernen Zeiten angehen wollte, um ein für allemal – so hoffte man – die Wurzeln des Krieges zu auszureißen.

Die Wurzeln wurden im Feudalsystem und im monarchischen Absolutismus, im Ancien Régime als Ganzes ausgemacht. Mit Blick auf die Kabinettskriege seiner Zeit erklärte Voltaire (1981, S. 62f), dass es, um den periodischen Metzeleien unter den Menschen ein Ende zu setzen, notwendig sei, »jene sesshaften Barbaren, die von ihren Kabinetten aus, während sie verdauen, die Vernichtung einer Million Menschen befehlen und darauf Gott feierlich dafür danken lassen«, zu bestrafen. Rousseaus Meinung war nicht anders: Als er vom »Despoten« sprach, lenkte der *Gesellschaftsvertrag* (1. Buch, Kap. 4) die Aufmerksamkeit auf die »Kriege, die sein Ehrgeiz auf sie [die Untertanen] zieht« (1989, Bd. 1, S. 386). An anderer Stelle war die Anklage schärfer: »dass Krieg und Eroberung einerseits und die Zunahme des Despotismus andererseits sich gegenseitig befördern«. Es war eine Geißel, die nicht mit der vermeintlichen, angeborenen und unveränderlichen Bosheit der menschlichen Natur erklärt werden konnte, sie bezog sich nicht auf die Erbsünde, sondern auf konkrete, bestimmte politisch-soziale Institutionen, die es endlich umzuwälzen galt. Es wäre ein harter Kampf erforderlich, notfalls sogar bewaffnet. Um es mit Rousseau zu sagen: »Dann geht es nicht mehr darum, zu überzeugen, sondern zu nötigen, und es heißt nicht Bücher schreiben, sondern Truppen ausheben«; nur so sei es möglich, dem politisch-sozialen System, das unaufhörlich Kriege und Massaker hervorbrachte, ein Ende zu setzen. Zusammenfassend lässt sich sagen: Die »föderativen Bündnisse« unter den verschiedenen Völkern und Ländern konnten »allein durch Revolutionen herbeigeführt« (Ders., 1989, Bd. 2, S. 40, 43, 48) werden. So entstand die dritte radikale Neuerung im Diskurs über Krieg und Frieden: Der ewige Frieden verließ nicht nur das Reich der Seufzer und Träume, um zu einem politischen Projekt zu werden, sondern die Verwirklichung eines solchen Projekts wurde nicht länger mehr oder weniger aufgeklärten Monarchen anvertraut, sondern einem Massenaufstand von unten, der dazu aufgerufen war, die von eben diesen Monarchen auferlegte und ausgeübte Willkür zu beseitigen.

Die antifeudale und antiabsolutistische Revolution, die hier als das eigentliche Gegenmittel zum Krieg angesehen wird, brach einige Jahre später aus. Auf der Welle der Begeisterung, die sie nicht nur in Frankreich, sondern auch außerhalb seiner Grenzen auslöste, verbreitete sich die Hoffnung, dass mit dem Sturz des Ancien Régime auf internationaler Ebene die Geißel des Krieges ein für alle Mal ausgerottet würde. Von Paris aus verkündete Gabriel-Honoré de Riqueti

Graf von Mirabeau bereits einen Monat nach dem Sturm auf die Bastille, dass in Folge der Eroberung der »allgemeinen Freiheit« die »sinnlosen Eifersüchteleien, die die Nationen quälen«, verschwinden und das Morgenrot der »universellen Brüderlichkeit« anbrechen würde (zit. in: Buchez, Roux, 1834, Bd. 2, S. 274f*). Kurz darauf, um genau zu sein am 12. Oktober 1790, schrieb ein Emigrant deutscher Herkunft und begeisterter Anhänger der Revolution, Anacharsis Cloots, dass der Abbé de Saint-Pierre »die gute Stadt Paris« als Sitz jener Organisation hätte wählen sollen, die aufgerufen war, den »ewigen Frieden« (*paix perpétuelle*) herbeizuführen, der ihm so sehr am Herzen lag. Oftmals würden »irrwitzige Kriege« von »Fürsten« und Feudalhöfen entfesselt, »um die Langeweile abzuschütteln«, aber »in der neuen Ordnung der Dinge« in Frankreich, die aus der Revolution hervorgegangen war, gebe es keinen Platz mehr für »feudale Verbrechen« oder Langeweile: Berauschend sei das »große Schauspiel« von Freiheit und Frieden, das ein regeneriertes Land »dem Universum bot« (Cloots, 1979, S. 73f*). Nachdem sie im Despotismus der Feudalhöfe und im Ehrgeiz und Durst nach Herrschaft die Ursache der unaufhörlichen Kriege aufgezeigt hatten, die die Menschheit bis dahin zerrissen hatten, hofften viele andere Protagonisten der Revolution auf die Verwirklichung des »philanthropischen Traums des Abtes von Saint-Pierre« (zit. in: Saitta, 1948, S. 119*).

Um genau zu sein, war das, was hervorging aus der Wende, die sich in Frankreich vollzogen hatte, weniger ein Traum, als vielmehr ein realistisches politisches Projekt, das – wie Cloots am 4. August 1791 betonte – nicht »in die Region der Schimären und Träume, in die Domäne des Abtes von Saint-Pierre« verbannt werden durfte, sondern in die Massen getragen werden sollte, damit der ewige Frieden konkrete Wirklichkeit werde (Cloots, 1979, S. 202*). Einen Monat später wurde in der neuen Verfassung feierlich verkündet: »Die französische Nation verzichtet darauf, einen Krieg zu unternehmen, um Eroberungen zu machen. Sie wird ihre Streitkräfte niemals gegen die Freiheit eines anderen Volkes verwenden« (zit. in: Saitta, 1952, S. 93[3]); hätte sich

3 Übersetzung: www.verfassungen.eu/f/fverf91-i.htm

diese Verpflichtung verallgemeinert, wäre die Quelle des Krieges versiegt. Zusammen mit Freiheit und Gleichheit versprachen die Protagonisten, die das Ancien Régime gestürzt hatten, auch Brüderlichkeit; nicht nur innerhalb eines Landes, sondern auch auf internationaler Ebene könnten »Freiheit, Gleichheit, Brüderlichkeit« im Verhältnis zwischen Staaten und Nationen durchaus verwirklicht werden.

Der Ausbruch des Krieges mit den Mächten des Ancien Régime (am 20. April 1792) hat diese Perspektive nicht in eine Krise gestürzt. Einige Monate später lancierte Cloots (1979, S. 378*) zwei vielsagende Parolen. Die erste rief dazu auf, zur Verteidigung der Revolution bis zum bitteren Ende zu kämpfen (»frei leben oder sterben!«); die zweite brachte eine begeisterte Hoffnung zum Ausdruck: »Kurzer Krieg, ewiger Frieden!« Ja, »auf den letzten Krieg der Tyrannen wird der erste Frieden der Menschheit folgen«. Man könne getrost zuversichtlich sein: »Lasst uns den Blick wenden und die Arme ausstrecken zu diesem großen Werk!«

Der ewige Frieden, der sich am Horizont abzeichnete, würde die Menschheit als Ganzes umfassen und einen Prozess zum Abschluss bringen, der bereits vor langer Zeit begonnen hatte. Ausgehend von Johannes Gutenberg, dem Erfinder des Buchdrucks mit beweglichen Lettern, der von ihm gefeiert wurde, weil er den ersten Schritt zur Vereinigung der Menschheit getan hatte, beschwor Cloots (1979, S. 391-394*) das Verschwinden der staatlichen und nationalen Grenzen, das Entstehen einer »einzigen Nation«, die in »gemeinsamer Brüderlichkeit« die »Gesamtheit der Menschen« umfassen würde, die Errichtung der »unteilbaren Souveränität der menschlichen Gattung«, die ihren Ausdruck in einer »kosmopolitischen gesetzgebenden Versammlung« finden würde. Dann folgte eine besonders bedeutsame Ergänzung: Die Einheit unter dem Banner des ewigen Friedens würde »die außerhalb Europas lebenden Individuen« keineswegs ausschließen; sie würde der traditionellen »fanatischen Exkommunikation« jener Völker ein Ende setzen, die Opfer kolonialer Unterjochung, bzw. eurozentrischer Vorurteile waren.

Es ist offensichtlich, dass die Neuartigkeit der Perspektive und der Vision im Zusammenhang mit dem Sturz des Ancien Régime in Frankreich entstanden ist. Es wäre vergeblich, sie in einem Zeitraum vor diesem epochalen Wendepunkt zu suchen. Sie fehlen auch bei einem Autor wie Erasmus von Rotterdam, dessen Werk ebenfalls von einem ununterbrochenen und leidenschaftlichen Ruf nach Frieden durchzogen ist. Wenn wir seinen bedeutendsten Text zu diesem Thema, die *Klage des Friedens* (*Querela Pacis*), lesen, kommen wir nicht umhin, zu begreifen, dass die Verurteilung des Krieges vor allem mit Blick auf die *res publica christiana* ausgesprochen wird: »Ich spreche natürlich von den Kriegen, die überall von Christen gegen Christen geführt werden. Anders denke ich über diejenigen, in denen sie mit offenem und hingebungsvollem Eifer die Gewalt barbarischer Aggressoren abwehren und unter Einsatz ihres eigenen Lebens den öffentlichen Frieden schützen.« Wenn auch Erasmus hinzufügt, dass das Ideal darin bestünde, die »Barbaren« (d.h. die »Türken«) zu bekehren, anstatt ihnen auf dem Schlachtfeld gegenüberzutreten, bleibt festzuhalten, dass der Krieg gegen sie nicht nur nicht ausgeschlossen ist, sondern sogar dazu tendiert, den Charakter eines heiligen Krieges anzunehmen, der mit »hingebungsvollem Eifer« zu führen ist (*pio studio*). Ja, es müsse alles mögliche getan werden, um den Frieden in jedem Winkel der Welt zu sichern, aber wenn der Rückgriff auf Waffen »eine verhängnisvolle Krankheit der menschlichen Seele ist, die nicht in der Lage ist, auf den Kampf zu verzichten, warum dann dieses Übel nicht lieber über die Türken ausgießen?« (Erasmus von Rotterdam, 1990, S. 65-67*).

Die Haltung des großen Humanisten wird endgültig deutlich durch seinen Bezug auf Platon. Der griechische Philosoph, der mit Sicherheit kein Pazifist ist, unterscheidet den *Polemos*, den eigentlichen Krieg, der gegen Barbaren geführt wird, die der panhellenischen Gemeinschaft fremd sind, von der *Stasis*, jener Art von unglückseligem Bürgerkrieg, in dem sich Hellenen gegen Hellenen, Griechen gegen Griechen gegenüberstehen: Es sollte alles getan werden, um die Stasis zu vermeiden, und wenn sie am Ende doch ausbrechen sollte, müsse man sich verpflichten, sie so weit wie möglich zu begrenzen und zu verhindern, dass sie mit der Versklavung oder Vernichtung des besiegten Feindes endet, wie es meistens geschehe, wenn man mit Barbaren konfrontiert sei und sie besiege (*Politeia*, Fünftes Buch, S. 469-471). Platons panhellenische Gemeinschaft wird zur *Res Publica Christiana* bei Erasmus, der *Polemos* mit *Bellum* und *Stasis* mit *Seditio* übersetzt; und es ist die Seditio, die brudermörderische Konfrontation zwischen Christen, die das bevorzugte Ziel der Polemik darstellt, die sich durch die *Klage des Friedens* zieht (Erasmus von Rotterdam, 1990, S. 54f*).

Vergleichbare Überlegungen gelten auch für die Quäker. Trotz ihrer Verdienste lehnen sie den Griff nach den Waffen mit Blick vor allem, wenn nicht gar ausschließlich, auf das christliche Abendland ab, wie insbesondere der Essay von 1693 zeigt, in dem William Penn (1953, S. 321-341) zur Herstellung von »Frieden in *Europa*« aufruft, auch um die Bedrohung durch die Türken zu vereiteln. Was die Distanz zum Universalismus in diesem Fall bestätigt, ja noch deutlicher macht, ist die Legitimation der Sklaverei, eine Institution, die von Rousseau bezeichnenderweise als Fortsetzung des Kriegszustands betrachtet wird. Nun, Penn »kaufte und besaß Sklaven«; in den ersten Jahrzehnten des achtzehnten Jahrhunderts »erließ eine Regierung in Pennsylvania, in der die Quäker die Mehrheit besaßen, strenge Sklavengesetze« (Davis, 1971, S. 349*).

Nehmen wir schließlich den Abbé de Saint-Pierre. Sein *Projekt* zur endgültigen Ausrottung des Krieges schrieb und veröffentlichte er genau zu dem Zeitpunkt, als der Vertrag von Utrecht England das Monopol für den schwarzen Sklavenhandel zusprach, und der ewige Frieden wird von ihm auch im Namen der Sicherheit und der Freiheit des »Handels, sowohl des amerikanischen als auch des Mittelmeerhandels« beschworen. Bei diesen »zwei Gewerben«, die »mehr als die Hälfte des Einkommens Englands und der Niederlande ausmachen« (Saint-Pierre, 1986, S. 17*), ist der An- und Verkauf von Sklaven ein integraler Bestandteil. Man kann alles sagen, nur nicht, dass Saint-Pierre die Institution der Sklaverei in Frage stellte. Auch in anderer Hinsicht geht sein »philanthropischer Traum«, dem, wie wir gesehen haben, auch einige Protagonisten der Französischen Revolution anhängen, nicht über die Grenzen Europas oder der »christlichen« Staaten hinaus[4]: Es sind gerade die christlichen Mächte, die den Vertrag unterzeichnen sollten, der den Krieg für immer verbietet und es ihnen so ermöglicht, der Bedrohung durch die »Türken«, die »Korsaren Afrikas« und die »Tataren« besser zu begegnen, und die, indem sie etwaige Aggressionen aus der Welt der Barbaren zurückweisen, sogar »die Möglichkeiten finden, das Genie und die militärischen Talente zu kultivieren«[5]. Bei genauerem Hinsehen gibt die Vision von Saint-Pierre die Ideologie wieder, die die internationalen Beziehungen der europäischen Mächte jener Zeit leitete. Der englisch-spanische Vertrag von Utrecht vom Juli 1713 verpflichtete die Vertragsparteien, sich für einen »christlichen, allgemeinen, ewigen Frieden« einzusetzen. In ähnlicher Weise drücken sich auch andere Verträge dieser Zeit aus, wenn sie erklären, dass sie »dem Christentum (soweit menschenmöglich) eine dauerhafte Ruhe« garantieren und das Vergießen von »christlichem Blut« vermeiden wollten (zit. in: Grewe, 1988, S. 334f*).

Sehen wir uns nun an, was während der Französischen Revolution geschieht. In erster Linie war, trotz erbitterter Kämpfe, Schwankungen und Widersprüche innerhalb des abolitionistischen Lagers selbst, das Ideal des ewigen Friedens von Anfang an mit der Infragestellung der Institution der Sklaverei verbunden. Am 6. Oktober 1790 donnert Cloots (1979, S. 75*) von Paris aus gegen diesen »lukrativen Handel« und dieses »verabscheuungswürdige Geschäft (*négoce*)«, das der Sklavenhandel ist, eine Institution, die sich nicht sehr von den »barbarischen Opfern an den Gott Moloch« unterscheide, die im alten Karthago üblich waren. Zum zweiten: In Bezug auf das vom

4 Das ergibt sich bereits aus dem Spiel mit dem Titel und den Untertiteln. *Projet pour rendre la paix perpétuelle en Europe* ist der Titel des Gesamtwerks, aber auch der ersten beiden Bände (Utrecht 1713); der dritte Band (Utrecht 1717) trägt den Titel: *Projet pour rendre la paix perpétuelle entre les souverains chrétiens* (s. Saint-Pierre, 1986, 7ff, 429ff*).

5 Zumindest nach der Synthese von Rousseau (1959-1969, Bd. 3, 585f*). Im Band von 1717 nimmt der Zusammenschluss christlicher Staaten eindeutig die Form eines Militärbündnisses gegen die Türken an: siehe Saitta 1948, 72*.

Osmanischen Reich unterjochte Griechenland schreibt Cloots (1979, S. 249*) im Februar 1792, dass es notwendig sei, »den besiegten Griechen und den siegreichen Türken Menschen- und Bürgerrechte zu gewähren«; die »universelle Familie« dulde keine Ausnahmen, und »die Freiheit, was immer Montesquieu [der geneigt ist, die Sklaverei in den warmen Regionen für vertretbar oder erträglich zu halten], sagt, ist eine Pflanze, der es gelingt, sich überall zu akklimatisieren«. Dasselbe gilt für den Frieden: Wenn die »uralte Rivalität« erst verschwunden ist, strebt er danach, die verschiedensten Nationen der »großen Welt-Gesellschaft« zu umarmen.

1.2.
Die Genese des »ewigen Friedens«

Wie ist zu erklären, dass das universalistische Ideal des ewigen Friedens erstmals im Zuge der Französischen Revolution auftaucht? Die Revolutionen, die ihr vorausgingen, selbst wenn sie sich eine von der Gewalt des Krieges befreite Welt vorstellten, dachten ausschließlich an die *res publica christiana* oder Europa als exklusiven und privilegierten Sitz der Zivilisation. Die Republik der Sieben Vereinigten Provinzen, also die Niederlande, die am Ende des 16. Jahrhunderts aus der Revolution gegen das Spanien Philipps II. hervorgegangen war, wurde sofort zu einer großen Kolonialmacht, die ihre kommerzielle und militärische Präsenz in Asien und Amerika, von Ostindien bis zu den Westindischen Inseln spüren ließ. All dies dank der Kolonialkriege, die nicht wenige Male schrecklich waren. Um es mit dem *Kapital* von Karl Marx zu sagen: »Wo sie (die Holländer, Verf.) ihren Fuß hinsetzten, folgte Verödung und Entvölkerung. Banjuwangi, eine Provinz von Java, zählte 1750 über 80 000 Einwohner, 1811 nur noch 8 000« (MEW, Bd. 23, S. 780). Die erste und die zweite britische Revolution förderten die weitere Entwicklung des britischen Kolonialreichs, das auch in Europa durch Kriege und Massaker im großen Stil gestärkt wurde: Die oft als friedlich gefeierte sogenannte Glorreiche Revolution von 1688/89 war, zumindest was Irland betraf, »eine der brutalsten rassischen und religiösen Eroberungen« (Trevelyan, 1976, S. 13, Anm.*), was bedeutet, dass sie einen grausamen Kolonialkrieg nach sich zog.

An sich schon beredt sind die politischen und ideologischen Prozesse, die während der Revolte der britischen Siedler in Amerika stattfanden und zur Gründung der Vereinigten Staaten führten. Ja, George Washington erklärte, er hoffe auf die endgültige Umwandlung der »Schwerter« in »Pflugscharen«, aber das hinderte ihn nicht daran, eine harte Abrechnung mit den »wilden Tieren des Waldes«, den Rothäuten, heraufzubeschwören (siehe Abschnitt 5.1 unten). Es waren gerade die kompromisslosesten Befürworter dieses Kampfes (oder Krieges), die den Aufstand gegen die Londoner Regierung beflügelten, die von ihnen als schuldig angesehen wurde, dem expansionistischen Marsch der Siedler (und ihren Kolonialkriegen) Grenzen setzen zu wollen. Mit scharfen Worten wird Theodore Roosevelt (1901, S. 246f*) zu Beginn des zwanzigsten Jahrhunderts unterstreichen: »Der Hauptfaktor, der die Revolution und später den Krieg von 1812 hervorbrachte, war die Unfähigkeit des Mutterlandes zu verstehen, dass freie Männer, die bei der Eroberung des Kontinents vorrückten, bei diesem Werk ermutigt werden sollten […]. Die Expansion der zähen, abenteuerlustigen Grenzer war für die Staatsmänner Londons eher ein Grund zur Beunruhigung als zum Stolz, und der berühmte Québec Act von 1774 war teilweise darauf ausgerichtet, die englischsprachigen Kolonien dauerhaft östlich der Allegheny (d. i. Appalachen; d. Übers.) zu halten und das mächtige und schöne Tal des Ohio als Jagdrevier für die Wilden zu erhalten.«

Die Eroberung der Unabhängigkeit war nicht nur notwendig, um die Enteignung (und die Deportation und Dezimierung) der Eingeborenen auszuweiten und zu beschleunigen, sondern auch, um in den direkten imperialen Wettbewerb mit Großbritannien selbst zu treten. Fast drei Jahrzehnte vor der Eroberung der Unabhängigkeit beschwor John Adams, der künftige zweite Präsident der Vereinigten Staaten, in einem Brief vom 12. Oktober 1755 den Wendepunkt, den das »Schicksal« den britischen Kolonisten, die auf der anderen Seite des Atlantiks gelandet waren, vorbehalten hatte: Es würde »den großen Sitz des Empire nach Amerika verlegen«, und »dann wird die ganze Kraft Europas zusammengenommen nicht ausreichen, uns zu unterwerfen« (zit. in: Bairati, 1975, S. 31*). Zum Zeitpunkt der Verabschiedung der Bundesverfassung äußerte sich Alexander Hamilton in ähnlicher Weise (vgl. Abschnitt 10.3 unten). Etwas mehr als zwanzig Jahre später rief Thomas Jefferson in einem Brief an James Madison vom 27. April 1809 den neuen Staat dazu auf, ein grenzenloses »Empire for Freedom« zu errichten, das größte und glorreichste Reich »von der Schöpfung bis zur Gegenwart«: Der erste Schritt, der getan werden sollte, sei die Annexion Kanadas, »was in einem kommenden Krieg« gegen das ehemalige Mutterland »geschehen könnte« (zit. in: Smith, 1995, Bd. 3, S. 1586*). Der hier heraufbeschworene Krieg brach zwei Jahre später tatsächlich aus, wenn auch mit sehr enttäuschenden Ergebnissen aus Sicht der Nordamerikanischen Republik.

Die hier analysierten Revolutionen, die durch den kolonialen Expansionismus angeregt oder dazu geneigt waren, ihn zu fördern, betrachteten sowohl Krieg als auch Kolonialherrschaft und koloniale Sklaverei als eine unbestreitbare Tatsache. Die Niederlande, die aus der antispanischen Revolution hervorgegangen waren, besaßen bis Mitte des 17. Jahrhunderts die Vormachtstellung im Sklavenhandel (Hill, 1977, S. 175). Für Grotius, in gewisser Hinsicht Kommentator der Ergebnisse dieser Revolution, stand außer Frage, dass die Sieger eines Krieges das Recht hatten, Einzelpersonen oder sogar ganze Völker zu versklaven: Dies bezog sich aber ganz offensichtlich auf die Völker der Kolonien und sicherlich nicht auf die »Nationen«, bei denen die Versklavung besiegter Feinde keine übliche Praxis war.[6] Mit dem Vertrag von Utrecht 1713 entriss Großbritannien am Ende seines revolutionären Zyklus (der die »Puritanische Revolution« und die »Glorreiche Revolution« umfasste) Spanien den *Asiento de Negros*[7], das heißt, das Monopol des schwarzen Sklavenhandels. Schließlich hat der durch den Aufstand amerikanischer Siedler gegen die Londoner Regierung errichtete Staat die Institution der Sklaverei

6 Grotius, 1913, Buch III, Kap. VIII (*De imperio in victos*), Teil 1 und Buch III, Kap. XIV (*Temperamentum circa captos*), Teil 9.

7 Der Asiento de Negros (wörtlich: Vertrag über Schwarze) war vom 16. bis 18. Jahrhundert ein Vertrag der spanischen Krone über die Einfuhr afrikanischer Sklaven nach Lateinamerika mit unterschiedlichen Vertragspartnern.

in seiner Verfassung verankert, wenn auch in einer elliptischen und zurückhaltenden Sprache.

Ganz anders war die Situation im Falle Frankreichs. Zum Einen waren innerhalb der politischen Klasse, die 1789 an die Macht kam, die Besitzer von Sklaven und Ländereien, die den Kolonialvölkern geraubt worden waren, weit davon entfernt, das politische und ideologische Gewicht zu besitzen, das sie in jenen Gesellschaften hatten, die durch die antispanische Revolution in den Niederlanden, die Glorreiche Revolution und vor allem den amerikanischen Unabhängigkeitskrieg aus der Taufe gehoben worden waren. In den ersten Jahrzehnten der Vereinigten Staaten waren es fast immer Sklavenhalter und Großgrundbesitzer, die das Amt des Präsidenten bekleideten. Sie waren natürlich wenig, die Institution der Sklaverei abzuschaffen oder die Expansion nach Westen zum Nachteil der Eingeborenen zu verlangsamen: George Washington, Sklavenbesitzer (wenn auch mit einem gewissen inneren Unbehagen), hatte »ein großes liquides Kapital [...] in den Ländern des Westens« investiert und sich auf deren »Aufwertung« dank des »Vorrückens der ›Grenze‹« verlassen (Beard, 1959, S. 123*).

Darüber hinaus fand Frankreich zur Revolution, nachdem es die harte Niederlage des Siebenjährigen Krieges (1756-1763) erlitten und infolgedessen fast sein gesamtes Imperium verloren hatte. Dies verlieh der Kritik des Kolonialismus, der Sklaverei und des Krieges eine Verbreitung und einen Radikalismus, die andererseits in der niederländischen, englischen und amerikanischen Welt durch handfeste materielle Interessen und einen nationalen und chauvinistischen Geist behindert wurden. Dieser chauvinistische und nationalistische Geist wurde verständlicherweise noch durch den Sieg einer Revolution verstärkt, die in großem Umfang von kolonialem Expansionismus geprägt war. Angesichts dieser Voraussetzungen ist es nicht verwunderlich, welche Radikalität der Antikolonialismus in Paris mitunter angenommen hat: In den Augen von Jean-Paul Marat hatte Saint-Domingue, wo die Revolution der schwarzen Sklaven ausgebrochen war, das Recht, sich von Frankreich und sogar vom revolutionären Frankreich zu trennen, um einen unabhängigen Staat zu bilden, der nicht von weißen Siedlern und Sklavenhändlern regiert wurde, sondern von schwarzen Sklaven oder ehemaligen schwarzen Sklaven, die die große Mehrheit der Bevölkerung ausmachten (Césaire, 1961, S. 175f*). Ebenso wenig verwundern die Zustimmung und Würdigung, die die Ergebnisse der Revolution von Saint-Domingue von Seiten des Jakobinerkonvents mit der Abschaffung der Sklaverei in den französischen Kolonien erfahren haben. Im Gegensatz zu den vorausgegangenen Revolutionen neigt letzten Endes die Französische Revolution, genauer gesagt ihre radikalste Strömung, dazu, das Ideal des ewigen Friedens mit der Verurteilung der Sklaverei, des Kolonialismus und der Kolonialkriege zu verbinden.

Man kann die zeitliche und räumliche Einbettung dieser ideologischen und politischen Prozesse gut verstehen. Hintergrund war die Debatte über das Wesen der Bewohner der Neuen Welt, die sich nach der Entdeckung und Eroberung Amerikas entwickelte: 1537 hatte Papst Paul III. erklärt, dass jenen Siedlern die Sakramente verweigert werden sollten, die die Menschlichkeit der Indianer leugneten und sie in die Sklaverei zwangen. Dies hatte bei den Kolonisten heftige Reaktionen hervorgerufen, aber am Ende des achtzehnten Jahrhunderts hatte der Abolitionismus sowohl in der Aufklärung als auch in der christlichen Kultur ein beträchtliches und wachsendes Gewicht. Es war auch die Zeit, in der sich der Weltmarkt und die Kommunikation zwischen den verschiedenen Kontinenten nach und nach entfaltete: Wie wir am Ende dieses Buches sehen werden, begannen die »universelle Geschichte« und das Bewusstsein über den Menschen als »Gattungswesen«, als Mitglied des universellen Menschengeschlechts, Gestalt anzunehmen.

Das heißt, es verbreiteten sich Kategorien und Prinzipien, die für die gesamte Menschheit gelten sollten. In diesem Kontext hörte der Krieg auf, eine Naturkatastrophe zu sein, wie Erdbeben oder Überschwemmungen, und wurde zu einer Aufgabe, und zwar nicht nur der Krieg innerhalb der *res publica christiana*, sondern auch der Krieg als solcher. Aus diesem Kontext erwuchs das Ideal einer Menschlichkeit, die nicht mehr durch die Institution der Sklaverei und den Rückgriff auf Krieg (häufig als Legitimationsprinzip für die den Besiegten aufgezwungene Sklaverei angewandt) zerrissen wurde.

Dies waren die Jahre, in denen Cesare Beccaria das Recht des Staates bestritt, die Todesstrafe selbst gegen den schlimmsten seiner Bürger zu verhängen; welches Recht hatte der Staat dann, sie massenhaft gegen äußere Feinde zu verhängen, die immer noch Mitglieder der universellen menschlichen Gemeinschaft waren, ohne dabei seine eigenen Soldaten und Bürger zu schonen?

1.3.
Der Ewige Frieden vom Konservatismus bis zur Revolution

Wir können nun den Abgrund besser verstehen, der zwei scheinbar ähnliche und auch heute noch oft vordergründig nebeneinander stehende Visionen vom ewigen Frieden trennt: Die eine, die Saint-Pierre am Herzen liegt, liegt jenseits der Idee der Universalität, die stattdessen im Zentrum derjenigen steht, die mit der Wende von 1789 aufkam.

Zu dieser philosophischen Überlegung können wir noch eine rein politische hinzufügen: Saint-Pierre ist ein erklärter Konservativer. Sein *Projekt* des ewigen Friedens sieht ausdrücklich vor: »Die europäische Gesellschaft wird sich in keiner Weise in die Regierung eines einzelnen Staates einmischen, es sei denn, um seine grundlegende Form zu bewahren und den Herrschern in den Monarchien und den Magistraten der Republiken gegen aufrührerische und rebellische Personen schnelle und angemessene Hilfe zu leisten« (Saint-Pierre, 1986, S. 161, 164*). Und deshalb hatte der Vertrag, der den ewigen Frieden sanktionierte, auch die Aufgabe, die innere Stabilität zu sichern, d.h. die Unterzeichnerstaaten »unfehlbar zu bewahren vor jedem Aufruhr, vor jeder Revolte und vor allem vor jedem Bürgerkrieg«, ein Übel, das als noch »schrecklicher« und »furchtbarer« als zwischenstaatliche Kriege galt. Das Ziel des ewigen Friedens macht das Ersticken von Revolutionskriegen und Revolutionen ebenso notwendig wie die Verurteilung jener zum Tode, die dafür verantwortlich sind, d.h. der »Aufrührer« und »Rebellen«. In diesen Zusammenhang muss die scharfe Verurteilung der ersten englischen Revolution gestellt werden (ebd., S. 40f, 143, 164f*).

Es besteht kein Zweifel: Die Vision eines ewigen Friedens, die Saint-Pierre so am Herzen liegt, steht im Gegensatz zu jener Vision, die im Zuge der Französischen Revolution gereift ist. Mit Rousseau, der die Notwendigkeit revolutionärer Umwälzungen betonte, um die Wurzeln des Krieges auszureißen, und mit den Protagonisten, die den Sturz des Ancien Régime herbeiführten und die hofften, auf diese Weise die Grundlagen für die Verwirklichung einer echten Brüderlichkeit unter den Nationen zu legen, wird der Ruf nach dem ewigen Frieden von einer Parole der Konservativen zur Parole der Revolution. Cloots (1979, S. 249) ist sich der Gegensätzlichkeit der beiden Visionen sehr wohl bewusst: Im Februar 1792 warf er Saint-Pierre vor, er sei ein Befürworter eines »bizarren und lächerlichen [internationalen] Kongresses«, der öfter Krieg als Frieden durchgesetzt habe. Tatsächlich werden die im *Projekt* vorgebrachten Argumente dann zum Schlachtross derer, die den Krieg gegen die Aufrührer und Rebellen ausrufen, gegen jene, die die Macht in Paris erobert oder usurpiert haben; späterhin wird die Heilige Allianz fortfahren, sich dieser Argumente zu bedienen, um eine Art internationalen Polizeieinsatz in den von der Revolution bedrohten Ländern der *res publica christiana* zu begründen und umzusetzen.

So wie Saint-Pierre nichts gegen die Unterwerfung der schwarzen Sklaven und den Handel mit ihnen einzuwenden hat, ist er auch ein Konservativer, wenn es um die internationalen Beziehungen, die Beziehungen zwischen der »europäischen Gesellschaft« und der kolonialen Welt geht. Das Ideal des ewigen Friedens, das im Zuge der Französischen Revolution entstand, war hingegen Teil eines ideologischen Prozesses, in dem zusammen mit dem Ancien Régime auch die koloniale Unterwerfung und die schwarze Sklaverei in Frage gestellt wurden. Man denke dabei insbesondere an *Die Geschichte der beiden Indien* von Raynal. Mit Bezug auf die Entdeckung und Eroberung der Neuen Welt verurteilte die Ausgabe von 1781, an der zunehmend auch Diderot mitwirkte, nicht nur mit glühenden Worten die Vernichtung der amerikanischen Ureinwohner und die Deportation und Versklavung der Schwarzen, sondern ging sogar so weit, einen massiven Sklavenaufstand unter der Führung eines schwarzen Spartacus heraufzubeschwören. Diese hätte die Ersetzung des *Code noir*, der 1685 von Ludwig XIV. erlassen worden war und die schwarze Sklaverei regelte, durch einen *Code blanc* nach sich gezogen, der den Sklavenhändlern das von ihnen begangene Unrecht zurückgezahlt hätte (Raynal, 1981, S. 143, 257, 202f).

Ausgiebiger wird die Haltung Rousseaus diskutiert. Der 1762 veröffentlichte *Gesellschaftsvertrag* (Kap. I, 4) prangert in der Institution der Sklaverei eine Fortsetzung des Kriegszustandes gegen das unterjochte Volk an. Aus der Stille, die hinsichtlich des *Code Noir* zu beobachten war, hat man gefolgert, dass das, was hier ins Visier genommen wird, wohl eher die politische Sklaverei sei, die dem monarchischen Despotismus innewohnt, als die koloniale Sklaverei (Sala-Molins, 1988, S. 237-254). Dies ist ein Thema, das Aufmerksamkeit verdient. Es sei jedoch darauf hingewiesen, dass in dem von mir erwähnten Kapitel des *Gesellschaftsvertrags* neben der Sklaverei auch das »Recht auf Eroberung« verurteilt und im Gegensatz dazu nicht nur die Freiheit des Individuums, sondern auch die des »unterworfenen Volkes« eingefordert wird. Es wird auch festgestellt, dass, selbst wenn ein Individuum die Fähigkeit hätte, sich an einen Herren zu verkaufen und »sich selbst zu veräußern, es seine Kinder nicht veräußern könnte«. Zumindest in diesem Fall werden wir veranlasst, eher an erbliche (und koloniale) Sklaverei als an politische Sklaverei zu denken. Bedeutsam ist auch die Geschichte von Rousseaus Schicksal. Einer seiner Zeitgenossen, Simon N.H. Linguet, ein erklärter Verfechter der Sklaverei an sich, kritisiert den Verfasser des *Gesellschaftsvertrags*, weil er die Sklaverei (an sich) aufgrund eines Mangels an politischem Realismus, der »mitfühlenden Herzen« eigen sei, verurteilt habe (Losurdo, 2002, Kap. 13, Abs. 1). Auf der anderen Seite ist anzumerken, dass die Lektüre von Rousseau eine abolitionistische Haltung in Frankreich förderte; schon einige Wochen nach der Einnahme der Bastille findet ein Autor, der bereits im Titel seines Buches dem Genfer Philosophen huldigt und im Übrigen nicht besonders radikal ist (Aubert de Vitry), wenn er sich für die Emanzipation der Sklaven ausspricht, leidenschaftliche Worte gegen den »grausamen Siedler«, der den »unglücklichen Neger« unterdrückt und quält (zit. in: Barny, 1988, S. 21-23*). Vielleicht gilt die Beobachtung eines bedeutenden Historikers, der sich mit dem aus der Revolution hervorgegangenen Frankreich befasste, auch für die Sklaverei: »Rousseaus Ideen hatten eine riesige Resonanz. Seine Jünger gingen jedoch über den Meister hinaus« (Godechot, 1962, S. 21*).

Unabhängig von diesem oder jenem einzelnen Autoren stehen zwei Punkte fest: Noch vor der grandiosen Abschaffung der Sklaverei in den Kolonien (am Ende einer äußerst erbitterten und widersprüchlichen politischen Konfrontation) verlieh der Nationalkonvent am 26. August 1792 die französische Ehrenbürgerschaft unter anderem an William Wilberforce und Thomas Clarkson, die beiden Führer der britischen Abolitionistenbewegung. Zweitens: Nicht nur Maximilien Robespierre, sondern auch ein gemäßigter Exponent wie Pierre-Samuel Du Pont de Nemours bringt Vorbehalte oder Feindschaft gegenüber dem Kolonialismus zum Ausdruck. Beide benutzten, wenn auch mit Variationen, das berühmt gewordene Motto: »Mögen die Kolonien untergehen, wenn sie uns unsere Ehre, unsere Freiheit kosten« (Dockès, 1989, S. 85, Anm.*). Und schließlich: Im Laufe der Entwicklung der Französischen Revolution (und bereits im Prozess ihrer ideologischen Vorbereitung) entsteht, zusammen mit der Kritik am Kolonialismus und an der kolonialen Sklaverei, eine Idee des ewigen Friedens, die neben dem Ancien Régime im Inneren auf internationaler Ebene auch die koloniale Herrschaft und Sklaverei in Frage stellt. Es handelt sich um eine Verknüpfung, die bei einem Autor wie Cloots besonders deutlich wird und bei ihm eine radikale Form annimmt, die aber die Französische Revolution als Ganzes charakterisiert.

1.4.
Vor der Französischen Revolution: Die Verdienste des Krieges nach Kant

Es waren die epochale Wende von 1789 und der ewige Frieden als Parole der Revolution, die Immanuel Kant zutiefst beeinflussten. Als er 1795 seinen berühmten Aufsatz (*Zum ewigen Frieden*) veröffentlichte, hatte er eine jahrelange, weitreichende Debatte hinter sich und vertraute der sich herausbildenden neuen politischen Ordnung die Aufgabe an, den Krieg endgültig auszumerzen. Es handelt sich um eine internationale Debatte. So äußerte sich 1791/92 Thomas Paine, der sich in dieser Zeit zwischen der Alten und der Neuen Welt bewegte und vor allem von den Umbrüchen, die in Paris stattfanden, beeinflusst wurde: »Alle monarchischen Regierungen sind militärischer Art. Krieg ist ihr Beruf, und Plünderung und Einkünfte sind ihre Ziele. Solange es solche Regierungen gibt, ist der Frieden nicht für einen einzigen Tag wirklich sicher; was ist die Geschichte aller Monarchien, wenn nicht das abscheuliche Bild des menschlichen Elends, das nur von Zeit zu Zeit durch einen Waffenstillstand von einigen Jahren unterbrochen wird? Erschöpft durch den Krieg und ausgelaugt durch das Gemetzel unter den Menschen, setzen sich diese Regierungen zusammen, um sich auszuruhen, und nennen ihre Ruhe Frieden.« In Wirklichkeit kann nur eine Revolution, die dem Ancien Régime ein Ende bereitet, den Weg für einen »universellen Frieden« (*universal peace*) ebnen. Glücklicherweise sei es in Frankreich die »Nation« und nicht der Monarch, der den Krieg erklären könne. »Wenn dies in allen Ländern geschähe, hörte man kaum noch von Kriegen« (Paine, 1995b, S. 550, 475*).

Der entscheidende Einfluss der Französischen Revolution auf Kants Ideal des ewigen Friedens wird durch die intellektuelle Entwicklung des großen Philosophen selbst bestätigt. Wenn wir die 1786 veröffentlichte Schrift *Mutmaßlicher Anfang der Menschengeschichte* öffnen, stoßen wir auf eine überraschende Aussage, die in krassem Gegensatz zu dem heute weit verbreiteten stereotypen Bild von Kant steht: »Kriegsgefahr ist auch noch jetzt das Einzige, was den Despotismus mäßigt« (KGS, Bd. 8, S. 120). Um in der Auseinandersetzung nicht zu unterliegen, um die Unterstützung ihres Volkes oder ihrer Untertanen zu erreichen, sind die Landesherren zu Zugeständnissen gezwungen, sie lassen sich ein Mindestmaß an Freiheit entreißen. Wir denken hier an die Dynamik der ersten englischen Revolution, bei der Karl I. durch die dringenden finanziellen Bedürfnisse, die der Krieg auferlegte, gezwungen war, das Parlament einzuberufen und mit ihm einen (vorläufigen) Kompromiss einzugehen. Es war der Krieg, der der Sache der Freiheit die Tür öffnete. Es gibt einen negativen Beweis: Im kaiserlichen China, das keine mächtigen Feinde zu fürchten hatte, sei alle Spur von Freiheit vertilgt. Und hier ist Kants Schlussfolgerung: »Auf der Stufe der Kultur also, worauf das menschliche Geschlecht noch steht, ist der Krieg ein unentbehrliches Mittel, diese noch weiter zu bringen; und nur nach einer (Gott weiß wann) vollendeten Kultur würde ein *immerwährender Friede* für uns heilsam und auch durch jene allein möglich sein.« (KGS, Bd. 8, S. 121). Bemerkenswert ist, dass der Ausdruck »ewiger Friede«, der dem berühmten Essay von 1795 den Titel geben wird, noch nicht verwendet wird; wenn überhaupt, dann spricht er von »immerwährendem Frieden«, ohne ein eindeutig positives Urteil darüber auszusprechen.

Es ist richtig, dass bereits fünf Jahre vor dem Ausbruch der Französischen Revolution die *Idee zu einer allgemeinen Geschichte in weltbürgerlicher Absicht*, unter ausdrücklicher Bezugnahme auf Saint-Pierre und Rousseau, die Schaffung eines »großen Völkerbundes« in Aussicht stellte, der als internationales Tribunal fungieren und damit der »barbarischen Freiheit« der Staaten in ihren gegenseitigen Beziehungen ein Ende setzen sollte. Und doch gibt Kant zu bedenken, dass der angestrebte »weltbürgerliche(n) Zustand der öffentlichen Staatssicherheit [...] nicht ohne alle *Gefahr* sei, damit die Kräfte der Menschheit nicht einschlafen« (KGS, Bd. 8, S. 26). Wenn nicht der Krieg selbst, so hat die Kriegsgefahr dennoch eine positive Funktion. In Wirklichkeit wird im Verlauf des *Siebten Satzes*, den ich hier untersuche, niemals der Ausdruck »ewiger Frieden« verwendet, auch nicht der Ausdruck »dauerhafter Frieden«: Stattdessen wird von einem Zustand der »Ruhe und Sicherheit« oder des »Gleichgewichts« in den Beziehungen zwischen den Staaten gesprochen. Darüber hinaus gelten Kriege selbst als ein objektives Instrument zur Erreichung der angestrebten neuen internationalen Ordnung: »Alle Kriege sind demnach so viel Versuche (zwar nicht in der Absicht des Menschen, aber doch in der Absicht der Natur), neue Verhältnisse der Staaten zu Stande zu bringen, und durch Zerstörung, wenigstens Zerstückelung alter, neue Körper zu bilden, die sich aber wieder, entweder in sich selbst oder nebeneinander, nicht erhalten können, und daher neue ähnliche Revolutionen erleiden müssen« (KGS, Bd. 8, S. 24f). Der Prozess, der zur Errichtung, wenn schon nicht zum dauerhaften Frieden, so doch zu einer sichereren und garantierten internationalen Ordnung führt, ist ohne eine Reihe von Kriegen und Revolutionen nicht denkbar. Zumindest für einen langen historischen Zeitraum wird gewalttätigen Umwälzungen das objektive Verdienst zugeschrieben, eine positive historische Entwicklung zu beschleunigen.

In diesen Zusammenhang müssen wir auch die »Zerstückelung alter Staatsgebilde« stellen. Erinnern wir uns an Polen. Kant schien keine Vorbehalte gegenüber der ersten Teilung zu haben, die einige Jahre zuvor auf Initiative Friedrichs II., jedenfalls unter aktiver Beteiligung Preußens erfolgte. Dies sollte nicht überraschen: Die Unbestimmtheit einer kosmopolitischen Ordnung, die über die exklusive Individualität der einzelnen Staaten hinweggeht, ist tendenziell mit einem mangelnden Bewusstsein für die nationale Frage verbunden, so dass, wie wir gesehen haben, »alle Kriege« gleichgesetzt werden und paradoxerweise allen eine Art objektiver Wert zuerkannt wird.

Die Französische Revolution markiert den Wendepunkt, aber nicht sofort. Die 1790 erschienene *Kritik der Urteilskraft* begrüßt zwar (in einer vielleicht im letzten Moment hinzugefügten Passage) die jenseits des Rheines unternommene »gänzliche Umbildung eines großen Volks zu einem Staat«, der sich dafür einsetzt, jedem Bürger die Würde als »Ziel« an sich zu verleihen (§ 65, Anm.), sieht aber in dem Phänomen des Krieges nach wie vor einen »Entwurf oberster Weisheit«, der darauf abzielt, die »Freiheit der Staaten« zu fördern und »alle Talente, die zur Kultur dienen, bis zum höchsten Grade zu entwickeln«. Und das alles, damit sich durch den Krieg »die Hoffnung zu dem Ruhestande einer Volksglückseligkeit sich immer weiter entfernt« (§ 83). Deutlich wird die Kontinuität im *Mutmaßlichen Anfang der Menschengeschichte*.

Dem Krieg wird nicht nur das Verdienst zuerkannt, zum politischen und moralischen Fortschritt der Menschheit beizutragen, sondern er wird in der *Kritik der Urteilskraft* auch zum Objekt eines gewissermaßen ästhetischen Genusses: »Selbst der Krieg, wenn er mit Ordnung und Heiligachtung der bürgerlichen Rechte geführt wird, hat etwas Erhabenes an sich, und macht zugleich die Denkungsart des Volks, welches ihn auf diese Art führt, nur um desto erhabener, je mehreren Gefahren es ausgesetzt war, und sich mutig darunter hat behaupten können; da hingegen ein langer Frieden den bloßen Handlungsgeist, mit ihm aber den niedrigen Eigennutz, Feigheit und Weichlichkeit herrschend zu machen, und die Denkungsart des Volks zu erniedrigen pflegt.« (§ 28). Ohne auf den konkreten historischen Inhalt, die politische und soziale Bedeutung jedes einzelnen von ihnen zu achten, stellt die *Kritik der Urteilskraft* (§ 83) weiterhin Kriege, »in welchen sich Staaten zerspalten und in kleinere auflösen« (d. h. die Revolutionen oder Unabhängigkeitskriege, die z. B. zur Bildung der Niederlande und der Vereinigten Staaten geführt haben) und Kriege, in denen »ein Staat andere kleinere mit sich vereinigt und ein größeres Ganzes zu bilden strebt« (wobei wir wieder an das unglückliche Polen denken müssen), auf die gleiche Stufe.

1.5.
Kant und Deutschland als Vorkämpfer des »ewigen Friedens«

Der *Ewige Friede*, der den Wendepunkt in Kants Entwicklung darstellte, entstand zu einem besonderen Zeitraum: Der Versuch, die Macht, die aus der Revolution in Frankreich hervorgegangen war, zu stürzen, war endgültig gescheitert, und auf der anderen Seite waren die expansionistischen Tendenzen des in Paris errichteten neuen Regimes noch nicht deutlich erkennbar. Das Jahr 1795 war das Jahr des *Friedens von Basel*, der von einer breiten Öffentlichkeit begeistert aufgenommen wurde, wie u. a. die in der »Berlinischen Monatsschrift« (Bd. 25, S. 377-379) veröffentlichte »Hymne« zeigt[8]. Die Hoffnung, die seit einigen Jahren, insbesondere in Deutschland aufblühte, erfuhr neuen Schwung und schrieb dem revolutionären Frankreich das Verdienst zu, die Grundlagen für einen stabilen und dauerhaften, vielleicht sogar ewigen Frieden gelegt zu haben.

In einem Gedicht aus dem Jahre 1790, *Sie, und nicht wir*, hatte Friedrich G. Klopstock bereits »Galliens Freyheit« in diesen Worten begeistert gefeiert: »Was vollbringet sie nicht! So gar das gräßlichste

8 Hans Heinrich Ludwig v. Held, »Hymnus auf den zwischen Preussen und Frankreich geschlossenen Frieden«, in: BM, Bd. 25 (Mai 1795), S. 377-379.

aller Ungeheuer, der Krieg, wird an die Kette gelegt!« (1798, Oden Bd. 2, S. 141). Ein späteres, 1792 verfasstes Gedicht mit dem Titel *Der Freyheitskrieg*, hatte das konterrevolutionäre Eingreifen der Feudalmächte gegen ein Volk angeklagt, »das, die belorbeerte Furie, Krieg der Eroberung, verbannend, aller Gesetze schönstes sich gab« (ebd., S. 148).

Im selben Jahr schien ein deutscher Jakobiner, Georg C. Wedekind, die zentrale These im Aufsatz von Kant vorwegzunehmen: »Die Göttin des Friedens liebt vorzüglich die demokratischen Staaten. Ihr werdet leicht einsehen warum. Der Krieg ist an sich immer ein großes Übel, wovon der Soldat, der Bürgers- und Bauersmann die Lasten tragen müssen, indessen dem Regenten und dem Adel darum nichts abgeht. [...]. Auch werden die mehresten Kriege aus Hochmut von den Regenten angefangen; denn diese Leute meinen, dass es ihnen Ehre machte, wenn sie viele Schlachten gewönnen und ihr Land vergrößerten« (Wedekind, 1963, S. 201f). Und ein anderer deutscher Jakobiner – ein Schüler Kants oder jedenfalls stark von dessen Philosophie beeinflusst – hatte an die Revolution in Deutschland appelliert und vor allem diesen Grund angeführt: »Die Greuel und der Jammer der unbesonnensten Kriege [werden] niemals ein Ende nehmen [...], solange Aristokraten sind, welche Menschen finden, die für sie [...] zu Felde ziehen [...]« (Riedel, 1981, S. 395). Schließlich hatte Fichte 1793 noch vor seinem Meister das revolutionäre Projekt des »ewigen Friedens« beschworen (Werke, Bd. 6, S. 94) (siehe auch 2.1 und 2.2).

Zwei Jahre später, als *Zum ewigen Frieden* das Licht der Welt erblickte, begrüßte Johann G. Herder die neue Welt, die nicht mehr von Krieg heimgesucht werde, und die sich dank der Umwälzung in Frankreich am Horizont abzeichne. Der »wilde Eroberungsgeist«, der in der Antike sowohl Rom als auch die »Barbaren« kennzeichnete und der in der modernen Welt in den »stolzen Monarchien« (des Ancien Régime) überlebte, schien kurz davor zu stehen, der Brüderlichkeit oder zumindest friedlichen Beziehungen zwischen den verschiedenen Nationen Platz zu machen: »Kabinette mögen einander betrügen; politische Maschinen mögen gegeneinander gerückt werden, bis eine die andre zersprengt. Nicht so rücken Vaterländer gegeneinander, sie liegen ruhig nebeneinander und stehen sich als Familien bei. Vaterländer gegen Vaterländer im Blutkampf ist der ärgste Barbarismus der menschlichen Sprache« (Herder, 1971, S. 325-327). Zwei Jahre später bekräftigte Herder (1967b, Bd. 2, S. 268f) die Hoffnung, dass in den Augen aller selbst das Wort »Krieg« verhasst wäre, so dass wir der Verwirklichung des »ewigen Friedens« näher kommen könnten.

In diesen historischen Kontext muss der *Ewige Friede,* als reifster Ausdruck der großen Debatte, die sich seit 1789 entwickelt hat, gestellt werden. Während er die Hoffnung und die Zuversicht zum Ausdruck brachte, dass die Welt von der Geißel des Krieges befreit werden könnte, war Kants Essay gleichzeitig eine Stellungnahme zugunsten des revolutionären Frankreichs, das, wenn auch mit einer anspielungsreichen und elliptischen Sprache, die die Zensur und die heikle objektive Situation erforderten, als Gegenmittel gegen diese Geißel identifiziert und gerühmt wurde. Der »erste definitive Artikel für ewigen Frieden« klingt so: »Die bürgerliche Verfassung in jedem Staate soll republikanisch sein.« Auf diese Aussage folgte eine ganze Reihe von Abschwächungen, die die republikanische Verfassung mit dem »repräsentativen System« in Einklang brachten (KGS, Bd. 8, S. 349, 351f). Die herrschenden Mächte wurden so beruhigt: Um »republikanisch« zu werden, brauchte Preußen die Hohenzollern-Dynastie nicht zu stürzen; es brauchte nur eine Verfassung und ein von unten gewähltes Parlament oder eine Kammer einzuführen. Tatsache bleibt jedoch, dass zu der Zeit, als Kant die republikanische Verfassung und die Sache des Friedens miteinander verband, der wichtigste republikanische Staat in Europa jener war, der sich jenseits des Rheins mit einer großen Revolution von der monarchischen Willkür und dem Ancien Régime befreit hatte. Durch dessen Sturz – stellte die »Chronik von Paris« vom 22. April 1790 fest – hatte Frankreich sich »Frieden und Ruhe« gesichert und den »Kabinettskrieg, den Krieg der Launen, Intrigen und des Ehrgeizes« für immer verbannt (zit. in: Cloots, 1979, S. 21*).

Dieses Motiv wurde fünf Jahre später von Kant in seinem Essay *Zum ewigen Frieden* wieder aufgegriffen und umgearbeitet: »In einer

Verfassung, wo der Unterthan nicht Staatsbürger, die also nicht republikanisch ist, es die unbedenklichste Sache von der Welt ist, weil das Oberhaupt nicht Staatsgenosse, sondern Staatseigenthümer ist, an seinen Tafeln, Jagden, Lustschlössern, Hoffesten u. d. gl. durch den Krieg nicht das Mindeste einbüßt, diesen also wie eine Art von Lustpartie aus unbedeutenden Ursachen beschließen [...] kann.« (KGS, Bd. 8, S. 351). Welches Interesse, einen Krieg zu entfesseln, hätte dagegen ein wirklich republikanischer Staat, in dem die Bürgerinnen und Bürger zu entscheiden hätten? Warum um alles in der Welt sollten sie die Schrecken des Krieges auf sich ziehen, d. h., »selbst zu fechten, die Kosten des Krieges aus ihrer eigenen Habe herzugeben; die Verwüstung, die er hinter sich läßt, kümmerlich zu verbessern; zum Übermaße des Übels endlich noch eine [...] zu tilgende Schuldenlast selbst zu übernehmen« (ebd.). Drei Jahre später drückte sich der *Streit der Fakultäten* in einer härteren und kämpferischeren Sprache aus: Es waren »die Herrscher«, die ihre Untertanen zwangen, »in ihre Streitigkeiten« einzugreifen, die diesen völlig fremd waren, sie »gegen einander aufzustellen, um sie schlachten zu lassen« (KGS, Bd. 7, S. 89). Das Phänomen des Krieges war untrennbar mit einer politischen Ordnung verbunden, in der die absolutistischen Monarchen über ihn ohne Risiko entscheiden konnten, während die gesamte Bevölkerung unter den Folgen zu leiden hatte, einer Ordnung, für die die Französische Revolution bereits die Totenglocken läutete.

Darüber hinaus setzte diese Revolution der Theorie und Praxis des Patrimonial- (und Feudal-) Staates ein für allemal ein Ende, denn es war genau diese Theorie und Praxis, die, indem sie den Staat als ein gewöhnliches Vermögen betrachtete und behandelte, den Ehrgeiz und den Wunsch weckte, dieses unablässig zu erweitern, zum Beispiel durch familiäre und dynastische Bande, und diese, wenn nötig, mit Waffengewalt, d. h. durch die Entfesselung von Erbfolgekriegen, durchsetzen ließ (KGS, Bd. 8, S. 344).

Und schließlich: Vielleicht waren die »stehenden Heere«, die durch die Figur des *»miles perpetuus«*, des Berufssoldaten, gekennzeichnet sind, dazu bestimmt zu verschwinden. Im Vergleich zu diesen – betonte der Philosoph – ist es »ganz anders [...] mit der freiwilligen periodisch vorgenommenen Übung der Staatsbürger in Waffen bewandt, sich und ihr Vaterland dadurch gegen Angriffe von außen zu sichern« (ebd., S. 345). Kriegsursache seien Berufsarmeen oder andere in ständiger Bereitschaft und getrennt von der Nation organisierte bewaffnete Organe und nicht bereits die bewaffnete Nation. Einmal mehr zeigte sich der Kontrast zwischen Feudalmächten und dem revolutionären Frankreich; die Neuerungen, die die Revolution auf militärischer Ebene mit sich brachte, wurden richtig erfasst, auch wenn Elemente der Emphase und idealistischen Verklärung nicht fehlten. Die konkrete politische Bedeutung dieser Position war jedenfalls aus der Übereinstimmung mit der revolutionären Publizistik der damaligen Zeit klar erkennbar. Bereits 1789/90 berichtete Joachim H. Campe, ein mit Kant korrespondierender Schriftsteller, in seinen *Briefen aus Paris* (1977, S. 13), mit Begeisterung, dass die »militärische Allgewalt« im Schwinden begriffen sei: Ausgehend von der soeben eingetretenen Wende gehorche der »Soldat« inzwischen der »Stimme des Bürgers«, engagiere sich für dessen friedliche Arbeit und sei deshalb risikoreichen militärischen Abenteuern abgeneigt. Der Jakobiner Friedrich Cotta (1963, S. 247) wiederum betonte, dass die Armee in Frankreich im Dienst der Landesverteidigung stehe und nicht mehr für Aggressionen eingerichtet sei: »Die Anwerbungen zum Soldatenstande geschehen freiwillig, und der Soldat muss, wenn seine Kapitulationszeit [die militärische Dienstzeit; d. Übers.] aus ist, unentgeltlich entlassen werden« und kann zu seiner gewohnten, friedlichen Beschäftigung zurückkehren. In der neuen Gesellschaft schien es daher keinen Platz mehr für eine Armee zu geben, die als gesondertes Militärkorps aufgestellt, für den Krieg ausgebildet und daran beteiligt war.

Länder mit einer republikanischen Verfassung und ohne ständige Armee – so der zweite *Definitivartikel* von Kants Essay – hätten keine großen Schwierigkeiten gehabt, auf ihre »wilde (gesetzlose) Freiheit« zu verzichten, die für die »Wilden«, aber auch für die traditionellen internationalen Beziehungen typisch ist, und sich stattdessen in einer Föderation oder, mit anderen Worten, in einem »Friedensbund (*foedus pacificum*)« zusammenzuschließen, der dazu bestimmt ist, sich nach und nach auszudehnen und nicht einen einzigen Krieg, sondern »alle Kriege auf immer« zu beenden (KGS, Bd. 8, S. 354-357). Die universelle »Wirthbarkeit« würde sich immer mehr ausbreiten und verstärken: Die Bürger eines Staates, die einen anderen Staat besuchten, würden sich vor allen Formen der Eroberung und Unterdrückung hüten und würden wiederum nicht als Feinde, sondern als Gäste behandelt; Beziehungen der friedlichen Koexistenz und Freundschaft zwischen den verschiedenen Staaten würden allmählich zu rechtlichen Beziehungen; und all dies würde »das menschliche Geschlecht endlich einer weltbürgerlichen Verfassung immer näher bringen können« und bedeute den Übergang von der traditionellen Anarchie, die den Beziehungen zwischen Staaten eigen ist, zu einer Regierung des Rechts auch auf internationaler Ebene (ebd., S. 357-359).

Unmittelbar nach der Veröffentlichung des Essays (*Zum ewigen Frieden*), am 3. Januar 1796, freute sich der *Moniteur*, ein Organ der französischen Regierung, »sechshundert Meilen von Paris entfernt einen Philosophen zu finden, der sich großmütig zum Republikanismus bekennt, nicht nur des französischen, sondern der ganzen Welt«. Und von diesem Moment an wurde Kant in dem Land, das das Ancien Régime gestürzt und versprochen hatte, den Krieg auszurotten, weithin bekannt (Philonenko, 1975-1981, Bd. 2, S. 264f*).

Neben Frankreich schrieb Deutschland das erste große Kapitel in der Geschichte des Ideals des ewigen Friedens: Hier erfuhr das aus der Revolution jenseits des Rheins hervorgegangene Ideal eine außergewöhnliche Resonanz und wurde mit besonderer Leidenschaft untermauert und auf tiefste Weise durchdacht, wie insbesondere die theoretischen Ausarbeitungen der drei bedeutenden und außergewöhnlichen Philosophen Herder, Kant und Fichte belegen. Ja, im Gegensatz zu dem, was das Klischee aus dem zwanzigsten Jahrhundert vermuten lässt (das die Geschichte Deutschlands im Zeichen einer Teleologie liest, die gänzlich auf das Dritte Reich hin ausgerichtet ist), war Deutschland zwischen dem achtzehnten und neunzehnten Jahrhundert der nationalen Einheit beraubt und hatte nichts mit dem Wettlauf der Großmächte um die Hegemonie in

Europa als auch mit dem kolonialen Expansionismus zu tun, und war das Land, das sich mehr als jedes andere für das revolutionäre Ideal des ewigen Friedens begeisterte.

1.6.
Kant gegen *Saint-Pierre (und das Prinzip der Intervention)*

Wir haben gesehen, wie Cloots im Februar 1792 dem *Projekt* von Saint-Pierre vorgeworfen hatte, eher den Krieg als den Frieden zu fördern. In jenen Jahren drehte sich der Konflikt zwischen dem revolutionären Frankreich und seinen Feinden genau um das Recht zur Intervention, das sich die konterrevolutionären Mächte anmaßten und das von Saint-Pierre theoretisch begründet worden war. Als Ludwig XVI. am 22. Juni 1791 verhaftet und in Varennes festgesetzt wurde, weil er aus Frankreich fliehen wollte, um gemeinsam mit den Mächten des Ancien Régime den Sturz der in Paris eingesetzten verfassungsmäßigen und revolutionären Regierung zu fördern und zu organisieren, unterzeichneten Leopold, Kaiser von Österreich, und Friedrich Wilhelm II., König von Preußen, am 25. August desselben Jahres in Pillnitz eine Erklärung, in der mit einer Strafexpedition gegen das Land gedroht wurde, das sich gegen den legitimen Souverän und indirekt gegen die *res publica christiana* als solche aufgelehnt hatte: Die entstandene Situation sei ein »Gegenstand des gemeinsamen Interesses für alle Souveräne Europas« und könne nicht länger toleriert werden (zit. in: Furet, Richet, 1968, S. 188). Die nationalen und staatlichen Grenzen waren hinfällig. Und ebenfalls ignoriert wurden sie im Manifest vom 1. August 1792, in dem der Herzog von Braunschweig zu Beginn der Invasion drastische individuelle und kollektive Maßnahmen gegen jeden ankündigte, der sich den einfallenden Armeen widersetzte.

Die französische Verfassung von 1793 wies diese Drohungen zurück und verkündete: »Das französische Volk [...] mischt sich nicht in die Regierung anderer Nationen ein; es duldet nicht, dass andere Nationen sich in die seinen einmischen« (zit. in: Saitta, 1952, S. 129*). Als die französischen Revolutionäre das Prinzip der staatlichen Souveränität geltend machten, antworteten die Verfechter der Intervention, diese hätten sich mit ihrem beispiellosen Verhalten außerhalb der Legalität und der internationalen Gemeinschaft gestellt und damit unweigerlich die legitime Reaktion derer provoziert, die sich beleidigt und bedroht fühlen mussten. In diesen Worten argumentierte insbesondere Edmund Burke, der berühmteste und schillerndste Exponent der Konterrevolution: Die Führer des neuen Frankreichs wurden von ihm als »atheistische und mörderische Barbaren« verurteilt, als Personen, die wegen ihrer Grausamkeit, ihrer Arroganz, ihres Geistes der Rebellion und ihrer Gewohnheit, jedes menschliche und göttliche Gesetz anzugreifen, als »grausame Wilde« zu betrachten waren (Burke, 1826, S. 123f, 145). Auf diese Weise kam eine Tendenz zum Ausdruck, die bereits bei Saint-Pierre vorhanden war: Die Aufrührer, Rebellen, Revolutionäre und mehr noch die Jakobiner wurden den Wilden gleichgesetzt, die der *res publica christiana* fremd waren; die Barbaren, die sich innerhalb der zivilen Gemeinschaft befanden, waren nicht besser als die Barbaren außerhalb derselben.

Einige Jahre später fasste Burkes deutschsprachiger Übersetzer (und zukünftiger Berater und Mitarbeiter von Metternich, dem Architekten der Heiligen Allianz und Verfechter der Konterrevolution und der Restauration) die Argumente für die Intervention in folgenden Worten zusammen: »Der Grundsatz, dass kein Staat die Befugnis habe, sich in die inneren Angelegenheiten anderer Staaten zu mischen, ist also, in seiner unbeschränkten Allgemeinheit, falsch«. Ein Land, das »die Umkehrung aller rechtlichen Verhältnisse zur Maxime« erhob, könne nicht mit der Neutralität und Untätigkeit der internationalen Gemeinschaft rechnen; man könne sicherlich nicht die Passivität anderer Staaten vor einer Gesetzgebung beanspruchen, die in einem bestimmten Land die Rechtmäßigkeit von »Mord oder Straßenraub« proklamiert hatte (Gentz, 1836-1838, S. 195-198). Dies gelte insbesondere für Europa, für das »Staaten-System von Europa«: »Durch ihre geographische Lage, durch ihre tausendfältigen Verbindungen, die Gleichförmigkeit ihrer Sitten, ihrer Gesetze, ihrer Bedürfnisse, ihrer Lebensweise und ihrer Cultur bilden die sämmtlichen Staaten dieses Erdtheils einen großen politische Bund, den man mit einigem Rechte die Europäische Republik genannt hat. Die verschiedenen Bestandtheile dieses Völker-Bundes sind in einer so engen und unablässigen Gemeinschaft, daß keine bedeutende Veränderung, die sich in dem einen zuträgt, dem anderen gleichgültig seyn kann« (ebd., S. 195).

In der Situation, wie sie entstanden war, hatte das Prinzip der Unabhängigkeit jedes Staates keinen Sinn mehr oder musste drastisch eingeschränkt werden: Angesichts einer Revolution wie der, die sich in Frankreich vollzogen hatte, die die politische und soziale Ordnung radikal umwälzte, »religiösen Ideen öffentlich Hohn spricht, und alles, was unter den Menschen heilig war, mit Füßen tritt«, war es nicht mehr möglich, mehr noch, es war den anderen Staaten nicht mehr erlaubt, in der Rolle des Zuschauers zu bleiben: Die Intervention war nicht nur rechtmäßig, sie war auch notwendig (ebd., S. 198f).

Bei dieser Argumentation hätte sich Gentz ruhig auf Saint-Pierre berufen können. Indem Kant sofort gegen das Interventionsprinzip Stellung bezog, antwortete er indirekt auch auf Saint-Pierre, der nicht zufällig später das Ideal des ewigen Friedens, wie es die Heilige Allianz propagierte, beeinflussen sollte. In gewisser Weise war der ideologische und politische Konflikt, der sich unmittelbar nach dem Ausbruch der Französischen Revolution entwickelte, durch die Konfrontation zweier gegensätzlicher Auffassungen des Ideals des ewigen Friedens geprägt.

Kant kannte kein Zögern. Bereits 1793 verurteilte er in der Publikation *Die Religion innerhalb der Grenzen der Vernunft* den Völkerbund, der gebildet wurde, »um die Despotie in keinem Staate abkommen zu lassen« (KGS, Bd. 6, S. 34, Anm.). Der Hinweis auf die antifranzösische Koalition war ganz offensichtlich: Das gesamte Europa des Ancien Régime hatte sich im Kampf zum Sturz der Ordnung des revolutionären Frankreichs vereint; es war ein Bund, der die Zustimmung von Saint-Pierre hätte erreichen können, der aber die empörte Reaktion von Kant provozierte.

Zwei Jahre später bekräftigte dieser nicht nur seine Verurteilung der Intervention konterrevolutionärer Kräfte in Frankreich, sondern machte diese Verurteilung und das Prinzip der Achtung der staatlichen Souveränität zur Voraussetzung für sein Projekt des Ewigen

Friedens. Im zweiten »Präliminarartikel« aus dem Jahre 1795 wurde betont, dass der Staat eine »moralische Person« sei, d.h. »eine Gesellschaft von Menschen, über die niemand anders als er selbst zu gebieten und zu disponiren hat«. Und der fünfte »Präliminarartikel« stellte ferner klar: »Kein Staat sollte sich in die Verfassung und Regierung eines anderen Staates gewalttätig einmischen« (KGS, Bd. 8, S. 344, 346). Die Haltung zugunsten des revolutionären Frankreichs und der Verfassung von 1793 war unmissverständlich.

Aber konnte das »abscheuliche Beispiel«, das die »jakobinische Fraktion« anderen Völkern gab, »ungestraft bleiben«? So kritisierten und verspotteten Christoph M. Wieland (1857, S. 269) und die revolutionäre Publizistik das Hauptargument der Interventionsbefürworter. Tatsächlich hatte der König von Preußen bei der Nachricht von der Gefangennahme Ludwigs XVI. in Varennes ausgerufen: »Welch ein schreckliches Beispiel!« (zit. in: Soboul, 1988, S. 198); es musste unter allen Umständen eingedämmt und liquidiert werden, ohne sich durch Staats- und Landesgrenzen behindern zu lassen.

In *Zum Ewigen Frieden* ging Kant zu einer deutlichen Zurückweisung dieses Arguments über: »Und überhaupt ist das böse Beispiel, was eine freie Person einer anderen giebt (als *scandalum acceptum*), keine Läsion derselben« (KGS, Bd. 8, S. 346), es ist kein Akt der Gewalt, keine Aggression. Und folglich war eine militärische Intervention der konterrevolutionären Mächte in keiner Weise legitimiert. Zweitens – so fügte der Philosoph ironisch hinzu – »was kann ihn dazu berechtigen? Etwa das Skandal, was er den Unterthanen eines andern Staats giebt? Es kann dieser vielmehr durch das Beispiel der großen Übel, die sich ein Volk durch seine Gesetzlosigkeit zugezogen hat, zur Warnung dienen« (ebd.). Beharrte die reaktionäre Publizistik nicht darauf, in den schwärzesten Farben ein Bild der Katastrophen und göttlichen Strafen zu zeichnen, die das französische Volk aufgrund seines rebellischen und blasphemischen Gebarens unweigerlich auf sich gezogen hatte? Nun, bei genauerem Hinsehen war es kein skandalöses, sondern ein höchst lehrreiches und erbauliches Schauspiel, das die Mächte der konterrevolutionären Koalition kein Interesse hatten zu ersticken, sondern es in seiner Entwicklung ungestört zu lassen, damit es ihren guten Untertanen als Warnung diene. Es ist gut, die Aufmerksamkeit auf einen wesentlichen Punkt zu lenken: Im Aufsatz von 1795 schloss das Lob des Ideals des *Ewigen Friedens* keineswegs eine Zustimmung zu der These ein, wonach das Prinzip der staatlichen Souveränität als obsolet zu betrachten sei; im Gegenteil war die Verteidigung dieses Prinzips ein wesentlicher Aspekt des Kampfes für die Verteidigung des Friedens.

Allerdings gaben die Mächte, die sich über die skandalöse Entwicklung der Dinge in Frankreich empörten und sich das Recht zum Eingreifen anmaßten, ein Beispiel für die größte Heuchelei. Indem er (durch Anspielungen) Großbritannien ins Visier nahm, das die Koalition anführte, verurteilte Kant mit scharfen Worten »das inhospitale Betragen der gesitteten, vornehmlich handeltreibenden Staaten unseres Welttheils«. Ja, es »geht die Ungerechtigkeit, die sie in dem Besuche fremder Länder und Völker (welches ihnen mit dem Erobern derselben für einerlei gilt) beweisen, bis zum Erschrecken weit«. Es ist klar, dass es die größte Handels- und Kolonialmacht der damaligen Zeit war, die an erster Stelle angeklagt wurde. Der Hinweis auf die Geschehnisse »in Ostindien (Hindustan)« bestätigt dies: Hier wurde unter dem Deckmantel des Handels der Weg für eine militärische Invasion, die »Unterdrückung der Eingebornen, Aufwiegelung der verschiedenen Staaten desselben zu weit ausgebreiteten Kriegen« mit katastrophalen Folgen geebnet. Das »inhospitale Betragen« der »handeltreibenden Staaten« sei so weit gegangen, ganze Bevölkerungen zu versklaven. Im Gegenteil, »die Zuckerinseln« seien »der Sitz der allergrausamsten und ausgedachtesten Sklaverei« geworden. Und das alles von »Mächten, die von der Frömmigkeit viel Werks machen«! Sie hatten sich geweigert, dem Beispiel des republikanischen Frankreichs zu folgen, das in Saint-Domingue die Sklaverei abgeschafft hatte, und »indem sie Unrecht wie Wasser trinken, sich in der Rechtgläubigkeit für Auserwählte gehalten wissen wollen«! (KGS, Bd. 8, S. 358f). Die »handeltreibenden Staaten«, die angeklagt wurden, waren gleichzeitig die Kolonialstaaten: Der Sklavenhandel war damals ein wesentliches und besonders lukratives Segment des Welthandels.

1.7. »Ewiger Frieden« oder »weltweite Monarchie«?

Aber endet die Verurteilung des Prinzips der Intervention nicht damit, dass die traditionelle Anarchie der internationalen Beziehungen verewigt und jedes Projekt eines dauerhaften Friedens durchkreuzt und seiner Glaubwürdigkeit beraubt wird? Als Antwort auf dieses Argument der konterrevolutionären Publizistik vertieft Kant seine Überlegungen zu dem Prozess, der zur Ausrottung der Geißel des Krieges führen könnte oder sollte. Nachdem er 1790 mit Nachdruck betont hatte, dass das Endziel der Natur (und des historischen Prozesses) die Verwirklichung einer »kosmopolitischen Totalität« sei, beeilte sich die *Kritik der Urteilskraft* (§ 83), einen wesentlichen Punkt zu klären; diese Totalität sei nicht das Ergebnis des Diktats durch den Stärksten, sondern »ein *System aller Staaten*, die auf einander nachtheilig zu wirken in Gefahr sind« und Krieg zu führen, und die sich auf gleicher Ebene darauf verständigen, dieser Situation ein Ende zu setzen (KGS, Bd. 5, S. 432f).

Drei Jahre später beleuchtet er in dem Aufsatz *Über den Gemeinspruch* die Gefahr, vor der wir auf der Hut sein müssen: Um der »allgemeinen Gewalt« in den internationalen Beziehungen und der »Noth aus den beständigen Kriegen, in welchen wiederum Staaten einander zu schmälern oder zu unterjochen suchen«, ein Ende zu setzen, werden eine »weltbürgerliche Verfassung« oder »allgemeiner Frieden« gefordert, die jedoch gleichbedeutend mit einem »rechtlichen Zustand der Föderation nach einem *gemeinschaftlich verabredeten Völkerrecht*« sein müssen. Wenn allerdings »weltbürgerliches gemeines Wesen unter einem Oberhaupt« gemeint wäre, würde in diesem Falle »kosmopolitische Verfassung« und »universeller Frieden« den »schrecklichsten Despotismus« mit sich bringen (KGS, Bd. 8, S. 310f). Wir befinden uns in einer Zeit, in der der Kreuzzug gegen das revolutionäre Frankreich im Namen der Wiederherstellung der Ordnung, des Weltfriedens und letztlich des Friedens wütet; wenn, so der Philosoph, die antifranzösische Koalition Erfolg hätte, würden nicht die internationale Ordnung und das Recht, sondern »der schrecklichste Despotismus« triumphieren. Die Überwindung des Zustands der Anarchie in den internationalen Beziehungen kann und muss auf der Grundlage der gleichen Würde der einzelnen Staaten erfolgen. Ansonsten wäre »dauerhafter Friede« (von dem im *Mutmaßlichen Anfang* die Rede ist) oder »universeller Friede« (von dem im *Gemeinspruch* die Rede ist) – es sei darauf hingewiesen, dass der Ausdruck »ewiger Friede« noch nicht verwendet wird – nur gleichbedeutend mit Zwang und Unterdrückung.

Als 1795 *Zum ewigen Frieden* das Licht der Welt erblickte, war die internationale Lage beruhigender: Der Bund jener Länder, die dem revolutionären Frankreich jede Niederträchtigkeit vorgeworfen hatten und entschlossen waren, das Land mit Waffengewalt ihrem Willen zu unterwerfen, war besiegt worden. Und dennoch hält es Kant für notwendig, die These zu bekräftigen, die ihm am Herzen liegt: Es besteht kein Zweifel, dass viele »von einander unabhängige benachbarte Staaten« und »königliche (sich selbst nach Gleichheitsgesetzen beherrschende) Völker« an sich schon die Gefahr von Spannungen, Konflikten und Kriegen in sich bergen; aber all dies wird nicht durch die »Zusammenschmelzung« behoben, die auf militärischer und politischer Ebene »durch eine die andere überwachende und in eine Universalmonarchie übergehende Macht« vollzogen wird. Gewiss ist dies »das Verlangen jedes Staats (oder seines Oberhaupts), auf diese Art sich in den *dauernden Friedenszustand* zu versetzen, daß er wo möglich die ganze Welt beherrscht«. Sollte dies verwirklicht werden, würden diese »Universalmonarchie« und dieser »dauernde Friedenszustand« einen »seelenlosen Despotism« nach sich ziehen. Es wäre ein »Despotismus auf dem Kirchhofe der Freiheit«, der zu einer kulturellen und wirtschaftlichen Stagnation führen würde: Der Mangel an Freiheit und das Fehlen von Wettbewerb zwischen den Völkern können nur die »Schwächung aller Kräfte« bewirken. Darüber hinaus ist das Streben nach einer »Universalmonarchie« dazu bestimmt, unerfüllt zu bleiben, weil »die Natur weislich die Völker trennt«; dafür sorgt die »Verschiedenheit der Sprachen und der Religionen«; der Versuch, die Welt unter dem Zeichen des internationalen Despotismus zu vereinen, würde daher auf den Widerstand der Völker stoßen und, wenn überhaupt, eine »Anarchie« hervorrufen (KGS Bd. 8,

S. 367-369). Wie der »ewige Friede« und der »universelle Friede«, vor denen der *Mutmaßliche Anfang* bzw. der *Gemeinspruch* warnen, so bedeuten auch die Bedingungen eines »dauerhaften Friedens«, gegen den *Zum ewigen Frieden* polemisiert, eine internationale Ordnung im Zeichen der Einheit und des Rechts, die durch das Gesetz des Stärkeren auferlegt wird und genau aus diesem Grunde von gleichzeitig despotischer und zerbrechlicher Natur ist.

Echter ewiger Friede hingegen bringt die Vielfalt und Dauerhaftigkeit von Staaten, Völkern, Kulturen und Machtzentren mit sich. Und deshalb ist er nicht nur die Antithese zur Universalmonarchie, sondern darf auch nicht mit der »universellen Republik« oder mit einem vereinigten »Vielvölkerstaat (*civitas gentium*)« verwechselt werden. Nein, die Vielfalt ist unausweichlich und segensreich: Um einen Krieg zu vermeiden, muss es »einen Vertrag der Völker« geben, einen »Friedensbund (*foedus pacificum*)«, einen »Föderalismus freier Staaten«, bedarf es eines »bestehenden und sich immer ausbreitenden Bundes« der Völker, der fortschreitenden Bekräftigung »dieser Idee der Föderalität, die sich allmählig über alle Staaten erstrecken soll und so zum ewigen Frieden hinführt« (ebd., S. 356f).

Ausgehend von der Reflexion über den Widerstand, den das aus der Umwälzung von 1789 hervorgegangene Frankreich gegen die konterrevolutionäre Koalition leistete, das mit den Schlagworten »Vaterland in Gefahr« und »Nation in Waffen« der Konterrevolution entgegentrat, ist bei Kant ein neues Bewusstsein für die nationale Frage gereift, und gerade deshalb ist er in der Lage, an eine Universalität zu denken, die nationale Eigenheiten und Identitäten nicht schluckt. Wenn er die Antithese zur »Universalmonarchie« ist, dann ist der »ewige Frieden« auch nicht die von Cloots erträumte »universelle Republik«.

1.8.
Auf der Anklagebank: Ancien Régime oder Kapitalismus und Kolonialismus?

Nachdem es für die Geißel des Krieges den monarchischen Despotismus und die feudalen Höfe verantwortlich gemacht hat, prangert *Zum ewigen Frieden* schließlich die Kolonialkriege und die Versklavung ganzer Völker an, für die die »Handelsstaaten« (und kolonialen Staaten) verantwortlich sind. Drei Jahre später, die Anspielungen beiseite lassend, verweist die *Anthropologie aus pragmatischer Sicht* auf Großbritannien als Inkarnation des »Handelsgeistes« (KGS, Bd. 7, S. 315 und Anmerkung). Auch 1798, im *Streit der Facultäten*, als er die Anklage gegen die Sklaverei und den »Negerhandel« wieder aufnimmt, bezieht sich Kant erneut ausdrücklich auf jenes Land, das von London aus die Kriege gegen das revolutionäre Frankreich angestachelt, gefördert und finanziert hat (ebd., S. 90).

An diesem Punkt stellt sich unausweichlich ein Problem: Wenn die Wurzeln des Krieges im Ancien Régime erkannt werden müssen, wie lässt sich dann die Rolle von Großbritannien erklären, das eben ein solches Regime hinter sich gelassen hat? Kant scheint zu schwanken: einerseits erkennt er die potenziell friedensstiftende Rolle des internationalen Handels an, der – wie *Zum ewigen Frieden* beobachtet – Länder, die miteinander Waren austauschen, durch gemeinsame materielle Interessen verbindet (KGS, Bd. 8, S. 368); andererseits prangert er die »Handelsstaaten« als Protagonisten von Kolonialkriegen an und als privilegierte Verkörperung der Tendenz, die Welt zu beherrschen, die in all diesen Ländern vorhanden ist. Es ist unbestreitbar: Über das Ancien Régime hinaus zielt die Verurteilung der Kriegspolitik auch auf Großbritannien, das in der Tat nach und nach zum Hauptziel der Polemik wird.

Lesen wir weiter im Aufsatz *Zum ewigen Frieden*. Der vierte »Präliminarartikel« warnt: »Es sollen keine Staatsschulden in Beziehung auf äußere Staatshändel gemacht werden.« Angeklagt wird »die sinnreiche Erfindung eines handeltreibenden Volks in diesem Jahrhundert«: Offensichtlich und unzweideutig ist die Anspielung auf Großbritannien, von dem wir wissen, dass es in den Augen des deutschen Philosophen die eigentliche Inkarnation des Handelsgeistes ist. Zu verurteilen ist hier ein System, das »ins Unabsehliche anwachsende Schulden« fördert, von denen niemand weiß, wann sie zurückgezahlt werden. Der Staat, der zu dieser Praxis greift, erwirbt »eine gefährliche Geldmacht, nämlich ein[en; d. Übers.] Schatz zum Kriegführen, der die Schätze aller andern Staaten zusammengenommen übertrifft«. Es handelt sich um eine »Leichtigkeit, Krieg zu führen«, und darüber soll ein Land verfügen, das bereits im Besitz militärischer Macht ist und daher, wie häufig unter solchen Umständen, gewillt ist, sie zur Geltung zu bringen und anzuwenden. All dies stelle ein »großes Hinderniß des ewigen Friedens« dar, ganz zu schweigen davon, dass »der endlich doch unvermeidliche Staatsbankerott« des Schuldnerstaates früher oder später damit endet, dass auch die Gläubigerstaaten in den Ruin hineingezogen werden, mit schweren und dauerhaften Folgen für die internationale Ordnung insgesamt (ebd., S. 345f).

Auch in diesem Fall greift *Zum Ewigen Frieden* ein Motiv der profranzösischen und revolutionären Publizistik wieder auf und arbeitet es weiter aus. Drei Jahre später, 1798, finden wir es, um nur ein Beispiel zu nennen, wieder bei dem jungen Joseph Görres (1928, Bd. 1, S. 157), der zu diesem Zeitpunkt jakobinische Positionen einnimmt: In seinen Augen ist Großbritannien dazu bestimmt, der Masse seiner Staatsschulden zu erliegen oder bricht bereits zusammen, aber in der Zwischenzeit kann es dank der so angesammelten enormen finanziellen Mittel eine Armee nach der anderen anheuern und den Krieg gegen Frankreich ununterbrochen fortsetzen.

Die Anklage erkennt und bezichtigt Großbritannien als das Land, das bei der Unterordnung der Wirtschaft und des öffentlichen Haushalts unter die Erfordernisse des Krieges und bei der Schaffung dessen, was man heute als Kriegswirtschaft bezeichnen könnte, am weitesten gegangen ist. Diese Analyse ist sicherlich nicht uninteressant; Tatsache bleibt aber, dass sie uns nicht auf die Spur des Ancien Régime und einer althergebrachten Praxis führt. Es ist *Zum Ewigen Frieden*, der erkennt, dass wir es mit einer jüngeren »Schöpfung« zu tun haben, mit einer Schöpfung, deren Urheber ein Land ist, das in der Welt des Handels (einschließlich des Sklavenhandels), in der Welt des Kredits und der Finanzen eine herausragende und hegemoniale Stellung einnimmt: Mehr noch als an das Feudalsystem müssen wir daher an das kapitalistisch-kolonialistische System denken, das sich gerade herausbildet und durchsetzt.

Nach dem Frieden von Basel wird immer deutlicher, dass Großbritannien das Land ist, das die antifranzösischen Koalitionen inspiriert und belebt. Daraufhin wird Kants Urteil nach und nach schärfer. Eine nachträgliche Anmerkung zum *Ewigen Frieden* über den britischen Premierminister, die erst nach dem Tod des Philosophen veröffentlicht wurde, drückt dies so aus: »[William] Pitt [der Jüngere], der so gar von (einem anderen benachbarten Staat will, es solle in ihm) beym Alten bleiben, oder sey es aus dem Gleise gekommen, so solle es dahin wieder zurückgebracht werden, wird als Feind des menschlichen Geschlechts gehaßt, und die Namen derer, welche die Sachen in Frankreich in die neue Ordnung bringen, die allein würdig ist, sich ewig zu erhalten, werden für den Tempel des Nachruhms aufgespart, um darin dereinst aufgestellt zu werden« (KGS, Bd. 19, S. 605).

Das Land, das die antifranzösischen Koalitionen inspiriert und lenkt und den Kreuzzug gegen Frankreich anführt, um dort die republikanische Verfassung, die für Kant die Grundlage des Friedens ist, einzudämmen und zu begraben, das Land, das den »kommerziellen (und kolonialen) Geist« verkörpert, wird von ihm als Hauptkriegsherd gebrandmarkt. Tatsache ist, bemerkt *Die Anthropologie in pragmatischer Hinsicht*, daß, ebenso wie der »Adelsgeist«, auch der »Handelsgeist« »ungesellig« macht, d.h. das Verständnis und die Freundschaft zwischen den Völkern behindert, er kann die gleiche ausschließende Logik anwenden, die dem »Adelsgeist« eigen ist: Tatsächlich schaut Großbritannien mit Verachtung auf andere Völker, ja es geht sogar so weit, Ausländer nicht als richtige Menschen zu betrachten (KGS, Bd. 7, S. 314-5 und Anmerkung).

Es handelt sich um eine Analyse von großem Interesse, die im Voraus die harmonizistische Sichtweise kritisiert, wonach die Entwicklung des Handels an sich gleichbedeutend mit Frieden sei. Erst jetzt wird der grundlegende Widerspruch deutlich, der Kants Diskurs über den ewigen Frieden prägt: Während er einerseits in der republikanischen Verfassung, verstanden als Synonym für ein repräsentatives Herrschaftssystem, ein Gegenmittel zum Krieg sieht, richtet er andererseits den Blick zunehmend auf das Land, das sich vor allen anderen ein repräsentatives Staatssystem gegeben hat und das in diesem Sinne als republikanisch zu betrachten ist. Auf diesen möglichen Einwand versuchte er 1798 im *Streit der Fa*kultäten zu antworten: »Was ist ein absoluter Monarch? Es ist derjenige, auf dessen Befehl, wenn er sagt, es soll Krieg sein, sofort Krieg ist. […]. Nun hat der großbritannische Monarch recht viel Kriege geführt, ohne dazu jene Einwilligung zu suchen. Also ist dieser König ein absoluter Monarch« (kg, Bd. 7, S. 90, Anm.). Auf diese Weise kann die Anklage gegen Großbritannien mit der These in Einklang gebracht werden, dass die Wurzeln des Krieges im monarchischen Despotismus (und im Ancien Régime) zu suchen sind. Es handelt sich jedoch um ein wenig überzeugendes Verfahren. Es ist Kant selbst, der anerkennt, dass in Großbritannien die Praxis des monarchischen Despotismus in klarem Widerspruch zur »Verfassung«, zur Norm oder zur Theorie der »vom Gesetz eingeschränkten Monarchie« steht, auch wenn er sich beeilt hinzuzufügen, dass diese Norm oder Theorie dadurch vereitelt wird, dass der »großbritannische Monarch« sich dank des von ihm ausgeübten Einflusses und des »Bestechungssystems« »der Beistimmung der Volksrepräsentanten versichert halten kann«; ja, »eine lügenhafte Publicität das Volk täuscht« und es glauben lässt, dass es frei sei, während »seine korrupten Stellvertreter […] es ingeheim einem absoluten Monarchen unterwarfen«. Diese Beschreibung Großbritanniens im späten achtzehnten Jahrhundert mag durchaus richtig sein; sie konfrontiert uns jedoch mit einer Realität, die sehr wenig mit dem Ancien Régime und der traditionellen absoluten Monarchie zu tun hat. Der Monarch muss sich immer die »Einwilligung« verschaffen; seine Macht und seine Rolle sind begrenzt, um so mehr, als – wie der Philosoph, bemüht, der die politische und konstitutionelle Realität des Landes, den unerbittlichen Feind des revolutionären Frankreichs in düsteren Farben zu zeichnen, selbst anerkennt, dass in Großbritannien die bestechlichen und korruptionsanfälligen »Vertreter« die Protagonisten der indirekten und heimlichen Errichtung eines Systems sind, das auch als substantielle »absolute Monarchie« bezeichnet werden kann, das aber dennoch neue und einzigartige Merkmale aufweist (KGS, Bd. 7, S. 89f) und Fußnote).

Auf der anderen Seite hat Kant nach mindestens einer (glaubwürdigen) Zeugenaussage in einem seiner Privatgespräche eingeräumt, dass die Londoner Außenpolitik nicht nur von den herrschenden Gruppen unterstützt wurde: »Die Engländer sind im Grunde die deprivirteste Nation [...]. Die ganze Welt ist ihnen England. Die übrigen Länder und Menschen sind nur ein Anhängsel, ein Accessoire« (zit. in: Abegg, 1976, S. 186*). Massenchauvinismus begleitete die triumphale kommerzielle, koloniale und imperiale Expansion Großbritanniens; die Beteiligung des Volkes oder der Vertretungsorgane an politischen Entscheidungen war nicht per se gleichbedeutend mit der Förderung der Sache des Friedens.

1.9.
Die Kant'sche Idee des ewigen Friedens gestern und heute

Das Problem, das wir gerade in Bezug auf Großbritannien gesehen haben, taucht schließlich auch in Bezug auf das Land auf, das sich mit der Revolution eine echte »republikanische Verfassung« gegeben hatte: In der *Anthropologie* (veröffentlicht 1798, also vier Jahre nach dem Staatsstreich, der Robespierre und die Macht der Jakobiner gestürzt hatte) konnte Kant den »ansteckenden Freiheitsgeist« der Franzosen (KGS, Bd. 7, S. 313) durchaus der »Ungeselligkeit« (und den kriegerischen Tendenzen) Großbritanniens gegenüberstellen, das vom »Handelsgeist« (und kolonialen Geist) geprägt war. Aber konnte Frankreich, das aus dem Thermidor hervorgegangen war, wirklich als immun gegen diesen »Geist« angesehen werden? Dies war das Land, das versuchte, die »Wirtschaftsblockade«, die Großbritannien veranlasst hatte, gegen die Insel selber zu kehren, und das in Italien der Cisalpinischen Republik einen Handelsvertrag aufzwang, der ihr »jede wirtschaftliche und industrielle Unabhängigkeit« entzog und sie verpflichtete, die Türen für Waren aus Frankreich weit zu öffnen (in Furet, Richet, 1968, S. 510, 534). Der »Handelsgeist« war eng mit dem kolonialen Geist verwoben: Dies zeigte sich bei Napoleons Expedition nach Ägypten und seinen fieberhaften Versuchen, Saint-Domingue zurückzuerobern und die schwarze Sklaverei auf der anderen Seite des Atlantiks wieder einzuführen.

Um eine Bilanz von Kants Gedanken zu Frieden und Krieg zu ziehen, könnte man zusammenfassend sagen: Die Idee einer Ausrottung des Krieges dank der Tatsache, dass ein Verhältnis des gegenseitigen Respekts zwischen unabhängigen, souveränen und gleichberechtigten Staaten allmählich eine juristische Gestalt annimmt, und die Warnung vor einer möglichen Abkehr vom begehrten ewigen Frieden in einer Universalmonarchie, die gleichbedeutend mit schlimmster Willkür ist, all dies ist der Zeit, in der der Philosoph lebt, weit voraus und offenbart sein volles kritisches Potenzial vielleicht erst heute, da es darum geht, den Unterschied zwischen echten Projekten für einen dauerhaften Frieden und den schlecht getarnten Ambitionen eines planetarischen Despotismus fest im Auge zu behalten. Andererseits war die These, dass das Ende der Kabinettskriege das Ende des Phänomens des Krieges als solchem bedeutet hätte, in dem Moment, in dem Kant sie formulierte, veraltet: Die beiden Protagonisten des endlosen Kräftemessens, das er miterlebte und das bis 1814 andauern sollte, waren zwei Länder (Großbritannien und Frankreich), die nun sehr wenig mit dem Ancien Régime zu tun hatten; als Gewinner sollte das Land hervorgehen, das für ein Jahrhundert die kommerzielle, koloniale und imperiale Hegemonialmacht in Europa und weltweit bleiben sollte.

Weil er dem Phänomen der Handels- und Kolonialkriege große Aufmerksamkeit widmete, erkannte Kant gewissermaßen die historische Wende, die sich in der Zwischenzeit vollzogen hatte, ohne deshalb die Vision aufzugeben, die am Vorabend des Zusammenbruchs des Ancien Régime in Frankreich aufgetaucht war, die Vision, die Voltaire und Rousseau bereits sehr am Herzen lag und der zufolge die Geißel des Krieges im Streben nach einer absoluten und dekadenten monarchischen Macht verwurzelt war. Auch aus diesem Grund verabschiedete sich der große Philosoph nur zögernd von der Hoffnung, die das Land, das den Sturz des Ancien Régime vorangetrieben hatte, als Verfechter der Sache des ewigen Friedens sah. Und doch wurde nach dem Thermidor der Expansionismus Frankreichs in Deutschland von einer wachsenden öffentlichen Meinung verurteilt. Wir haben gesehen, dass Klopstock jene Illusion teilte, die ihre klassische Formulierung dann bei Kant gefunden hat. Noch vor der Veröffentlichung des Essays *Zum Ewigen Frieden* brachte der Dichter seine Enttäuschung in einem Gedicht zum Ausdruck, das bereits im Titel den *Eroberungskrieg* von jenseits des Rheines anprangerte: »Wir Armen! Sie selbst, die das Untier zähmten, vernichten ihr hochheilig Gesetz, schlagen Eroberungsschlacht«; der schrecklichste »Fluch« wurde dann über diejenigen ausgesprochen, die sich des »Hochverrats an der Menschheit« schuldig gemacht hatten (Klopstock, Bd. 2, S. 155).

Die Ernüchterung war groß. Im Sommer 1796 schrieb der Historiker Johannes von Müller aus Wien an Herder: »für die Freyheit war ich allezeit, aber ist das eine Freyheit, welche ein insolentes und räuberisches Volk in das Land bringt? *Und ich war noch mehr für den Frieden.* Ich würde, wenn ich das Unglück gehabt hätte, diesen Krieg anzufangen, ihn, vielleicht schon bey drey Gelegenheiten geschlossen haben; aber vom Vergangenen kann im Augenblick gegenwärtiger Gefahr keine Rede seyn; diese erfordert Anstrengung, weil in Ermangelung derselben lauter Entehrung und Ruin zu erwarten ist, da wir bekanntlich Feinde haben, von welchen nicht einmal Beobachtung des Anstands zu erwarten ist« (Müller, 1952, S. 40).

Wie aus der Passage hervorgeht, die ich mit Kursivschrift hervorgehoben habe, war es vor allem die Rücknahme des versprochenen ewigen Friedens durch einen immer dreister werdenden Eroberungs- und Raubkrieg, die Empörung erregte. Die Ideen der Französischen Revolution genossen in Deutschland immer weniger Ansehen und verloren Anhänger. Am Übergang des einen Jahrhunderts zum nächsten stellte Gentz, der mehr denn je die Argumente Großbritanniens und der antifranzösischen Koalitionen unterstützte, fest: »Die Autorität eines großen Mannes« – offensichtlich war die Anspielung auf Kant – habe wesentlich dazu beigetragen, in Deutschland den Glauben zu verbreiten, »dass der Krieg ein Ende haben würde, wenn alle Staaten eine republikanische Verfassung besäßen«. Und: »Ich hatte mir vorgenommen, dieses System […] ausführlich zu erörtern«, doch dann – fügte der brillante Publizist der Reaktion hinzu – »überzeugte ich mich, dass dies in der Tat verlorene

Mühe gewesen sein würde«. Es bestand keine Notwendigkeit mehr, das Ideal des ewigen Friedens zu widerlegen: Die Fakten sprachen für sich selbst (Gentz, 1953, S. 495, Anm.).

Wir sind im Jahr 1800. Metternichs zukünftiger Berater und Mitarbeiter hielt nun die Widerlegung von Kants Aufsatz für redundant und überflüssig. Auf der anderen Seite ging Fichte, der bedeutendste Schüler des Philosophen, im selben Jahr zu einer Art Neuanfang über: Es bestehe kein Zweifel, die Geißel des Krieges könne nur durch die republikanische Verfassung abgeschafft werden, die deshalb, wenn nötig auch mit Waffengewalt, in möglichst großem Umfang verbreitet werden müsse. Diese Ansicht kennzeichnet jedoch nur die Zwischenphase der quälenden und lehrreichen Entwicklung Johann G. Fichtes, die es lohnt, von Anfang an analysiert zu werden.

2. Kapitel

Fichte, der Frieden und der Export der Revolution

2.1.
Fichte, der Philosoph des »ewigen Friedens« par excellence

Die Umwälzung von 1789 und die sich daraus ergebende Hoffnung auf ewigen Frieden, erlebte Kant erst in der letzten Phase seiner persönlichen Entwicklung, als er über fünfundsechzig Jahre alt und bereits ein berühmter und verehrter Philosoph war; wegen der Abnahme seiner kognitiven Fähigkeiten, die seit 1798 eingesetzt hatte, war er nicht in der Lage, es tatsächlich mit den andauernden Kämpfen jenseits des Rheins aufzunehmen und das Ideal des ewigen Friedens im Lichte dieser Kämpfe neu zu überdenken. Ganz anders, wenn auch nur aus biographischen Gründen, war die Lage bei Fichte. Während die Strafexpedition gegen das Land im Gange war, das den Sturz des Ancien Régime zu verantworten hatte, beeindruckte er 1793, kaum mehr als dreißig Jahre alt, die deutsche Öffentlichkeit mit einer lebhaften Intervention zur Verteidigung des revolutionären Frankreichs und des Ideals des ewigen Friedens, das dieses, nach den Worten des jungen Philosophen, verkörperte.

Auch angesichts der engen Verbindung, die Fichte zwischen Politik und Philosophie herstellt, zwischen seinem Denken, das den Menschen zu einer »autonomen Einheit« macht, und der Revolution, die in Frankreich »von den äußern Ketten den Menschen losreis't«, hört er nicht auf, die einzelnen Etappen des 1789 – unter dem Versprechen der endgültigen Ausrottung des Krieges – begonnenen historischen Zyklus immer wieder zu analysieren und zu interpretieren

(1967, Bd. 1, S. 449f). Die politische und philosophische Reflexion über das Thema Frieden und Krieg prägt gerade deshalb das Denken Fichtes während seiner gesamten Entwicklung. Er pflegt und erstrebt das Ideal des ewigen Friedens in den unterschiedlichsten politischen Situationen, etwa wenn Frankreich, der Protagonist des Sturzes des Ancien Régime, von konterrevolutionären Mächten überfallen wird oder wenn es, nachdem es die Eindringlinge zurückgewiesen und zurückgedrängt hat, mit Napoleon Kontinentaleuropa und vor allem Deutschland überfällt und besetzt und damit Bewegungen des Widerstands und der Befreiung gegen diesen Expansionismus hervorruft. Über das Problem der endgültigen Ausrottung der Geißel des Krieges denkt Fichte nach, als das Land, das in seinen Augen die Verkörperung des ewigen Friedens ist, auf noch weitgehend feudale Mächte wie Österreich und Preußen trifft und mit Großbritannien hingegen auf ein Land stößt, das das Ancien Régime hinter sich gelassen hat und auf die Vorherrschaft im Welthandel zusteuert sowie seiner kolonialen Expansion neuen Schwung verleiht.

Angesiedelt zwischen Kant, der erst spät die Verheißungen eines ewigen Friedens, die aus der Französischen Revolution erwachsen sind, erlebt, und Hegel, der seine philosophische und politische Reife erreicht, als diese Verheißungen bereits zu verblassen beginnen, nimmt Fichte eine einzigartige Stellung in der Geschichte des Denkens und Nachdenkens zum Thema Frieden und Krieg ein: Er wird in jenen Jahren geprägt, in denen der Einfluss der Französischen Revolution und der von ihr proklamierten Ideale ihren Höhepunkt erreicht haben; man versteht, dass sie in ihm allgegenwärtige und unauslöschliche Spuren hinterlassen hat. Und diese Spuren sind sehr lebendig in den Jahren, in denen der Philosoph, der sich mühsam des eigentlich expansionistischen und kolonialistischen Charakters des napoleonischen Frankreichs bewusst geworden ist, im Namen des ewigen Friedens und der nationalen Unabhängigkeit Deutschlands zum Kampf gegen eben dieses Frankreich aufruft. Die Entwicklung Fichtes zu analysieren, bedeutet, das erste Kapitel der Geschichte des Ideals des ewigen Friedens in seiner ganzen Tragweite zu untersuchen. Wir haben es mit einem Philosophen zu tun, der durch die gravierenden Veränderungen der objektiven Situation gezwungen ist, die Idee des ewigen Friedens in ihren unterschiedlichsten Ausprägungen und in ihren modernsten Dilemmata und Dramen zu überdenken (und schnell und immer wieder zu überdenken). Und dies sind Dilemmata und Dramen, die zuweilen die des zwanzigsten Jahrhunderts und der Zeit, in der wir leben, vorwegzunehmen scheinen und denen wir deshalb große Aufmerksamkeit widmen müssen.

Schließlich fällt die philosophische Entwicklung Fichtes weitgehend mit dem fünfundzwanzigjährigen Zyklus der Kriege vom Ausbruch der Französischen Revolution bis zum Sturz Napoleons zusammen. Zusammen mit den Kriegen kann er die gegensätzlichen Ideologien erleben, mit denen sie geführt werden. Im Moment des Ausbruchs der Feindseligkeiten, lässt sich in Preußen unter anderen ein Motiv wahrnehmen, das den Anspruch erhebt, den Krieg in einer spiritualistischen und pädagogischen Lesart als wesentliches Moment des Prozesses der Erziehung des Menschen zu verklären. Fichtes Antwort kommt schnell und beißend: »Der Krieg, sagt man, cultivirt; und es ist wahr, er erhebt unsere Seelen zu heroischen Empfindungen und Thaten, zur Verachtung der Gefahr und des Todes, zur Geringschätzung von Gütern, die täglich dem Raube ausgesetzt sind, zum innigeren Mitgefühl mit allem, was Menschenantlitz trägt, weil gemeinschaftliche Gefahr oder Leiden sie enger an uns andrängen; aber haltet dies ja nicht für eine Lobrede auf eure blutgierige Kriegssucht, für eine demüthige Bitte der seufzenden Menschheit an euch, doch ja nicht abzulassen, sie in blutigen Kriegen aneinander aufzureiben. Nur solche Seelen erhebt der Krieg zum Heroismus, welche schon Kraft in sich haben; den Unedlen begeistert er zum Raube und zur Unterdrückung der wehrlosen Schwäche; er erzeugte Helden und feige Diebe, und welches wohl in grösserer Menge?« (FBB, S. 90f). Fichte kennt aber auch die Kriegsideologie Frankreichs, dem es nicht nur um die Verteidigung der nationalen Unabhängigkeit geht, sondern das auch versichert, dass es eine überlegene Ordnung und die Sache der Freiheit und des Friedens verkörpert. Zunächst teilt er diese Ideologie, die für einige Zeit eine reale Grundlage hat, dann aber immer deutlicher zu einer Legitimation des Expansionismus wird und deshalb schließlich von Fichte selbst angefochten wird. Es handelt sich hierbei um zwei Ideologien, die die neuere Geschichte zutiefst geprägt haben: Während die erste Ideologie Deutschland vor allem zwischen 1914 und 1918 inspirierte (vgl. Losurdo, 1991, Kap. 1), heizt die zweite, nachdem sie in der gleichen Zeit von der Entente aufgebracht wurde, leider auch heute noch die Kriege an. Wir haben gesehen, wie Fichte die erste sofort angefochten hat; zur Widerlegung der zweiten gelangt er, wie wir sehen werden, am Ende einer mühsamen und schwierigen, aber umso interessanteren und lehrreichen Entwicklung.

Auch als Kritiker zweier Ideologien des Krieges und ihrer anhaltenden und katastrophalen Vitalität kann Fichte als der Philosoph des ewigen Friedens schlechthin angesehen werden. Es gibt keinen Autor, der das Ideal des ewigen Friedens leidenschaftlicher als er empfunden hat, schmerzlicher als er seine Verkehrung (mit Napoleon) in sein Gegenteil zur Kenntnis genommen hat und stärker als er die Notwendigkeit empfunden hat, dieses Ideal zu überdenken, um seine Glaubwürdigkeit und Bedeutung wiederherzustellen.

2.2. Die absolute Monarchie als Wurzel des Krieges

In seinen ersten Reden zur Französischen Revolution und insbesondere im *Beitrag zur Berichtigung der Urtheile des Publicums über die Französische Revolution* (1793 in erster Auflage erschienen) bezeichnet Fichte den monarchischen Despotismus als Haupthindernis für die Verwirklichung des »*ewigen Friedens*« (FBB, S. 95). Ja, »die Tendenz aller Monarchien ist nach Innen uneingeschränkte Alleinherrschaft, und nach Aussen Universalmonarchie« (ebd., S. 94); »dieses stete Streben nach Vergrösserung von Innen und Aussen ist ein grosses Unglück für die Völker« (ebd., S. 96). Daher ist die »uneingeschränkte Monarchie« gleichbedeutend mit allgemeiner Unsicherheit und der Verallgemeinerung von Kriegsgefahr und Kriegsvorbereitung. Nun: »Lasst uns diese Quelle verstopfen, so ist unser Uebel aus dem Grunde gehoben. Wenn uns niemand mehr wird angreifen wollen, dann werden wir nicht mehr gerüstet zu seyn brauchen; dann werden die schrecklichen Kriege und die noch schrecklichere stete Bereitschaft zum Kriege […] nicht mehr nöthig seyn« (ebd., S. 96). Tatsächlich hat das Volk im Gegensatz zu den Monarchen und ihren Höfen kein Interesse an einem Krieg. Im Gegenteil – erklärt Fichte an die Fürsten gerichtet – sie sind »eurer Kriege herzlich überdrüssig«. Dies muss berücksichtigt werden: »Glaubt ihr, dass dem deutschen Künstler und Landmanne sehr viel daran liege, dass der lothringische oder elsassische Künstler und Landmann seine Stadt und sein Dorf in den geographischen Lehrbüchern hinführo in dem Capitel vom deutschen Reiche finde, und dass er Grabstichel und Ackergeräth wegwerfen werde, um es dahin zu bringen? Nein, der Monarch, der nach Aufhebung des Gleichgewichtes der mächtigste seyn wird, wird diesen Krieg erheben.« (ebd., S. 95) Da die Völker in keiner Weise die »blutgierige Kriegssucht« (ebd., S. 90) der Despoten teilen, ist es notwendig, deren Macht zu brechen, wenn eine von der Geißel des Krieges befreite Welt aufgebaut werden soll.

Mit dieser Argumentation weist Fichte die These entschieden zurück, wonach der Frieden durch das »*Gleichgewicht*« der Kräfte vor Ort gesichert werden könne: »Man hat in unseren Zeiten Verbindungen grosser Mächte gesehen, welche Länder unter sich theilten, – um das Gleichgewicht zu erhalten. Das wäre ebensogut geschehen, wenn keiner von allen etwas genommen hätte. Warum wählten sie denn das erstere Mittel vorzüglich vor dem letzteren?« (ebd., S. 94). Weit davon entfernt, den Frieden zu sichern, dient die Gleichgewichtstheorie dazu, neue territoriale Erweiterungen und neue Kriege zu rechtfertigen. Das zeigt oder bestätigt das Beispiel Polens, auf das Fichte offenbar anspielt: Im Jahr der Publikation des *Beitrags* wird zugleich die zweite Teilung des unglücklichen Landes vollzogen.

Schließlich sind es gerade diejenigen, die seine Unantastbarkeit proklamieren, die das Gleichgewicht bedrohen. Im Streit miteinander werfen sich die Monarchen vor, das Gleichgewicht zu brechen und damit den Friedenszustand zu verändern: Tatsächlich weisen sie alle, ohne es zu wollen, am Ende auf den monarchischen Despotismus als eigentliche Ursache des Krieges hin. Der Philosoph seinerseits ist gefordert, das Problem nicht von Fall zu Fall zu beurteilen, sondern aus einem übergeordneten Blickwinkel und aus einer umfassenderen Perspektive zu betrachten. Er kann sich dann an die Widersacher wenden: »Es mag freilich wahr seyn, dass ihr euch begnüget, Erhalter dieses Gleichgewichtes zu seyn, so lange ihr nicht Kraft genug habet, zu werden, was ihr lieber wäret: Störer desselben; und dass ihr zufrieden seyd, andere zu verhindern, es aufzuheben [zu ihrem Vorteil], damit ihr es selbst einst aufheben könnet« (ebd., S. 94) zu eurem Vorteil. Es ist eine Tatsache, dass das unerbittliche Streben nach Gleichgewicht Kriege in keiner Weise verhindert hat; und deshalb könnte »die völlige Aufhebung des Gleichgewichtes in Europa […] nie so nachtheilig für die Völker werden, als die unselige Behauptung desselben es gewesen ist« (ebd., S. 95). Es ist absurd, Rettung aus den »tiefen Geheimnissen« und Intrigen des Hoflebens und der Politik zu erwarten, also aus dem »Abgrund«, der »das Geheimniss des Gleichgewichts von Europa« ist (ebd., S. 93).

Mit anderen Worten: Es hat keinen Sinn, die Hoffnungen auf Frieden in die vermeintliche Mäßigung und in die Geheimdiplomatie der Höfe und Kabinette zu setzen, man kann sich nicht auf diejenigen verlassen, die die Söhne des Volkes in den Kampf schicken, »um sich mit Menschen zu würgen, die sie nie beleidigten« (FZD, S. 6), auf diejenigen, denen, um ihre Kriege leichter anheizen zu können, sogar das Wunder gelungen ist, einen »Nationalstolz ohne Nation« zu erzeugen (FBB, S. 97). In Deutschland gibt es weder eine Nation noch eine Zivilgesellschaft: In jedem einzelnen Staat und in jedem Zwergstaat werden Staatsbürgerschaft und Bürgerrechte vom diensthabenden Despoten verweigert, der sich jedoch verpflichtet fühlt, mit sinnlosem Chauvinismus den Krieg anzuheizen. Es wird hier implizit nahegelegt, dass Frieden, ja ewiger Frieden, nur das Ergebnis einer revolutionären Aktion von unten sein kann, die darauf abzielt, die bestehenden politischen Institutionen zu verändern und letztlich das auf monarchistischem Despotismus beruhende Regime zu stürzen.

2.3. Der Ewige Frieden von der Utopie zum politischen Programm

Mit dem Ausbruch der Französischen Revolution war der »ewige Frieden« nicht mehr »in die Region der Schimären und Träume, in die Domäne des Abtes von Saint-Pierre« verbannt: Wir haben gesehen, dass sich Cloots* in Frankreich bereits im Sommer 1791 in dieser Weise äußerte. In Deutschland verlor Johann Erhard nach der Veröffentlichung von Kants Essay keine Zeit, seinem Lehrer zu schreiben: »Ihr Ewiger Friede hat mir unendliche Freude gemacht, als ich ihn laß, aber manchen Verdruß als ich ihn von andern beurtheilen hörte, denn es gab gar Menschen, die ihn mit den Friedensproject des S. Pierre ins Gleiche setzen konnten.« (KGS, Bd. 12, S. 51). In ähnlicher Weise argumentierte im folgenden Jahr der junge Friedrich Schlegel, damals ein glühender Verehrer des Landes, dem das Verdienst zukam, das Ancien Régime gestürzt zu haben: Kant habe die »friedliche Tendenz«, die für die republikanischen Staaten typisch sei, glänzend veranschaulicht. Der Weg, der zur Schaffung eines ewigen Friedens führte, war klar umrissen: Er führte durch die universelle Verbreitung des »Republikanismus« und der »Fraternität aller Republikaner« und aller Völker. Es war kein »Hirngespinst träumender Schwärmer«, sondern ein nun konkret verfolgbares Ziel (Schlegel, 1924, S. 44).

Es handelt sich um ein Motiv, das wir bei Fichte wiederfinden. Nach der Veröffentlichung des Aufsatzes des Meisters intervenierte er 1796 mit einer Rezension, die sich nicht darauf beschränkte, die These von der engen Verbindung zwischen dem Ancien Régime und der Geißel des Krieges zu bekräftigen. Der wichtigste Punkt war nun ein anderer: Es war ein schwerer Fehler, *Zum ewigen Frieden* als Ausdruck eines »frommen Wunsches« oder eines »schönen Traumes« zu lesen. Nein – erklärte Fichte mit offensichtlich kritischer Anspielung auf die vorangegangene utopistische Tradition –, es handelte sich nicht um ein Buch, das dazu bestimmt war »menschenfreundliche Gemüther einige Augenblicke angenehm zu unterhalten«; man hatte es stattdessen mit einer Idee zu tun, deren Verwirklichung notwendig war (FEF, S. 427f). Im selben Jahr bekräftigte Fichte in der Veröffentlichung *Grundlage des Naturrechts*: Weit davon entfernt, in die gleiche »Klasse« wie die Schriften des »Abtes von Saint-Pierre oder Rousseau« (hier übereilt zusammengefasst) eingereiht zu werden, verkündete Kants Aufsatz eine »nothwendige Aufgabe der Vernunft« und wies auf ein zu verwirklichendes Ziel hin, dessen Realisierungsprozess bereits begonnen hatte (FGN, S. 12, Anm.).

Wegen der engen Beziehung zwischen der Idee des ewigen Friedens und den durch die Französische Revolution geweckten Hoffnungen weigerten sich die Bewunderer des alten Philosophen und des neuen Frankreichs verächtlich, ihn in die utopische Tradition einzuordnen. Ungeachtet selbst der unterschiedlichen politischen Ausrichtung unterschieden sich die Essays von Saint-Pierre und Kant deutlich darin, dass sie auf zwei verschiedene literarische Gattungen bezogen waren: Auf der einen Seite die Utopie als Flucht vor den Problemen und Tragödien der Gegenwart, auf der anderen Seite das Manifest oder das politische Projekt.

In Fichtes Augen war der Wechsel von einer literarischen Gattung zur anderen deutlich bestimmt durch den radikalen Wandel der objektiven historischen Bedingungen. Jede »*rechtswidrige* Constitution« produziere »allgemeine Unsicherheit«, aber nach der Wende in Frankreich sei es möglich, eine »*rechtmäßige* Staatsverfassung«, eine »gute Staatsverfassung« zu schaffen. Sobald dieses Ziel erreicht war, trat der »ewige Frieden« von selbst ein. In der Tat »muss ein Staat, der in seinem Innern ungerecht ist, nothwendig auf Beraubung der Nachbarn ausgehen«; angesichts einer republikanischen Verfassung – betonte Fichte und paraphrasierte Kant – war es hingegen nicht denkbar, »dass die Bürger über sich selbst die Drangsale des Krieges beschließen werden, die ein Monarch, ohne für sich das geringste dabei zu verlieren, so leicht über sie beschließt«. Deshalb ist »vor Erreichung des ersten Zweckes an die Erreichung des zweiten nicht zu denken«; vor der Einführung der republikanischen Verfassung war die Rede vom ewigen Frieden nur eine Utopie. Kants Essay hatte dieser literarischen Gattung gerade deshalb den Rücken gekehrt, weil er aufgrund der Erfahrungen der Französischen Revolution, auf die zentrale und vorbereitende Rolle der politischen Transformation aufmerksam gemacht hatte; die traditionelle utopische Literatur hingegen wurde, weil sie nicht auf der politischen Ebene angesiedelt wurde (und sich dort auch nicht hatte verorten können), als Literatur der Realitätsflucht angelegt (FEF, S. 429-436).

Fichte drückte sich im Jahre 1800 noch deutlicher aus, als er *Die Bestimmung des Menschen* veröffentlichte: Der Krieg lastete wie ein Felsbrocken auf »Sklavenvölkern, die durch ihre Herren auf einen Raub ausgetrieben würden, von welchem sie selbst nie etwas geniessen werden«. Nach dem Abschluss der antiabsolutistischen und antifeudalen Revolution ändert sich das Bild radikal: »Dass eine ganze Nation beschliessen solle, des Raubes halber ein benachbartes Land mit Kriege zu überziehen, ist unmöglich, indem in einem Staate, in welchem alle gleich sind, der Raub nicht die Beute einiger Wenigen werden, sondern unter alle sich gleich vertheilen müsste, dieser Antheil des Einzelnen aber ihm nimmermehr die Mühe des Krieges lohnen würde. Nur da, wo der Vortheil den wenigen Unterdrückern zu Theil wird, der Nachtheil aber, die Mühe, die Kosten, auf das zahllose Heer der Sklaven fällt, ist ein Raubkrieg möglich und begreiflich« (FBM, S. 274f) Das Problem der Herstellung des Friedens wird letztlich in dem Problem des Aufbaus einer politischen Gemeinschaft unter der Herrschaft des Rechts, in dem Problem des Sturzes der Feudalordnung und des Aufbaus einer neuen und fortschrittlicheren politischen Ordnung gelöst. »aus der Errichtung einer rechtlichen Verfassung im Innern, und aus der Befestigung des Friedens zwischen den Einzelnen« leitet sich »notwendigerweise« die »Rechtlichkeit im äusseren Verhältnisse der Völker gegen einander, und allgemeiner Friede der Staaten« ab (ebd., S. 275). Der »wahre Staat«, der aus dem Sturz des Ancien Régime hervorgegangen ist, sorgt für geordnete und friedliche Beziehungen zwischen seinen Bürgern, und damit wird »der auswärtige Krieg, wenigstens mit wahren Staaten, seiner Möglichkeit nach abgeschnitten« (ebd., S. 274). Die Aufhebung des Gesetzes des Stärkeren und die Umsetzung der Rechtsstaatlichkeit in einem einzigen Land führen auf internationaler Ebene zum gleichen Ergebnis.

Ist das Fortbestehen von Widersprüchen und Konflikten zwischen den »wahren Staaten« in jedem Falle ausgeschlossen? Fichte hat keine Zweifel: Unter ihnen gibt es »keinen Rang, der da beleidigt, keinen Ehrgeiz, der da verletzt werden könnte«, und kann es nicht geben (ebd., S. 274). Mit anderen Worten, die Herstellung von Beziehungen der Gleichheit und des gegenseitigen Respekts zwischen den Bürgern innerhalb jedes einzelnen Staates bedeutet auch die Herstellung von Beziehungen der Gleichheit und des gegenseitigen Respekts zwischen den verschiedenen Staaten (im starken Sinne des Wortes), mit der konsequenten Beseitigung der üblichen Gründe und Spannungsherde. Und deshalb ist es nicht schwer, in der neuen Ordnung, die auf der anderen Seite des Rheins zu Tage getreten ist und sich dort etabliert hat, den Beginn des Prozesses zur Erreichung eines ewigen Friedens zu erkennen.

Der Ausbruch des Krieges zwischen dem revolutionären Frankreich und den Feudalmächten ist in den Augen Fichtes eine weitere Bestätigung der These, die auf die Wurzel des Krieges im Ancien Régime verweist. Bereits im *Vorwort* des *Beitrags* wird das »ungebetene Einmischen« feindlicher Mächte verurteilt, die beanspruchen, die inneren Angelegenheiten eines anderen Landes zu beeinflussen (FBB, S. 39). Stärker argumentierend verweilt er bei diesem Problem im Jahre 1796 in der *Grundlage des Naturrechts*: Trotz des Anscheins (am 20. April 1792 war es Frankreich, das von den Girondisten getrieben und vom Hof, der die Revolution zu liquidieren hoffte, beeinflusst, den Krieg erklärte) sind es die Feinde der neuen Ordnung, die sich als Feinde des Friedens offenbaren und bestätigen; als »unabhängig und autonom« müssen sich die Staaten ungeachtet ihrer »inneren Verfassung« zur »gegenseitigen Anerkennung« verpflichten; die Verweigerung der Anerkennung eines Staates bedeutet, seine Unabhängigkeit in Frage zu stellen, und »gibt sonach ein gültiges Recht zum Kriege« (FGN, S. 372f). In seiner Ablehnung des Prinzips der Einmischung und des Eingreifens der konterrevolutionären Koalition ist Fichte nicht weniger entschieden als Kant. Seine Feinde weigern sich, das neue Frankreich anzuerkennen, und tragen die volle Verantwortung für den Konflikt; die Durchsetzung der Sache des Friedens erfordert ihre Niederlage.

Um den Krieg ein für alle Mal zu verbannen, ist der »Völkerbund« gefordert, der die Aufgabe und die Macht erhalten muss, jeden Aggressorstaat zu blockieren und zu bestrafen. Aber ist ein solcher Bund wirklich eine Garantie für Gerechtigkeit und Achtung des Völkerrechts? Sicherlich – so Fichte – muss es in jedem Rechtssystem, ob national oder supranational, »immer ein höchster Richter seyn, der, weil er denn doch endlich ist, sich irren oder einen bösen Willen haben kann. Die Aufgabe ist nur, denjenigen zu finden, von dem dies am allerwenigsten zu befürchten sey: und dieser ist, über das bürgerliche Verhältnis, die Nation, über das Staatsverhältnis, der beschriebene Völkerbund«. Die Gewährleistung der Herrschaft des Rechts ist auf der internen Ebene die »Nation«, die Gesamtheit der Bürger, die die der monarchischen und feudalen Willkür unterworfenen Untertanen ablösen, und auf der internationalen Ebene ist es der Völkerbund, der eine Ordnung aufbaut, in der es keinen Raum mehr für die Vorherrschaft des Stärkeren gibt; das Verhältnis der Gleichheit und des friedlichen Zusammenlebens unter den Bürgern einer Nation (verstanden im strengen und revolutionären Sinne des Begriffs) fördert schließlich ein Verhältnis der Gleichheit und des friedlichen Zusammenlebens zwischen den verschiedenen Nationen. Natürlich kann sowohl auf interner als auch auf internationaler Ebene die Möglichkeit nicht ausgeschlossen werden, auf einen Übeltäter oder Aggressor zu stoßen; aber Aufgabe des Bundes ist es, darüber zu wachen. Es stellt sich jedoch eine Frage: Ist die mögliche militärische Intervention des Völkerbundes gegen den Aggressor nicht doch immer ein kriegerischer Akt? Nein, antwortet der Philosoph, sie ziele auf »Friedenssicherung« und trage konkret zur Erreichung dieses Ziels und damit zur Schaffung eines »ewigen Friedens« bei (FGN, S. 379, 382).

2.4.
Der Export der Revolution und die Ausrottung des Krieges

Ein gewaltiges Problem bleibt jedoch nach wie vor ungelöst: Der Völkerbund reguliert das Verhältnis zwischen den »wahren Staaten«, aber wie soll das Verhältnis zwischen diesen und dem sie umgebenden, grenzenlosen Ozean von Staaten reguliert werden, die die republikanischen und revolutionären Prinzipien verurteilen oder ignorieren? Anders ausgedrückt: Ist es möglich, die Wurzeln des Krieges endgültig auszureißen, wenn der »wahre Staat« isoliert bleibt, wenn die neuen Institutionen auf Frankreich, auf ein einziges Land oder auf eine sehr kleine Zahl von Ländern beschränkt sind? So ungerecht sie auch sein mag, die willkürliche Einmischung der Feudalmächte – beobachtet Fichte 1793 – trägt objektiv dazu bei, dass die »politischen Folgen« der Französische Revolution nicht nur für das Land selbst, sondern auch für seine »benachbarten Staaten« spürbar werden (FBB, S. 39). Mit anderen Worten, der Krieg, der entfesselt wurde, um die neuen politischen Institutionen im Keim zu ersticken, verspricht mit einem Bumerang-Effekt, sie auf die an Frankreich angrenzenden Länder und auf die Aggressorländer selbst auszudehnen. Der legitimistische und konterrevolutionäre Internationalismus, auf den die Mächte des Ancien Régime von Anfang an zurückgegriffen haben, könnte am Ende die Internationalisierung des revolutionären Prozesses fördern. Was Fichte im Moment voraussieht und erhofft, ist lediglich eine objektive Dialektik, da Frankreich sich im Augenblick darauf beschränkt, seine Unabhängigkeit zu verteidigen.

Drei Jahre später, 1796, als die *Grundlage des Naturrechts* erschien, haben sich die politischen und militärischen Rahmenbedingungen spürbar verändert: Die französische Armee hat die Belagerung durchbrochen und geht zum Gegenangriff über, wobei es Preußen zum Frieden von Basel zwingt und Belgien besetzt. Ist es möglich, die Annexion dieses Landes mit der Theorie in Einklang zu bringen, die eine enge Verbindung zwischen expansionistischen Ambitionen und monarchisch-feudalem Despotismus, zwischen der Geißel des Krieges und dem Ancien Régime herstellt? Als die *Grundlage des Naturrechts* die Einmischung in die inneren Angelegenheiten eines anderen Landes verurteilte, machte sie eine Ausnahme, die es wert ist, dass man sich damit befasst: Wie soll man sich gegenüber einem Land oder vielmehr einem Territorium verhalten, das nicht nur von einem Bürgerkrieg, sondern von echter Anarchie heimgesucht wird, da es keine Autorität gibt, die in der Lage ist, die

Macht tatsächlich auszuüben? In diesem Fall hat der Nachbarstaat das Recht zu intervenieren, um den instabilen und unberechenbaren Nachbarn zu zwingen, sich eine Verfassung zu geben. Der Grund dafür ist einfach: Ein Land oder Territorium, das aufgrund der in ihm herrschenden anarchischen Bedingungen nicht in der Lage ist, die Achtung der Rechte der umliegenden Staaten und ihrer Bewohner zu garantieren, kann nicht beanspruchen, vor dem Eingreifen derer geschützt zu sein, die von diesen anarchischen Turbulenzen betroffen sind oder Gefahr laufen, davon betroffen zu werden. Aber kommt auf diese Weise nicht das durchs Fenster wieder herein, was vermeintlich zur Tür hinausgeworfen wurde? Riskiert die eben gemachte Ausnahme nicht, das Prinzip der Nichteinmischung in die inneren Angelegenheiten anderer Länder in Frage zu stellen? Nein – antwortet Fichte –, es besteht keine Gefahr, »eroberungssüchtigen Mächten« Vorwände zu liefern; damit ein Land vor Interventionen von außen sicher ist, reicht es aus, dass es von einer De-facto-Autorität regiert wird. Und hier macht der Philosoph eine bedeutende Ergänzung: »Die fränkischen Republikaner schlugen die coalisierten Mächte einmal über das andere, während diese zweifelten, ob sie auch eine Regierung hätten, und fragten, mit wem sie denn eigentlich Friede schließen sollten. Hätten sie sich doch bei der nächsten Quelle, mit der sie in Berührung standen, bei denen, von welchen sie geschlagen wurden, erkundigt, wer sie denn eigentlich in der Schlacht kommandiere. Vielleicht, dass dieselben, die den Befehl gegeben hatten, sie [die französischen Republikaner] zu schlagen, auch den Befehl hatten geben können, sie in Ruhe zu lassen. Endlich, nachdem sie nur hinlänglich geschlagen sind, haben sie sich [die Koalitionsmächte] auch glücklich auf den Ausweg besonnen und entdeckt, dass die Franken denn doch eine Regierung haben müssten« (FGN, S. 373). Das Problem besteht also nicht darin, die Legitimität dieser oder jener Regierung in Frage zu stellen, sondern zu prüfen, ob es in einem bestimmten Land tatsächlich eine Autorität gibt, die die Macht ausübt: In Frankreich, wo das Ancien Régime gestürzt wurde, war diese Autorität von Anfang an vorhanden, während sie in Belgien, das von Frankreich annektiert wurde, fehlte.

Dieses hört jedoch nicht mit seiner Expansion auf: Nach Belgien ist nun das Rheinland an der Reihe. Fichte erhebt keine Einwände: In diesen Jahren strebt er, wie seine Korrespondenz zeigt, den »Titel« des »französischen Staatsbürgers« an, mehr noch, er fühlt sich bereits als faktischer Bürger der »Grande Nation« und neigt dazu, ihr eine universalistische Mission in Bezug auf die »gesamte Menschheit« zuzuschreiben, eine Mission, dank derer das aus der demokratischen Revolution hervorgegangene Land in der Lage sein sollte, »alle Nationen an sich zu binden und alle Geister zu erobern«. Die Eroberung, von der er hier spricht, scheint ideologischer und spiritueller Natur zu sein; der Philosoph erklärt sich dennoch zu einem »Bewunderer der politischen Freiheit und der Nation, die verspricht, *sie zu verbreiten*«. Es liegt auf der Hand, dass die Begeisterung für die »große Republik« – in der alle Bürger »Teilnehmer an der politischen Freiheit« und gleichberechtigt sind, in der niemand als »Herr« oder »Sklave« geboren wird (Fichte, 1967, Bd. 1, S. 450, 593f*), d.h. in der die Leibeigenschaft und der monarchische Despotismus unterdrückt worden sind –, die Begeisterung für das revolutionäre Frankreich dazu tendiert, in die Legitimierung des Exports der Revolution überzugehen.

Wenn auch auf unterschiedliche Weise, so manifestierte sich dieser Trend auch bei anderen Persönlichkeiten. 1799 sandte ein Schüler Kants von Würzburg aus einen Brief an den Meister. Dieser bezog sich auf die »starken Requisitionen«, die in Deutschland von französischen Truppen durchgeführt wurden, auf ihr unterdrückerisches Verhalten, vor allem auf dem Land, das die Bauern zu einem Massenaufstand führte. Damit hätten die Franzosen selbst »ihren Siegen Grenzen gesetzt«, d.h. sie verscherzten sich die Sympathien der Öffentlichkeit. Deutlich waren die Vorbehalte und die Kritik des Verfassers des Briefes. Aber er fügte hinzu, dass bei einer Analyse der Situation »vom weltbürgerlichen Gesichtspunkte aus« das Leiden, das Deutschland auferlegt wurde, im Vergleich zur Sache des Fortschritts der Menschheit gering sei: »Der Gang, den die Natur nimmt, führt stätig zu ihrem weisen Zwecke, und wenn itzt tausend unglücklich sind, so werden einst Millionen glücklich werden«, sobald der »ewige Frieden« erreicht ist (KGS, Bd. 12, S. 101f). Wenn sie nicht einen direkten Beitrag zur Verwirklichung der von Kant vertretenen »weltbürgerlichen Ordnung« und damit zur endgültigen Ausrottung des Krieges darstellte, so waren die französische Besetzung des Rheinlandes und die damit verbundenen Schikanen in Bezug auf dieses grandiose Ziel etwas Unwesentliches.

Als er im Jahr darauf, es war das Jahr 1800, die *Bestimmung des Menschen* veröffentlichte, machte Fichte einen entscheidenden Schritt nach vorn. Der Ausgangspunkt seiner Argumentation ist klar: Ewiger Frieden wird definitiv garantiert sein, wenn der »wahre Staat« aufhören wird, isoliert zu sein, wenn traditionelle Staaten nacheinander zu »wahren Staaten« werden. Wie kann dies erreicht werden? An erster Stelle kann eine Revolution im Innern angenommen werden. Gewiss, das Ancien Régime scheint die Krise, die im Gefolge der Französischen Revolution aufgetreten ist, überwunden zu haben, es scheint sich stabilisiert zu haben und daher vor Umwälzungen sicher zu sein. Jedoch könnte genau diese Sicherheit am Ende zu ihrem Ruin führen. »Im Innern jener sonderbaren Verbindungen, die das vernunftlose Ohngefähr zusammengebracht, und welche man Staaten nennt«, die aber keine »wahren Staaten« auf der Grundlage von Vernunft und Recht sind, sind die revolutionären Unruhen zurückgegangen; zum traditionellen Mangel an Freiheit sind neue Formen der Repression hinzugekommen, die angesichts des Klimas des allgemeinen Misstrauens und der Resignation keine Revolte hervorrufen. Jedoch erhält »der Mis(s)brauch durch seine Fortdauer, und durch die allgemeine Duldung eine Art von fester Form, und die herrschenden Stände, im unbestrittenen Genusse ihrer errungenen Vorrechte, haben nichts mehr zu thun, als dieselben zu erweitern, und auch der Erweiterung dieselbe feste Form zu geben. Durch ihre Unersättlichkeit getrieben, werden sie dieselben von Geschlecht zu Geschlecht erweitern, und nimmer sagen: Hier ists genug; bis endlich die Unterdrückung das höchste Maass erreicht hat, und völlig unerträglich geworden ist, und die Unterdrückten von der Verzweiflung die Kraft zurückerhalten werden, die ihnen ihr schon seit Jahrhunderten ausgetilgter Muth nicht geben konnte. Sie werden dann nicht länger irgend einen unter sich dulden, der sich nicht begnügt, allen gleich zu seyn und zu bleiben. Um vor gegenseitiger Gewaltthätigkeit untereinander selbst, und vor neuer Unterdrückung sich zu schützen, werden sie alle unter einander sich die gleichen Verbindlichkeiten auflegen.« (FBM, S. 273). Mit anderen Worten, sie werden am Ende das Ancien Régime stürzen. Die Hoffnung, dass sich die Revolution über die Grenzen Frankreichs hinaus ausdehnt, ist nicht verschwunden. Gerade infolge der Verschärfung der Unterdrückung durch die parasitären Klassen, die sich jetzt sicher fühlen, wird es zwangsläufig zu einer neuen revolutionären Krise kommen, in der ein neuer wahrer Staat oder »wahre Staaten« entstehen und ein weiterer wichtiger Schritt auf dem Weg der Verwirklichung des »ewigen Friedens« gegangen wird.

Neben diesem Szenario (der Ausdehnung des republikanischen Gebietes als Folge neuer Revolutionen von unten) entwirft Fichte jedoch noch ein ganz anderes: »Kein freier Staat kann Verfassungen, deren Oberherren Vortheile davon haben, wenn sie benachbarte Völker unterjochen, und die daher durch ihr blosses Daseyn die Ruhe der Nachbaren unaufhörlich bedrohen, vernünftigerweise neben sich dulden; die Sorge für ihre eigene Sicherheit nöthigt alle freie Staaten, alles um sich herum gleichfalls in freie Staaten umzuschaffen, und so um ihres eigenen Wohles willen das Reich der Cultur über die Wilden, das der Freiheit über die Sklavenvölker rund um sich her zu verbreiten. Bald werden die durch sie gebildeten oder befreiten Völker mit ihren noch barbarischen oder sklavischen Nachbaren in dieselbe Lage gerathen, in welcher die früher freien vor Kurzem noch mit ihnen selbst waren, und genöthigt seyn, dasselbe für diese zu thun, was soeben für sie geschah: Und so wird denn, nachdem nur einige wahrhaft freie Staaten entstanden, nothwendig das Gebiet der Cultur und der Freiheit, und mit ihm des *allgemeinen Friedens*, allmählig den ganzen Erdball umschlingen« (FBM, S. 275). Nach diesem zweiten Szenario werden die Wurzeln des Krieges infolge der aufeinanderfolgenden Exportwellen der Revolution endgültig ausgerissen, was ein Ende des Despotismus und der Feudalherrschaft in nicht freien Staaten erzwingt, die nicht bereits durch innere Umwälzungen zusammengebrochen sind. Das Ergebnis wird schließlich das Aufkommen eines »Reich[s] der Kultur und der Freiheit« sowie eines »allgemeinen Friedens« sein. Dieses wird die ganze Menschheit umfassen, die zu einem »einzigen Körper« wird (siehe unten, Abs. 2.8).

Um dieses Ziel zu erreichen, wird das Prinzip der Nichteinmischung nach und nach außer Kraft gesetzt: Nicht mehr nur Belgien als Opfer der Anarchie, sondern auch jene Staaten, denen die neuen politischen Institutionen insgesamt noch fehlen, befinden sich im Vergleich zum »wahren Staat«, also Frankreich, im Naturzustand. Schon die *Grundlage des Naturrechts* stellte fest: »Wer in keinem Staate ist, kann von dem ersten Staate, der ihn antrifft, rechtlich gezwungen werden, sich entweder ihm zu unterwerfen, oder aus seiner Nähe zu entweichen«. Fichte fügte hinzu: »Zufolge dieses Satzes würden allmählich alle Menschen, die auf der Oberfläche der Erde wohnen, in einem einzigen Staate vereinigt werden« (FGN, S. 369). Die Einwohner Belgiens, die Opfer der Anarchie waren, gehörten in der Tat »keinem Staat« an; jetzt finden sich im gleichen Zustand in gewisser Weise diejenigen wieder, die in »jene sonderbaren Verbindungen geraten sind, die das vernunftlose Ohngefähr zusammengefügt hat und welche man Staaten nennt« (FBM, S. 273); jene Länder, die noch immer unter dem Joch des Despotismus ächzen, bilden ein Konglomerat von Individuen, die untereinander ohne wirkliche rechtliche Verbindung sind. Während das Prinzip der Intervention zu jener Zeit, als der Protagonist der Revolution von den Mächten des Ancien Régime überrollt wurde, feierlich verurteilt wird, wird es zu der Zeit, in der Frankreich in die Gegenoffensive gegangen ist und sich auf Europa ausgebreitet hat, als Mittel zur Erreichung des »universellen Friedens« gefeiert und verklärt.

Im Unterschied zu Fichte, für den der ewige Frieden aufgrund einer Verflechtung von Revolutionen von unten sowie Revolutionen von oben und von außen verwirklicht wird, glaubt ein anderes Mitglied der pro-französischen Partei in Deutschland (im von den Franzosen besetzten Rheinland), dass die Aufgabe, die Wurzeln des Krieges auszureißen, hauptsächlich oder ausschließlich dem Export der Revolution vorbehalten ist. Schon vor der *Bestimmung des Menschen*, genauer gesagt 1798, veröffentlichte Joseph Görres – er ist es, um den es hier geht – einen Text mit dem beredten Titel *Der allgemeine Frieden, ein Ideal* mit einer eindeutigen Widmung (»Der französischen Nation von einem deutschen Republikaner«). Und hier ist die zentrale These: »Das Verhältnis einer freien Nation zu einem fremden Despoten, ist nun dasselbe mit dem der eben aufkeimenden Städte des Mittelalters zu den Raubrittern derselben Periode. So wie jene Städte das Recht hatten, diese Räuber zu zwingen, sich mit ihnen denselben Gesetzen, als Staatsbürger, zu unterwerfen, sie hinfüro nicht mehr als fessellose *Naturmenschen* zu beunruhigen und ihr Emporkommen zu erschweren, so hat auch die fränkische Nation das Recht zu ihrer eigenen Sicherheit, die Regulativdespoten zu zwingen, ihre Willkür der Willkür der Nation und diese sodann den conventionellen Gesetzen unterzuordnen, um so bey allen despotischen R. f. eine freye Regierungsform einzuführen.« Fazit: »Ein rechtmäßig organisierter Staat« hat das Recht, »die ihn umgebenden Barbaren« zu unterwerfen. Es ist nicht nötig, auf Aggressionen oder Provokationen ihrerseits zu warten: Ihre ungeregelte Existenz, die einzig darauf abzielt, »die Befriedigung ihrer tierischen Gelüste«, stellt bereits eine Bedrohung dar (Görres, 1979, S. 140, 147). Auf ihrem Vormarsch würde die Grande Nation immer auf's Neue »fessellosen Naturmenschen« und »Barbaren« begegnen, die es zu disziplinieren galt; von Paris ausgehend, würde der Universalismus der Menschenrechte und des ewigen Friedens schließlich jeden Winkel der Welt erreichen.

Mit der Umwälzung der militärischen und politischen Machtverhältnisse weicht der legitimistische und konterrevolutionäre »Internationalismus« dem revolutionären »Internationalismus«: Unversöhnlich ist die Feindschaft des einen gegen den anderen, gemeinsam ist ihnen jedoch die Geringschätzung von Staatsgrenzen und Nationen und eine aggressive Tendenz zur Expansion.

2.5.
Die »Weltrepublik« und der ewige Frieden: Cloots und Fichte

Unter besonderer Bezugnahme auf die Seiten der *Bestimmung des Menschen*, die dem Problem von Frieden und Krieg gewidmet sind, sieht ein angesehener Intellektueller der damaligen Zeit, Friedrich

H. Jacobi, das Werk in einer »rothwälschen« Sprache geschrieben. In einem Brief an Friedrich Schiller stellt sein Verleger Christian G. Körner fest, dass *Der geschlossene Handelsstaat* an den »Terror von Robespierre« denken lasse (zit. in: Fuchs, 1980, S. 292, 423f*). Auch in den Augen von Constant (1969, S. 155*) gehört der Autor des zweiten hier zitierten Buches zu jenen Intellektuellen, die, »wenn sie an die Macht kämen, mit Robespierre neu beginnen würden, wenn auch mit den besten Absichten dieser Welt.«

Nach solchen Urteilen wäre es leicht, auf Fichtes Kopf eine Art phrygische Mütze zu sehen, wie sie von den Jakobinern getragen und zur Schau gestellt wurde, und ebenso leicht wäre die Ähnlichkeit zwischen den Positionen des deutschen Philosophen und denen von Robespierre zu erkennen. Aber liegen die Dinge wirklich so? Der emphatische und naive Universalismus, der mit den in Paris proklamierten Prinzipien schnell die ganze Welt erobern möchte, vereint in einem kurzen Frühling der Begeisterung Persönlichkeiten und Strömungen, die sich deutlich voneinander unterscheiden. Am 26. November 1792 verkündete der Girondist Brissot: »Wir werden erst Ruhe geben, wenn Europa, und zwar ganz Europa, in Flammen steht« (zit. in: Furet, Richet, 1968, S. 240). Noch entfesselter ist die Phantasie des Montagnard Chaumette: »Das Gebiet, das zwischen Paris und Petersburg, zwischen Paris und Moskau liegt, wird bald französisiert, communisiert und jakobinisiert sein« (ebd., S. 242). Es sei jedoch darauf hingewiesen, dass in diesen Erklärungen, die von grenzenloser und etwas überschwänglicher Begeisterung inspiriert sind, keine klare Unterscheidung zwischen Revolution von unten und Revolution von oben und von außen getroffen wird (und in Wahrheit nicht einmal zwischen politischem Projekt und Traum).

Wenn wir in Frankreich eine ähnliche Theorie wie die in der *Bestimmung des Menschen* auffinden wollen (einen Aufruf zu Revolutionen von unten und die gleichzeitige Legitimation des Exports der Revolution, um das Zustandekommen jener Ordnung zu sichern und zu beschleunigen, die einzig und allein den ewigen Frieden garantieren kann), müssen wir uns auf Anacharsis Cloots berufen, dessen Dasein jedoch am 24. März 1794 durch das Todesurteil, das der jakobinische Terror über ihn verhängt hat, beendet wird. Wir sind ihm mehrmals begegnet; es ist jetzt an der Zeit, seine Positionen genauer zu analysieren.

Wie für Fichte, so ist auch für Cloots der Krieg das schlimmste Übel und hat seine Wurzeln im Ancien Régime und in der monarchischen Willkür. In diesem Sinne ist ein absoluter Monarch »ein Menschenfresser«. Dieser steht an der Spitze eines Regimes, das sich auf Unterdrückung und Ausbeutung der breiten Massen gründet und das, um zu überleben, Zwietracht und Unfrieden zwischen seinen prädestinierten Opfern säen muss: »Die Verfechter der Aristokratie haben ihre guten Gründe, die Völker voneinander abzusondern, sie wissen, dass sich die uneinigen Massen zum Wohle der Könige und zum Nachteil der Gesetze blutig gegenüberstehen«. Es besteht kein Zweifel: »Der sicherste Weg, die Befreiung der Menschheit zu verzögern, wäre, den alten nationalen Hass zu schüren. Ein Mann wird seinen Nachbarn dafür verachten und töten, dass ihre Wiegen durch ein Ufer, einen Kanal, einen Berg getrennt sind! So führen die engstirnigen Vorstellungen der Aristokratie zu zerstrittenen Völkern« (Cloots, 1979, S. 214, 381, 198*).

Es ist also leicht zu verstehen, dass die Mächte des Ancien Régime gegen die neue Ordnung in Frankreich, die ein Ende der Eifersüchteleien und des nationalen Hasses und das Aufkommen eines ewigen Friedens verspricht, eingeschritten sind. Allerdings wird diese Intervention nur dazu führen, dass eine beispiellose revolutionäre Welle ausgelöst wird. Es ist eine Welle, die sich nach der Erklärung von Pillnitz noch deutlich verstärkt hat. Um revolutionäre Unruhen zu entwickeln, wartet das Volk nicht darauf, dass die von Kaiser Leopold II. und Friedrich Wilhelm II. von Preußen ausgehende Drohung verwirklicht wird: »Die Vielzahl von Teilaufständen kündigt den Tyrannen einen allgemeinen Aufstand an […]. Seit einem Jahr öffnen sich mehr als hundert Krater unter den Füßen der Könige. Ist sonst noch etwas nötig, um zu dem Schluss zu kommen, dass der erste Kanonenschuss gegen Frankreich alle Throne im Abgrund eines gewaltigen Vulkans verschlingen würde? […] Das Volksferment in Brabant, Holland, Deutschland, der Schweiz, Savoyen und Italien erstickt die schrille und sterbende Stimme der Feinde Frankreichs« (ebd., S. 221*). Bisher sehen wir, dass der deutsch-französische Revolutionär auf die Initiative von unten vertraut: »Frankreichs Revolution wird um die Welt gehen, denn sie zerstört alle Missbräuche, alle Vorurteile«. Deshalb ist ihre Anziehungskraft unwiderstehlich: »Die Französische Revolution ist der Beginn der Weltrevolutionen«, »alle Menschen werden der Weltrepublik angehören wollen« (ebd., S. 388, 266, 493*).

Andererseits ist, wie schon bei Fichte und noch vor ihm, die Versuchung zu spüren, die Revolution zu exportieren. Schon als er, im Moment des Kriegsausbruchs, die uns bereits bekannte Losung (»kurzer Krieg, ewiger Frieden!«) unterbreitet, fügt Cloots eine sehr eindringliche Mahnung hinzu: »Lasst unsere Waffen nicht ruhen, bis alle Throne in Altäre des Vaterlandes verwandelt sind«. Dieses Vorgehen ist auch aus Gründen der nationalen Sicherheit notwendig: »Solange wir Armeen und Festungen neben uns haben, wird unsere Existenz prekär sein und wir werden heftige Stürme ertragen müssen«. Die politische Klugheit gebietet es, einen wesentlichen Umstand nicht aus den Augen zu verlieren: »Eine Republik, die von rivalisierenden Großmächten umgeben ist, ist nicht frei, es sei denn, man sagt, dass ein Vogel in seinem Käfig frei sei« (ebd., S. 378, 266, 488*).

Mehr noch als die nationale Sicherheit ist es ein tief und aufrichtig empfundener Universalismus, der den Export der Revolution antreibt, auch wenn er naiv und primitiv ist. Es fehlen die (überdies keineswegs überzeugenden) Betrachtungen, wie man sie bei einem Philosophen wie Fichte lesen kann, über den Naturzustand, in dem sich die Länder des Ancien Régime weiterhin befänden. Cloots beschränkt sich darauf, das Banner eines Universalismus zu schwenken, der keine Unterscheidungen, Hindernisse und Grenzen duldet: Wer die Menschenrechte wirklich ernst nimmt, kann »die unterdrückten Völker nicht stöhnen lassen« (ebd., S. 445*). Wir haben es mit einer absolut unteilbaren Sache zu tun: »Wir verachten gute Menschen, die nicht wissen, dass die Freiheit jedes Einzelnen ein integraler Bestandteil der universellen Freiheit ist! Die Sklaverei eines Mannes auf unserem Globus ist ein Schlag gegen die Unabhängigkeit aller« (zit.

in: Labbé, 1999, S. 278*). Aufrufe zur Vorsicht können nur Ausdruck von moralischer Taubheit oder Kleinmütigkeit sein.

Neben politischem Kalkül und den Kräfteverhältnissen verachtet dieser erhabene Universalismus auch jeglichen Respekt, der traditionell staatlichen und nationalen Grenzen gezollt wird. Am 31. Juli 1792 – zu diesem Zeitpunkt ist der Krieg, in dem sich Frankreich gerade befindet, alles andere als ein Triumphzug – spricht sich Cloots nicht nur für den »Angriffskrieg« aus, sondern hat auch scharfe Worte gegen diejenigen, die sich ihm entgegenstellen, und er verschont dabei niemanden: »Wir werden aus der gegenwärtigen Krise nicht herauskommen, wenn wir unsere Waffen der Befreiung nicht zu den Nachbarvölkern tragen. Wir werden unsere Revolution [nur] durch den Offensivkrieg vollenden; und deshalb müssen wir mit ihm beginnen, was auch immer die Anhänger von La Fayette und Robespierre sagen mögen« (Cloots, 1979, S. 375*). Und am 26. April des folgenden Jahres: »Die Verkünder der Menschenrechte stehen im Widerspruch zu sich selbst, wenn sie die falsche und nachteilige Bezeichnung Französische Republik verwenden«. Ein wesentlicher Punkt müsse bedacht werden: »Der Nationalkonvent wird nicht vergessen, dass wir die Vertreter der menschlichen Gattung sind; unsere Mission beschränkt sich nicht auf die Departements Frankreichs; unsere Befugnisse sind bestätigt von der Natur als Ganzes« (ebd., S. 443, 476*).

Bei Fichte beinhaltet der »universelle Frieden«, der dank der Verflechtung von Revolution und Export der Revolution erreicht wird, die Vereinigung der Menschheit zu einem einzigen Organismus. Das ist ein Motiv, auf dem Cloots noch viel nachdrücklicher besteht. Er ist überzeugt, dass er das Geheimnis gelüftet hat, mit dem die Tragödie der nationalen Entzweiungen und des Hasses und damit des Krieges ein für alle Mal überwunden werden kann: »Die menschliche Gattung, zersplittert, vernebelt, ruiniert, ähnelt einer Gladiatorenarena. Es ist ein Spektakel, das Milliarden von Tourneis oder Pfund Sterling absorbiert: Es ist lukrativ und erholsam für eine Handvoll Sybariten, die auf Kosten eines von Steuern erdrückten Volkes reich werden und Spaß haben […]. Die Zersplitterung der Völker erzeugt den Krieg. Es geht also darum, eine Regierungsform zu finden, die auf einem Prinzip beruht, das uns ewigen Frieden sichert. Ich habe sie gefunden!« Mit dem Wegfall »aller Schranken«, mit der Bildung der »Weltrepublik« und der »einzigen, unteilbaren Nation« sowie mit der »Gestaltung der ganzen Welt als eine einzige Familie« wird der »ewige Frieden« garantiert (ebd., S. 498, 488f*). Während also »die Gesellschaft aus Nationen immer kriegerisch sein wird«, wird im Gegenteil, sobald nationale und staatliche Barrieren überwunden sind, »die Gesellschaft aus Individuen immer friedlich sein«. Die Zukunft ist bereits vorgezeichnet: »Das Universum wird einen einzigen Staat bilden, den Staat der vereinten Individuen, das unveränderliche Reich der Großen Bruderschaft, die Weltrepublik«. Ihr Motto wird lauten: »Lang lebe die Menschheit!« (ebd., S. 501, 396, 349*). Nach dem Sturz des Ancien Régime, das per se eine Quelle des Krieges war, »wird die befreite Menschheit eines Tages die Natur nachahmen, die überhaupt keine Fremden kennt; und die Weisheit wird in beiden Hemisphären herrschen, in einer Republik der Vereinigten Individuen«, die von einer »Kosmopolitischen Gesetzgebenden Versammlung« geleitet wird. Es mag den Anschein haben, als handele es sich um ein imaginäres Ziel; in Wirklichkeit ist es ein menschliches Streben, das weit verbreitet und unbezähmbar ist: »Die Franzosen wollen keine Burgunder sein, die Europäer wollen keine Franzosen sein, die Kosmopoliten wollen keine Europäer sein. Nun, die Weltrepublik wird die ganze Welt zusammenführen« (ebd., S. 484, 394, 443*).

Halt zu machen jenseits des »einzigen Leibes« der gesamten Menschheit, wie Fichte es formulierte, oder vor der »Republik der Vereinigten Individuen«, um uns der Sprache Cloots zu bedienen, ist für beide gleichbedeutend mit provinzieller Angst oder Schlimmerem.

2.6. Export der Revolution, Girondisten und Jakobiner

Wenn man Cloots und Fichte zu denjenigen zählen will, die am vehementesten den Export der Revolution theoretisieren, dann ist Robespierre derjenige, der sich argumentativ am stärksten und entschiedensten dieser politischen Programmatik widersetzt und sie widerlegt. Um genau zu sein: Noch bevor er die Aussicht ablehnte, die Revolution durch Krieg zu exportieren, geriet er Anfang 1792 mit den Girondisten aneinander, weil er sich der Kriegserklärung an Österreich und Preußen widersetzte, die wenige Monate zuvor in Pillnitz mit einer Intervention gegen das revolutionäre Frankreich gedroht hatten. Ungeachtet der Provokation und Verletzung des Prinzips der Nichteinmischung und der Achtung der staatlichen Souveränität warnt er die Mitglieder der Nationalversammlung folgendermaßen: »Wenn Sie die ersten sind, die ihr Territorium [das deutsche] verletzen, werden Sie sogar das deutsche Volk verärgern [...], bei dem die Grausamkeiten, die von den pfälzischen Generälen begangen wurden [d.h. die systematische Verwüstung durch die Generäle Ludwigs XVI.], tiefere Eindrücke hinterlassen haben als einige verbotene Flugblätter hervorgebracht haben werden«. Der Einmarsch der französischen Truppen hätte den feudalen Höfen und reaktionären Kreisen einen ausgezeichneten Vorwand geboten, »sich auf Rechte und Sicherheit zu berufen und alte Vorurteile und eingefleischten nationalen Hass zu wecken« (Robespierre, 1950-1967, Bd. 8, S. 61*).

Scharf ist die Ironie des jakobinischen Führers gegen diejenigen, von denen man nicht genau weiß, ob sie »die Republik oder eher den weltweiten Flächenbrand« wollen (ebd., Bd. 10, S. 267*); deutlich ist seine Warnung, nicht zu vergessen, dass »niemand bewaffnete Missionare liebt« und dass es töricht wäre, sich der Illusion hinzugeben, dass die Völker der überfallenen Länder die Generäle der Invasionsarmee als »Missionare der Verfassung« willkommen heißen würden (ebd., Bd. 8, S. 81*); jedenfalls sei Paris nicht »die Hauptstadt der Erde« und der Ausgangspunkt für die »Eroberung der Welt« (ebd., Bd. 10, S. 361*); sinnlos ist die »Manie, eine Nation gegen ihren Willen glücklich und frei zu machen«. Im Gegenteil, »alle Könige hätten ungestraft auf ihren blutigen Thronen dahinvegetieren oder sterben können, wenn sie es verstanden hätten, die Unabhängigkeit des französischen Volkes zu respektieren«. Europa – bekräftigt er noch einmal seinen Diskurs vom 8. Thermidor – sollte nicht durch »kriegerische Taten« unterjocht, sondern von der »Weisheit unserer Gesetze« beeinflusst und von diesen angezogen werden (ebd., Bd. 10, S. 230,

568*). Natürlich sind auch bei Robespierre überraschende Wendungen möglich, aber sein grundsätzlicher Ansatz lehnt die Theorie des Exports der Revolution unmissverständlich ab.

Als Cloots ihn eilig in die Nähe von La Fayette sowie der gemäßigten Kreise rückte, reagierte der Führer der Jakobiner, indem er seinerseits »den unzeitgemäßen Prediger der einen und universellen Republik«, nämlich Cloots, den Konterrevolutionären gleichstellte (ebd., Bd. 10, S. 275*). Zwar ist der gegenseitige Vorwurf des Verrats an der Revolution in beiden Fällen unbegründet, aber es wird deutlich, dass Robespierre eine viel reifere Vision von Universalität und Universalismus offenbart. Auch er hofft, dass sich die Freiheit in der ganzen Welt durchsetzen wird, und dennoch verhehlt er seine Verachtung für diejenigen keineswegs, die, indem sie den Export der Revolution fordern und fördern, aus der Universalität eine repressive Vereinheitlichung zu machen.

In Frankreich begann die Theorie des Exports der Revolution nach der Niederlage der Jakobiner Fuß zu fassen. Es stimmt, dass die Verfassung von 1793 sich gegen jede Form der Einmischung in die inneren Angelegenheiten eines anderen Landes ausspricht, und hinzufügt, dass »das französische Volk Freund und natürlicher Verbündeter aller freien Völker ist« (Art. 118): Es handelt sich um eine Formulierung, die allenfalls die Tür zu einer Hegemonialpolitik gegenüber bereits »freien« Ländern und Völkern öffnen kann, die aber keinesfalls die französische Armee autorisiert, die noch vom »Despotismus« unterdrückten Völker gewaltsam zu »befreien«. Im Konvent sind jedoch bereits Stimmen zu hören, die auf den Beitrag des neuen Frankreichs zur Sache des ewigen Friedens hinweisen, und zwar nicht, indem es sich aller Angriffskriege enthält und neue internationale Beziehungen fördert, die auf Zusammenarbeit und Freundschaft zwischen den verschiedenen Ländern beruhen, sondern durch den Export der Revolution, durch die »internationalistische Hilfe« (um eine Ausdrucksweise des zwanzigsten Jahrhunderts zu verwenden) für jene Völker, die noch immer vom Despotismus unterdrückt werden, der als die wahre Ursache der brudermörderischen Kriege zwischen den Nationen erkannt und angeprangert wird.

Es ist vor allem der Verfassungsentwurf der Girondisten, der sich durch einen klaren expansionistischen und hegemonialen Ansatz auszeichnet. Er wird vom jakobinischen Konvent abgelehnt, aber es lohnt sich trotzdem, ihn zu untersuchen, um sowohl die zugrundeliegenden Tendenzen wahrzunehmen, die sich im neuen (bürgerlichen) Frankreich abzeichnen, als auch die Argumente, mit denen diese Tendenzen gerechtfertigt werden. Es zeigt sich deutlich eine Ideologie, mit der dieselben noch immer stark empfundenen revolutionären Ideale in den Dienst einer expansionistischen Politik gestellt werden. Der gesamte Titel XIII des Entwurfs der Girondisten befasst sich mit »den Beziehungen der Französischen Republik zu fremden Nationen und ihren Außenbeziehungen«. Nachdem in Artikel 1 dieses Abschnitts des Verfassungsentwurfs der Girondisten erklärt wird, dass »die Französische Republik nur zur Wahrung ihrer Freiheit, zur Erhaltung ihres Territoriums und zur Verteidigung ihrer Verbündeten zu den Waffen greift«, lässt Artikel 2 die Tür zur Annexion offen: Frankreich »verzichtet feierlich auf die Vereinigung fremder Regionen mit seinem Territorium, es sei denn nach einem von der Mehrheit der Einwohner frei abgegebenen Votum und nur für den Fall, dass die Regionen, die diese Vereinigung beantragen, nicht in einer anderen Nation, kraft eines Gesellschaftsvertrags, der auf einer früheren, frei zugestandenen Verfassung gründet, zusammengeschlossen und vereinigt sind«. Da es zu diesem Zeitpunkt vom feudalen Europa umgeben ist, von Ländern also, die von Despotismus beherrscht werden, wird dem revolutionären Frankreich stillschweigend erlaubt, Region nach Region zu annektieren: Die Idee des »Gesellschaftsvertrages« wird von einem Instrument des Kampfes gegen die monarchistische Unterdrückung in ein Instrument des wiederbelebten französischen Expansionismus verwandelt.

Andererseits kann das Bestreben bestimmter, einem feudalen Land entrissener oder zu entreißender Regionen, sich dem revolutionären Frankreich anzuschließen, wirksam gefördert werden, da in den besetzten Ländern gemäß Artikel 3 die Generäle aufgerufen sind, »unter keinem Vorwand und unter keinen Umständen die Aufrechterhaltung von Bräuchen, die der Gleichheit und der Souveränität der Völker zuwiderlaufen, mit der Autorität, mit der sie bekleidet sind, zu schützen«. Dies um so mehr, als Artikel 4 erklärt, dass »die Französische Republik in ihren Beziehungen zu ausländischen Nationen [nur] Institutionen respektieren wird, die durch die ausdrückliche oder stillschweigende Zustimmung der Allgemeinheit des Volkes garantiert sind« (zit. in: Saitta, 1952, S. 142*). Mit anderen Worten, der Besatzungsarmee wird das Recht zuerkannt, die alten Gesetze und die alten Machthaber zu stürzen und eine »revolutionäre«, Frankreich freundlich gesonnene Regierung einzusetzen, die sich dann beeilt, im Namen des Volkswillens die Angliederung an das erstgeborene Land der Revolution zu fordern. Der erhabene Universalismus kann leicht in Expansionismus oder Unterstützung für Expansionismus umschlagen.

2.7.
Erhabener Universalismus und Expansionismus

Es ist eine Dialektik, die sich bei Cloots besonders deutlich manifestiert. Einerseits will er der »Prophet der universellen Erneuerung« und der »Redner des Menschengeschlechts« sein, der stets »der universellen Nation treu« und der »Souveränität des Menschengeschlechts« ergeben ist, andererseits setzt er sofort das Land, das Protagonist der Revolution ist, mit der Sache des Universalismus gleich und legitimiert schließlich den Expansionismus, die Annexionen und sogar die Plünderungen Frankreichs als Beiträge zum Vormarsch eben dieser Universalität und des universellen Friedens: »Seit Beginn des Krieges ist unser Territorium beträchtlich gewachsen […]. Wir haben riesige Kornkammern erobert; wir haben den Boden der Freiheit ausgedehnt […]. Wenn der nächste Feldzug ebenso viele Morgen Land unserem Territorium zufügt wie der vorhergehende, werden alle Schätze Europas und der Tropen unaufhörlich zu uns kommen, nicht zu uns Franzosen, sondern zu uns Menschen, und es wird immer Menschen geben […]. Lasst uns nicht das Feuer löschen, das uns zur Ausbreitung der Menschenrechte anspornt« (Cloots 1979, S. 302, 339, 387, 462f*). Die Bewohner der von Frankreich einverleibten Gebiete können nur glücklich und begeistert sein, denn dank der von der Regierung in Paris beschlossenen Annexion verbinden sie sich mit der authentischen und universellen Menschheit. An die Völker gerichtet, die sich in den Augen von Cloots anschicken, vom Despotismus befreit zu werden, rief er aus: »Bald seid ihr Franzosen und damit Mitglieder der großen Menschheitsfamilie«. Frankreich oder die »Universelle Republik der Franzosen« ist der Kern, der sich allmählich ausdehnt und am Ende »eine Milliarde Brüder«, d.h. die gesamte Weltbevölkerung, umfassen wird; »für die Franzosen, für die Universellen« (*aux Français, aux Universels*) ist es notwendig, die Rolle als Protagonisten der totalen Erneuerung der Welt anzuerkennen. Die Verklärung des Landes, das das Verdienst hatte, das Ancien Régime zu stürzen, erreicht schließlich ihren Höhepunkt: »Frankreich ist die Wiege eines Volksgottes, der niemals sterben wird« (ebd., S. 201, 393, 484, 461*). Der Universalismus schlägt nicht nur in Expansionismus um, sondern in einen Expansionismus, der so exaltiert ist, dass er das französische Volk mit der Menschheit, der Universalität und sogar mit Göttlichkeit identifiziert.

Und es ist ein Expansionismus, der dank des Anspruchs, die Verkörperung der Universalität selbst zu sein, legitimiert ist, mit eiserner Faust jeglichen Widerstand, der seinen Vormarsch behindert, als partikularistisch und egoistisch zu zerschlagen. Ausgehend von der Annahme, dass die Menschheit, dank des weltweiten Sturzes des Ancien Régime und der daraus folgenden allgemeinen Anerkennung der Menschenrechte, wie sie von der Französischen Revolution proklamiert wurden, endlich ihre Einheit erreichen muss, folgen bei dem »Redner des Menschengeschlechts« Aussagen, die umso bedrohlicher sind, je nachdrücklicher sie universalistisch sind: »Die Souveränität liegt im wesentlichen in der gesamten Menschheit: Sie ist einzig, unteilbar, unantastbar, unveränderlich, unveräußerlich, ewig, *unbegrenzt, absolut, grenzenlos und allmächtig*; folglich könnte es keine zwei souveräne Völker geben [...]. Ein König, der darauf besteht, seine Krone zu behalten, und ein Volk, das darauf besteht, sich zu isolieren, sind Aufrührer, die gezähmt werden müssen, oder Nomaden, die dank der Fackel der Menschenrechte in den Schoß der

Versammlung, der universellen Vereinigung, zurückgeführt werden müssen [...]. *Die menschliche Gattung darf nirgendwo Widerstand finden* [...]. *Ein Teil der Menschheit könnte sich nicht absondern, ohne rebellisch zu sein, und das Privileg, mit dem sie prahlt, ist ein Verbrechen der Verletzung der Demokratie* [...]. Wir bekennen, dass wir es nicht dulden können, dass ein Volk aristokratische Formen annimmt, Formen, die die Prinzipien verletzen; das heißt, wir bekennen, *dass wir uns gegen die Zerschlagung der menschlichen Gesellschaft, der einzigen Nation wenden müssen, deren Macht Frankreich vorübergehend ausübt*« (ebd., S. 476f, 479, 489*). Die von mir kursiv hervorgehobenen Passagen machen deutlich, wie der proklamierte Universalismus zur Theoretisierung einer (wenn auch vorläufigen) planetarischen Diktatur Frankreichs führt, einer planetarischen Diktatur, die auf jede Andeutung von Widerstand mit eiserner Faust, letztlich mit Krieg antwortet: Der ewige Frieden ist in sein Gegenteil verkehrt worden. Ist das der Universalismus?

Kants Warnung kommt uns wieder in den Sinn: Wenn sie die Vielfalt der Staaten und Nationen und die Tatsache aus den Augen verlieren, dass »die Natur weislich die Völker trennt« (unterschiedlich in Sprache und Kultur), dann führen das Ideal des ewigen Friedens und der Universalismus zu einer »Universalmonarchie« unter dem Banner des »schrecklichsten Despotismus«, eines »seelenlosen Despotismus« (vgl. oben, Abs. 1.7). Um es mit Hegel auszudrücken, könnte man sagen, dass Kant eine eher dialektische Vision hat: Bei ihm schließt Universalität die Partikularität nicht aus, sondern impliziert vielmehr die Achtung vor ihr; nur unter diesen Bedingungen verkehren sich ewiger Frieden und Universalismus nicht in ihr Gegenteil.

Mutatis mutandis können ähnliche Überlegungen für Robespierre angestellt werden. Vielleicht auch dank der Lektüre des ihm besonders am Herzen liegenden Philosophen (der für die Wiedergeburt der polnischen »Nation« eine Erziehung im Namen des Respekts vor ihrer Geschichte, ihrer Sprache, ihrer Kultur empfiehlt) (Rousseau, 1959-1969, Bd. 3, S. 954-966), vor allem aber aufgrund seiner politischen Erfahrung, versteht der jakobinische Führer sehr gut, dass das Nationalgefühl einerseits das französische Volk in seinem Widerstand gegen den Eindringling unterstützt, andererseits seinen Expansionsdrang hemmt.

Jene Jakobiner in Italien und Deutschland bleiben also Robespierres Lehre und seiner reifen Vision von Internationalismus und Universalismus treu, wenn sie, obgleich sie die Revolution und den Kampf des neuen Frankreichs gegen die Invasion der konterrevolutionären Mächte enthusiastisch begrüßt haben, sich weigern, den aus dem Sturz des Ancien Régime resultierenden Expansionismus des Landes als Beitrag zur Sache der Revolution und des Friedens zu betrachten. Filippo G. Buonarroti, ein italienischer Revolutionär, der die französische Staatsbürgerschaft erhalten hatte, warnte Bonaparte anlässlich des Italienfeldzuges von 1796: »Wir dürfen nicht zulassen, dass die Disziplinlosigkeit der Armee und vor allem die barbarische Gier der Militäradministratoren, indem sie die in Italien eroberten Länder in Verzweiflung stürzen, die Liebe des Volkes in Hass verwandeln und die Ketten, die wir zerreißen möchten, noch fester ziehen« (zit. in: Furet, Richet, 1980, S. 479*)[9]. Es ist eine Sprache, die an jene erinnert, die Robespierre im Streit mit den Girondisten gebrauchte, den Befürwortern des Krieges und des Exports der Revolution. In ähnlicher Weise äußert sich Andreas G. F. Rebmann in Deutschland. 1797 kritisierte er sich selbst, weil er »einst ein warmer Apostel der Rheingrenze« gewesen sei, d. h. ein Verfechter der Annexion des linken Rheinufers durch Frankreich. Dies sei ein schwerwiegender Fehler gewesen: Es ist notwendig, mit der Illusion oder der Mystifizierung Schluss zu machen, dass die »Einverleibung einiger Provinzen mit der fränkischen Republik« die »Ausrottung der Tyrannei und die Herrschaft der Gesetze in Europa« befördern würde, um dem politischen Wandel einen Impuls zu geben und »Deutschlands Völker glücklich zu sehen«. Nein, das postthermidorianische Frankreich verhält sich wie ein eroberndes Land und hält seine anfänglichen Friedensversprechen nicht mehr ein (Scheel, 1980, S. 366-369). Trotz des ideologischen Blendwerks ist der Mangel an Respekt

9 Das Zitat ist in der deutschen, leicht gekürzten Ausgabe nicht enthalten.

vor nationalen Identitäten und Eigenheiten eine Verleugnung des authentischen Internationalismus. Es ist kein Zufall, dass Rebmann Cloots hasst (Labbé, 1999, S. 476f).

2.8.
Der Schatten des 18. Brumaire auf dem Land des ewigen Friedens

Bei Fichte selbst gerät die Theorie des Exports der Revolution schon im Moment ihrer Formulierung oder unmittelbar danach in eine Krise: Sie überlebt die Entwicklungen der politischen Situation in Frankreich nicht. Wie glaubwürdig kann der Anspruch sein, die Sache der republikanischen Verfassung und damit des ewigen Friedens zu verkörpern, wenn das Land einen Staatsstreich erlitten hat, den des 18. Brumaire (9. November) 1799, der die Vertretungsorgane außer Funktion setzte und die Machtübernahme dreier Konsuln sanktionierte, darunter die Figur Napoleon Bonapartes, der sich immer mehr durchzusetzen beginnt? Ausgerechnet einem siegreichen und ehrgeizigen General soll der Export der demokratischen Institutionen anvertraut werden, die dazu dienen sollen, ein für alle Mal die Wurzeln des Krieges auszureißen?

Die Ereignisse in Paris treffen Fichte als Revolutionär und als Philosophen schmerzlich. Als einen grundlegenden Beitrag zur Stabilisierung der Französischen Republik begrüßte er die Verfassung des Jahres III (1795), die einen »Hohen Gerichtshof« vorsieht, der die Aufgabe hat, über die Mitglieder des Direktoriums und damit über die Exekutive zu wachen (Saitta, 1952, S. 176*). Dank der Einführung dieses »Ephorats« – so kommentiert der Philosoph im Jahr darauf bei der Veröffentlichung der *Grundlagen des Naturrechts* – ist man den eventuellen Versuchen des Machtmissbrauchs zuvor gekommen und hat sie vereitelt, und ein erneuter Rückgriff auf den Aufstand ist überflüssig. Das neue System, das aus dem Sturz des Ancien Régime hervorgegangen ist, hat inzwischen seine endgültige Konsolidierung und seine volle Legitimation erfahren und kann auf internationaler Ebene einen zunehmenden Einfluss entfalten. Doch stattdessen…

Wenn der Autor der *Bestimmung des Menschen* bisweilen selbst über den Export der Revolution theoretisiert, so verhehlt er doch seine Verwirrung nicht: »Eine[r] bürgerlichen Verfassung, wie sie seyn soll, wie sie durch die Vernunft gefordert wird, wie der Denker leicht sie beschreibt, [findet er] ohnerachtet [...] bis jetzt [...] nirgends [...], wo sie umgesetzt werden kann« (FBM, S. 276). Es gibt kein Land, in dem die de facto bestehende politische Realität voll und ganz dem von dem Philosophen gepflegten Ideal entspricht. Zumindest innenpolitisch ist dies eine erste vorsichtige Distanzierung von Frankreich. Das Land scheint das Opfer endloser Erschütterungen zu sein: Die durch die Revolution geweckte Begeisterung kühlt dadurch ab und die Besorgnis über ihren Fortschritt und die Zweifel an ihrem endgültigen Ausgang werden verstärkt. Diese Haltung findet einen präzisen Widerhall in Fichtes Text: Sogar »im Innern der Staaten selbst, wo die Menschen zur Gleichheit unter dem Gesetze vereinigt zu seyn scheinen, ist es grossen Theils noch immer Gewalt und List, was unter dem ehrwürdigen Namen des Gesetzes herrscht«. Vor allem ist es sehr schwierig, sich in Konflikten zurechtzufinden, die in Frankreich nicht aufhören und sich ständig neu entwickeln: »Noch immer bekämpfen aus Misverstand und Irrthum, aus Mistrauen, aus geheimer Eigenliebe die Guten einander selbst, – oft um so heftiger, je ernstlicher jeder von seiner Seite, was er fürs Beste erkennt, durchzusetzen strebt; und reiben eine Kraft, die vereinigt kaum dem Bösen die Wage halten würde, im Streite gegeneinander selbst auf (ebd., S. 268-270). Die unaufhörlichen Widersprüche, die die revolutionären Kräfte zerreißen, beunruhigen den Philosophen zutiefst, umso mehr in einer Zeit, in der »die Verkehrten, unter sich selbst im ewigen Kampfe, schliessen Waffenstillstand, sobald das Gute sich blicken lässt, um diesem mit der vereinigten Kraft ihres Verderbens entgegenzugehen«. Die zweite Koalition der antirevolutionären Mächte ist gerade erst gebildet worden, und die französischen Armeen sind in Schwierigkeiten, wie unter anderem das Scheitern von Napoleons Abenteuer in Ägypten zeigt. Es ist eine Situation, die in Frankreich die Einheit der revolutionären Kräfte ratsam erscheinen lassen oder sie gar gebieten sollte, während diese stattdessen ein deprimierendes Spektakel aufführen: »Da tadelt einer den anderen« aus verschiedenen Gründen »und nur der Allwissende könnte sagen, ob einer, und welcher von beiden in diesem Streite Recht habe« (ebd., S. 269). Fichte verhehlt nicht seine Enttäuschung über die Gegensätze, die ohne ersichtlichen Grund dieselbe Partei, die den ewigen Frieden versprochen hat, auseinander reißen. Jede der beiden Seiten des Kampfes »fordert alle Guten auf, ihre Kräfte mit ihm zu vereinigen und sie ihm für die Ausführung seines Zweckes zu unterordnen, und hält es für Verrath an der guten Sache, wenn sie sich dessen weigern; indess die anderen von ihrer Seite dieselben Ansprüche an ihn machen, und ihn desselben Verrathes beschuldigen, wenn Er sich weigert« (ebd.). Auch aufgrund all dessen drückt der Philosoph die Hoffnung aus, dass sich eines Tages eine Ordnung durchsetzen möge, in der nicht nur der aktive Widerstand derer, die das Böse vertreten, der mit dem antiken Regime verbundenen Kräfte, sondern auch »der Streit der Guten untereinander, selbst über das Gute, verschwindet« (ebd., S. 276).

Und doch repräsentiert Frankreich in den Augen Fichtes auf internationaler Ebene nach wie vor die Sache der Freiheit, des Fortschritts und des Friedens. Worauf gründet diese Überzeugung? Zunächst ist festzuhalten, dass das autobiografische Moment nicht fehlt. Nach dem Atheismusstreit, für den man ihn verantwortlich machte, sah sich der Philosoph gezwungen, seine Lehrtätigkeit an der Universität Jena aufzugeben und nach Berlin zu gehen, um Privatlehrer zu werden. Die *Bestimmung des Menschen* bezieht sich offensichtlich auf diese Schikanen und prangert die Manöver an, die darauf zielen, die »großen Massen« in Unwissenheit zu halten, »damit sie dieselben ewig zu Sklaven behalten«, ebenso wie die Manöver, »jeden zu verderben, der es wagen sollte, sie zu erleuchten und zu verbessern« (ebd., S. 268). Trotz seiner beunruhigenden oder schwer verständlichen Entwicklungen ist Frankreich aber nach wie vor das Land, das das Ancien Régime und mit ihm den klerikalen Obskurantismus und den monarchischen Absolutismus, die Todfeinde sowohl des freien Denkens als auch des Friedens, abgeschüttelt hat.

Auf die sich hinziehenden Schwierigkeiten, auf die die neue Ordnung stieß, die länger anhielten und schwerer als erwartet waren, kann man nicht reagieren, indem man sich auf die Seite der Kräfte der Reaktion stellt oder gar das Terrain der Geschichte und Politik verlässt, um sich in die Innerlichkeit oder in den Genuss eines ästhetischen Modells zu flüchten, das von der Vulgarität der Gegenwart unberührt bleibt. Analysiert man die Geschichte – erklärt Fichte polemisch anspielend in der *Bestimmung des Menschen* gegenüber einem der berühmtesten Exponenten der deutschen Kultur der damaligen Zeit –, so darf man nicht fragen, »ob die auf einige wenige Puncte zusammengedrängte ästhetische Bildung und Verstandes-Cultur der Vorwelt nicht die der neueren Welt dem Grade nach übertroffen haben möchte!« (FBM, S. 271). Es war Friedrich Schiller gewesen, der 1795 im fünften und sechsten seiner *Briefe über die ästhetische Erziehung* schrieb: »Die Erscheinung der griechischen Menschheit war unstreitig ein *Maximum*, das auf dieser Stufe weder verharren noch höher steigen konnte«. Das Lob des klassischen Griechenlands ging Hand in Hand mit der Anprangerung der »nachtheilige Richtung des Zeitcharakters«, in dem der »Geist dieser Zeit zwischen Verkehrtheit und Rohigkeit, zwischen Unnatur und bloßer Natur, zwischen Superstition und moralischem Unglauben« schwankte (Schiller, 1993, S. 586, 589), zuletzt ging es einher mit der Verurteilung oder radikalen Abwertung der Welt, die aus der Französischen Revolution hervorgegangen war, und auf jeden Fall mit der Auslöschung oder Verhöhnung der durch sie hervorgerufenen Begeisterung.

Laut Fichte ist dies ein radikal falscher Ansatz: »Aber befrage man sie, diese Geschichte, in welchem Zeitpuncte die vorhandene Bildung am weitesten ausgebreitet, und unter die mehrsten Einzelnen vertheilt gewesen; und man wird ohne Zweifel finden, dass vom Anfange der Geschichte an bis auf unsere Tage die wenigen lichten Puncte der Cultur sich von ihrem Mittelpuncte aus erweitert, und einen Einzelnen nach dem anderen, und ein Volk nach dem anderen ergriffen haben, und dass diese weitere Verbreitung der Bildung unter unseren Augen fortdauere.« Dieser weit ausgreifende Fortschritt, der sich in der Einführung der Schulpflicht in Frankreich und der umfangreichen Verbreitung einer darüber hinaus säkularen Kultur zeigt, die auf allen Ebenen auf der Vernunft beruht und das Prinzip der Autorität ablehnt, ist eine Bedingung für weiteren Fortschritt auf qualitativer Ebene. Dies gilt umso mehr, wenn man das Gesamtbild aus einer kosmopolitischen Perspektive betrachtet, wie es richtig ist, wenn man den Weg der Menschheit als Ganzes in den Blick nimmt: Eine Nation »muss […] die andere, ein Welttheil den anderen auf der gemeinschaftlichen Bahn erwarten, und jeder dem allgemeinen Bunde, um dessen willen allein sie selbst da sind, seine Jahrhunderte des scheinbaren Stillstandes, oder Rückganges zum Opfer bringen« (FBM, S. 272f). Der *Stillstand*, der nach der überwältigenden Begeisterung durch die Revolution eingetreten zu sein scheint, ist offensichtlich: Das Land, das der Protagonist der Wende war, wartet in der Tat geduldig auf die anderen Nationen; die Verbreitung der neuen Kultur und der neuen politischen Institutionen auf internationaler Ebene ist die Grundvoraussetzung für einen neuen entscheidenden Fortschritt Frankreichs und der Menschheit sowie für das Vorankommen und den endgültigen Triumph der Sache des ewigen Friedens. Es ist notwendig, »das große Ganze der Menschheit« und ihr Endziel nicht aus den Augen zu verlieren: »Es ist die Bestimmung unseres Geschlechtes, sich zu einem einigen, in allen seinen Theilen durchgängig mit sich selbst bekannten, und allenthalben auf die gleiche Weise ausgebildeten Körper zu vereinigen, […] bis die vorhandene Bildung jedes Zeitalters über den ganzen bewohnten Erdball vertheilt« ist (FBM, S. 271f). Trotz der inzwischen eingetretenen Zweifel, der Ratlosigkeit und der Ängste über den Ausgang der Revolution jenseits des Rheins, hat die Hoffnung, dass diese zur Vereinigung der endlich befriedeten Menschheit führen möge, noch keine irreparablen Risse erlitten.

2.9.
»Natürliche Grenzen«, friedliche Koexistenz und ewiger Frieden

Wenn in den Augen Fichtes der rote Faden des historischen Prozesses unverändert bleibt, ist die Versuchung dahin, die Revolution als Instrument zur Beschleunigung des Sieges der politischen Ordnung, die dem Krieg ein Ende setzen kann, zu exportieren. Von diesem Diskurs, der nicht ohne Zweideutigkeiten und Zweifel bereits zum Zeitpunkt seiner Formulierung war, gibt es im *Geschlossenen Han-*

delsstaat jedenfalls keine Spur, auch wenn er Ende 1800 und damit nur wenige Monate nach Der *Bestimmung des Menschen* (die zwischen Ende 1799 und Anfang des folgenden Jahres das Licht der Welt erblickte) veröffentlicht wurde. Nicht, dass das Ideal des ewigen Friedens nun eine Herabwürdigung erfahren hätte. Im Gegenteil, das neue Buch schließt, indem es das Bild der zukünftigen, endlich geeinten und befriedeten Menschheit in leuchtenden Farben entwirft (FGH, S. 513): »Die öffentlichen Blätter enthalten von nun an nicht mehr Erzählungen von Kriegen und Schlachten, Friedensschlüssen oder Bündnissen; denn dieses alles ist aus der Welt verschwunden. Sie enthalten mir noch Nachrichten von den Fortschritten der Wissenschaft, von neuen Entdeckungen, vom Fortgange der Gesetzgebung, der Polizei; und jeder Staat eilt, die Erfindung des anderen bei sich einheimisch zu machen.« Nur ist jetzt der Ansatz zur Ausrottung des Krieges ganz anders als in der Vergangenheit. Die Betonung liegt nicht mehr auf der Notwendigkeit revolutionärer Transformationen in den politischen Institutionen jedes einzelnen Staates, d. h. auf der letztendlichen Notwendigkeit des weltweiten Sturzes des Feudalregimes (durch Revolutionen von unten und den Export der Revolution). Hingegen sind nun ein Kompromiss und eine Art friedlicher Koexistenz zwischen Ländern mit unterschiedlichen politischen und sozialen Ordnungen vorgesehen oder gefordert.

In der Zwischenzeit hat sich die internationale Situation radikal verändert. Es darf keine Illusionen mehr über die rasche Expansion republikanischer Strukturen in Europa geben. Das revolutionäre Feuer ist erloschen und lässt sich auch mit Hilfe der Regierung in Paris nicht ohne weiteres wieder anfachen. Der Frieden kann nicht mehr durch die Expansion der neuen Ordnung garantiert werden, sondern nur noch durch ihre Koexistenz mit der alten. Es ist ein viel bescheideneres Ziel als das zuvor angestrebte, aber auch dieses ist nicht leicht zu erreichen.

Nach Fichte kann die Koexistenz zwischen Ländern mit unterschiedlichen sozialen und politischen Systemen nur dann dauerhaft und friedlich sein, wenn jedem von ihnen erlaubt ist, seine »natürlichen Grenzen« einzunehmen. Die Wirklichkeit muss berücksichtigt werden: »Gewisse Theile der Oberfläche des Erdbodens, sammt ihren Bewohnern, sind sichtbar von der Natur bestimmt, politische Ganze zu bilden. Ihr Umfang ist durch grosse Flüsse, Meere, unzugängliche Gebirge von der übrigen Erde abgesondert; [...] Diese Andeutungen der Natur, was zusammenbleiben, oder getrennt werden solle, sind es, welche man meint, wenn man in der *neueren Politik* von den natürlichen Grenzen der Reiche redet: Eine Rücksicht, die weit wichtiger und ernsthafter zu nehmen ist, als man sie gemeiniglich nimmt« (ebd., S. 480). Wie der Verweis auf die »neuere Politik« zeigt, handelt es sich dabei nicht um eine abstrakte philosophische Reflexion, wir haben es auch mit einer präzisen politischen Stellungnahme zu tun. Indem es sich einen lang gehegten Wunsch erfüllte, der zunächst durch das Eindringen und den Vormarsch der konterrevolutionären Kräfte und schließlich durch deren Niederlage erneut entfacht worden war, annektierte Frankreich das linke Rheinufer und erreichte schließlich die von Geographie und »Natur« markierte, ja vorbestimmte Grenze. Es ist ein Anspruch, den Fichte vorbehaltlos unterstützt. Er hat zwar die Illusion oder die Versuchung, die Revolution zu exportieren, hinter sich gelassen, aber noch nicht mit dem Expansionismus der Großen Nation gebrochen. Im Übergang von einem Jahrhundert zum nächsten hat sich die antifranzösische Koalition aufgelöst, die Republik, die das Ergebnis des Sturzes des Ancien Régime war, kann aufatmen. Ist dies nicht die Gelegenheit, die bestehenden Grenzen als legitim und natürlich anzuerkennen und dem Krieg und jeglicher Rivalität zwischen den Nationen ein Ende zu setzen?

Fichtes Ausführungen sind Teil einer Debatte, die einige Jahre zuvor mit der Lancierung einer Art Manifest der philo-französischen Partei in Deutschland begonnen hatte. 1798 schrieb Görres (1979, S. 157, 169, 171, 124), dass »die geometrische Abrundung der Staaten für die Ruhe [...] der Länder [...] wichtig ist«. Oder vielmehr: »Es ist daher dem Gange der Menschheit und dem Zwecke der Natur gemäß, wenn ein Staat sich in seine natürlichen Grenzen einengt oder ausdehnt«. Deshalb ist die Durchsetzung »des großen physischen Gesetzes der Naturgrenzen« eine unabdingbare Voraussetzung für die Verwirklichung des »ewigen Friedens«, des großen Ideals, das Kant gegen »die engbrüstigen Einwürfe kleinmütiger Empiriker« glänzend verteidigt hat.

Auch Fichte ist der Meinung, dass das Bestreben Frankreichs, den Rhein zu erreichen, nicht als Ausdruck von Expansionismus gesehen werden sollte, sondern als ein völlig legitimes und in der Tat höchst sinnvolles Ziel in Hinblick auf die Sache des Friedens in Europa und der Welt: »Es ist von jeher das Privilegium der Philosophen gewesen, über die Kriege zu seufzen. Der Verfasser liebt sie nicht mehr, als irgend ein anderer; aber er glaubt die Unvermeidlichkeit derselben bei der gegenwärtigen Lage der Dinge einzusehen, und hält es für unzweckmässig, über das Unvermeidliche zu klagen. Soll der Krieg aufgehoben werden, so muss der Grund der Kriege aufgehoben werden. Jeder Staat muss erhalten, was er durch Krieg zu erhalten beabsichtigt, und vernünftigerweise allein beabsichtigen kann, seine natürlichen Grenzen. Von nun an hat er an keinen anderen Staat ferner etwas zu suchen; denn er besitzt, was er suchte. Keiner hat an ihn etwas zu suchen; denn er ist über seine natürliche Grenze nicht hinaus und in die Grenze eines anderen eingerückt« (FGH, S. 482). Das Ziel, »natürliche Grenzen« zu erreichen, ist der endlich gefundene Schlüssel, der es erlaubt, die Türen zum ewigen Frieden zu öffnen und einem Ideal Konkretheit zu verleihen, das sicherlich edel ist, aber bis zu diesem Moment vage und abstrakt blieb. Krieg wird unvermeidlich sein, solange die neue politische Konfiguration Europas noch nicht erreicht ist: »Die Regierungen werden dunkel fühlen, dass ihnen etwas fehle, wenn sie auch etwa nicht deutlich einsehen, was dieses fehlende eigentlich sey. Sie werden von der Nothwendigkeit sich zu *arrondiren* reden; werden betheuern, dass sie um ihrer übrigen Länder willen diese fruchtbare Provinz, diese Berg- oder Salzwerke nicht missen können, indem sie dabei immer dunkel auf die Erwerbung ihrer natürlichen Grenze ausgehen. Blinde und unbestimmte, oder auch wohl hellsehende und sehr bestimmte Eroberungssucht wird alle treiben; und so werden sie sich unaufhörlich im Zustande des mittelbaren oder unmittelbaren, des wirklich erklärten oder sich nur vorbereitenden Krieges befinden« (ebd., S. 481). Dem kann nur abgeholfen werden, wenn die Grenzen tatsächlich mit den natürlichen Grenzen übereinstimmen. Dann kann eine allgemeine Abrüstungspolitik gefördert werden: »Die Bürger (können und sollen) nicht mehr durch jenes Heer von Abgaben gedrückt werden, welches die grossen stehenden Heere, und die stete Bereitschaft zum Kriege erfordert« (ebd., S. 483). Wie schon in den allerersten Schriften Fichtes werden die stehenden Heere als eines der Haupthindernisse auf dem Weg zum ewigen Frieden herausgestellt: Nur dass jetzt die Ursache für die Inanspruchnahme einer Erscheinung wie des *miles perpetuus* (vor der Kant bereits gewarnt hatte) nicht mehr in der monarchisch-feudalen Ordnung als solcher erkannt wird, sondern in der Unordnung und den Spannungen, die auf internationaler Ebene herrschen, nämlich im Fehlen stabiler, sicherer, »natürlicher« Grenzen zwischen den Staaten.

2.10.
Der kolonialistische Kapitalismus als Kriegsursache

Die Festlegung des Rheins als »natürliche Grenze« könnte vielleicht den Frieden zwischen Deutschland und Frankreich fördern, aber wie sollte es möglich werden, eine Verständigung zwischen Letzteren und Großbritannien zu erreichen? Der Konflikt wütete weiter. Während die Regierung in Paris ihre Vorherrschaft in Kontinentaleuropa behauptete, entriss die Regierung in London Frankreich und seinen Verbündeten eine Kolonie nach der anderen: »So behielt die Republik vom französischen Kolonialreich nur Guadeloupe als wirklich lohnende Besitzung. Auch Frankreichs Verbündete mussten ihren Tribut entrichten: Spanien verlor Trinidad, den Holländern nahm England ihre schönsten Territorien: Guayana, die Kapkolonie und Ceylon« (Furet, Richet, 1980, S. 518). In den Augen Fichtes war der Akteur dieses unersättlichen Expansionismus ein Land, das keine natürlichen Grenzen kannte und seinem Eroberungs- und Herrschaftswillen keinerlei Grenzen setzte. Außerdem führte Großbritannien, ohne auch nur direkt zu den Waffen greifen zu müssen, einen neuen, aber nicht weniger verheerenden Krieg: »Der englische Sieg im Kolonialkrieg hatte zwei Folgen. Er führte zur Knappheit an Rohstoffen (vor allem Baumwolle) und wichtigen Nahrungsmitteln wie Zucker und Kaffee, andererseits nahm er der französischen Industrie die Absatzmärkte der Westindischen Inseln« (ebd., S. 518f). Es war ein Handelskrieg, der, indem er die Zivilbevölkerung selbst traf oder auf sie abzielte, weit verbreitete Empörung auslöste. Von Paris aus donnerte Paul Barras, ein Mitglied des Direktoriums, gegen »den größten aller Piraten, [...] der alle Meere beherrscht« (zit. ebd., S. 509). Cloots (1979, S. 483, 488*) wiederum betonte: »Handel ist die Hauptursache für menschlichen Unfrieden«. Erst mit dem Aufkommen der (vom revolutionären Frankreich geförderten) »Weltrepublik« war eine wirkliche Veränderung zu erwarten: »Der Handel eines Landes wird nicht mehr auf den Ruin eines anderen Landes abzielen«. Dies waren Argumente, die auch in Deutschland Widerhall fanden, wo die philo-französische Partei durch den Mund von Görres (1979, S. 147) »das Pittsche[10] Aushungerungsprojekt« des französischen Volkes anprangerte.

Jetzt sind wir in der Lage, den *Geschlossenen Handelsstaat* besser zu verstehen. Er forderte ein Ende des Krieges als solchem, vor allem aber ein Ende des Handelskrieges. Damit die Politik der »natürlichen Grenzen« ihr Friedenspotenzial voll entfalten könne, sei es notwendig, sie auch in kommerzieller und maritimer Hinsicht zu begreifen und zu verwirklichen. Tatsächlich war diese Politik eine echte Friedensgarantie, denn sie war die unabdingbare Voraussetzung für die Verwirklichung des »geschlossenen Handelsstaates«.

Geben wir Fichte das Wort: »Ein Staat, der im Begriffe ist, sich als Handelsstaat zu verschliessen, muss vorher in diese seine natürlichen Grenzen [...] entweder vorrücken, oder sich einschränken«, auch weil er »ein ausgedehntes Land, das ein vollständiges und geschlossenes System der nothwendigen Production in sich enthalte«, braucht. Ja, »Schliessung des Gebiets, Schliessung des Handelsverkehrs greifen gegenseitig ein in einander, und erfordern eines das andere«. Ein Staat, der durch starke »natürliche Grenzen« eingeschränkt und gleichzeitig wirtschaftlich autark und nicht bereit ist, sich nach außen

10 William Pitt, britischer Premierminister

hin kommerziell auszudehnen, wird, wenn er einerseits seine Sicherheit garantiert sieht, andererseits »alles Vermögen, noch kräftig auf das Ausland zu wirken«, nicht mehr brauchen. Nun, »ein solcher Staat *muss* seinen Nachbarn die Garantie geben und geben können, dass er von nun an auf keine Weise sich vergrössern werde«, und er wird nicht versuchen, dies zu tun. Dies ist eine glaubwürdige Garantie: »Dem geschlossenen Handelsstaate hingegen kann aus einer Vergrösserung über seine natürliche Grenze hinaus nicht der mindeste Vortheil erwachsen; denn die ganze Verfassung desselben ist nur auf den gegebenen Umfang berechnet« (FGH, S. 481-483).

Natürlich scheint keiner der bestehenden Staaten die notwendige »Bescheidenheit« zeigen zu wollen (ebd., S. 469). Nicht einmal das Land, das Protagonist der Großen Revolution war, sollte idealisiert werden. Auch dieses zeigt eine unbestreitbare Tendenz, seine Grenzen nach vorn zu verschieben; aber in Fichtes Augen wird dies nicht von einer unersättlichen Eroberungslust diktiert, sondern von der Sorge um die Gewährleistung seiner nationalen Sicherheit. In diesem Sinne verfolgt die von Frankreich betriebene Politik der natürlichen Grenzen »begrenzte« Ziele, und, wenn diese Politik korrekt und ausgewogen betrieben wird, ist sie beruhigend für die Nachbarländer und kann sogar als »weitblickend« betrachtet werden in Hinblick auf den Frieden und die Ruhe, die sie Europa und der Welt bringen kann.

Anders und entgegengesetzt ist der Fall in Großbritannien: »Ein Staat, der das gewöhnliche Handelssystem befolgt und ein Uebergewicht im Welthandel beabsichtigt, behält ein fortdauerndes Interesse sich sogar über seine natürlichen Grenzen hinaus zu vergrössern, um dadurch seinen Handel, und vermittelst desselben seinen Reichthum zu vermehren; diesen hinwiederum zu neuen Eroberungen anzuwenden […] und die Gier eines solchen Staates kennt keine Grenzen. Seinem Worte können die Nachbarn nie glauben, weil er ein Interesse behält, dasselbe zu brechen« (ebd., S. 483). Wir können einen Zusammenhang zwischen dieser Passage und der Proklamation des Direktoriums herstellen, das am 26. Oktober 1797 von Paris aus gegen die Regierung von London Anklage erhebt: »Dieses Kabinett muss den Krieg wünschen, da der Krieg es reich macht« (zit.

in: Soboul, 1988, S. 488). Und das ist auch die Meinung von Fichte: »Das streitende Handelsinteresse ist oft die wahre Ursache von Kriegen, denen man einen anderen Vorwand giebt. So erkauft man halbe Welttheile gegen die politischen Grundsätze eines Volks, wie man sagt, da doch der Krieg eigentlich gegen dessen Handel, und zwar zum Nachtheile der erkauften selbst, gerichtet ist.« (FGH, S. 468). Im Klartext: Großbritannien heuert Söldner aus der ganzen Welt für einen Krieg an, der in der Theorie darauf abzielt, die Französische Revolution zu ersticken, in Wirklichkeit aber darauf abzielt, seine weltweite Vorherrschaft im Handel zu festigen, wodurch genau die Länder, aus denen die Söldner kommen, am Ende erwürgt werden. Aus dieser Logik ergeben sich »politische Begriffe, die nicht abenteuerlicher seyn könnten«, wie die provokative »Herrschaft der Meere«, die von der Londoner Regierung behauptet und praktiziert wird; stattdessen sollte klar sein, dass die Meere, mit Ausnahme des Abschnitts, der unmittelbar der Küste zugewandt ist und von dem aus das Festland von der Kanone getroffen werden könnte, »ohne Zweifel frei seyn sollten, wie Luft und Licht« (ebd.).

Erneut ergreift Fichte in einer sehr lebhaften Debatte in Deutschland und Europa das Wort. Vor allem nach der Annexion Belgiens, dank der Frankreich den Ärmelkanal erreichen konnte, ist nun deutlich geworden, wer die wahren Antagonisten des gegenwärtigen Krieges sind: Das napoleonische Frankreich und Pitts Großbritannien, das neben seiner Flotte zuletzt auf die Landarmeen zählen kann, die durch das Bündnis mit den alten feudalen Höfen rekrutiert wurden. In den Augen Schillers – das fragliche Gedicht ist *Der Antritt des neuen Jahrhunderts*, das etwa gleichzeitig mit dem *geschlossenen Handelsstaat* entstanden ist – gibt es einen Zusammenstoß zweier Giganten, die gleichermaßen machthungrig und verantwortlich für den Krieg sind: »Zwo gewaltge Nationen ringen um der Welt alleinigen Besitz« und zögern nicht, »aller Länder Freiheit zu verschlingen«. Großbritannien mit seinen Handelsflotten streckt gierig seine »Polypenarme« aus, um das Meer zu beherrschen, und das »Reich der freien Amphitrite« zu unterwerfen. Frankreich benimmt sich nicht besser: Ähnlich wie Brennus wirft es das Gewicht seines Schwertes in die Waagschale, um Gold aus jeder eroberten Provinz zu erbeuten. Schillers Schlussfolgerung ist klar und ernüchtert: »Frieden« und »Freiheit« finden nirgendwo einen »Zufluchtsort«, außer in »des Herzens heilig stillen Räumen«, im »Reich der Träume«. Die von der Revolution versprochene Freiheit und der ewige Frieden haben sich als Illusion erwiesen.

Intimistisches Ausweichen passt nicht zu Fichte, der sich weigert, die beiden Protagonisten des gigantischen Zusammenstoßes, der sich weltweit abspielt, auf eine Stufe zu stellen. Zu diesem Zeitpunkt sieht der Dichter, der den unersättlichen Expansionismus Napoleons und seine Behandlung der eroberten Länder als Halbkolonien erkannt hat, klarer als der Philosoph, der, wenn auch unter Bedenken und Zweifeln, Frankreich weiterhin als das Land des ewigen Friedens betrachtet. Wir dürfen jedoch nicht die andere Seite der Medaille aus den Augen verlieren. Gerade seine Hartnäckigkeit, mit der er weiterhin das Ideal des ewigen Friedens pflegt und weiterverfolgt, ist für Fichte Antrieb, die neuen und ungeahnten Formen zu erforschen, die der Krieg annehmen kann.

Lesen wir die Anklage, die der *geschlossene Handelsstaat* gegen Großbritannien und seine unerbittliche koloniale Expansion weiterhin vorbringt: Das einmal besetzte neue Territorium wird wirtschaftlich in das »Mutterland« integriert, mit dem es zusammen »ein vollendetes System der Production« bildet (FGH, S. 502f). Wir haben es mit einem offenen Handelsstaat zu tun, der strukturell auf den Import von Rohstoffen und den Export von Fertigprodukten (zu einem hohen Preis) angewiesen ist. Dies ist der Ausgangspunkt für eine denkwürdige Anklage gegen das kolonialistische Weltsystem als Ganzes: »[…] dass Europa über die übrigen Welttheile im Handel grossen Vortheil hat, und ihre Kräfte und Producte, bei weitem ohne hinlängliches Aequivalent von seinen Kräften und Producten, an sich bringt, dass jeder einzelne europäische Staat, so ungünstig auch in Beziehung auf die übrigen europäischen Staaten die Handelsbilanz für ihn steht, dennoch von dieser gemeinsamen Ausbeute der übrigen Welt einigen Vortheil zieht, und die Hoffnung nie aufgiebt, die Handelsbilanz zu seinen Gunsten zu verbessern, und einen noch grösseren Vortheil zu ziehen; [...]. [Es] müsste gezeigt werden, dass ein Verhältniss, wie das Europens gegen die übrige Welt, welches sich nicht auf Recht und Billigkeit gründet, unmöglich fortdauern könne: Ein Erweis, der ausserhalb der Grenzen meines gegenwärtigen Vorhabens lag. Aber auch nachdem dieser Erweis geführt wäre, könnte man mir noch immer sagen: ›Bis jetzt wenigstens dauert dieses Verhältniss, – dauert die Unterwürfigkeit der Colonien, gegen die Mutterländer, dauert der Sklavenhandel – noch fort, und Wir werden es nicht erleben, dass alles dieses aufhöre. Lasst uns Vortheil davon ziehen, so lange es noch hält;‹ [...] Ich bekenne, dass ich hierauf keine Antwort habe« (ebd., S. 392f). Die von Europa geführten Eroberungskriege führen zur »Ausbeutung« ganzer Völker und zu einer Unterdrückung, die bis zur Sklaverei reicht, die ihrerseits eine Form des Krieges darstellt (Fichte hat Rousseaus Lektion nicht vergessen).

Die harsche Kritik, der der *geschlossene Handelsstaat* Kolonialismus und Sklavenhandel unterzieht, entgeht auch dem konservativen und pro-britischen Adam Müller nicht, der darauf mit einem Angriff von ungewöhnlicher Heftigkeit reagiert: »Fichte zielt in seinen visionären Phantastereien genau auf jene Beziehungen ab, die die Wilden immer unzivilisierter machen können, während seine beredte Verteidigung der angeblichen Freiheit der Kolonialvölker nur dazu beiträgt, ihre Dummheit zu verewigen« (zit. in: Léon, 1922-1927, Bd. 2, S. 118, Anm.*). Es besteht kein Zweifel: Im Jahre 1800 das Kolonialsystem und die von ganz Europa betriebene »gemeinsame Ausbeute der übrigen Welt« zu verurteilen, ist eine für diese Zeit sehr radikale und fortschrittliche Haltung.

Dies verändert auch den Blickwinkel, aus dem wir die Frage des Friedens betrachten: Um das Phänomen und die Geißel des Krieges wirklich zu verstehen, darf unser Blick nicht auf Europa beschränkt bleiben. Dies gilt umso mehr, als die Eroberung und Ausplünderung der Kolonien am Ende die Beziehungen zwischen den europäischen Ländern selbst stark und nachteilig beeinflussen. Noch in den 1806 veröffentlichten *Grundzüge des gegenwärtigen Zeitalters* verurteilt Fichte Großbritannien in dieser Hinsicht weiterhin scharf, ohne es jedoch ausdrücklich zu erwähnen: »[Es besteht darin, dass:] ein Staat sich des Welthandels bemächtige, sich in den ausschliessenden Besitz der allgemein gesuchten Waaren und des überall geltenden Tauschmittels, des Geldes, setze, von nun an die Preise bestimme, und so die ganze christliche Völkerrepublik nöthige, diejenigen Kriege, welche für die Erhaltung dieser Unterwürfigkeit, somit gegen die ganze christliche Republik geführt werden, zu bezahlen, und die Interessen einer Nationalschuld, welche für den gleichen Zweck gemacht wurde, abzutragen. Es findet sich etwa in der Rechnung, wenn der tausend Meilen entfernte Bewohner eines fremden Staats seine tägliche Mahlzeit bezahlt hat, das er die Hälfte oder drei Viertel seiner Tagesarbeit für jenen fremden Staat aufgewendet hat« (FGZ, S. 205). Der den Kolonien aufgezwungene ungleiche Austausch ermöglicht es dem Staat, der über ein großes Kolonialreich verfügt, Kriege gegen andere europäische Länder zu finanzieren und sogar deren Wirtschaft zu treffen, auch ohne direkten Rückgriff auf Waffen.

Bei Fichte ist der Bezug auf das Ideal des ewigen Friedens nach wie vor eine Konstante. Nun sind es jedoch nicht mehr das Ancien Régime und der monarchistische Absolutismus, sondern das am weitesten entwickelte kapitalistische Land an der Spitze des kommerziellen und kolonialen Expansionismus, das als Hauptfeind der Sache des Friedens und des ewigen Friedens ausgemacht wird. Über ein einzelnes Land hinaus weist der Philosoph auf den Zusammenhang zwischen kolonialem Expansionismus und der Entwicklung der Rivalität zwischen den großen europäischen (und Welt-)Mächten hin und tendiert dazu, das kapitalistisch-kolonialistisch-imperialistische System als Ganzes anzuklagen. Das ist ein völlig neues Terrain, das weit über die kolonialismuskritischen Stichworte und den »Handelsgeist«, wie wir sie bei Kant gesehen haben, hinausgeht.

3. Kapitel

Pax Napoleonica und nationale Befreiungskriege

3.1. Ewiger Frieden oder Pax Napoleonica?

Paradoxerweise reifte Fichtes radikaler Positionswechsel in Bezug auf die (nun eindeutig expansionistische) Rolle Frankreichs gerade zu dem Zeitpunkt, als der Triumph Napoleons dem Traum, die Menschheit in einem »einzigen Körper« zu vereinen, Gestalt zu verleihen schien. Nachdem die Hoffnungen auf einen ewigen Frieden, die sich mit der Französischen Revolution verbreitet hatten, nach dem Ausbruch eines Krieges, dessen Ende nicht absehbar gewesen war, ermattet waren, gewannen sie in der neuen Situation wieder an Glaubwürdigkeit und Ausstrahlung. Im Vergleich zu den Jahren unmittelbar nach dem Sturz des Ancien Régime in Frankreich nahm dieses Ideal jedoch eine ganz andere Bedeutung an: Weit davon entfernt, die Erwartung oder die Hoffnung auf eine neue Welt auszudrücken, wurde es zur Zuflucht für diejenigen, die der unaufhörlichen Umwälzungen und des endlosen Krieges überdrüssig und gleichzeitig von Napoleons schillernden Siegen geblendet waren.

Zu Beginn des neunzehnten Jahrhunderts schien sich jeder dem unangreifbaren militärischen und politischen Übergewicht Frankreichs beugen zu müssen; am Horizont schien sich, wenn schon nicht ein einziger Weltstaat, so doch ein stabil geeintes Europa unter der Führung der Pariser Regierung abzuzeichnen. Eine neue internationale Ordnung war im Aufstieg begriffen, die im Wesentlichen das Ende nationaler Grenzen und zwischenstaatlicher Konflikte und letztendlich das Verschwinden der Geißel des Krieges bedeutete. So argumentierte ein sehr junger, aber bereits berühmter Philosoph in Deutschland: Einerseits drückte er 1802 seine ganze Bewunderung für »die fast göttlichen Kräfte eines Eroberers« aus, der bei der »Umgestaltung einer Welt« voranging; andererseits huldigte er zwei Jahre zuvor dem in der Verwirklichung begriffenen Ideal des »allgemeinen Völkerbundes«, des »universellen Staates«, eines »allgemeinen Völkerareopags«, der durch die Beilegung aller zwischenstaatlichen Streitigkeiten »jedes einzelne rebellische Staatsindividuum« zügeln und so für einen ewigen Frieden sorgen würde (Schelling, 1856-1861, Bd. 5, S. 260, und Bd. 3, S. 587, 604).

Auch wenn diese Leitgedanken durch die napoleonische Propaganda geschickt verbreitet wurden, fanden sie vor allem im weitgehend von der französischen Armee besetzten Deutschland einen überzeugten und starken Widerhall und wurden von vielen Intellektuellen, Philosophen und Dichtern, nicht selten von hohem oder höchstem Niveau, begrüßt und auf verschiedene Weise ausgearbeitet. Nach den Friedensschlüssen von Lunéville und Amiens in den Jahren 1801 und 1802 verfasste der alte preußische Dichter Johann W. L. Gleim, der zu seiner Zeit den Kriegsruhm Friedrichs II. besungen hatte, ein Gedicht, gewidmet »An Napoleon, den Erhabenen«, in dem dieser wiederholt als derjenige gefeiert wurde, der dem »ewigen Krieg« ein Ende setzen und den »ewigen Frieden« herbeiführen sollte (zit. in: Kleßmann, 1976, S. 13). In dieser Art spielte sich nicht nur ein Hofdichter auf; auch Friedrich Hölderlin überließ sich dem Lob Napoleons als »Versöhnender« sowie als »Fürsten des Fests«, der »Friedensfeier«, als einer, dessen Werk »das tausendjährige Wetter« beruhigte, »übertönt von Friedenslauten« (1978, Bd. 1, S. 365f). Ebenfalls im Juli 1812, während die französische Armee den Njemen überquerte und ins Herz Russlands einmarschierte, huldigte Goethe Napoleon mit folgenden Worten: »Der alles wollen kann, will auch Frieden« (zit. in: Mehring, 1960-1966, Bd. 9, S. 42).

Und so verwandelte nicht nur die französische Propaganda, sondern auch eine große deutsche Öffentlichkeit den (brillanten) Verantwortlichen für eine Folge von Kriegen in eine Art (singulären) Jünger von Kant, dem Theoretiker des ewigen Friedens. Die Bestürzung der gegnerischen Partei ist gut zu verstehen. Im Jahr 1809 beobachtete Heinrich F. K. vom Stein, der Staatsmann, der – im Sinne der nationalen Befreiung – nach der Niederlage für die antifeudale Erneuerung Preußens eintrat, verärgert und geradezu ungläubig: »Die Anhänger Napoleons [...] erwarten von der Universal Monarchie, deren Stiftung sie durch ihn hoffen, ewigen Frieden [...]« (Stein, 1929, S. 115). Im gleichen Jahr äußerte Ernst Moritz Arndt, großer Anstifter der Widerstandsbewegung gegen die französische Militärbesatzung, seine ganze Verachtung für den angeblichen oder selbsternannten »Schöpfer des ewigen Friedens«, der der französische Führer sei. Seinen Bewunderern zufolge sei er dazu berufen, »Pläne eines ewigen Friedens« durch den Aufbau eines »allgemeinen Staates der Verbrüderung und Menschlichkeit« zu verwirklichen und ebenso durch die Schaffung einer »gewaltigen Zentralkraft«, die die Menschheit regieren und vereinen sollte (zit. in: Spies, 1981, S. 82, 103f). Die Anhänger des französischen Kaisers waren von einer fanatischen Überzeugung beseelt: »Erst wenn Ein Staat, Eine Kirche und Ein lichter Glanz des Lichts und des Glücks auf Erden seyn wird, wird der ewige Frieden eintreten, und die Enkel werden die Thorheiten und blutigen Kinderspiele der Ururgroßväter belächeln, aber die Nothwendigkeit begreifen, warum sie nicht glücklich seyn durften.« Auf diese Vision, die die Augen vor der Realität der von Napoleon entfesselten endlosen Eroberungskriege verschloss, antwortete der deutsche Patriot: »Verflucht sei der Begründer des Despotismus und der Universalmonarchien«, die die Völker unterdrückten und die gewiss ihr Streben nach Unabhängigkeit und Freiheit nicht für immer blockieren würden (Arndt, 1953a, S. 129-131, 141). In den Augen eben jener Mitglieder der philo-napoleonischen Partei jedoch war es der Patriotismus, der unter Anklage gestellt werden musste, insofern er als Hindernis bei der Verwirklichung eines universellen und dauerhaften Friedens galt. Ihre Argumente wurden von Friedrich D. E. Schleiermacher in seiner Predigt vom 24. August 1806 kritisch so zusammengefasst: »Eine eifrige Vaterlandsliebe ist nur eine beschränkende Gesinnung«, es gehe darum, »sich an dasjenige zu halten, was so scharf die Menschen trennt und immer neuen Unfrieden auf der Erde aussäet« (zit. in: Kluckhohn, 1935, S. 255).

Auch wenn es nicht an kritischen Stimmen fehlte, so war doch die philo-napoleonische Partei sowohl auf ideologischer wie militärischer Ebene in der Offensive und brandmarkte alle Formen des Widerstandes gegen das Empire als kraftlos und gleichzeitig als rückschrittlich und chauvinistisch. Es war eine Situation, die zu einem überraschenden Lagerwechsel animierte. Wir haben gesehen, wie der Historiker Johannes von Müller 1796 die Raubkriege des neuen Frankreich mit scharfen Worten verurteilte. Zehn Jahre später erhielt er einen Brief mit folgendem Tenor: »Wo von einem Bonaparte die Rede ist, möchte keine Kombination zu kühn scheinen; ein neuer unerhörter europäischer Reichstag, ein neuer europäischer Kaiser ist auf dem Weg. Wir sind Kants ewigem Frieden [...] vielleicht näher als wir selbst glauben« (zit. in: Kleßmann, 1976, S. 71). Der Empfänger dieses Briefes war von dieser Haltung überhaupt nicht schockiert. Im folgenden Jahr drückte er in einem Brief an Caroline von Herder seine Genugtuung über den Wendepunkt in Kontinentaleuropa aus: »Offenbar wird Friede und wohl ein langer« (Müller, 1952, S. 205).

Der ewige Friede war nun zur *Pax Napoleonica* geworden, und als deren großer Gegner erhob sich schließlich Fichte, der zwischen 1807 und 1808, als er die *Reden an die deutsche Nation* veröffentlichte, zum Kampf gegen die militärische Besatzung durch die Franzosen aufrief. Dabei pflegte er weiterhin das Ideal des ewigen Friedens, dieses Ideal, das aus der Revolution in jenem Land hervorgegangen war, das danach leider auch Napoleon hervorbrachte. Es muss hinzugefügt werden, dass diese radikale Wende für Fichte nicht leicht zu vollziehen war.

3.2.
Von der Grande Nation zur »Christlichen Völkerrepublik«

Zwischen der vollständigen Ernüchterung gegenüber dem immer deutlicher expansionistisch werdenden Frankreich und dem Aufruf zu den Waffen gegen dieses Land lag eine kurze Zeit des grundsätzlichen und schmerzhaften Umdenkens, dessen wichtigstes Ergebnis die Vorlesungen des Wintersemesters 1804/05 waren, die im folgenden

Jahr unter dem Titel »*Grundzüge des gegenwärtigen Zeitalters*« nach umfangreicher Überarbeitung veröffentlicht wurden. Über das Land, das im Zuge des Sturzes des Ancien Régime auch versprochen hatte, die Wurzeln des Krieges ein für alle Mal auszureißen, konnte man sich keine Illusionen mehr machen. Aber nicht deswegen nimmt man Abschied vom Ideal des ewigen Friedens: »Nur der wirkliche Frieden«, mit der Beendigung blutiger Konflikte und »allgemeiner Unsicherheit aller vor allen, und die daraus erfolgende immerwährende Bereitschaft zum Kriege«, nur »der ewige Friede wird die Künste, so wie wir dieses Wort verstehen, gebären« (FGZ, S. 165). In einem Punkt ist das theoretische und politische Zurückweichen unbestreitbar: Die Anklage gegen den Kolonialismus erhält keinen Raum mehr; der Blick richtet sich nun ausschließlich auf Europa. Schon der *Geschlossene Handelsstaat* bezog sich auf die »große europäische Republik« (FGH, S. 391), aber es sind vor allem die *Grundzüge des gegenwärtigen Zeitalters*, die das Problem klar formulieren: Wie können wir die unaufhörlichen Kriege beenden, die die »Christliche Völkerrepublik« zerfleischen und verwüsten? (FGZ, S. 205)? Es ist hier, wo der Frieden gefördert und verwirklicht werden muss; es sind die internen, von dieser oder jener Großmacht entfesselten Kriege innerhalb dieser Gemeinschaft, die Anstoß erregen. Die frühere, volle Identifikation mit jenem aus der Revolution von 1789 hervorgegangenen Frankreich, mit der Grande Nation, ist verschwunden.

In den Augen Fichtes gibt es kein Land mehr, das die Universalität noch verkörpert und glaubwürdig behaupten kann, den universellen Wert des ewigen Friedens zu vertreten (und eine zu seiner Verwirklichung geeignete Verfassung zu besitzen): Es ist die »einseitige Kultur«, die einen Staat von Zeit zu Zeit dazu drängt, nicht nur seinen eigenen Standpunkt zu verabsolutieren, sondern auch zu glauben, »dass die Bewohner anderer Reiche sich sehr glücklich zu schätzen haben würden, wenn sie Mitbürger seines Reichs würden« (ebd., S. 201). Es geht nicht darum, eine bestimmte Nation auf die Anklagebank zu setzen: Selbst wenn man es nur mit »reinen und vollendeten Geistern« zu tun hätte, so sei es doch in der natürlichen Ordnung der Dinge so, dass jede Nation versuche, »das ihr eigentümliche Gute so weit [zu; d. Übers.] verbreiten, als sie irgend kann, und so viel an ihr liegt, das ganze Menschengeschlecht sich ein(zu)verleiben«, auch wenn dies offensichtlich zu schweren Konflikten führe (FMS, S. 423). Es sei notwendig, die Realität zur Kenntnis zu nehmen: »So lange die Menschheit in verschiedenen Staaten sich noch einseitig ausbildet, ist zu erwarten, dass jeder besondere Staat seine eigene Cultur für die rechte und einzige hält und die der anderen Staaten geradezu für Uncultur und die Bewohner derselben für Barbaren achtet, – und darum sich für berufen, dieselben zu unterjochen« (FGZ, S. 181). Der Anspruch Frankreichs, die Revolution oder ihre politischen Institutionen zu exportieren, sei nicht Ausdruck von Universalismus oder Internationalismus, sondern von Unilateralismus, d. h. Provinzialismus. Die Argumentation mit den hier kritisierten Begriffen war allerdings u. a. von Fichte selbst gekommen, der jedoch noch keine wirklich selbstkritische Reflexion entwickelt.

Es bleibt festzuhalten, dass die Förderung des Friedens in Europa (über den der Philosoph in diesem Moment viel mehr nachdenkt als über die »Menschheit«, von der der oben erwähnte Passus spricht) bedeutet, der Propaganda, der Ideologie des Krieges, die in diesem Moment in erster Linie von Paris vorangetrieben wird, entgegenzuwirken und sie zu entmystifizieren. Wie die alten Römer brüsteten sich auch die neuen Römer – so wurden die Franzosen in jenen Jahren von einer umfangreichen Publizistik benannt – mit den Ergebnissen, die dank ihrer Herrschaft »über die ganze cultivirte Welt« verbreitet würde: »bürgerliche Freiheit, Theil am Rechte für alle Freigebornen und Rechtsspruch nach einem Gesetze, Finanzverwaltung nach Principien und wirkliche Sorge für die Existenz der Regierten, mildere und menschlichere Sitten, Achtung für die Gebräuche, die Religionen und die Denkart aller Völker« (FGZ, S. 184). Aber ist der Expansionismus der alten und neuen Römer wirklich Ausdruck eines authentischen Universalismus?

Um Fichtes Antwort zu verstehen, ist es angebracht, sich die grundlegende Unterscheidung zu vergegenwärtigen, die er zwischen »bürgerlicher Freiheit« und »politischer Freiheit« getroffen hat. Die erste bedeutet Gleichheit vor dem Gesetz, die es dem Einzelnen erlaubt, sich ungestört in seiner Tätigkeit und seiner Privatsphäre zu bewegen, ohne Machtwillkür fürchten zu müssen; es ist also die Freiheit des *Bourgeois*. Die zweite ist die Freiheit des *Citoyen*, die die Möglichkeit für jeden Bürger beinhaltet, am öffentlichen Leben und an der Machtausübung teilzunehmen; sie beruht also auf einer »Verfassung«, in der jeder zugleich »ganz Bürger und ganz Unterthan« ist, und darüber hinaus gehört »in dieser zuletzt genannten Verfassung, jeder Bürger auf dieselbe Weise und in demselben Grade zum Souverän«. Die schlichte Gleichheit vor dem Gesetz, auch wenn sie wesentlich ist, kann auch durch Institutionen gewährleistet werden, die andererseits die große Mehrheit der Bürger vom Genuss dessen ausschließen, was das »Edelste und Kostbarste« ist, d.h. vom Genuss der eigentlichen, der politischen Freiheit. Die Macht kann sogar in den Händen einer einzigen Person konzentriert sein, mit dem Ergebnis, dass die Bürger zu bloßen Untertanen degradiert werden (die Figur des »Untertan und Souveräns«, der der Protagonist des »authentischen Staates« ist, verschwindet), schlimmer noch, zu einem einfachen »Mittel« werden, ohne sich jemals zum »eigenen Zweck« erheben zu können. Nun, es ist nicht die politische, sondern, wenn überhaupt, die bürgerliche oder juristische Freiheit, die nach ihren ersten Schritten in der Antike und insbesondere in der römischen Welt selbst auch die Gegenwart prägt (ebd., S. 152-159), jene, in der Napoleon den Kaiserthron (in der Rolle des Despoten) Frankreichs (und Kontinentaleuropas) bestieg.

In Wirklichkeit ist es legitim, auch an der Verwirklichung der »bürgerlichen Freiheit« zu zweifeln, wenn man davon ausgeht, dass es in diesem Reich »der politischen Freiheit [...] höchstens nur für Einen« bedarf (ebd., S. 155). Schon im antiken Römischen Reich waren die sozialen Beziehungen ein »wenigstens in der Form rechtlicher Zustand«; die alten Römer erreichten »eine Meisterschaft in der bürgerlichen Gesetzgebung und in der inneren und äusseren Staatsverwaltung, und *eine beinahe erschöpfende Uebersicht aller möglichen Auswege, das Gesetz zu umgehen*« (ebd., S. 184, 180). Lagen die Dinge für die neuen Römer anders? Um diese Frage richtig beantworten zu können, muss auch die internationale Politik in das politische

Gesamtbild einbezogen werden. Werfen wir zunächst einen Blick in die Vergangenheit: »Nachdem durch ihre Siege das Bedrängniss vom auswärtigen Feinde abgewehrt war, fingen ihre Grossen an für sich selbst des Krieges zu bedürfen: Um sich hervorzuthun und über die Menge zu erheben; um ihre in Festen für das zu beschäftigende Volk erschöpften Schätze zu ersetzen; um die Augen der Bürger von den ununterbrochen fortdauernden innern Machinationen der Aristokratie auf auswärtige Ereignisse und auf Triumphzüge und gefangene Könige zu richten; der Krieg wurde fortdauernd aus Noth geführt, indem nur äusserer Krieg ihnen innern Frieden verschaffen konnte« (ebd., S.183). In ähnlicher Weise entwickelt sich das neue Rom. Hat Napoleon mit seiner Politik der Eroberungen und der Verteilung der eroberten Gebiete und der Beute seiner Siege unter seiner Familie und seinen Gefolgsleuten nicht am Ende eine neue Aristokratie hervorgebracht? Das Römische Reich war (ebenso wie jenes napoleonische es ist), während es ohne Zögern die politische Freiheit mit Füßen trat (und tritt), nicht in der Lage, auch nur eine tatsächliche Gleichheit vor dem Gesetz zu gewährleisten, die sowohl durch Despotismus als auch durch die deutliche Ungleichheit, die zwischen der unterdrückenden und den unterdrückten Nationen bestand, gefährdet war.

Nach den *Grundzügen* ist mit dem Aufkommen des Christentums (und dem Zusammenbruch des Römischen Reiches) eine neue Epoche in der Geschichte der Freiheit angebrochen, »eine ganz neue Zeit« (ebd., S. 185). Das Jahr 1 in der Geschichte der Freiheit fällt nicht mehr mit dem Ende der Monarchie zusammen, wie es in der jugendlichen Arbeit *Zurückforderung der Denkfreiheit* der Fall ist, die Anfang 1793, am Vorabend der Proklamation des neuen republikanischen Kalenders in Frankreich, veröffentlicht wurde und auf dem Frontispiz neben dem Datum die Worte trägt: »Im letzten Jahre der alten Finsterniß«. Nun wird dem Christentum das Verdienst zugeschrieben, »die ursprüngliche Gleichheit aller Menschen« als ein Prinzip verkündet zu haben, das »allen Verkehr mit Menschen« regeln muss. Und all dies – unterstreicht Fichte – nicht erst im Himmelreich, sondern schon auf Erden; wir haben es mit einem Prinzip zu tun, das die Voraussetzung für die volle Verwirklichung der Freiheit auf allen Ebenen ist. In diesem Sinne »ist die Weltrolle des Christentums [...] noch nicht geschlossen«, ebenso wie die protestantische »Weltrolle der Kirchenreformation« noch nicht zu Ende geführt ist (FGZ, S. 220f, 186). Mit dem Rückbezug auf Luther, wird die Distanz zum napoleonischen Frankreich noch einmal offenkundig, wo inzwischen die Machtposition der katholischen Hierarchie wiederhergestellt wurde, und zwar in einem Prozess, der die Liquidierung der »politischen Freiheit« und selbst das Zerbröckeln der »bürgerlichen Freiheit« beinhaltete.

Die neue Religion hatte, indem sie sich über die Ruinen des antiken Römischen Reiches ausbreitete, auch einen positiven Einfluss auf die internationalen Beziehungen: Es »konnte denn jeder einzelne christliche Staat mit einem beträchtlichen Grade von Freiheit nach seinem individuellen Charakter sich entwickeln [...]. Ein Staat hat dadurch, dass er ein christlicher Staat ist, das Recht da zu seyn in dem Zustande, in welchem er sich vorfindet; er hat völlig unabhängige Souveränität, und kein anderer christlicher Staat, [...] darf einen Einfluss in die inneren Angelegenheiten desselben begehren. Alle christliche Staaten stehen gegen einander in dem Stande der wechselseitigen Anerkennung und des ursprünglichen Friedens: – des *ursprünglichen*, sage ich, d.h. es kann kein Krieg über die Existenz, wiewohl allerdings über die zufälligen Bestimmungen der Existenz, entstehen. Durch dieses Princip ist der Ausrottungskrieg zwischen *christlichen Staaten* unbedingt verboten. Nicht so mit *nichtchristlichen Staaten*« (ebd., S. 195). Zumindest im Hinblick auf die im Rahmen der *res publica christiana* geltenden internationalen Beziehungen bedeutete das Aufkommen des Christentums einerseits eine Entwicklung in Richtung der Freiheit, andererseits in Richtung des Friedens oder zumindest in Richtung der Eindämmung des Krieges: Es hätte Konflikte begrenzter Art geben können, aber sie stellten weder die »Existenz« noch die »Souveränität« eines »christlichen Staates« in Frage, wie dies bei Kaiser Napoleon der Fall ist, der die Geographie und Politik Europas nach Belieben gestaltet und umgestaltet.

Bedauerlicherweise zeichnet sich eine neue »Tendenz zu einer Universalmonarchie« ab. Bei der Veröffentlichung von *Zum ewigen*

Frieden warnte Kant: Es muss unbedingt vermieden werden, dieses Ideal mit der »Universalmonarchie« zu verwechseln. Diese Lektion scheint nun Fichte zu würdigen, und er führt sie in diesen Worten weiter: Wie »früher im heidnischen römischen Reiche, (waren) religiöse Toleranz und Gefügigkeit in das Besondere der Sitten jedes Volkes ein vortreffliches Mittel geworden, Eroberungen zu machen und zu behaupten.« Die »übermächtigen Staaten« zeigen Toleranz nur für jene Aspekte von Kultur und Bräuchen, die die Realität und Effizienz der Herrschaft nicht in Frage stellen, und entfalten ihre »große Ländergier« und expandieren »durch Verheirathungen, Testamente, Eroberungen«. Und zu dieser Zeit war es Napoleon, der die Kunstschätze der besetzten Länder plünderte und sein Reich nicht nur dank siegreicher Feldzüge, sondern auch dank einer klugen Heirats- und Familienpolitik über alle Maßen ausdehnte. Diese Expansion – fügt Fichte hinzu – findet »keinesweges auf dem Boden der Uncultur, welches der Sache ein anderes Ansehen gäbe, sondern im Gebiete des Christenthums« statt (FGZ, S. 201f).

3.3.
Frieden für die zivilisierten Völker, Krieg gegen Barbaren!

In den *Grundzügen des gegenwärtigen Zeitalters* beruht der Diskurs über Frieden und Krieg ganz und gar auf dem Gegensatz zwischen »christlichen Staaten« und »nichtchristlichen Staaten«, d. h. zwischen »christlichem Lager« und »umgebender Wildheit«: Die Verurteilung der Kriegs- und Expansionspolitik und die Anprangerung des Verrats an dem Versprechen des ewigen Friedens werden ausschließlich mit Blick auf die christliche und zivilisierte Gemeinschaft ausgesprochen. Die These, die dem frühen Fichte am meisten am Herzen lag, wonach dem »wahren Staat« das Recht zuerkannt wurde, gegen Gebiete und gegen Völker, die im Naturzustand lebten, zu intervenieren, wird von Grund auf neu interpretiert. Der Inhaber des Rechts, die Revolution und die überlegene Zivilisation zu exportieren, ist nicht mehr Frankreich, das nun seinen Heiligenschein des »wahren Staates« verloren hat, sondern das zivilisierte Europa, in dem es keine Gemeinschaften gibt, die im Zustand der Natur leben. Das »Reich der Kultur« stellt, auch wenn es in »besondere Staaten« geteilt ist, immer noch eine Einheit gegenüber »der Wildheit« dar (ebd., S. 165). Und es ist das »Reich der Cultur«, nicht mehr der vermeintliche »wahre Staat«, das aufgerufen ist, die Revolution, in diesem Fall die zivilisatorische Revolution, zu exportieren. Von hier an kommt es bei Fichte zu einer wirklichen Umkehrung der Positionen, wie sie sich aus einem Textstück ergibt, das es wert ist, vollständig zitiert und analytisch kommentiert zu werden: »Der Staat befindet sich demnach schon durch den Zweck seiner Selbsterhaltung in natürlichem Kriege gegen die ihn umgebende Wildheit, und ist genöthigt, ihr soviel Abbruch zu thun, als er immer kann; welches letztere gründlich nur dadurch möglich ist, dass er die Wilden selber in Ordnung und unter Gesetz bringe, und insofern sie cultivire. Der Staat befördert sonach, nichts denkend als sich selber, dennoch mittelbar den allerersten Zweck der menschlichen Gattung. Dieser natürliche Krieg aller Staaten gegen die sie umgebende Wildheit ist für die Geschichte sehr bedeutend; fast er allein ist es, der ein lebendiges und fortschreitendes Princip in dieselbe bringt; [...]. Selbst alsdann, nachdem das allgemeine Reich der Cultur so mächtig geworden, dass es von der auswärtigen Wildheit nichts mehr zu befürchten hat – nachdem es vielleicht durch weite Meere davon getrennt ist –, wird dennoch dieses Reich die Wilden, die zu ihm nicht mehr kommen können, selber aufsuchen, getrieben durch seine eigene innere Bedürftigkeit – um die von jenen nicht gebrauchten Producte ihrer Länder oder ihren Boden an sich zu nehmen, oder selbst ihre Kräfte, theils unmittelbar durch Sklaverei, theils mittelbar durch einen bevortheilenden Handel, sich zu unterwerfen. So ungerecht diese Zwecke auch an sich erscheinen mögen, so wird dennoch dadurch der erste Grundzug des Weltplans, die allgemeine Verbreitung der Cultur, allmählig befördert; und nach derselben Regel wird es unablässig so fortgehen, bis das ganze Geschlecht, das unsere Kugel bewohnt, zu einer einzigen Völkerrepublik der Cultur zusammengeschmolzen sey« (ebd., S. 162f). Nur ein Lustrum[11] ist vergangen, aber der Wandel, der sich

11 Lat.: Periode von fünf Jahren

im Vergleich zum geschlossenen Handelsstaat vollzogen hat, könnte nicht radikaler sein! Der ungleiche Handel, der »bevorteilende Handel« ist, zusammen mit der Enteignung der Wilden, jetzt vorbehaltlos gerechtfertigt; all dies ist ein Instrument für die Verbreitung der Zivilisation, ebenso wie die Sklaverei, die selbst als legitim und vorteilhaft angesehen wird. Kolonialismus und kolonialer Expansionismus präsentieren sich jetzt als Motor des Fortschritts. Das Ziel der Vereinigung der gesamten menschlichen »Gattung« in einer universellen Republik, das Ziel eines ewigen Friedens, bleibt bestehen; nur dass dessen Verwirklichung erst möglich wird, nachdem die zivilisierten Länder eine vermutlich sehr lange Reihe von »natürlichen Kriegen« gegen die Barbarei geführt haben. Erstere wiederum sind aufgerufen, als gleichberechtigte Mitglieder des »allgemeines Reiches der Cultur« zu handeln. Es handelt sich um ein Programm, das man gut unter dem Motto zusammenfassen könnte, das diesem Absatz den Titel gibt: »Frieden für die zivilisierten Völker, Krieg gegen Barbaren!« Oder anders ausgedrückt: »Frieden in den kapitalistischen Metropolen, Krieg in den Kolonien!« Fichte ist eindeutig auf die Positionen des Abbé de Saint-Pierre zurückgekehrt, jene Positionen, die die Revolution in Frankreich und die Kant'sche Philosophie in Deutschland in Frage gestellt hatten.

Besonders die Kehrtwende in Bezug auf die Institution der Sklaverei springt in die Augen. Wie ist das zu erklären? In dem Text aus dem Jahre 1800 (*Der geschlossene Handelsstaat*) konnte man noch das Echo jener Begeisterung vernehmen, mit der Kant, der Autor des Aufsatzes *Für ewigen Frieden,* sowie die fortschrittlichste europäische Kultur die Abschaffung der Sklaverei in den Kolonien begrüßt hatten, die einige Jahre zuvor durch den Jakobinischen Konvent sanktioniert worden war. Zwei Jahre später erfuhr die internationale Situation eine spürbare Veränderung. Mit dem Frieden von Amiens 1802 erhielt Napoleon riesige koloniale Besitztümer von Großbritannien zurück und nutzte die Waffenruhe, um das gesamte französische Kolonialreich, unter anderem auf der Grundlage von Sklavenarbeit, neu zu ordnen; dabei schickte er, in der Absicht, sowohl die Kolonialherrschaft als auch die schwarze

Sklaverei wiederherzustellen, auch eine mächtige Armee nach Saint-Domingue / Haiti. Ein solcher Versuch wurde vom heldenhaften Widerstand der Schwarzen im Verlauf eines Krieges zurückgeschlagen, der schließlich auf beiden Seiten sowohl in rassistischer Weise und mit dem Ziel der Vernichtung geführt wurde, in erster Linie betraf dies aber die Seite der napoleonischen Armee, die in einem 2005 erschienenen Buch beschuldigt wird, den Völkermord an den Schwarzen geplant zu haben (Ribbe, 2005). Jedenfalls stempelte ein Gutteil der damaligen europäischen und westlichen Kultur ausschließlich die Schwarzen, und damit die prädestinierten Opfer der Kolonial- und Sklavenexpedition, als Wilde und Kannibalen ab. In Großbritannien forderte sogar Henry Brougham, eine Persönlichkeit, die bis dahin Sympathie und Mitgefühl für die »unglücklichen Neger« gezeigt hatte, die europäischen Kolonialmächte auf, sich zusammenzuschließen, um den Schrecken, der von der Art der Kriegsführung der Neger ausgehe, zu beenden und sich »dem gemeinsamen Feind der zivilisierten Gesellschaft« zu stellen (zit. in: Geggus, 1982, S. 139*). Diese Vision macht sich in den *Grundzügen des gegenwärtigen Zeitalters* stark bemerkbar. Mit der kolonialen Expansion voranzuschreiten und in den Kolonien am Institut der Sklaverei festzuhalten, ist in Fichtes Augen inzwischen nicht nur die Aufgabe Großbritanniens, sondern der ganzen »zivilisierten« Welt, und letztere zeigt sich in den Verhaltensweisen und Werten, die sie zum Ausdruck bringt, als etwas grundsätzlich Homogenes.

Wenn wir im Lichte der soeben angestellten Überlegungen noch einmal die Verurteilung des maritimen und kommerziellen Hegemonismus Großbritanniens in den *Grundzügen des gegenwärtigen Zeitalters* nachlesen, stellen wir fest, dass diese, mit einer wesentlichen Neuerung gegenüber dem *geschlossenen Handelsstaat*, nur durch die Kosten motiviert ist, die diese Politik für die »gesamte christliche Republik« mit sich bringt. Auf der anderen Seite wird gerade wegen der grundlegenden Homogenität, die das »Reich der Cultur« kennzeichnet, der Anspruch Frankreichs, die neue Ordnung und den Fortschritt als solchen zu repräsentieren und der Vertreter der Menschheit zu sein, immer unhaltbarer. Wenn Fichte in seiner

Polemik gegen den universalistischen Anspruch des napoleonischen Imperiums das Recht eines jeden Staates auf Unabhängigkeit energisch bekräftigt und damit die scharfe, aber kurzlebige Anklage im *geschlossenen Handelsstaat* hinter sich lässt, denkt er immer allein an Europa. Er verurteilt Napoleon nicht für seine Politik des Expansionismus und der Aggression als solche, die seine Politik charakterisieren, sondern für die Tatsache, dass sie sich gegen die europäischen Länder und Völker richtet, die zum »Reich der Cultur« gehören.

Die Haltung des französischen Kaisers ist um so unsinniger, als wir – so stellt der Essay über Machiavelli 1807 fest – »ja noch selbst in Europa, noch mehr aber in den anderen Weltteilen, Barbaren genug [haben], welche doch über kurz oder lang, mit Zwang dem Reiche der Kultur werden einverleibt werden müssen«. Wenn die gegensätzlichen Übergriffe und Aggressionen ein Ende gefunden haben, kann Europa als das »gemeinsame Vaterland« aller Europäer gesehen werden, die endlich vereint und versöhnt sind; der Krieg gegen die Barbaren hingegen geht weiter; in der Tat ist er eine nützliche Gelegenheit für die »europäische Jugend«, sich zu »stählen« (FMS, S. 426). Und wieder denken wir an Saint-Pierre, der, wie wir gesehen haben, den »christlichen« Staaten geraten hat, sich gegenseitig zu schonen und zu respektieren und stattdessen unter den Barbaren »die Möglichkeiten zu finden, das Genie und die militärischen Talente zu kultivieren« (vgl. oben, Abs. 1.1). Nun ist auch bei Fichte das Streben nach Frieden und sogar nach dem *ewigen Frieden* in Europa stillschweigend mit der Hinnahme von Kolonialkriegen verbunden, die gemäß einer Kriegsideologie, die der Philosoph zuvor noch mit großer Entschiedenheit verurteilt hatte, zu einem Moment der Persönlichkeitsbildung für die europäische Jugend werden.

3.4.
Krieg – von den Kolonien in die Metropolen

Der Versuch, den Frieden im »christlichen und wahrhaft bürgerlichen Lager« zu sichern und den napoleonischen Expansionismus sowie Krieg im Allgemeinen auf die »unkultivierten« Gebiete, d.h. die koloniale Welt, zu beschränken, muss jedoch einen eklatanten Misserfolg verzeichnen. Frankreich will in erster Linie Europa erobern und einer kolonialen Herrschaft unterwerfen, und es ist vor allem Deutschland, das von der neuen Offensive betroffen ist. Die historische Phase, die 1795 durch den Friedensvertrag von Basel zwischen Frankreich und Preußen eingeleitet worden war, ist nun zu Ende gegangen. Eine breite öffentliche Meinung betrachtete die beiden Länder als natürliche Verbündete, vereint durch die in Paris, aber auch in Berlin (am Hof Friedrichs II.) blühende Philosophie der Aufklärung. Und diese Vorstellung war durch die konkrete Haltung Preußens bekräftigt worden: Es hatte sich zunächst aus der Koalition der konterrevolutionären Mächte zurückgezogen, hielt sich dann abseits und befürwortete sogar die französische Annexion der linksrheinischen Gebiete. Vielleicht hatte es gehofft, wenn schon nicht die Dankbarkeit der Regierung in Paris zu erlangen, so doch zumindest von ihr verschont zu werden. Jedoch ... Um die österreichische Armee in Ulm überrumpeln und besiegen zu können, zögerte Napoleon im Oktober 1805 keineswegs, das Territorium Preußens zu durchqueren und dessen Neutralität grob zu verletzen. Nun war klar, dass auch Berlin dem französischen Kaiser, dessen Expansionsdrang keine Grenzen kannte, ausgeliefert war: Es gab kein politisches oder territoriales Zugeständnis, das ihn dauerhaft zufriedenstellen konnte.

Die Hoffnung, zumindest im Rahmen der *res publica christiana* eine Ordnung im Namen des Friedens aufbauen zu können, wird durch die sich überstürzenden Ereignisse dem Spott preisgegeben. Fichte kommt nicht umhin, dem Rechnung zu tragen: Auch in Europa »sind nun die minder mächtigen Staaten gezwungen, auf ihre Selbsterhaltung zu denken« und sich einer Aufgabe zu stellen, die nur durch eine angemessene Stärkung auf materieller Ebene gelöst werden kann (FGZ, S. 203f). Wie kann dieses Ziel erreicht werden? Fichtes Herangehensweise ist weit davon entfernt, militaristisch zu sein. Natürlich kann man in der internationalen Politik nicht von der realistischen Einschätzung der Machtverhältnisse absehen. Das Land, das von Aggression und Unterwerfung bedroht ist, ist aufgerufen, sich zu stärken, aber nicht »durch auswärtige Eroberungen«, sondern durch die »Erhöhung der menschlichen Herrschaft über die Natur«, d. h. durch die Entwicklung der Produktivkräfte, das Wachstum der Wirtschaft; es geht darum, sein Territorium »ergiebiger« und damit »bevölkerter« zu machen, auch indem man Auswanderer aus anderen Ländern anzieht. Es ist auch notwendig, sich der »Erhaltung und Vermehrung der menschlichen Gattung durch Begünstigung der Ehe und der Kinderzeugung, durch Gesundheitsanstalten u. dergl.« anzunehmen, indem man, um es in der Sprache unserer Zeit zu sagen, ein Minimum an Wohlfahrtsstaat errichtet. Alles in allem: »Dies ist die erste friedliche Eroberung, mit der jeder minder mächtige Staat im christlichen Europa anfangen kann, sich emporzuarbeiten« (FGZ, S. 204, 206f). Der oben erwähnte »minder mächtige« Staat kann nur Preußen sein: Preußen hat in den letzten Jahren eine beachtliche wirtschaftliche und demographische Entwicklung durchgemacht, die Stein, der Vorkämpfer der antifeudalen Reformen und des antinapoleonischen Gegenangriffs, zu konsolidieren und zu beschleunigen versucht (Ritter, 1981, S. 124).

Jenseits der Wirtschaftsreformen drängen sich auch mutige politische Reformen auf. »In dem gegenwärtigen europäischen Staatensysteme« – Fichte wird nicht müde, auf die Gefahren hinzuweisen, die durch den unaufhaltsamen Expansionismus Napoleons auf Preußen lasten – ist »die bisher noch nirgends in der Welt realisirte Gleichstellung der Rechte aller, und die allmählige Aufhebung der im christlichen Europa noch als Rest der Feudalverfassung bestehenden Ungleichheit dieser Rechte« absolut unverzichtbar. Um alle verfügbaren Kräfte einsetzen zu können, muss der weniger mächtige Staat, der traditionell nur die Möglichkeit hat, die »Kraft seiner minder begünstigten Bürger aufzubieten und sich anzueignen«, stattdessen auch auf »die begünstigten Stämme und Stände« zählen können. Deshalb sei es notwendig, »die allmählige Aufhebung aller Begünstigungen« zu erreichen, um die Gleichheit aller durchzusetzen, damit der Staat endlich »das Recht, den gesammten Ueberschuss aller Kräfte seiner Staatsbürger ohne Ausnahme für Seine Zwecke zu verwenden«, anerkannt sieht. An den Adel gewandt, der nicht beabsichtigt, auf seine Privilegien zu verzichten, erklärt der Philosoph: »Der wahrhaft Freie und Edle giebt es gern, als ein Opfer auf dem Altare des Vaterlandes; wer sich zwingen lässt, beweiset dadurch nur, dass er nie würdig war die anvertraute Gabe zu besitzen« (FGZ, S. 207-209). Wir haben es eindeutig mit einem Aufruf zu einer antifeudalen Revolution zu tun, sei es auch zu einer Revolution, die von oben durchgeführt wird. Nur ist der Sturz des Ancien Régime jetzt nicht mehr die Garantie für Frieden, wie in den Schriften der Jugend, sondern die Voraussetzung für die Stärkung des Militärapparats, um der expansionistischen Bedrohung zu widerstehen.

Fichte nährt die Hoffnung, dass Preußen, wenn es sich von den feudalen Überresten befreit hat, auf eine höhere politische Ebene aufsteigen kann als selbst Frankreich, wo inzwischen, obwohl der Sturz des Feudalregimes die Eroberung der »bürgerlichen Freiheit« ermöglicht hat, jede Spur von »politischer Freiheit« verschwunden ist: »[...] da die christlichen Europäer im Wesen alle nur Ein Volk sind, das gemeinsame Europa für das Eine wahre Vaterland anerkennen, und von Einem Ende Europas bis an das andere ohngefähr dasselbe suchen und dadurch angezogen werden. Sie suchen persönliche Freiheit, Recht und Gesetz, das alles gleich sey, und welches, ohne Ausnahme und Verzug jeden schütze, sie suchen Gelegenheit, durch Fleiss und Arbeit ihr gutes Auskommen zu gewinnen, sie suchen religiöse Freiheit bei ihren Confessionen, sie suchen die Freiheit, nach ihren religiösen und wissenschaftlichen Principien zu denken, und sich laut damit zu äussern und danach zu urtheilen. Wo ihnen eines dieser Stücke abgeht, da sehnen sie sich weg; wo sie ihnen gewährt werden, da strömen sie hin« (ebd., S. 204f). Wenn Preußen zum Protagonisten einer großen antifeudalen Revolution würde, könnte es die Vorbildfunktion übernehmen, wie Frankreich es seinerzeit tat, und wertvolle menschliche Ressourcen anziehen. Was aber, wenn Preußen seine Chance vertun und scheitern würde? Die Antwort des Philosophen auf diese Frage ist berühmt, aber es lohnt sich durchaus, sie vollständig zu zitieren: »Ich frage [...]: welches ist denn das Vaterland des wahrhaft ausgebildeten christlichen Europäers? Im allgemeinen ist es Europa, insbesondere ist es in jedem Zeitalter derjenige Staat in Europa, der auf der Höhe der Cultur steht. Jener Staat, der gefährlich fehlgreift, wird mit der Zeit freilich untergehen, demnach aufhören auf der Höhe der Cultur zu stehen. Aber eben darum, weil er untergeht und untergehen muss, kommen andere, und unter diesen Einer vorzüglich herauf, und dieser steht nunmehr auf der Höhe, auf welcher zuerst jener stand. Mögen dann doch die Erdgebornen, welche in der Erdscholle, dem Flusse, dem Berge, ihr Vaterland erkennen, Bürger des gesunkenen Staates bleiben; sie behalten, was sie wollten und was sie beglückt: Der sonnenverwandte Geist wird unwiderstehlich angezogen werden und hin sich wenden, wo Licht ist und Recht. Und in diesem Weltbürgersinne können wir denn über die Handlungen und Schicksale der Staaten uns vollkommen beruhigen, für uns selbst und für unsere Nachkommen, bis an das Ende der Tage« (ebd., S. 212). Fichte sucht sicherlich nicht jenseits des Rheins nach einer möglichen Alternative zu Preußen. In Bezug auf Napoleon ist die Zerrüttung nun endgültig; die Zeit, in der man vor allem in Frankreich »Aufklärung und Recht« leuchten sah, ist vorbei. Im Gegenteil, Preußen wird indirekt dafür kritisiert, eine zu zögerliche Politik gegenüber dem napoleonischen Expansionismus zu betreiben und für seine Unentschlossenheit, endlich die Fahne der antifeudalen Revolution zu ergreifen und sich von der Deutschland aufgezwungenen kolonialen Unterwerfung zu befreien. Wenn Preußen zögert, sich an die Spitze dieses Kampfes zu setzen, können andere Staaten dies tun. Nicht zufällig bot Fichte bei Ausbruch des französisch-preußischen Krieges (der mit Napoleons Triumph in Jena endete) an, als Freiwilliger in Gestalt eines »weltlichen Staatsredners« der Armee im Kampf gegen Napoleon zu folgen (FAB, S. 507). Es handelt sich um ein Angebot, das von den Regierungsbehörden freundlich, aber entschieden abgelehnt wird (Fichte, 1967, Bd. 2, S. 421). Er bleibt jedoch standhaft: Mit dem beharrlichen Blick auf jenes Frankreich, das aus dem Sturz des Ancien Régime hervorgegangen war, reift bei dem Philosophen, der nie aufgehört hat, das Ideal des ewigen Friedens neu zu überdenken, am Ende eines leidvollen und nicht widerspruchslosen Prozesses, die Überzeugung, dass diese Sache in erster Linie gegen die aus Paris kommende Invasions- und Besatzungsarmee verteidigt werden muss.

3.5.
Den ewigen Frieden im Lichte von Machiavelli neu überdenken

An diesem Punkt ist Fichte gezwungen, die Entwicklung der Ereignisse seit 1789 neu zu betrachten, er ist also gezwungen, eben dieses Ideal des ewigen Friedens, dem die Französische Revolution Aktualität und sogar historische und politische Reife verliehen zu haben schien, neu zu überdenken. Warum haben sich die Dinge völlig anders entwickelt als vorhergesehen und erhofft? Während er um die Beantwortung dieser beunruhigenden Frage ringt, stößt der Philosoph auf Machiavelli. was kann und muss man von »diesem herrlichen Geiste« (FMS, S. 408) lernen?

Zunächst einmal geht es darum, zwischen zwischenstaatlichen Beziehungen und zwischenindividuellen Beziehungen innerhalb eines einzelnen Staates zu unterscheiden. Indem er letztendlich die ersten auf die zweiten reduzierte, glaubte Fichte diejenigen widerlegen zu können, die sich skeptisch über die Hoffnung auf eine endgültige Ausrottung der Geißel des Krieges, ausgehend vom generellen Sturz des monarchischen Despotismus und des Ancien Régime, geäußert hatten. Im Jahr 1800 hatte die *Bestimmung des Menschen* folgendermaßen deutlich gemacht, wie der Frieden zumindest unter den »wahren Staaten« gesichert werden könnte: man müsse eine politische Verfassung realisieren, die ein friedliches Zusammenleben innerhalb jedes einzelnen Staates auf der Grundlage der Freiheit und Gleichheit aller Bürger und ihrer gegenseitigen Achtung gewährleisten würde, eine Verfassung, die »keine Möglichkeit des Gewinnes übrig [lässt], ausser durch Fleiss und Arbeitsamkeit in der vom Gesetze angewiesenen Sphäre«, eine Verfassung, die sich verpflichtet, in ihrem »eigenen Bürger keinen Gedanken an Unrecht, Raub und Gewaltthätigkeit aufkommen« zu lassen, und die die »Einmischung in die inneren Angelegenheiten eines fremden Staates« verbietet und bestraft; wie könnte dann ein Angriffs- oder Raubkrieg zwischen zwei »wahren Staaten« ausbrechen? Natürlich sind vereinzelte Vorfälle nicht ausgeschlossen, aber sie können leicht gelöst werden: »Es giebt nicht nothwendig und fortdauernd unmittelbare Verhältnisse der Staaten, als solcher, zu einander, über die sie in Streit gerathen könnten; es giebt in der Regel nur Beziehungen der einzelnen Mitbürger eines Staates auf die einzelnen Mitbürger des anderen; nur in der Person eines seiner Bürger könnte ein Staat verletzt werden; aber diese Verletzung wird auf der Stelle ersetzt, und so der beleidigte Staat befriedigt« (FBM, S. 274). Alles scheint klar zu sein. Die Lektüre Machiavellis warnte jedoch vor einer Verwechslung zweier politischer Sphären, die in keiner Weise vergleichbar seien. In beiden machen sich, trotz aller erzieherischen Anstrengungen, die unternommen werden können, nach wie vor die Leidenschaften des Menschen bemerkbar, auch die weniger edlen (Egoismus, Raubgier, Dominanzstreben, Aggressivität usw.), allerdings mit sehr unterschiedlichen Ergebnissen in beiden Sphären. Die Beziehungen innerhalb einer einzelnen nationalen politischen Gemeinschaft lassen sich relativ einfach regeln: »Der Staat, als Zwangsanstalt, setzt den Krieg Aller gegen Alle voraus, und sein Zweck ist, wenigstens die äußere Erscheinung des Friedens hervorzubringen, und, falls auch etwa in dem Herzen der Hass Aller gegen Alle, und die Lust über einander herzufallen, immerfort bliebe, dennoch zu verhindern, dass dieser Hass und diese Lust nicht in Taten ausbreche« (FMS, S. 421). Das staatliche Gewaltmonopol (um mit Max Weber zu sprechen) erlaubt es jedem einzelnen Staat, für Ruhe, Ordnung und Frieden im Innern zu sorgen. Doch wie soll man der Gefahr begegnen, dass das *bellum omnium contra omnes* möglicherweise auf internationaler Ebene immer lauert?

In Momenten revolutionärer Begeisterung leicht aus den Augen zu verlieren, war Machiavellis Lehre durch die »reichen Erfahrungen der drei Jahrhunderte« der Geschichte, die seit dem Tod des großen florentinischen Autors vergangen sind, doch schmerzlich bestätigt worden – beobachtet Fichte in einer Reflexion, die nicht ohne selbstkritische Akzente auskommt und die in der Tat vor allem die letzten drei Jahrzehnte der europäischen Geschichte präsent hat, nämlich Aufstieg und Fall der Hoffnungen auf ewigen Frieden, die aus der Französischen Revolution und dem Aufkommen des erdrückenden napoleonischen Expansionismus resultierten. Das Land, das die Rolle der weniger edlen Leidenschaften in seinen internationalen Beziehungen außer Acht lässt, wird am Ende zur »Beute«. Es ist unvermeidlich, »dass, selbst ohne bei irgend Einem die geringste Bösartigkeit vorauszusetzen, zwischen Staaten es zu diesem Verhältnisse der fortdauernden Kriegslust kommen müsse, da zwischen ihnen niemals, so wie zwischen Bürgern eines geschlossenen und geordneten Staates, gewisses und ausgemachtes Recht Statt finden kann«. Ja, es stimmt, »zwar lassen sich die Territorialgrenzen abstecken«, aber selbst wenn sie international anerkannt wären, sind sie immer noch nicht sicher. Ein potenzieller Feind kann sie bedrohen, indem er direkt in einen Nachbarstaat eindringt oder diesen umzingelt oder auf jeden Fall militärisch und wirtschaftlich verwundbarer macht, indem er benachbarte oder umliegende Länder, Regionen oder Gebiete annektiert oder substanziell unterjocht. Es hat auch keinen Sinn, den Versprechungen und Zusagen des Gegners zu vertrauen, wenn die Grundlage keine materielle »Garantie« ist, d.h. wenn die Grundlage keine Kräfteverhältnisse sind, die Versprechen und Zusagen glaubwürdig machen (FMS, S. 422-424).

Es sei daran erinnert, dass Fichte im *geschlossenen Handelsstaat* die »Garantien«, die von einem strukturell an kommerzieller und kolonialer Expansion interessierten Staat wie Großbritannien ausgingen, als wertlos angesehen hatte, während man für einen Staat mit einer autarken Wirtschaft durchaus davon ausgehen konnte, dass er, wenn er einmal seine natürlichen Grenzen erreicht hatte, nicht mehr versuchen würde, sie zu überschreiten. In Wirklichkeit hatte Napoleon nicht am Rhein Halt gemacht. Die Skepsis des Philosophen hinsichtlich der dauerhaften Glaubwürdigkeit der von diesem oder jenem Staat eingegangenen internationalen Verpflichtungen ist also verständlich.

Angesichts einer so verworrenen und gefährlichen Situation nützte es wenig, an eine Moral zu appellieren, die den grundlegenden Unterschied zwischen zwischenmenschlichen Beziehungen auf der einen und zwischenstaatlichen auf der anderen Seite übersieht. Im Gegensatz zum Staat, der verpflichtet ist, die internationalen Kräfteverhältnisse ständig im Auge zu behalten und zu verhindern, dass seine Nachbarn zu seinem Nachteil gefährlich erstarken, kann der

»Privatmann« sagen: »Ich habe genug, und will nichts mehr: Denn dieser kommt durch eine solche Bescheidenheit nicht in die Gefahr, auch das zu verlieren, was er hat, indem er, falls Jemand in seinem alten Besitztume ihn angreifen sollte, den Richter zu finden wissen wird«. Der Staat hingegen »findet keinen Richter«, »dem er seine Not klagen könne«, wenn er »in seinem alten Besitztume angegriffen wird«. Und deshalb: »An die allgemeinen Gesetze der Moral ist der Fürst in seinem Privatleben gebunden, so wie der Geringste seiner Untertanen«; die Logik der internationalen Beziehungen erhebt ihn stattdessen »über die Gebote der individuellen Moral in eine höhere sittliche Ordnung, deren materieller Inhalt enthalten ist in den Worten: *Salus et decus populi suprema lex esto*«. Und dies gilt um so mehr nach dem Sturz des Ancien Régime: Während Napoleon mit seinem Expansionismus wütete, waren die deutschen Duodezfürsten, die noch einem feudalen und patrimonialen Staatsverständnis verbunden waren, ausschließlich auf ihre »private« Existenz bedacht, ohne daran zu denken, die Unabhängigkeit des Staates zu sichern, ohne sich um das Schicksal der von ihnen regierten Menschen zu kümmern. Aber »die Völker« – wandte Fichte ein – »sind ja nicht ein Eigentum des Fürsten, so dass er deren Wohl, deren Selbstständigkeit, deren Würde, deren Bestimmung in einem Ganzen des Menschengeschlechts, als seine Privatsache betrachten, und fehlen könne nach Belieben«. Der Fürst kann sich nicht »wie etwa der Besitzer einer Herde« verhalten, der Verluste, die er durch seine Nachlässigkeit seinem Vermögen zufügt, nur sich selbst gegenüber verantworten muss (FMS, S. 424-428). Das Andauern der feudalen Welt in Deutschland erleichterte den Triumph der *Pax Napoleonica*, die jedoch keineswegs mit ewigem Frieden verwechselt werden darf, sondern gleichbedeutend ist mit einer Universalmonarchie unter dem Banner des Despotismus, der Unterdrückung, des Privilegs. Es bleibt festzuhalten, dass – entgegen den Illusionen der Vergangenheit – der Sturz des Ancien Régime nicht gleichbedeutend mit der Ausrottung des Krieges ist.

Die Unsicherheit besteht nach wie vor, ja sie gilt mehr denn je in den zwischenstaatlichen Beziehungen. Zurückhaltung ist geboten. Aber führt sie nicht zu einer Zunahme der internationalen Spannungen? Fichtes Antwort ist klar: Es stimmt nicht, dass mit dem gegenseitigen Misstrauen der Staaten »der Kriege in Europa kein Ende sein würde«. Wenn überhaupt, so ist das Gegenteil der Fall: Es wird geschehen, dass »keiner es wagt, das Schwert zu entblößen, da er allenthalben sich gegenüber eben so gute Schwerter erblickt [...], da keiner den Krieg anzufangen gedenkt, wenn er es nicht mit Vorteil kann [...] und es wird ein langwieriger Friede erfolgen, der nur durch zufällige Ereignisse, als da sind, Revolutionen, Sukzessionsstreitigkeiten u. dgl., unterbrochen werden könnte«. Die Revolution (der Sturz des Feudalregimes), die in den Schriften der Jugend auch deshalb bejubelt wurde, weil sie geeignet war, den Prozess zur Erreichung des ewigen Friedens voranzubringen, wird nun als objektiver Faktor der internationalen Spannungen angesehen. Sie steht nun neben den Erbfolgekriegen, jenen für das Ancien Régime typischen Kriegen, die wiederum in den Schriften der Jugend evoziert wurden, um den unauflöslichen Zusammenhang zwischen der Feudalordnung und der Geißel des Krieges aufzuzeigen. Selbst wenn das, was er über die Revolution geäußert hatte, kein Werturteil, sondern eine einfache Feststellung der Tatsachen war, ist die Veränderung nicht weniger bedeutsam. Fichte kommt zu dem Schluss: »Mehr als die Hälfte der Kriege, welche geführt worden, sind durch große Staatsfehler der Angegriffenen, welche dem Angreifer die Hoffnung eines glücklichen Erfolges gaben, entstanden« (FMS, S. 425f). So bricht der Philosoph mit seinen bisherigen Standpunkten und entdeckt schließlich das Gleichgewicht als mögliche Friedensgarantie wieder.

Der späte Fichte entlarvt die *Pax Napoleonica*, aber aus diesem Grund wird er nicht zum Glauben an einen angeborenen Pazifismus jener Staaten verleitet, die diese bekämpfen, und noch weniger teilt er die Haltung der meisten deutschen Patrioten jener Zeit (ganz zu schweigen von den erklärten Verfechtern der Reaktion), wonach Frankreich insgesamt von einer ewig und unheilbar kriegerischen und expansionistischen Natur geprägt sei. In Wirklichkeit haben wir es mit einer objektiven Dialektik der internationalen Beziehungen zu tun, die kein Land ausnimmt: »Und so winden denn in diesen unaufhörlichen Kämpfen der christlichen Republik schwache Staaten sich herauf, – zuerst zum Gleichgewichte der Macht, sodann zur Uebermacht; indess andere, die vorher kühn zur Universalmonarchie vorschritten, jetzt nur noch für die Erhaltung des Gleichgewichts kämpfen« (FGZ, S. 203f). Es ist eine zusammengefasste historische Bilanz des Zeitraums von 1789 bis 1806, vom Ausbruch der Französischen Revolution bis zur unaufhaltsamen Expansion des napoleonischen Reiches. Es ist das revolutionäre Frankreich, das, von konterrevolutionären Mächten angegriffen, zuerst das Gleichgewicht herstellte und sich dann zur Vorherrschaft erhob, zuerst die Aggressoren abwehrte und dann seinerseits zu einer Politik der territorialen Eroberungen überging; andererseits sind es die Aggressoren von gestern, insbesondere Österreich und Preußen, die, nachdem sie beansprucht hatten, in Frankreich den Ton angeben zu können, jetzt verzweifelt um das Gleichgewicht kämpfen.

Reduziert sich dann alles auf einen sinnlosen Wechsel von einer Übermacht zur anderen, von einer Hegemonie zur nächsten? Nein, trotz der Radikalität seiner Entwicklung hat Fichte die Hoffnung nicht verloren, dass eine dauerhaft friedliche Ordnung erreicht werden kann: »Und so strebt vermittelst dieses Wechsels die Natur nach Gleichgewicht, und stellt es her gerade dadurch, dass die Menschen nach Uebergewicht streben«. Das heißt: »Ein Staat, der in sicherem und unbestrittenem Besitze des Uebergewichts sich fühlt, wird leichtlich sorglos, verliert, von aufstrebenden Nachbarn umgeben, sein Uebergewicht, und es wird vielleicht schmerzlicher Verluste bedürfen, um ihn wieder zur Selbstbesinnung zu bringen« (ebd., S. 203f, 211). Vielleicht könnte auch das Land, das Protagonist der Revolution von 1789 war, durch den Widerstand seiner Nachbarn gezwungen werden, sich von seinem expansionistischen und chauvinistischen Rausch der napoleonischen Periode zu erholen und erneut zu verstehen, dass Beziehungen der Gleichheit und des gegenseitigen Respekts zwischen souveränen Staaten notwendig sind. Das ist für Fichte wie für Kant die Voraussetzung, um zur Föderation der Völker und zum ewigen Frieden voranzuschreiten: Ein Ziel, das mit der Universalmonarchie nichts zu tun hat, ja sogar deren Antithese darstellt.

3.6.
Machiavelli, ein Meister des Misstrauens in den internationalen Beziehungen

Dies sind jedoch Hoffnungen, die nur unter einer Bedingung wiederbelebt werden können: man muss aufhören, den Friedensparolen, die den Expansionsmarsch des napoleonischen Frankreich (wie auch anderer Länder) beschönigen und begünstigen, Glauben zu schenken; es ist notwendig, die edlen Ideale, die zur Legitimierung von Kriegen dienen, die eindeutig auf Eroberung ausgerichtet sind oder jedenfalls einem hegemonialen Plan entspringen, mit Misstrauen oder offenem Spott zu betrachten. Das ist die zweite, noch wichtigere Lektion, die Fichte von Machiavelli lernt, den er als Meister des Misstrauens auf dem Gebiet der internationalen Beziehungen ansieht und der ihn veranlasst, die oft großartigen Rechtfertigungen zu untersuchen und zu kritisieren, mit denen einzelne Staaten ihre außenpolitischen Ziele formulieren.

Davon ausgehend prangert der Philosoph die Leichtgläubigkeit und Passivität an, die die deutschen Höfe an den Tag legen. Sie stellten eine Art Philosophie der Aufklärung zur Schau, aber diese Philosophie war »flach, kränklich und armselig« geworden, indem sie »Humanität, Liberalität und Popularität« pries und jeden »Enthusiasmus« für den Kampf zur Verteidigung der Unabhängigkeit Deutschlands verhöhnte und erstickte. Bei genauerem Hinsehen – Fichtes Reflexion wird an dieser Stelle ganz offensichtlich selbstkritisch – war es auch eine bestimmte Auffassung des Ideals des »ewigen Friedens«, die zur Katastrophe beigetragen hat, die »ihren entnervenden Einfluss recht merklich auch an die Höfe und in die Kabinette verbreitet« hat (FMS, S. 427f).

Machiavelli nicht zu berücksichtigen oder seine Lektion zu ignorieren, bedeutet, den irreführenden Parolen und Versprechungen ohne jegliche Glaubwürdigkeit Glauben zu schenken: »Dass selbst der unmittelbar auf dem Thun des Gegentheils ergriffene feierlich seine Friedensliebe und die Abneigung, seine Grenzen zu erweitern, versichere, ändert nichts; denn theils muss man also sagen und seinen Zweck verstecken, wenn man ihn erreichen will, – und den bekannten Satz: Drohe mit Krieg, damit du Frieden habest, kann man auch so umkehren: Versprich Frieden, auf dass du mit Vortheil Krieg anfangen könnest; – theils kann es ihnen mit jenen Versicherungen dermalen, so weit sie sich selber kennen, ganzer Ernst seyn; aber man lasse nur eine günstige Gelegenheit zur Vergrösserung kommen, so werden die früheren guten Vorsätze vergessen« (FGZ, S. 203f). Trotz des Anscheins verleugnet Fichte das Ideal des ewigen Friedens nicht, wie aus der Schrift von 1812 hervorgeht, die im Folgenden untersucht werden soll. Es sind die Ideologen des napoleonischen Imperiums und die Befürworter der Kapitulation, die in diesen Jahren den Frieden propagieren und sogar so weit gehen, den unersättlichen Expansionismus und die erneuerte Universalmonarchie als nützliche Instrumente für die endgültige Ausrottung des Krieges zu bejubeln. Dies bedeutet nicht, dass die Wendung des Philosophen ignoriert werden kann. Der Aufsatz über Machiavelli stellt fest, dass der Staatsmann im Gegensatz zum Privatmann nicht einfach erklären kann: »Ich habe an Menschheit, ich habe an Treue und Redlichkeit geglaubt« (FMS, S. 427f), wenn er durch sein dilettantisches Verhalten den Ruin seines Landes provoziert hat, d. h. die Augen vor der Entwicklung der Kräfteverhältnisse auf internationaler Ebene verschlossen hat. Politischer Realismus ist ein integraler Bestandteil der Ethik der Verantwortung, die dem wahren Staatsmann eigen ist. Wenn man dies vergisst, werden private Vorzüge in öffentliche Laster verkehrt – so könnte man es formulieren, indem man einen berühmten Ausspruch von Bernard de Mandeville umkehrt. Nun, wenn er so argumentiert, scheint Fichte wieder einmal selbstkritisch über seine Vergangenheit nachzudenken: sicherlich hat er den aus Paris kommenden Parolen als Privatmann Glauben geschenkt, aber als Privatmann, der einen gewissen öffentlichen Einfluss ausgeübt hat.

Zusammen mit dem ewigen Frieden wird an den Ideen von 1789 als Ganzes festgehalten: »Seit der französischen Revolution« haben sich »die Lehren vom Menschenrechte und von der Freiheit und ursprünglichen Gleichheit Aller«, verbreitet, Lehren, die die »ewigen und unerschütterlichen Grundfesten aller gesellschaftlichen Ordnung (sind), gegen welche durchaus kein Staat verstoßen darf«. Es muss jedoch hinzugefügt werden, dass diese Lehren alleine nicht ausreichen, denn »mit deren alleiniger Erfassung [...] man einen Staat weder errichten, noch verwalten kann«; leider wurden sie »mit einem zu großen Akzente« behandelt und »in der Hitze des Streites« verabsolutiert, als ob sie »in der Staatskunst noch weiter führten, als sie es wirklich tun« (ebd., S. 428). Dieselben Überlegungen gelten für die Idee des ewigen Friedens. Diese reicht nicht nur nicht aus, um den Krieg auszurotten, sondern sie kann sogar dem napoleonischen Reich als Legitimation für seine Politik der Expansion, Unterdrückung und Plünderung dienen, gegen die Fichte beabsichtigt zum Widerstand und bewaffneten Kampf aufzurufen.

3.7. Fichte am Wendepunkt: Abkehr vom Universalismus oder dessen Weiterentwicklung?

Über den Autor der *Reden an die deutsche Nation*, die dieser 1807/08 verfasste und 1808 veröffentlichte, hat die deutsche Geschichte im zwanzigsten Jahrhundert am Ende einen dichten Schleier von Missverständnissen, Anachronismen und historischen Verzerrungen geworfen. Selbst ein herausragender Autor wie Georg Lukács ist davon beeinflusst und drückt sich über den späten Fichte mit vernichtenden Worten aus: Seine Philosophie sei »innerlich in die Brüche gegangen« (Lukács, 1954, S. 25); das »Ende seiner Laufbahn als wirklicher Philosoph von europäischer Bedeutung« (ebd., S. 516) sei erreicht; er sei »zugrunde gegangen«, ja »tragisch zugrunde gegangen« an der »Unlösbarkeit der Widersprüche« (ebd.), die den antinapoleonischen Aufstand bestimmen und begleiten. Hat er auf der philosophischen Ebene im Wesentlichen nichts mehr zu sagen, so ist der Autor der *Reden an die deutsche Nation* (und der zeitgleichen Texte) auf der eher politischen Ebene mehr als verdächtig: Es »färben die reaktionären Züge« der deutschen Nationalbewegung »verhängnisvoll auf seine Philosophie ab« (ebd., S. 337).

Es ist ein Urteil, das nicht nur falsch ist, sondern auch korrigiert werden kann und muss. Wenn man hinsichtlich der Entwicklung von Fichte über ein »in die Brüche gehen« sprechen will, dann ist dies in der Zeit unmittelbar vor der antinapoleonischen Wende auszumachen, in den Schriften oder in den Passagen, in denen er im Namen des ewigen Friedens noch sehr spät den Expansionsdrang (und die damit verbundenen Kriege) des napoleonischen Frankreichs rechtfertigt und verklärt. Dies ist nicht nur meine Meinung. Als Benjamin Constant 1814 eine ironische Bemerkung über »Schriftsteller, die immer im Dienste des herrschenden Systems standen, wahre Landsknechte« machte, die dann, nachdem sie die These, dass »der Friede das Bedürfnis der Welt sei«, bis zum Überdruss wiederholt hatten, sich dazu verpflichtet sahen, Napoleons Kriege mit den verschiedensten Argumenten zu rechtfertigen, dachte er wahrscheinlich an Fichte, von dem er, wie aus den Tagebüchern hervorgeht, den *geschlossenen Handelsstaat* kannte und scharf kritisierte und dessen spätere Kehrwende er nicht zur Kenntnis nahm (Constant, 1814, S. 66). In der Tat ist es schwierig, etwas dagegen einzuwenden, dass der französische Liberale die von den Parteigängern Napoleons und von Fichte selbst gerne vertretene Argumentation widerlegt, wonach das Erreichen natürlicher Grenzen und die »Arrondirung der Grenzen« in Wahrheit ein Beitrag zur Sache des Friedens sei: »als ob nicht durch diese einmal angenommene Lehre alle Ruhe und Billigkeit von der Erde verbannt wäre. Denn eine Regierung will immer nach außen ihre Grenzen arrondieren. Keine einzige hat, so viel man weiß, je einen Teil ihres Gebiets aufgeopfert, um dem übrig bleibenden eine größere geometrische Regelmäßigkeit zu verschaffen (Constant, 1814, S. 31f). In nicht unähnlicher Weise kritisierte der frühe Fichte die These, dass »Gleichgewicht« eine Friedensgarantie bedeute: Warum konnten sich die miteinander konkurrierenden Großmächte kein »Gleichgewicht« vorstellen, das nicht die Erweiterung ihres eigenen Territoriums bedeutete? (siehe oben, Abs. 2.2). Dieses Argument hatte der Philosoph, der sich später damit befasste, das Vordringen des postthermidorianischen Frankreichs zu seinen angeblichen »natürlichen Grenzen« zu rechtfertigen, völlig vergessen.

In einer zugleich sibyllinischen wie beunruhigenden Anmerkung im *geschlossenen Handelsstaat* geht Fichte so weit zu sagen, dass »ein Inselstaat« kein »autonomes Ganzes« darstelle; demnach seien die

Inseln als »Anhang« zum Festland zu betrachten, so »dass also z. B. die britischen Inseln eigentlich zum festen Lande Frankreiche gehören« (FGH, S. 481f, Anm.). Sollte dies eine Unterstützung für die Pläne zur Invasion Großbritanniens sein, die von der Pariser Regierung unmittelbar nach dem Ende des Italienfeldzuges gehegt wurden? Sicher ist, dass Gentz das Bedürfnis verspürte, in einer in Berlin erscheinenden Zeitschrift (»Historisches Journal«) zu intervenieren – auch dank britischer finanzieller Unterstützung (Haym, 1854, S. 343f). Fichte – ironisiert der unerbittliche Feind des revolutionären und napoleonischen Frankreichs – will zur Verwirklichung des »ewigen Friedens« beitragen, indem er nicht nur die Eroberung der sogenannten »natürlichen Grenzen« legitimiert, sondern auch die These vertritt, dass »die Britischen Inseln zum festen Lande Frankreiche gehören«: Die »Raubsucht« und der Wunsch, die Güter anderer zu anzuhäufen, die die Revolutionäre sowohl »im Privatrecht« als auch in den internationalen Beziehungen demonstrierten, seien wieder einmal offensichtlich (Gentz, 1953, S. 474f, Anm.).

Dem Autor des *geschlossenen Handelsstaates* gegenüber mangelt es auch nicht an Hohn und Spott. Gleich nach der Publikation des Buches, Ende des Jahres 1800, kommentierte ein Gesprächspartner, der sich von der Tatsache anregen ließ, dass hinsichtlich der vom Autor lebhaft verfochtenen Autarkie eine Ausnahme für den Import französischen Weines ins Auge gefasst wurde, in einem Brief an Schiller: Fichte mag sich nicht dem Wein aus Brandenburg verschreiben! (zit. in: Fuchs, 1980, S. 423f).

Einige Jahre später, es war das Jahr 1808, war es ein radikaldemokratischer Schriftsteller wie Ludwig Börne, der sich ironisch über die Theorie der natürlichen Grenzen äußerte, und er hatte dabei eindeutig Fichte im Blick: »Zur Verwirklichung des ewigen Friedens ist es schlechterdings notwendig, dass alle Staaten vollkommen arrondiert sind. In dem Fall nämlich, dass sie Zirkel bilden, werden sich ihre Peripherien nur an einem Punkte berühren können, wodurch jede feindliche Begegnung erschwert wird. Allein dieses ist noch nicht hinreichend. Damit der Friedenszustand zwischen den Staaten ewig sein könne, darf unter ihnen gar kein Berührungspunkt stattfinden;

sie müssen vollkommen getrennt sein. Dieses ist nur dadurch möglich, dass die Staaten durch Wasser voneinander geschieden werden, das heißt, dass sie Inseln bilden« (Börne, 1977, S. 120f). Diese ironischen und sarkastischen Bemerkungen, die sicherlich im Laufe eines erbitterten politischen Kampfes gemacht wurden, sind nicht ganz unbegründet: Sie nehmen einen großen Philosophen ins Visier, der an einem bestimmten Punkt Gefahr läuft, ein Kriegsideologe im Dienste Frankreichs zu werden.

Fichte gelangt spät zum Verständnis der nationalen Frage; seine *Reden* präsentiert er im Winter 1807/08. Inzwischen haben sich in Deutschland Unmut und Protest gegen die Besatzungstruppen weit verbreitet. Hegel, der ebenfalls die Faszination Napoleons verspürte, berichtete am 17. November 1806 aus Bamberg, wohin er aus Jena gekommen war: »Auf dem ganzen Wege habe ich von den Franzosen genug zu Rühmens gehört, sie haben allenthalben den Leuten die Langeweile erspart, täglich von ihrem Korn, Stroh, Heu und den übrigen häuslichen Effekten etwas Weniges zu gebrauchen und denselben Akt immer zu wiederholen; wozu dieses langsame Volk sonst Jahre und Tage nöthig hatte, dies haben die Franzosen in einem Tage bewerkstelligt. Weil es jedoch nicht so gut ist, dass der Mensch ohne Arbeit ist, haben sie ihnen die hinterlassen, ihre Häuser von neuem zu erbauen und somit sie jetzt moderner einrichten zu können« (Hegel, 1969-1981, Bd. 1, S. 128f). Es geht nicht nur um Bagatelldiebstahl und geringfügige Schikanen. Es war Napoleon selbst, der am Vorabend des Italienfeldzuges die Kampfbereitschaft seiner Armee mit einer sehr eloquenten Proklamation (vom 26. März 1796) anspornte: »Soldaten, ihr seid nackt, schlecht genährt. Ich will euch in die fruchtbarsten Ebenen der Welt führen. Reiche Provinzen und große Städte werden in euren Händen sein; ihr werdet dort Ehre, Ruhm und Reichtum finden« (zit. in: Soboul, 1988, S. 464). Es war eine Proklamation, die eine Armee von wahren Plünderern hervorbrachte, deren Raubüberfälle und Razzien Terror verbreiteten (Furet, Richet, 1968, S. 480f).

Zumindest was die Kunstwerke betrifft, waren die »Diebstähle« und »Razzien« nicht improvisiert. Am 7. Mai desselben Jahres erteilte das Direktorium General Napoleon Bonaparte genaue Anweisungen: »Das Exekutivdirektorium ist überzeugt, Bürger General, dass Sie den Ruhm der Bildenden Künste als zum Ruhm der von Ihnen befehligten Armee gehörend empfinden. Italien verdankt den Kunstwerken einen guten Teil seines Reichtums und seines Ansehens. Jetzt ist der Augenblick gekommen, da sie in Frankreich erstrahlen sollten, um die Herrschaft der Freiheit zu verschönen. Das Nationalmuseum Frankreichs muss die berühmten Werke aller Künste enthalten, und Sie werden nicht verfehlen, ihm alle zu verschaffen, die es von den jetzigen und gewiss noch bevorstehenden Eroberungen der Italienarmee erwartet. Dieser glorreiche Feldzug versetzt die Republik in die Lage, ihren Feinden den Frieden zu bringen, aber er muss nun auch die vandalischen Verwüstungen im eigenen Lande beheben helfen und dem Glanz der militärischen Trophäen den Zauber der erquickenden und tröstlichen Künste hinzufügen. Das Exekutivdirektorium fordert Sie also auf, die wertvollsten Objekte solcher Art ausfindig machen, sicherstellen und nach Paris schaffen zu lassen sowie präzise Befehle zur zweckmäßigen Ausführung dieser Maßnahmen zu geben« (ebd., S. 479f). Die Politik der halbkolonialen Ausplünderung durch das napoleonische Frankreich wurde immer offensichtlicher, als sie auf Deutschland ausgedehnt wurde. Die *Reden an die deutsche Nation* verurteilen mit feurigen Worten eine Politik, die »in eroberten Menschen, Ländern und Kunsterzeugungen nichts mehr, denn ein Mittel, in höchster Eile Geld zu machen« erblicke (FRN, S. 469). Es muss jedoch hinzugefügt werden, dass Fichte den Diebstahl von Kunstwerken erst zu einem Zeitpunkt anprangerte, zu dem er in der deutschen Öffentlichkeit längst im Mittelpunkt einer hitzigen und empörten Debatte stand, an der die größten Intellektuellen der Zeit wie Friedrich und August Wilhelm Schlegel, Schiller und Goethe beteiligt waren (vgl. Losurdo, 1989, Kap. 6, Abs. 1).

Mit dem Rückgriff auf Terror wird versucht, die Ausbreitung der Proteste einzudämmen. Am 26. August 1806 wurde der Buchhändler Johann Philipp Palm auf ausdrücklichen Befehl des Kaisers erschossen, weil er ein Pamphlet herausgegeben hatte, in dem er die

Plünderungen, Vergewaltigungen und Schikanen der Besatzungsarmee angeprangert hatte und in dem das deutsche Volk aufgefordert wurde, die »Ketten Napoleons, des Unersättlichen« (Kleßmann, 1976, S. 81-94), zu zerreißen. Drei Jahre später spielt Arndt (1953a, S. 133*) deutlich auf diese Geschichte an, wenn er schreibt, dass die Franzosen »das Recht zu schießen und zu deportieren so ausgedehnt haben, dass Europa für einen richtigen Mann zu eng werden kann«.

Die *Reden* sind von Anspielungen auf die grassierende Zensur durchzogen: Zu Machiavellis Zeit habe es mehr Freiheit gegeben als »zu Anfange des 19ten Jahrhunderts aus den Ländern, die sich der höchsten Denkfreiheit rühmen« – bemerkt Fichte mit Bezug auf das französische Kaiserreich und die von ihm besetzten Länder (FGS, S. 261). Hatte der Philosoph seit seiner Jugend das Papsttum als das Idealbild des Despotismus identifiziert, in dem dieser zur Vollkommenheit gelangt war (FBB, S. 98, 108f), so stellt er nun mit Bitterkeit fest, dass sich das Papsttum zu Machiavellis Zeit liberaler verhielt als die Obrigkeit in Deutschland zu »Anfange des 19ten Jahrhunderts«, wobei er sich in diesem Fall sowohl auf Napoleon als auch auf die zu dessen Füßen liegenden deutschen Feudalhöfe bezog (FGS, S. 262).

Während er seine *Reden* ausführt, ist dem Philosophen der Fall des Buchhändlers und Verlegers, der im Auftrag der Pariser Behörden erschossen wurde, gut bekannt. In einem Brief vom Januar 1808 fügt Fichte (1967, Bd. 2, S. 500) hinzu, nachdem er sich über die Zensur beklagt hatte, die ständig auf der Lauer liege: »Ich weiß recht gut, was ich wage, ich weiß, daß ebenso wie Palm ein Blei mich töten kann; aber dies ist nicht, was ich fürchte, und für den Zweck, den ich habe, würde ich auch gern sterben.« Es ist eine Befürchtung, die von der Frau des Philosophen geteilt wird, die in einem späteren Brief im Dezember desselben Jahres und immer wieder mit Bezug auf die *Reden,* an Charlotte von Schiller, die Frau des Dichters, schreibt: »Das Buch hat mir viel Angst gekostet, indem mir immer die Behandlung des unglücklichen Palm dabei vorschwebte« (ebd., Bd. 2, S. 519f). Maßgebliche Zeugen haben uns eine anschauliche Schilderung des

Klimas der Angst im besetzten Berlin hinterlassen, wobei Fichte an der Verbreitung von patriotischen und antinapoleonischen Texten unter der Hand beteiligt war (Léon, 1922-1927, Bd. 2.2, S. 56f). Zusammenfassend lässt sich sagen, dass sich im damaligen Preußen die Frage der nationalen Emanzipation mit der Frage der Gedanken- und Meinungsfreiheit verband.

Schließlich und endlich stellt Fichte die deutschen Höfe unter Anklage, die durch den Eindringling gezwungen wurden oder wegen ihrer Bestechlichkeit dazu neigten, eine Haltung einzunehmen, die sich wie folgt zusammenfassen lässt: »Fechten für ein fremdes Interesse, lediglich um der Erhaltung seines Hauses willen: – Soldaten verkaufen; – Anhängsel sein eines fremden Staates« (FEP, S. 571). Etwas mehr als ein Jahrhundert später sah Lenin (1955, Bd. 27, S. 58, und Bd. 22, S. 314) in der Verpflichtung, »Truppen zu stellen, damit diese die Eroberungsfeldzüge Napoleons I. unterstützten«, die härteste und beschämendste der »unermesslich schändlicheren Friedensbedingungen«; es ist eine Klausel, die das koloniale oder halbkoloniale »Joch«, das von Napoleon und dem »Imperialismus Napoleons« dem bei Jena besiegten Deutschland auferlegt worden war, sofort sichtbar macht.

Gegen all dies ruft der Autor der *Reden an die deutsche Nation* zum Kampf auf. Sein Universalismus, der, nachdem er die Versuchung verspürt hatte, die Revolution zu exportieren, sich für kurze Zeit in eine Ideologie zur Legitimation des Expansionismus verwandelt hatte, erlangte nun Klarheit und Reife: Um glaubwürdig zu sein, müssen der Universalismus und das Ideal des ewigen Friedens die »Universalmonarchie« (wie Kant und Fichte es ausdrückten) bzw. Kolonialismus und Imperialismus (in der Sprache Lenins und der heutigen Zeit) zu bekämpfen wissen.

3.8.
Wer sind die Chauvinisten und Befürworter des Krieges?

Das Spektrum der Vorwürfe gegen die Befürworter und Protagonisten der antinapoleonischen Widerstandsbewegung, darunter der späte Fichte, ist bekannt. Lukács betrachtet die »sogenannten Befreiungskriege«, (1954[1], S. 37), die deutschen »nationalen Bewegungen« insgesamt mit Argwohn oder erklärter Feindseligkeit, als »von einer reaktionären Mystik erfüllt« (1954[2], S. 22) und durchdrungen von einem »engen Chauvinismus« (1954[1], S. 37). Die Punkte in der Anklageschrift sind klar. Wir sind gezwungen, uns zwei Fragen zu stellen: Haben diejenigen Chauvinismus an den Tag gelegt, die die nationale Unabhängigkeit Deutschlands forderten, oder diejenigen, die über das Recht Frankreichs theoretisierten, Deutschland und ganz Europa zu unterwerfen und auszuplündern? Was den zweiten, eher philosophischen Anklagepunkt angeht: War mit »reaktionärer Mystik« die Forderung (wenn auch in verwirrten und fragwürdigen ideologischen Formen) nach gleicher Würde der deutschen Nation (wie jeder anderen Nation) gemeint, oder vielmehr die Verklärung der Großen Französischen Nation als der einzigen, die fähig ist, die Menschheit zu erlösen, und der einzigen, die das Recht hat, Europa und die Welt zu regieren (oder zu beherrschen)? An diesem Punkt stellt sich spontan eine dritte Frage: Repräsentierten nicht eher diejenigen die Sache des Friedens, die zu einem bewaffneten Aufstand gegen die unerträgliche nationale Unterdrückung aufriefen, als diejenigen, die eine *Pax Napoleonica* bejubelten, die in Wirklichkeit die Verwicklung in endlose Eroberungskriege bedeutete?

Es stimmt, der Vorwurf der Auslandstümelei zieht sich wie ein roter Faden durch die *Reden an die deutsche Nation*. Fichte prangert die »Ausländerei« als »Grundseuche« an, als eine Krankheit, die das gesamte deutsche Volk anzustecken und zu vernichten drohe (FRN, S. 336). Ist diese Position gleichbedeutend mit Chauvinismus und Xenophobie? In der Tat haben wir vorher gesehen, wie der Philosoph den Ideen von 1789 als den »ewigen und unverrückbaren Grundlagen jeder Gesellschaftsordnung« huldigte. Die Notwendigkeit, vom (revolutionären) Frankreich zu lernen, steht außer Frage. Das Problem besteht hingegen darin zu verhindern, dass die notwendige kritische Aneignung der Lektionen von jenseits des Rheins einer unkritischen Auslandstümelei weicht, die zur Legitimation der kolonialen Unterwerfung unter einen mythisch verklärten Sieger neigt.

Nach der Niederlage von Jena kann Gallophilie nur noch des nationalen Verrats verdächtig sein: Sie begünstigt den Versuch der Besatzer, den Widerstand des unterdrückten Volkes zu brechen, sodass es das Gefühl für seine eigene Identität verliert. Gegen diese Art von kultureller Kollaboration wird Fichte nicht müde zu warnen, und gleichzeitig fordert er den Respekt vor der »Eigenart« der anderen Völker ein. Mit anderen Worten, es geht darum, ein Verhältnis der Gleichheit zu verwirklichen, indem die Entstehung von Chauvinismus bei dem einen wie dem anderen vermieden wird: Das Schlimmste wäre, »unsere Weise dazusein aufzugeben, und in der ihrigen ihnen ähnlich zu werden strebten«, die Franzosen mit »Schmeichelei« zu überschütten, ohne dafür ihren Respekt zu verdienen (FRN, S. 470f, 478). Es ist notwendig, einem besiegten und gedemütigten Volke, das sein Selbstwertgefühl zu verlieren droht und dazu neigt, sich dem Selbsthass zu überlassen, weil es von einem Lande besiegt wurde, das in wirtschaftlicher, sozialer und politischer Hinsicht zweifellos fortschrittlicher ist, das Vertrauen zurückzugeben. Es geht darum, mit einer Tradition zu brechen, in der die Deutschen, »um gerecht zu seyn, sowohl gegen das gleichzeitige Ausland, als gegen das Alterthum, ungerecht gewesen sind gegen sich selbst«. Jetzt bleibt nur noch ein Weg, um nicht völlig vor den Eindringlingen zu kapitulieren: »Der Kampf mit den Waffen ist beschlossen; es erhebt sich, so wir es wollen, der neue Kampf der Grundsätze, der Sitten, des Charakters« (ebd., S. 470f). Zu dem Zeitpunkt, als die *Reden* abgefasst werden, scheint es keine Möglichkeit für militärische Revanche zu geben: Es muss daher dafür gesorgt werden, dass um die Besatzer ein Klima der allgemeinen Isolation entsteht, das sie daran hindert, ihre Ausstrahlungskraft zu nutzen, um einen mehr oder weniger weitreichenden Grundkonsens in ihrem Herrschaftsgebiet zu erreichen.

Der Vorwurf der Auslandstümelei bedeutet in keiner Weise gleich Chauvinismus, so wie auf der Gegenseite der von der pronapoleonischen Partei geförderte Kosmopolitismus in keiner Weise gleichbedeutend ist mit echtem Festhalten an der Sache des Friedens und der Freundschaft zwischen den Nationen. Im zwanzigsten Jahrhundert fasste dies ein großer chinesischer Patriot, der lange Zeit im Ausland gelebt hatte und Impulse für den Sturz der heruntergekommenen Mandschu-Dynastie suchte, um die erste chinesische Republik zu gründen, und der nicht der Fremdenfeindlichkeit verdächtigt werden kann, brillant zusammen: »Die Nationen, die sich des Imperialismus bedienen, um andere Völker zu erobern, und so versuchen, ihre privilegierte Stellung als Herren und Herrscher der Welt zu erhalten, sind für den Kosmopolitismus und möchten, dass die Welt ihnen zustimmt«; deshalb tun sie alles, um den Patriotismus als »etwas Engstirniges und Antiliberales« zu diskreditieren (Sun Yatsen, 2011, S. 43f*). Der späte Fichte warnte vor der Vergötterung der Kultur der Sieger und rief das besiegte und unterdrückte Volk auf, nicht zu verzagen, sondern seine Identität zu erneuern und nahm damit eines der zentralen Probleme der antikolonialen Revolutionen des 20. Jahrhunderts vorweg.

Es wäre sinnlos, den Vorwurf der provinziellen Enge und der Fremdenfeindlichkeit, die von den Verfechtern und Ideologen des napoleonischen Imperiums gegen die nationale Widerstandsbewegung (und gegen Fichte) gerichtet wurden, zu wiederholen. Die Klage, die die Förderer und Protagonisten des antinapoleonischen Widerstands (darunter Fichte) über die damals für Frankreich typische chauvinistische Arroganz erhoben, ist viel begründeter. Deren Anhänger können sich gern als Kosmopoliten gebärden: In Wirklichkeit verteidigen sie ein Imperium, das dem alten Rom gleicht und das auf der Unterdrückung und Ausplünderung der nach und nach unterworfenen Länder beruht. Die *Hermannsschlacht*, 1808 von Heinrich von Kleist verfasst, stellte den Deutschen und den anderen Völkern die Römer (in Wirklichkeit die Franzosen) gegenüber, eben jenen Römer, »der keine andre Volksnatur Verstehen kann und ehren, als nur seine« und dazu neigte, sich als »ein Geschlecht von höhrer Art« zu betrachten und sich so zu verhalten (Kleist 1978, S. 258, 252).

Fünf Jahre später richtete Arndt einen sehr eindringlichen Appell an seine Landsleute: »Aber darin sei den Römern ungleich […], sie wollten nie einen Frieden schließen ohne Land zu gewinnen. Ihr, setzt eure Größe in Gerechtigkeit und Mäßigkeit. Denn auch die Römer, so groß sie waren, sind untergegangen und zuletzt der Spott der Welt geworden, weil sie diese nicht ehren wollten. Sprechet den großen Grundsatz aus und lehret ihn euren Kindern und Kindeskindern als das heiligste Gebot eurer Größe und Sicherheit: daß ihr nie fremde Völker erobern wollet, daß ihr aber auch nimmer leiden wollet, dass man auch nur ein Dorf von euren Gränzen abreiße« (Arndt, 1813, S. 55). Fichte wiederum betont 1813 in offener Auseinandersetzung mit dem napoleonischen Imperium und seinen Anhängern einerseits, dass »Völker [...] Individualitäten, mit eigentümlicher Begabung und Rolle« sind, andererseits erklärt er, »der erste Zug des besseren Deutschen ist eine Sträubung gegen die Enge des Geburtslandes« (FEP, S. 563, 572). Die Forderung nach Unabhängigkeit und die Verteidigung der nationalen Identität (einer erneuerten Identität, die in der Lage ist, den Herausforderungen der Zeit zu begegnen) haben nichts mit Chauvinismus oder provinzieller Engstirnigkeit zu tun.

Angesichts dieser Voraussetzungen versteht man die Bewahrung der Nationalsprache des besiegten und unterworfenen Volkes gut. Es ist ein Motiv, das wir sowohl bei dem Autor der *Reden an die Deutsche Nation* als auch bei den anderen Protagonisten und Vertretern des antinapoleonischen Widerstands finden. Man denke an Arndt: Wenn er bei der Verurteilung der Xenophilie einerseits gegen die »Philosophen« und die intellektuellen Apologeten Frankreichs polemisiert, so richtet er sich andererseits besonders scharf gegen die »Familien der Fürsten und Dynastien«, die »blind und schwächlich« geworden sind und die, nachdem sie den Sinn und die Kraft ihres Volkes vergessen, wie »Fremdlinge unter ihm« sind. In ihrem grenzenlosen Nachäffen von allem, was von jenseits des Rheines kam, haben sie auch »ihre Sprache und ihr Volk noch lange verachtet« (Arndt, 1953a, S. 132, 134f).

Das bezog sich in erster Linie auf Friedrich II., der es liebte, französisch zu sprechen und zu schreiben, und sich mit französischen Intellektuellen umgab, ohne seine Verachtung nicht nur für die deutsche Kultur, sondern auch für die deutsche Sprache zu verbergen, die er für ungeeignet hielt, Poesie und gute Literatur zu produzieren. Es war eine Geisteshaltung, die vom Adel weitgehend geteilt wurde. Seine Mitglieder wandten sich in deutscher Sprache an die Bediensteten, während sie sich unter sich ausschließlich der französischen Sprache bedienten und damit – wie Herder kritisch bemerkte – eine unüberwindliche Barriere gegenüber den »Volksklassen« errichteten (vgl. Losurdo, 1989, S. 139-141). Es ist dieselbe Beobachtung, die der große russische revolutionäre Intellektuelle Alexander I. Herzen in Bezug auf die Aristokratie seines Landes macht: Sie ist »kosmopolitischer als die Revolution«; sie ist weit davon entfernt eine nationale Basis zu haben, ihre Herrschaft beruht hingegen auf der Verleugnung selbst der Möglichkeit einer nationalen Basis und auf der »tiefen Spaltung [...] zwischen den bürgerlichen Klassen und den Bauern«, zwischen einer sehr schmalen Elite und der überwältigenden Mehrheit der Bevölkerung, auf die man mit der Verachtung blickt, die einer minderwertige Rasse gebührt (Herzen, 1994, S. 176f*). Das heißt, in dem von der napoleonischen Armee besetzten Deutschland war der Kampf gegen Auslandstümelei und der nationale Widerstand eng mit dem Kampf für den Sturz der ständischen oder auch Kastenordnung des Ancien Régime verflochten.

Bevor wir uns diesem zweiten Aspekt zuwenden, sollten wir einen Punkt im Auge behalten: Trotz der Schwächen und Widersprüchlichkeiten ihres ideologischen Programms ist es im Großen und Ganzen die Partei, die sich der *Pax Napoleonica* entgegenstellt, diejenige, die chauvinistische Arroganz zurückweist und damit die Sache der Verständigung und des Frieden zwischen den Völkern vertritt. Es ist insofern keine widersprüchliche oder inkonsequente Haltung des späten Fichte, wenn er einerseits zum Aufstand gegen die Unterjochung und die militärische Besatzung durch das napoleonische Imperium aufruft, sich andererseits aber weiterhin zum Ideal des ewigen Friedens bekennt. Vielmehr ist dieses Ideal nunmehr ausgereifter: Um echt und dauerhaft zu sein, setzen Frieden und Freundschaft zwischen den Völkern Beziehungen der Gleichheit voraus; und damals war es das Imperium Napoleons, das dieses Prinzip mit Füßen trat.

3.9. Fichte und die antikolonialen Revolutionen des 20. Jahrhunderts

Gegen dieses Imperium entwickelt sich in Preußen eine Bewegung, die, um die nationale Befreiung zu erreichen, revolutionäre Umwälzungen einfordert, die über den Sturz des Ancien Régime hinausgehen. Fichte ist einer der maßgeblichen Exponenten dieser Bewegung. Carl von Clausewitz (1862, S. 580) betont in einem Schreiben an ihn, um Napoleon besiegen zu können, müsse mutig und entschieden in den »bürgerlichen Zustand« und in die gegenwärtige »Verfassung und Erziehung« eingegriffen werden.

Der hier geforderte Eingriff nimmt manchmal überraschend radikale Formen an. Dies geschieht zum Beispiel bei August Neidhardt von Gneisenau, dem Feldmarschall, der zu den großen Protagonisten in dieser Phase des Nachdenkens und der Kämpfe gehört. In seinen Augen ist die Befreiung von der napoleonischen Okkupation mehr ein politisches und gesellschaftliches Problem als ein militärisches. Es sei, um seine Worte zu verwenden, notwendig, »kühn in das Zeughaus der Revolution zu greifen«, die Leibeigenschaft abzuschaffen und die Untertanen in Bürger zu verwandeln. »Die Aufgabe ist, eine von anderen Völkern beneidete Konstitution zu haben«, eine Verfassung, die sich nicht nur mit der Freiheit, sondern auch mit der Bildung und dem Wohlergehen der Bürger befasst; »ein Volk, arm, roh, unwissend und sklavisch, wird es nie mit einem an Hilfsmitteln und Kenntnissen reichen aufnehmen können«. Auf der eigentlichen militärischen Ebene sind Maßnahmen erforderlich, die von einem bekannten Historiker von heute so zusammengefasst werden: Allgemeine Mobilisierung, »Wahl der Offiziere und Unteroffiziere durch die Aufständischen«, weitreichende Macht »über alles öffentliche und private Eigentum«, die von den vom Zentrum entsandten »Kommissaren« ausgeübt wird, sowie »Einziehung der Güter aller Feigen und Landesverräter und deren Verteilung an die Kriegsopfer«. Der Historiker, dem ich gefolgt bin und den ich hier zitiert habe, hat auf seine eigene Weise Recht, und er bemerkt empört: Wir sind einer »revolutionären Phantasie« von »wilder Großartigkeit« gegenwärtig (Ritter, 1967, S. 94-99). Sie hat weder vor feudalem noch vor bürgerlichem Eigentum Respekt.

Natürlich geht es in erster Linie um Maßnahmen des Krieges, aber auf der Welle des Krieges entsteht eine Vision der Gesellschaft, die zu denken gibt. Geben wir noch einmal das Wort an Gneisenau: »Die Revolution hat die ganze Tatkraft des französischen Volkes in Tätigkeit gesetzt, durch die Gleichstellung der verschiedenen Stände und die gleiche Besteuerung des Vermögens die lebendige Kraft im Menschen und die tote der Güter zu einem wuchernden Kapital umgeschaffen und dadurch die ehemaligen Verhältnisse der Staaten zueinander und das darauf ruhende Gleichgewicht aufgehoben. Wollten die übrigen Staaten dieses Gleichgewicht wieder herstellen, dann müssten sie dieselben Hilfsquellen eröffnen und nutzen [...]. Die stärkste Stütze der Macht des Regenten ist unstreitig das Volk [...]. Welche unendlichen Kräfte schlafen im Schoße einer Nation unentwickelt und unbenutzt! In der Brust von Tausenden und Tausenden von Menschen wohnt ein großer Genius, dessen aufstrebende Flügel seine tiefen Verhältnisse lähmen. Währenddem ein Reich in seiner Schwäche und Scham vergeht, folgt vielleicht in seinem elendesten Dorf ein Caesar dem Pfluge, ein Epaminondas [der große thebanische Führer] nährt sich karg von dem Ertrage der Arbeit seiner Hände« (zit. in: Ritter, 1967, S. 95). Unerträglich ist nicht nur die Spaltung in Klassen und Schichten im Ancien Régime; dieselbe Spaltung in Klassen in der bürgerlichen Gesellschaft verurteilt diejenigen, die große Führer sein könnten, zu Not und Finsternis und birgt die Gefahr für die Nation, in ihren schweren Zeiten schädlich oder gar verhängnisvoll zu werden.

Engels hat Recht, wenn er den Beginn der bürgerlichen Revolution in Deutschland auf die Jahre 1808-1813 datiert (MEW, Bd. 7, S. 539), aber er hat nur dann Recht, wenn wir unseren Blick auf die tatsächlich erreichten Ergebnisse der hier analysierten Bewegung beschränken. Wenn wir allerdings die Bewegung als solche betrachten, müssen wir feststellen, dass sie in ihren inspirierenden Motiven und vor allem in ihren radikalsten Strömungen über den rein bürgerlichen Rahmen hinausgeht.

Der Radikalismus von Fichte ist nicht geringer als der von Gneisenau. Seine heftige und beißende Polemik richtet der Philosoph vor allem gegen den Adel, die Höfe und die preußische Krone: In einer noch feudalen Gesellschaft, die auf der Einteilung in Klassen oder »Stände« beruhte, zeigte sich »der Adel in dieser Lage als der erste Stand der Nation nur dadurch, dass er der Erste war, der da floh, wo es Gefahr gab, und dass er durch Verlassen der gemeinsamen Sache, durch niederträchtiges Kriechen und durch Verräthereien die Barmherzigkeit des allgemeinen Feindes sich zu erwerben suchte« (FRD, S. 530). Bis in die letzten Schriften spürt man die moralische und politische Entrüstung des Theoretikers einer antifeudalen Revolution (die bisweilen den Ton einer antikolonialen Revolution annimmt) gegenüber den deutschen Fürsten und Adligen, die in ihrer »rohen und blinden Raubgier« keine Schwierigkeiten haben, sich zu verkaufen: »Sie krochen vor dem Auslande, sie eröffneten demselben den Schooss des Vaterlandes; sie würden vor dem Dey von Algier gekrochen sein, den Staub seiner Füße geküsst haben, seinen natürlichen oder angenommenen Söhnen ihre Töchter vertraut haben, wenn sie nur dadurch zu dem ihnen gelegenen Amte, oder zum Königstitel hätten kommen können« (FEZ, S. 529). Wir befinden uns in der Gesellschaft einer Schicht von Parasiten, die nur an »essen und trinken« denken und den Freigeist geben; und wenn sie einen vornehmeren Ton anschlagen wollen, fangen sie an, Französisch zu parlieren; sie waren völlig desinteressiert an Bildung und Volksbildung, stattdessen griffen sie auf »das einfache Mittel des Stockes« zurück; das oberste Ziel ihrer Regierungskunst war es, mit allen Mitteln an Geld zu kommen, sodass sogar die Lotterie dazu herhalten musste, das Kleingeld ihrer armen Dienstmagd in die Hände zu bekommen. Es waren dann diese Fürsten und Feudalherren, die im Laufe der Schlacht »die Fahnen verlassen« und sich dem Feind ergeben hatten, noch bevor sie ihn tatsächlich angetroffen hatten (ebd., S. 523-527). Wie man sieht, wird Napoleon gehasst, aber die herrschende Klasse des Ancien Régime wird nicht nur gehasst, sondern verachtet.

Nicht besser schnitt in den Augen Fichtes König Friedrich Wilhelm III. ab. Am 17. März 1813 richtete er einen Appell (An mein Volk!): »Große Opfer werden von allen Ständen gefordert werden [...] Ihr werdet jene lieber bringen für das Vaterland, für Euren angebornen König, als für einen fremden Herrscher« (zit. in: Spies, 1981, S. 255). Die prompte Antwort des Philosophen könnte nicht verächtlicher sein. Es sei, als hätte sich der König von Preußen auf diese Weise an sein Volk gewandt: »Wehret euch, damit ihr nur meine Knechte seyd und nicht eines Fremden.« Nun, ein solcher Appell würde wie eine Beleidigung klingen, und »sie wären Thoren«. Wäre es von Vorteil, einem »angeborenen König« unterworfen zu sein? In Wirklichkeit ist »die Maxime von dem Forterben der Herrschaft [...] darum die wahrhaft unrechtliche, begriffswidrige«. Warum sollte mehr daran liegen, ob »ein französischer Marschall wie [Jean-Baptiste-J.] Bernadotte, an dem wenigstens früher begeisternde Bilder der Freiheit vorübergegangen sind, oder ein deutscher aufgeblasener Edelmann, ohne Sitten und mit Rohheit und frechem Übermute, über einen Theil von Deutschland gebiete« (FEP, S. 551, 564, 569)? Bezug genommen wird hier auf einen General revolutionärer und sogar jakobinischer Prägung, der aktiv an den Kriegen Napoleons teilgenommen hatte und dank ihm Regent von Schweden geworden war, wo er eine unabhängige Politik betrieben hatte, die in seiner Beteiligung an der sechsten (entscheidenden) antinapoleonischen Koalition mündete. Warum sollte Friedrich Wilhelm III., die Inkarnation des Ancien Régime, einem Monarchen wie Bernadotte, dem Ausdruck jener neuen Welt, die durch Konflikte und alle möglichen Wechselfälle aus der Französischen Revolution hervorgegangen ist, vorzuziehen gewesen sein? Auch wenn wir unsere Aufmerksamkeit auf das Frankreich Napoleons konzentrieren wollen, lässt uns der Hass nicht aus den Augen verlieren, dass es sich, was die innere Ordnung betrifft, sehr von den Ländern unterscheidet, die noch vom Ancien Régime beherrscht werden: »Roi de France oder Roi des Français ist allerdings ein großer Unterschied«, das ist ein deutlicher Hinweis auf die Tatsache, dass Napoleon sich, mit Distanzierung vom patrimonialen Staatsbegriff, zum Kaiser der Franzosen hatte proklamieren lassen (FBN, S. 515).

Und deshalb darf das Volk nicht sein Blut vergießen, um sich dann wieder den Fuß ins Genick setzen lassen: »Auf alle Fälle fiele auch da eine Art von Oberaufsicht dem Volke zu, dass er es nicht wieder in

Sklaverei fallen liesse, weder in fremde, noch innere. – Wie wäre dies zu erschwingen? Wie dergleichen Rechte ehemals gesichert worden sind, durch beschworene Tractaten. – Wie nun solche festzusetzen wären, und darüber zu halten, das ergibt sich nicht unmittelbar aus der *Bewaffnung*, wiewohl wenn der Gedanke außerdem kommt, dieselbe seine Ausführung veranlassen kann« (FEP, S. 552). Die Rückkehr zum Ancien Régime zu verhindern, ist jedoch nur das geringste und unmittelbarste Ziel. In einer Schrift von 1813 erklärt Fichte mit diesen Worten das von ihm entwickelte Programm: »Die ganze Abhandlung, welche ich beabsichtige, müsste daher nur eben *Prämissen* enthalten, aus denen das jetzt nicht zu Sagende nur gefolgert würde, aber als die letzte zwingende Notwendigkeit« (ebd.). Es geht darum, einen sehr ehrgeizigen revolutionären Prozess voranzubringen und bei seiner Durchführung den Grad der politischen Reife der Massen zu berücksichtigen: »Was also will ich? Das Volk anfeuern durch die vorausgesetzte Belohnung, politisch sich frei zu machen? Es will nicht frei sein, es versteht noch nichts von der Freiheit. – *Die Grossen erschüttern*? Dies wäre unpolitisch zum gegenwärtigen Momente. Aber Gebildeten, bis zur Freiheit Entwickelten auffordern, dass sie die Gelegenheit brauchen, um wenigstens theoretisch ihr Recht geltend zu machen und auf die Zukunft zu weisen« (ebd., S. 546).

Es ist ein Text, der uns an den Etappen eines revolutionären Prozesses teilnehmen lässt. Die erste richtet sich auf eine nationale Befreiung, die jedoch keine Rückkehr zum *Status quo ante*, zum Ancien Régime bedeutet. Dann muss eine zweite Etappe folgen, die nicht übereilt vor dem Abschluss der ersten auf die Tagesordnung gesetzt werden kann, deren sich die fortgeschrittensten Intellektuellen, die avantgardistischen Elemente der nationalen Befreiungsbewegung aber bereits voll bewusst sein müssen. Am Ende wird dies von den Massen erreicht werden, an die man sich wenden muss, wenn man einen mächtigen Feind besiegen will, der vom Heiligenschein der Unbesiegbarkeit umgeben ist: »Im *Volkskriege* will das Volk nur tragen und geben für sein eigenes Interesse: Für den Zweck, den es haben *muss*, nicht gerade den, den es *hat*« (ebd., S. 552). Die soeben erwähnte Passage lässt sich mit einer anderen, sehr berühmten in der *Heili-*

gen Familie von Marx und Engels vergleichen: »Es handelt sich nicht darum, was dieser oder jener Proletarier oder selbst das ganze Proletariat als Ziel sich einstweilen *vorstellt*. Es handelt sich darum, *was es ist* und was es diesem Sein gemäß geschichtlich zu tun gezwungen sein wird« (MEW, Bd. 2, S. 38). Ob es sich um eine soziale Klasse (wie im zweiten Falle) oder um eine Nation (wie im ersten Fall) handelt, das soziale Subjekt, das Opfer von Ausbeutung und Unterdrückung und zunächst der Protagonist an sich des Emanzipationsprozesses ist, wird dann zum Protagonisten an sich und für sich dieses Prozesses: Es ist nicht mehr nur die objektive Bedingung, sondern auch das inzwischen erworbene subjektive Bewusstsein, das es zum Kampfe zwingt. Schon vor Hegel (und Marx) unterscheidet der späte Fichte zwischen »an sich« und »für sich«: Getrieben von ihrer materiellen Lage und ihren objektiven Interessen werden die Volksmassen im Zuge des antinapoleonischen Aufstandes ein Programm politischer und sozialer Umwälzungen in Angriff nehmen, das weit über die unbedingt zu erobernde nationale Unabhängigkeit hinausgeht.

Im Lichte der bereits angestellten Überlegungen ist die Tatsache von besonderer Bedeutung, dass zu den »neuen Maßnahmen« der preußischen Regierung nach der Niederlage von Jena, die die »wärmste Unterstützung« von Fichte erhielt, die »Einführung des *Landsturms*« gehört, die auf der Volksbewaffnung basierende Landwehr, an deren Übungen der Philosoph trotz seiner labilen körperlichen Verfassung mit Gewissenhaftigkeit und Leidenschaft teilnahm. Als 1813 der Krieg ausbrach, bot er sich als *Feldprediger* an, als ein Laienprediger, der den Kämpfern folgte und sie anspornte, und er bat darum, für »Freiwillige« und vor allem für freiwillige »Studenten« berufen zu werden.[12] Ist es nur patriotischer Eifer, oder will der Phi-

12 Auf Fichtes Begeisterung für den Rückgriff auf den Volkskrieg verweist die ihm von seinem Sohn gewidmete Biographie (Fichte, 1862, Bd. 1, S. 452); das Engagement des Philosophen bei seiner Teilnahme an den Übungen der Landwehr wird von seinen Zeitgenossen bezeugt (Schulz, 1923, S. 254, 264). Für das Angebot, als »Feldprediger« am Krieg teilzunehmen, vgl. Fichte (1967), Bd. 2, S. 601; es handelt sich um ein Angebot, das an den bereits erwähnten Vorschlag der Einberufung als »weltlicher Staatsredner« anknüpft, das von ihm im Sommer 1807 gemacht wurde (vgl. oben, Abs. 3.4).

losoph, was wahrscheinlicher ist, in Anknüpfung an sein Programm der Revolution in Etappen mit seinem persönlichen Einsatz zu der von ihm erhofften Zusammenführung von »Bewaffnung« und »Gedanken« beitragen, um über die nationale Befreiung hinaus die politisch-gesellschaftliche Erneuerung Deutschlands zu ermöglichen? Wir dürfen die Erklärung nicht vergessen, nach der das bewaffnete Volk, sobald es sich seiner wirklichen Interessen und Rechte bewusst geworden ist, in der Lage sein wird, den Übergang von der Etappe des nationalen Kampfes in die eher politisch-gesellschaftliche Etappe des revolutionären Prozesses durchzusetzen. In diesem Zusammenhang scheinen die Bereitschaft, als Mitglied des *Landsturms* an der allgemeinen Bewaffnung des Volkes teilzuhaben, und der Wunsch, als *Feldprediger* zu den freiwilligen Studenten zu sprechen, Ausdruck eines Programms zu sein, das darauf abzielt, jene Vereinigung des bewaffneten Volkes und des theoretischen Bewusstseins zu erreichen, die notwendig ist, um die Revolution in Etappen zum Sieg zu führen; eine Revolution, die über die nationale Befreiung hinausgeht und das Ziel des Aufbaus einer Gesellschaft und einer internationalen Ordnung, die von Unterdrückung, Kolonialherrschaft und Krieg befreit ist, nicht aus den Augen verliert.

An diesem Punkt können wir zu einer Schlussfolgerung kommen. Der beschworene Massenaufstand lässt an das Motiv der *levée en masse* und der *Nation in Waffen* denken, die im revolutionären Frankreich dazu berufen waren, die ausländische Invasion zurückzuwerfen, sowie an den Jakobinismus, der nicht zögerte, das (adlige und bürgerliche) Eigentumsrecht der Notwendigkeit der Mobilisierung der Volksmassen radikal unterzuordnen. Ähnliches lässt sich während des antinapoleonischen Aufstands in Preußen beobachten. Hier greift jedoch ein neues Motiv. Die Verbindung der allgemeinen »Bewaffnung« des Volkes mit dem »Gedanken« wird von Fichte (und Gneisenau) auch mit Blick auf eine zweite Etappe der Revolution theoretisch begründet und beschworen, deren Ziele sowohl politisch-gesellschaftlicher als auch nationaler Art sind und in der die bürgerliche Ordnung radikaler und nicht nur im Hinblick auf die momentanen Erfordernisse des Krieges in Frage gestellt zu werden scheint. Und hier müssen wir an die großen antikolonialen Revolutionen denken (an Länder wie China, Vietnam, Kuba), die sich im Laufe des 20. Jahrhunderts entwickelten. Es sind die äußerst schwerwiegenden Schwierigkeiten, mit denen die nationale Befreiungsbewegung konfrontiert ist, die sie zwingen, über ein weitergehendes Ziel politisch-sozialer Natur nachzudenken, um sie zu überwinden. Nur die »gebildeten Männer« (oder die revolutionäre Avantgarde) sind sich zunächst der Gesamtheit der notwendigen Veränderung bewusst; dann aber trifft der von ihnen ausgedrückte und verkörperte »Gedanke« schließlich auf die »Bewaffnung« der Masse des Volkes, und dies ebnet den Weg für neue politisch-gesellschaftliche Perspektiven.

3.10. Fichte und Deutschland, vom »ewigen Frieden« zum »Volkskrieg«

Bei der Analyse von Fichtes Ausführungen stießen wir auf die Kategorie »Volkskrieg«, die auch im 20. Jahrhundert eine zentrale Rolle spielen sollte. Schon die Geschichte dahinter ist von großem Interesse. Dem Ideal des ewigen Friedens folgend, stellen die Französische Revolution einerseits sowie Kant und Fichte andererseits der Figur des Bürgers in Waffen (immer bereit, zu seiner friedlichen Beschäftigung zurückzukehren, aus der er Unterhalt und Motivation schöpft) die Figur des Berufssoldaten, des *miles perpetuus* (wie Kant ihn nennt), gegenüber. Der Bürger in Waffen wird zunächst in Frankreich zum Hauptträger der *levée en masse* und der Nation in Waffen, der engagiert dem Angriff der Mächte des Ancien Régime gegen das Land der Revolution und des ewigen Friedens widersteht. Er wird dann in Preußen (und in Deutschland) zum Hauptträger des »Volkskriegs« und der antikolonialen Revolution, die notwendig geworden ist, um sich von Frankreich zu befreien, das mit Napoleon zu einem von der Furie des Expansionismus und des Krieges zerfressenen Land wurde.

Eine solche Furie einzudämmen und zu stoppen – so betont Fichte –, ist der »dynastische Krieg« nicht in der Lage, sondern nur der »Volkskrieg«, der der einzig »wahre« Krieg ist, der einzige, der in der Lage ist, einen Feind zu besiegen, der so mächtig bewaffnet, ausgebildet und organisiert ist, dass er unaufhaltsam erscheint: »Das ganze Volk kämpft« vereint und bis zum Ende. In einem solchen Fall gibt es für den Angreifer »nichts zu erobern als ein leeres Land«, das notfalls sogar von den eigenen Verteidigern in Brand gesteckt wird: Gegen den Eindringling kann man sicherlich auf die Taktik der verbrannten Erde, der »Verwüstung« zurückgreifen und braucht sich nicht zu sehr von den materiellen Schäden beeindrucken zu lassen; schließlich handelt es sich um vom Feind besetzte oder um von Besetzung bedrohte Gebiete, für die man im Falle einer Rückeroberung Schadenersatz verlangen kann und muss (FEP, S. 551).

Um es klar zu sagen: Der Volkskrieg ist keine neutrale Kampftechnik, auf die jedes Land oder jede Armee zurückgreifen könnte; nein, es ist der Widerstand, der von einem Volk entfaltet wird, das vereint und entschlossen für seine Unabhängigkeit kämpft und am Ende über die Mächte, die zwar materiell und militärisch überlegen sind, aber »zum Werkzeuge fremder Herrschsucht und zu Unterjochung selbstständiger Völker gebraucht« werden, die Oberhand gewinnt: Während das erstere im Falle einer Kapitulation alles zu verlieren hat, haben die Angreifer »bloss einiges zu gewinnen« und werden deshalb vor einem Feind ins Wanken geraten, der entschlossen ist, seinen »heiligen Kampfe« für Unabhängigkeit und Freiheit bis zum Ende zu führen (FRN, S. 391; FAB, S. 508).

Tatsächlich ist es nicht in erster Linie die militärische Überlegenheit, wie allgemein angenommen wird, die über den Ausgang des Kampfes entscheidet. Es war bereits Machiavelli, der die Infanterie als den »Nerv der Armeen« definierte und die Artillerie als »nur gegen Feige furchtbar« betrachtete. Dies gelte auch für die Gegenwart, selbst für Napoleon, der sich einbildete, seine Unbesiegbarkeit sei auf den systematischen Einsatz der Artillerie und die Anwendung von Wissenschaft und Technik im militärischen Bereich gegründet; »[…] die allgemeine Meinung unserer Tage« – bemerkt Fichte – ist, »dass im Kriege die Artillerie Alles entscheide«, und »in der That sind auch die letzten Schlachten, welche Europa in die gegenwärtige traurige Lage gebracht haben, lediglich durch dieses Mittel entschieden worden«. Und doch gelte nach wie vor die Meinung des großen

Florentiners, der gegen die vermeintliche Allmacht der Artillerie dazu aufruft, die Schlacht »in ein Gefecht in der Nähe, und in Handgemenge« zu verwandeln, in dessen Verlauf moralische Kräfte vorherrschten, jene Kräfte, die nur ein Volk, das für die Unabhängigkeit kämpft, bis zum Ende aufbieten kann (FMS, S. 416).

Zu dem zuletzt zitierten Aufsatz über Machiavelli erklärt Clausewitz in einem Brief an Fichte 1809, dass er der von ihm vertretenen These zustimme, und fügt seinerseits hinzu: Es ist notwendig, dass eine »gesunde Ansicht vom Kriege allgemein verbreitet und das Eigenthum eines jeden Staatsbürgers werde«. Es stimme nicht, dass neue technische Entdeckungen den Menschen im Laufe des Krieges auf »bloße Maschinen« reduzierten; vielmehr seien nach wie vor die moralischen und politischen Faktoren entscheidend, der »Geist« sei nach wie vor wichtiger als die »Form«, wie »die Geschichte aller bürgerlichen Kriege […] und vorzüglich der Französische Revolutionskrieg« zeigten (Clausewitz, 1862, S. 576-578). Wieder können wir den Übergang von der Figur des Bürgers in Waffen zum Protagonisten des Volkskrieges (und der antikolonialen Revolution) sehen.

Es handelt sich um ein Thema, das den roten Faden eines Buches (*Über den Krieg*) bildet, das seinen Ruhm und seine anhaltende Faszination der Tatsache verdankt, dass es in der Lage war, die Erfahrungen der nationalen Befreiungskriege in Europa zu verallgemeinern, zuerst die des revolutionären Frankreich gegen die Intervention der Feudalmächte, dann vor allem jene, in denen Preußen und andere Länder, die gegen den Expansionismus des napoleonischen Frankreich kämpfen, als Protagonisten auftreten. Die zentrale These ist klar: Der Krieg »der in der Hauptsache« vom bewaffneten Volk geführt wird, ist »eine wahrhaft neue Potenz« und dass »die Verteidigung eine stärkere Kriegsform sei als der Angriff« (Clausewitz, 1991, S. 244, 239).

Abgesehen von diesem oder jenem Autor erlebte Preußen (und Deutschland) in diesen Jahren ein außergewöhnliches Schauspiel: Das Land, das sich wie kein anderes für die Verheißung eines von jenseits des Rheines ausgehenden ewigen Friedens begeistert zeigte (man denke an Kant, Klopstock, Fichte, Herder, Friedrich Schlegel und viele andere weniger bedeutende Autoren), nimmt nun die

Idee des Volkskrieges gegen das expansionistische und kriegerische Frankreich Napoleons bereitwillig auf. Es ist ein geistiges und politisches Klima, das unerwartet die unterschiedlichsten Persönlichkeiten beeinflusst. In einem Brief vom Januar 1807 bemerkt Friedrich D. E. Schleiermacher, der wie wir sehen werden, in den Jahren der Restauration dem »ewigen Frieden« der Heiligen Allianz anhängen wird, dass über die »Kriegskunst«, die die französische Armee so gut beherrscht, sowohl durch »Beharrlichkeit« als auch durch eine »*kluge Leitung der Bewegungen*, die sich nothwendig weit im Rücken der Heere organisiren müssen«, gesiegt werden kann (zit. in: Jonas, Dilthey, 1860-1863, Bd. 4, S. 132).

Dies ist keineswegs Chauvinismus: Konstant ist der Bezug auf Frankreich, es geht darum, sozusagen auf deutschem Boden Valmy, das sich auf der anderen Rheinseite ereignet hatte, zu wiederholen. Arndt erklärte 1809, »gerade für den Krieg arbeitet eine Revolution am besten«: Diese Lektion haben bisher nur die Franzosen verinnerlicht, während ihre Gegner noch immer, einige mehr als andere, in »Formeln und Vorschriften« und »dem langsamen Schlendrian« stecken blieben. Nur die Französische Revolution habe gezeigt, wie man alle menschlichen und materiellen Energien eines Volkes mobilisieren kann (Arndt, 1953b, S. 82-84). Aus ihr müsse man mutig zu lernen verstehen. Arndt ist sich bewusst, dass ihn die Konservativen in Deutschland selbst wegen seiner »Aufstände und Volksbewegungen«, seiner »Aufstände und Revolutionen, Appelle an das Volk und Diktaturen« als einen »gefährlichen Revolutionär« einstufen (ebd., S. 96*), also für eine ganze Reihe von Losungen, die sich auf die historische Erfahrung der *levée en masse* und gar des jakobinischen Terrors bezogen.

Und trotzdem müsse man sich, bemerkt der Protagonist des antinapoleonischen Widerstands, der Bedeutung der Wende von 1789 bewusst sein. Vom Westfälischen Frieden bis zur Französischen Revolution waren im Rahmen einer allgemeinen »Mittelmäßigkeit des Lebens« und einer »Gleichgültigkeit und Mattigkeit der Gemüter« auch die Kriege »diplomatische Kabinettskriege«, echte »Spaßkriege«. Kriege wurden »mit einer gewissen Hofartigkeit und Kabinettszierlichkeit« geführt, als ob die Fürsten und ihre Minister damit die Zeit totschlügen, während nur diejenigen, die ihr Leben verloren, gezwungen waren, sich des Ernstes der Angelegenheit bewusst zu werden. Erst die Umwälzungen in Frankreich machten die »verlorene Idee des wahren Krieges« wieder aktuell und zeigten die Unbesiegbarkeit einer von einem Ideal getragenen Armee und die Überlegenheit einer »Volksgewalt«, gegenüber traditionellen Armeen (Arndt, o. D., S. 59f, 62f).

Arndt zieht Bilanz über den Aufstand des spanischen Volkes, dem es so lange Zeit, wenn auch mit bescheidenen Waffen, gelungen ist, die größte bisher gesehene Kriegsmaschine und eine vom Schein der Unbesiegbarkeit umgebene Armee in Schach zu halten und bemerkt: »Erstens ist es, obwohl der Eintritt in das zu unterwerfende Land ganz einfach ist, für den Angreifer unmöglich, im Verhältnis zu seiner Macht die gleichen Massen wie der Angegriffene zu bewegen; in der Tat befindet sich letzterer in der Nähe seines Zentrums, während der erstere sich davon entfernt, wenn er die Grenzen überschreitet. Eine solche Nähe zum Zentrum macht im Falle eines Angegriffenen einen Zuwachs von mindestens einem Drittel der Masse eines Volkes aus. Zum Zweiten sind bei nicht-degenerierten Völkern der Anreiz und die Motivation, bis zum Letzten zu kämpfen, im Falle des Angegriffenen stärker als im Falle des Angreifers. Im Falle des Angegriffenen steht das Größte auf dem Spiel (d. h. Ehre, Ruhm, Freiheit, Unabhängigkeit), und dies kann Männer mit noblem Charakter in den Tod treiben; so dass Erbitterung, Hass und Verzweiflung die Kräfte des Angegriffenen notwendigerweise in einem unglaublichen Ausmaß verstärken. Tatsächlich verdunkeln der Kampf auf Leben und Tod und die abwechselnden Niederlagen die ersten beiden Anreize, während der dritte, die Freude am Rauben, seinen Stachel durch die ganz natürliche Beobachtung verliert, dass der Eroberer in einem Land, das bereit ist, bis zur Vernichtung zu kämpfen, von den Menschen verlassene Wüsten, aber keine Schätze vorfindet« (Arndt, 1953b, S. 85*). In seiner Glorifizierung des Volkes in Waffen stellt Arndt die Landwehr der Geißel der stehenden Heere gegenüber, die mit ihren hohen Kosten die Bevölkerung ausbluten lassen. Auch wenn sie nicht aus Söldnern bestehen, die Fremde und der Sache der Nation fremd sind, wie es zu Zeiten Friedrichs II. der

Fall war, sind sie immer »etwas vom Volke Abgesondertes«, ein Gebilde, das im Vergleich zur Zivilbevölkerung meist einen Kastengeist entwickelt. Die Landwehr hingegen ist »das Heer des Vaterlandes, sie gehört dem Vaterlande und dem Volke ganz an, da sie nach den wenigen Übungswochen wieder in den Schoß des Volkes und zu den gewöhnlichen Geschäften und Arbeiten zurückkehrt«.

Sie ist auch stärker als die traditionelle Armee: Sie »besteht ja aus allen geistigen und leiblichen Kräften des gesamten Volkes«; sie ist daher in der Lage, eine überlegene Masse zu mobilisieren, die, auch wenn sie nicht ausreichend ausgebildet ist, diesen Nachteil mit ihrer höheren Moral ausgleicht. »Denn was aus dem Gefühle und der Liebe und dem Zorn eines ganzen Volkes hervorgeht, muss freilich ganz anderen Nerv und Kern haben, als was leichte Kabinettkünste und höfische oder diplomatische Anzettelungen sonst geboren haben.« Schließlich eignet sich die Landwehr nicht dazu, ein Instrument eines ungerechten Krieges und der Eroberung zu sein, wie dies bei den stehenden Heeren der Fall ist; in diesem Sinne kann sie zusätzlich zu den oben genannten Vorteilen »eine Züglerin und Hemmerin und Bändigerin der Tyrannei, der Eroberungswut und Gewalt werden« (Arndt, o. D., S. 64-72, 58).

Der Volkskrieg steht auch im Mittelpunkt von Kleists bekanntem Drama *Die Hermannsschlacht*. Die germanischen Stammesoberhäupter beobachten mit Erstaunen das Verhalten von Hermann, dem Protagonisten des Dramas und Helden des Widerstands gegen die Römer: »Statt die Legionen mutig aufzusuchen / In seine Forsten spielend führt er uns« (Kleist 1978, S. 244): Man muss die Feldschlacht vermeiden, auf den Guerillakrieg zurückgreifen und die Taktik der verbrannten Erde verfolgen; vor dem Vormarsch der römischen Truppen ist es notwendig, die gesamte Zivilbevölkerung umzusiedeln und zu »Verheeren eure Fluren, eure Herden / Erschlagen, eure Plätze niederbrennen« ohne zu zögern, um die »Freiheit« zu retten (Kleist 1978, S. 256). Mit anderen Worten, es geht darum, einen »fessellosen Krieg« gegen die Invasoren zu entfachen und »Cheruskas ganzes Volk [...] zu rüsten«. Hermann/Kleist war sich bewusst, dass er in gewisser Weise von den Römern/Franzosen lernen musste, deren Armeen lange Zeit unbesiegbar waren, weil sie mit »Geist« bewaffnet (ebd., S. 299, 314) und daher viel motivierter waren, als die käuflichen Soldaten, die in den Kriegen des Ancien Régime eingesetzt wurden.

3.11.
Der Ewige Frieden – vom politischen Programm zur Utopie?

Wie man sieht, zerschnitt der Aufruf zum Volkskrieg gegen den Eroberer nicht die Verbindung zu der Revolution, die ewigen Frieden versprochen hatte. Von besonderer Aussagekraft ist der Fall Fichte: Der große Theoretiker des Volkskrieges bleibt trotz allem dem Ideal des ewigen Friedens treu, dem er bis zum Ende die größte Beachtung schenkt. Davon zeugt insbesondere die *Rechtslehre*, eine Vorlesung, die 1812 (zwischen Frühjahr und Frühherbst), also zwei Jahre vor seinem Tod, gehalten wurde[13]. Im Frühjahr desselben Jahres bereitete sich Napoleon fieberhaft auf den Einmarsch in Russland vor, der zwischen dem 24. und 25. Juni begann. Für den Philosophen drängt sich eine entmutigende Schlussfolgerung auf: Keine Eroberung kann den unersättlichen Expansionismus dauerhaft besänftigen, und es gibt keinen Pakt, keinen Waffenstillstand, der sich als zuverlässig und dauerhaft erweist. Die *Grundzüge des gegenwärtigen Zeitalters*, die sechs Jahre zuvor veröffentlicht worden waren, verwiesen auf das militärische »Gleichgewicht« zwischen den Großmächten als Mittel zur Sicherung eines relativ stabilen Friedens. Die zwischenzeitliche Entwicklung der internationalen Lage zeigte jedoch, dass dies eine Illusion war. Das Schwenken der Fahne des »Gleichgewichts der Macht« diente nur zur Tarnung des Aggressionsvorhabens. Der eine Staat versucht den anderen so zu täuschen: »Siehe, ich kann Nichts gegen dich ausrichten [da das vermeintliche »Gleichgewicht der Macht« die aggressiven Ziele der widerstreitenden Gegner neutralisieren würde]: wenn er es glaubt, wird er sicher, und wir ersehen uns unseren Vorteil«. In Wirklichkeit – so scheint Fichte sagen zu wollen – verändert bereits das Vertrauen in

13 Es handelt sich um ein fragmentarisches Manuskript; ich verwende hier die von Richard Schottky herausgegebene Ausgabe (1980).

die Theorie des Gleichgewichts das Gleichgewicht zum Vorteil derer, die dieses Schlagwort völlig instrumentell benutzen.

Die Anspielung bezieht sich wiederum auf Napoleon, dessen Verhalten in den verschiedenen Phasen seiner Expansion in Deutschland und Europa auf diese Weise beschrieben wird: »Ich nehme indessen nur einige von des andern Provinzen. Diese sind von nun an mein, und nicht des anderen. Nun ruhen wir wieder aus, und erholen uns von dem Schaden, den dieser Gewinn uns freilich gebracht hat, bis wir die rechte Gelegenheit finden, wieder anzufangen« (Fichte, 1980, § 20, S. 171). Nein, ein Gleichgewicht, das hält, gibt es nicht! Da man von fortwährenden Veränderungen ausgehen muss, dürfen die realen Kräfteverhältnisse nie aus den Augen verloren werden. Nur wenn man sich diese Tatsache (und die Lehren von Machiavelli, dem Meister des Verdachts) ständig vor Augen hält, kann ein Staat sehr schmerzhafte Überraschungen vermeiden (Fichte, 1980, § 20).

Aber wie kann dann der Anarchie und dem Recht des Stärkeren in den internationalen Beziehungen ein Ende gesetzt werden? Was das Thema des »ewigen Friedens« betrifft, so greift die *Rechtslehre* von 1812 Absatz für Absatz die *Grundlage des Naturrechts* von 1796 wieder auf, nimmt jedoch Änderungen vor, die bei oberflächlicher Lektüre vielleicht kaum wahrnehmbar, in Wirklichkeit aber von großer Bedeutung sind. In diesem Zusammenhang kann es nützlich sein, einige Absätze des Abschnitts, der in beiden Texten dem *Völkerrecht* gewidmet ist, zum synoptischen Vergleich vorzulegen:

»Wie dieser Bund sich weiter ausbreitet, und allmählig die ganze Erde umfasst, tritt der *ewige Friede* ein; das einzige rechtmäßige Verhältnis der Staaten: indem der Krieg, wenn er von Staaten, die Richter in ihrer Sache sind, geführt wird, eben so leicht das Unrecht siegend machen kann als das Recht« (FGN, § 20).	»Wenn nun allmählich alle Staaten in diesen Bund träten, entstände der sichere und *ewige Friede*. [...]. Der sichre Friede aber ist das einzige rechtmäßige Verhältnis der Staaten: indem der Krieg, wenn er von Staaten, welche Richter in ihrer Sache sind, geführt wird, eben so leicht das Unrecht siegend machen kann, als das Recht« (Fichte, 1980, § 19).

Das Ideal des Völkerbundes und des Ewigen Friedens ist vom Indikativ zum Konjunktiv übergegangen. Der Ausdruck »ewiger Frieden«, der im Text von 1796 schwarz hervorgehoben wurde, wird nicht mehr verwendet; im Gegenteil, er verschwindet sogar beinahe, um durch den Ausdruck »sicherer Frieden« ersetzt zu werden. Wir haben es eindeutig mit einer Anpassung an neue Realitäten zu tun; besser gesagt, das Ideal, dem die Französische Revolution mit dem Sturz des Feudalregimes und seinen Kabinettskriegen scheinbar Beine verliehen hat zum Laufen, um das Ziel seiner konkreten Verwirklichung zu erreichen, scheint nun wiederum in eine ferne und problematische Zukunft verwiesen, während auf der eigentlich politischen Ebene das einzig realistische Programm das eines mehr oder weniger sicheren Friedens ist.

Fahren wir mit dem synoptischen Vergleich fort:

»Der Bund muss seine Rechtsurtheile auch zur Exekution bringen können. Dies geschieht, wie aus dem obigen klar ist, durch einen Vernichtungskrieg gegen den im Bundesgerichte verfallnen Staat. Der Bund muss sonach bewaffnet seyn. Es könnte die Frage entstehen, ob eine besondere stehende Bundesarmee errichtet, oder ob nur im wirklichen Falle des Krieges eine Exekutionsarmee aus Beiträgen der verbündeten Staaten gesammelt werden solle. *Da hoffentlich der Fall des Krieges selten und späterhin nie eintreten wird, so würde ich für das Letztere stimmen: denn wozu eine stehende Bundesarmee, welche, der Voraussetzung nach, größtenteils müßig sein müsste?*« (FGN, § 18).	»Der Bund muss seine Rechtsurteile auch zur Exekution bringen können; dies geschieht durch einen Vernichtungskrieg gegen den verfallenen Staat. Der Bund muss sonach bewaffnet sein, und im Falle des Krieges muss eine Exekutionsarmee aus den Beiträgen der verbündeten Staaten gesammelt werden« (Fichte, 1980, § 18).

Was von mir in Kursivschrift gesetzt ist, soll die Aufmerksamkeit auf Passagen aus dem Jahr 1796 lenken (die 1812 fallen gelassen wurden), aus denen hervorgeht, dass die Hoffnung auf die Verwirklichung eines ewigen Friedens so stark ist, dass sie manchmal an Gewissheit grenzt.

Endlich:

»*Aber die absolute Unmöglichkeit eines ungerechten Richterspruchs des Völkerbundes ist doch noch nicht dargethan worden? Diese lässt sich nicht darthun*: eben so wenig als im Staatsrechte sich die absolute Unmöglichkeit eines ungerechten Richterspruchs des VERSAMMELTEN VOLKES darthun ließ. So lange die reine Vernunft in Person nicht auf der Erde erscheint, und das Richteramt übernimmt, muß immer ein höchster Richter seyn, der, weil er denn doch endlich ist, sich irren oder einen bösen Willen haben kann: die Aufgabe ist nur, denjenigen zu finden, von dem dies am allerwenigsten zu befürchten sey; und dieser ist, über das bürgerliche Verhältnis, die NATION; über das Staatsverhältnis der beschriebene Völkerbund« (FGN, Abs. 19).

»Aber wird man sagen: tue doch nur einen Blick auf die wirkliche Welt; wer diese kennt, wird ein solches Staatenbündnis nicht empfehlen. Denn 1) es ist gar nicht möglich, dass der Bund dennoch ein ungerechtes Urteil spreche. *Diese Unmöglichkeit lässt sich durchaus nicht dartun,* so wenig als die Unmöglichkeit eines ungerechten Richterspruches des Regenten, wie wir oben sahen. 2) Dass in dem Bunde die Stimmen der Mächtigen obwalten, und nur für das äußere Interesse besorgt sind; die Kräfte des Bundes also, in den Händen der mächtigen Mitglieder, selbst das Mittel werden könnten der Unterjochung der schwächeren, also recht eigentlich eine Bewaffnung des Unrechts, gegen die wir das jetzige Verhältnis ohne Bund preisen wollen« (Fichte, 1980, § 20, S. 167f).

Die Kursivschrift, die ich auch hier verwendet habe, hebt die erste Änderung hervor: »Die absolute Unmöglichkeit eines ungerechten Richterspruchs des Völkerbundes« ist nun zu einer bloßen »Unmöglichkeit« geworden, während diese Unmöglichkeit, die sich vorher

»nicht darthun ließ«, nicht nachweisen also, sich nun »durchaus nicht darthun« ließ. Zum Zweiten ist die Gefahr ungerechter Urteile durch den Völkerbund, der der Garant des Friedens sein sollte, real; vielmehr ist die Gefahr, dass der Völkerbund selbst zu einem Instrument des Missbrauchs wird, so groß, dass man sich fragt, ob nicht der *Status quo* vorzuziehen sei. Man kann verstehen, dass Fichte Zweifel hegte, dass der Völkerbund zu einem Zeitpunkt wünschenswert sei, da das kaiserliche Frankreich, nachdem es ein gewaltiges, ihm untergeordnetes Bündnissystem aufgebaut und die *Pax Napoleonica* als Synonym für den Frieden als solchen propagiert hatte, nun die unter seiner Führung stehenden Koalitionskräfte nutzte, um jede Opposition oder jeden Widerstand gegen das in Paris betriebene »Friedensprojekt« zum Schweigen zu bringen. Ist nicht, während der Philosoph die *Rechtslehre* schreibt, die Invasion Russlands im Gange, an der die Vasallenstaaten Frankreichs beteiligt sind? Und schuf Napoleon nicht den *Rheinbund*, scheinbar, um Deutschland Frieden und Ruhe zu sichern, in Wirklichkeit aber, um es seinem Imperium zu unterwerfen? Ist der *Bund*, der 1796 berufen sein sollte, den ewigen Frieden zu garantieren, nicht in Gefahr, zu einer Art *Rheinbund* von europäischer oder weltweiter Dimension zu werden? Schließlich sind die Hinweise auf das »versammelte Volk« und die »Nation« verschwunden (in diesem Fall habe ich zur Hervorhebung Großbuchstaben verwendet): Die Volkssouveränität hat auf innerstaatlicher und indirekt auch auf internationaler Ebene den Charakter einer Garantie verloren, den sie 1796 noch hatte; hier macht sich das Gewicht der schmerzlichen Erfahrungen mit jenen Entwicklungen bemerkbar, die sich in Frankreich in der Zwischenzeit vollzogen haben. Gleichzeitig mit dem Vertrauen in die Machbarkeit eines ewigen Friedens schwindet nicht das (unerschütterliche) Festhalten an den Idealen der Französischen Revolution, aber die Überzeugung, dass der Sturz des Feudalregimes unweigerlich zur Verwirklichung einer endlich von der Geißel des Krieges befreiten Ordnung führen würde.

Und nun? Die Voraussetzung, um den ewigen Frieden zu verwirklichen, ist, dass ein über dem Streit zwischen den Staaten stehender wirklicher und unparteiischer »mit Zwangsgewalt versehener rechtlicher Wille« vorhanden ist. Auf welche Weise ist es möglich, eine solche Ordnung zu erreichen? »Dieser soll nun im Völkerbunde errichtet werden; das lässt sich freilich sagen. Aber wie soll man dazu kommen? Dies ist eine unauflösliche Aufgabe an die göttliche Weltregierung. – Bis dahin aber...« (Fichte, 1980, S. 171). Bis zu diesem Zeitpunkt bleibt nur noch, sich an die Abschätzung der Kräfteverhältnisse zu halten, es bleibt nur noch, das *bellum omnium contra omnes* zur Kenntnis zu nehmen, das in den internationalen Beziehungen vorherrscht. Das Ideal des ewigen Friedens bleibt zwar bestehen, hat aber keinen nennenswerten Einfluss auf das konkrete Handeln der einzelnen Staaten.

Wir werden sehen, dass Friedrich Engels in der zweiten Hälfte des 19. Jahrhunderts feststellen wird, dass der von der Französischen Revolution versprochene ewige Frieden damit endet, dass er sich mit Napoleon in sein Gegenteil verkehrt, nämlich in einen ununterbrochenen Expansions- und Eroberungskrieg (vgl. unten, Abs. 7.5). Auch der späte Fichte ist gezwungen, dies schmerzlich zur Kenntnis zu nehmen. Seine philosophische Parabel, die damit begann, dass er auf stolze und klangvolle Weise die Umwandlung des Ideals des ewigen Friedens von der Utopie in ein konkretes politisches Projekt verkündete, endet mit einem melancholischen und verhaltenen Eingeständnis: Nachdem er die früheren emphatischen Hoffnungen oder Illusionen hinter sich gelassen hat, wird der ewige Frieden wieder zu einer Utopie oder bestenfalls zu einem Ideal der Vernunft (im Kant'schen Sinne des Begriffs), das mit Beständigkeit und Treue verfolgt werden muss, dessen volle Verwirklichung jedoch undenkbar oder einer fernen und problematischen Zukunft überlassen ist.

3.12.
Ewiger Frieden und Volkskrieg – von Fichte bis zum 20. Jahrhundert

Trotz oder vielleicht gerade wegen der teilweisen Enttäuschung ist die Reflexion über das Thema Krieg und Frieden bei dem späten Fichte reicher und reifer geworden; die Fragen, die sich in diesem Zusammenhang unweigerlich stellen, finden nun eine klarere Antwort. Was ist es, das den offenen oder verdeckten Krieg zwischen den Staaten permanent macht? Auf der einen Seite fällt die innere Ordnung, die »Unvollkommenheit des Rechts in den einzelnen Staaten« negativ ins Gewicht; auf der anderen Seite darf man die Natur der »Verhältnisse der Staaten zueinander« nicht aus den Augen verlieren. Da jeder von der Prämisse der »allgemeinen Ungerechtigkeit« ausgeht, von dem Prinzip, dass es notwendig ist, »so viel Kraft als möglich sich zu verschaffen auf den sicher zu erwartenden Angriff«, sind alle gezwungen, ihre Ressourcen voll und ganz für die Kriegsvorbereitung einzusetzen und dafür die Bevölkerung auszupressen. In der Folge müssen die entstehende Unzufriedenheit und der Protest gedämpft oder entschärft und »den Ausgesogenen ein Mittel gegeben werden, durch Raub im Auslande sich wieder zu bereichern: Die Augen der Nation müssen von der Betrachtung der inneren Wunden auf äußere glänzende Unternehmungen gezogen werden«. Es ist also ein wechselseitiges Bedingungsverhältnis zwischen innerstaatlichen und außerstaatlichen Faktoren, das die bestehende Situation eines permanenten Krieges herbeiführt (Fichte, 1980, § 20, S. 168f).

Was ist die Hauptsache? »Wo soll man denn also nun die Heilung anfangen?«. Fichtes Antwort lautet: Mit der inneren Ordnung. In diesem Sinne gibt es eine klare Kontinuitätslinie zu den jugendlichen Hoffnungen, die durch die Französische Revolution geweckt worden waren: Es sind die politischen und sozialen Umwälzungen innerhalb jedes einzelnen Staates, die die Voraussetzungen für die Errichtung eines Systems des ewigen Friedens schaffen können. Nur sind es jetzt nicht mehr die Staaten des alten Europa, sondern vor allem das napoleonische Frankreich, das ins Visier genommen wird. Insbesondere werden die kolonialen Kriege angeklagt, dank derer die sozialen Spannungen abgebaut werden können, indem an dem »Raub im Auslande« auch die Volksmassen beteiligt werden, geblendet durch das Spektakel der »glänzenden« Eroberungen und Kriegszüge. An diesem Punkt ist die Sache des Friedens die Sache der Beseitigung eines Regimes, das strukturell der kolonialen Expansion bedarf. Es ist dieses neue und moderne Regime, nicht das Ancien Régime, das vernichtet werden muss. Auch angesichts der radikal neuen Rahmenbedingungen, die geschaffen worden waren, verspürte Fichte nicht mehr die Verlockung, die Revolution zu exportieren: »Strebet nur erst darnach, das Muster eines in sich selbst gerechten Staates zu werden. Dieser ist teils sehr mächtig, teils wird er durch den Anblick seines Glückes die Nachbarstaaten reizen, eben so glücklich zu werden, wie er.« Die notwendigen politischen und gesellschaftlichen Umwälzungen sind letztlich der Initiative jedes einzelnen Landes überlassen. In der Tat, jeder Staat strebt »das Recht der Selbsterhaltung, als Staat« an, also als souveränes und unabhängiges Gebilde auch deshalb, weil er einen eigenen »Plan seiner Fortbildung« hat, »der ungestört fortgehen muss«. Stattdessen werden die Staaten, sobald sie unterworfen sind, »in ein ganz neues Feld, und einen ganz neuen Plan hineingeworfen« (Fichte, 1980, § 20, S. 169).

Nachdem die ursprüngliche Hypothese vom Export der Revolution endlich aus dem Weg geräumt war, wurde ein Problem drängender denn je: Wie kann einem Regime ein Ende gesetzt werden, das auf kolonialem Expansionismus basiert und als Hauptverantwortlicher für den Krieg ausgemacht wurde? Während er auf der strategischen Ebene das von der Französischen Revolution aufgezeigte Ziel des ewigen Friedens bekräftigt, ruft Fichte für die momentane Situation zum Volkskrieg auf. Es ist jener Krieg, der zu dieser Zeit in den verschiedenen vom napoleonischen Frankreich besetzten Ländern wütet und vielleicht in Saint-Domingue seine vollendetste Form annimmt. Hier kämpfte ein ganzes Volk, Protagonist der epischen Revolution, mit der es die Ketten der Sklaverei abgeschüttelt hatte, verzweifelt und einhellig und besiegte am Ende die mächtige Armee, deren Führung Napoleon seinem Schwager Charles Leclerc anvertraut hatte und die mit allen Mitteln die koloniale Unterwerfung und die schwarze Sklaverei wieder herstellen wollte. Auch in Spanien, Ägypten, Russland und Deutschland griff man – mehr oder weniger häufig – auf teilweise irreguläre Volksmilizen zurück, auf Partisanenhinterhalte, auf Taktiken der verbrannten Erde, die den Eindringling isolierten und ihm Widerstand entgegensetzten, um seine überwältigende Macht und Arroganz zu brechen. Allerdings muss gleich darauf hingewiesen werden, dass der »Volkskrieg« seinen theoretischen

Ausdruck vor allem in Deutschland fand, in dem Land und bei dem Philosophen, der wie kein anderer die Hoffnungen und Illusionen aus der Französischen Revolution auf einen ewigen Frieden gehegt hatte.

Die Kombination von Volkskrieg und ewigem Frieden mag extravagant erscheinen, aber es sollte nicht vergessen werden, dass das Land, das als erstes in Europa zum Volkskrieg griff, im selben Augenblick die Fahne des ewigen Friedens schwenkte. Man denke vor allem an Cloots, der alle Bürger dazu aufruft, dem Tod zu trotzen, um die Invasoren abzuwehren, und die Parole ausgibt: »Kurzer Krieg, ewiger Frieden!« (vgl. oben, Abs. 1.1). Mit dieser Geschichte im Rücken, mit dem Ideal des ewigen Friedens und die Losung des Volkskrieges zugleich, schlägt der späte Fichte eine Brücke zu den antikolonialen Revolutionen des zwanzigsten Jahrhunderts.

Genau genommen handelt es sich nicht um einen einzelnen Autoren; es geht hier um eine große politische und geistige Bewegung, deren außergewöhnlicher Interpret der Philosoph war. Zwischen dem Ende des achtzehnten und dem Beginn des neunzehnten Jahrhunderts fanden in Europa zwei Ereignisse statt, die die damaligen Geschehnisse prägten und die beide auf unterschiedliche Weise das Ideal des ewigen Friedens beeinflussten: Es geht natürlich um die Französische Revolution, aber auch um die antinapoleonische Bewegung, eine objektiv antikoloniale Bewegung, die im Herzen Europas stattfand und ihr politisches und theoretisches Epizentrum in Deutschland hatte. Aufgrund des Schattens des Verdachts, den das 20. Jahrhundert, angesichts der vorherrschenden Sichtweise auf die deutsche Geschichte unter dem Zeichen einer grotesken Kontinuitätslinie von Arminius zu Hitler, auf die antinapoleonische Bewegung warf, wurden die revolutionären Wirkungen der letzteren weitgehend ignoriert oder verdrängt.

Nicht einmal die marxistische Denkkultur hat sich dieser Sichtweise vollständig entziehen können. Emblematisch ist der Fall von Lukács. Er hält Fichte, den Theoretiker der antinapoleonischen Bewegung, für einen »in die Brüche gegangenen« und brandmarkt Kleist, den Dramatiker und Dichter der Bewegung, als »extrem-reaktionär«

und nihilistisch. Zur Veranschaulichung des zweiten Vorwurfs wird auf die Hermannsschlacht und den Dialog (Akt V, Szene IV) zwischen dem römischen Feldherrn Publius Quintilius Varus (umzingelt von Feinden, gezwungen, sich auf unbekanntem und unsicherem Boden zu bewegen) und einer Alraune, einer Art Prophetin der altgermanischen Mythologie, die plötzlich aus dem Wald auftaucht, verwiesen: »Varus: Wo komme ich her? / Alraune: Aus dem Nichts, Quintilius Varus! […] / V.: Wo geh ich hin? / A.: Ins Nichts, Quintilius Varus! […] / V.: Wo bin ich? / A.: Zwei Schritt vom Grab, Quintilius Varus / Hart zwischen Nichts und Nichts!« (Verse 1957-1979). In den Augen von Lukács (1952, S. 20f) verleihe dieser Wortwechsel einem »radikalen Nihilismus« Ausdruck und sei eine Darstellung der »tödlichen Einsamkeit der Menschen, ihrer abgrundtiefen Trennung voneinander«.

In Wirklichkeit ist hier die Isolation der Eindringlinge angesichts eines vereinten Volkes dargestellt, das entschlossen ist, um sie herum einen leeren Raum zu schaffen und sie zurückzuschlagen; weit davon entfernt, ein Ausdruck von Nihilismus zu sein, drücken der fragliche Dialog und das Drama als Ganzes eine leidenschaftliche Teilnahme am antinapoleonischen Widerstand aus. Das Drama von Kleist ist vergleichbar mit einem Text, der in Frankreich während des Kampfes gegen die faschistische Besatzung entstanden ist. Ich beziehe mich natürlich auf Vercors und sein Meisterwerk, *Das Schweigen des Meeres* (*Le silence de la mer*). Auch hier ist das zentrale Thema die Isolation des Eindringlings durch das unterdrückte Volk. Die Invasoren sind von einem hartnäckigen, undurchdringlichen und für sie völlig unverständlichen Schweigen umgeben, ein Schweigen, das allerdings nichts mit »Nihilismus« zu tun hat, geschweige denn mit einem »radikalen«. Es versteht sich von selbst, dass man Napoleon nicht mit Hitler vergleichen kann, auch wenn letzterer sich gerne als Nachahmer des ersteren aufspielte; was man legitimerweise vergleichen kann, sind die Methoden des nationalen Befreiungskampfes, der, wenn auch unter ganz anderen Umständen, einer übermächtigen Invasions- oder Besatzungsarmee gegenüberstand und diese zu verzweifelter Orientierungslosigkeit und Isolation verdammte.

Die wahre Bedeutung von Kleists Drama entgeht nicht einem erklärten und unerbittlichen Feind der antikolonialistischen Bewegung des zwanzigsten Jahrhunderts, Carl Schmitt. Mit großer Klarheit, jener Klarheit, die vielleicht nur der Hass verleihen kann, definiert er die *Hermannsschlacht* als »die größte Partisanendichtung aller Zeiten«, als ein Werk von zutiefst antikolonialistischer Inspiration (man darf nicht aus den Augen verlieren, dass »der Partisan« der Protagonist der »antikolonialen Kriege« ist) (Schmitt, 1963, S. 15, 27).

Über welche Kanäle entfalteten die antinapoleonischen Aufstände und Kriege im zwanzigsten Jahrhundert ihren Einfluss? Neben Kleist fanden sie in Lew Tolstoi einen außergewöhnlichen Erzähler (in diesem Fall mit besonderem Bezug zu Russland). *Krieg und Frieden* beschreibt in epischer Breite den Partisanenkrieg gegen die einmarschierende napoleonische Armee, die durch das von Bauern auf Scheiterhaufen verbrannte Heu zur Verzweiflung gebracht und in plötzlichen Hinterhalten geschlagen wurde. Es ist ein asymmetrischer Krieg zwischen der mächtigsten Militärmaschine der Zeit und einem Volk, das unter der Besatzung leidet und eine koloniale Unterwerfung befürchtet: »Dank sei unserem Volk, [...] das [...] im Augenblick der Prüfung [...] zum erstbesten Knüppel gegriffen, [...] und losgedroschen hat«! Es gibt einem zu denken, dass gerade jener Schriftsteller dazu übergeht, den Volkskrieg regelrecht zu verherrlichen (was charakteristisch für antikoloniale Revolutionen ist), der in dem Moment, in dem er den Roman verfasste, bereits Verfechter der Sache des Friedens war und später zum Propheten der Gewaltlosigkeit werden wird[14].

Der Bezug sowohl auf das Ideal des ewigen Friedens als auch auf die unmittelbare Notwendigkeit des Krieges wird in den antikolonialistischen Revolutionen des zwanzigsten Jahrhunderts deutlicher. In den Augen Lenins, der nicht zufällig große Bewunderung für die Bewegung hegte, die gegen die Napoleonische Besatzung kämpfte

---

14 Siehe Tolstoi (2000), S. 1401f, in Bezug auf den »Knüppel«; S. 1401f), in Bezug auf den »Freischarenkrieg«.

(siehe unten, Abs. 7.4), war die Oktoberrevolution dazu berufen, die Geißel des Krieges ein für alle Mal auszurotten, auch dank der Entfesselung des Volkskrieges gegen die kolonialistisch-imperialistische Vorherrschaft. Etwa zwei Jahrzehnte später, rief Mao Zedong in China, das vom japanischen Imperialismus besetzt und grausam geschunden wurde, zum Kampf um die nationale Unabhängigkeit auf und organisierte den Volkskrieg, während er gleichzeitig die Fahne des ewigen Friedens schwenkte, den er in nicht allzu ferner Zukunft erwartete (siehe unten, Abs. 6.5). Sowohl Lenin als auch Mao waren zutiefst von Clausewitz beeinflusst, dessen Beziehungen zum späten Fichte bekannt sind und dessen »Formel vom Krieg als Fortsetzung der Politik bereits im Keim eine Theorie des Partisanen enthält« (Schmitt, 1963, S. 15).

4. Kapitel

Der *Ewige Frieden* von der Revolution bis zur Heiligen Allianz

4.1. Novalis und die Heilige Allianz

Im Laufe seiner Entwicklung war Fichte in jeder Etappe jenes qualvollen historischen Zyklus, der 1789 begann und (kurz vor dem Tod des Philosophen) mit Napoleons Niederlage bei Leipzig endete, gezwungen, das Thema des ewigen Friedens erneut zu betrachten und neu zu bewerten. Eine Variante dieses Ideals, die in Konfrontation und direkter Opposition zur Französischen Revolution entwickelt wurde, ignoriert er allerdings. Als Reaktion auf die von der Revolution ausgelösten Umwälzungen und die darauf folgenden Kriege entstand in konservativen Kreisen eine Sehnsucht nach dem christlichen Mittelalter, das mythisch verklärt wurde als eine Gesellschaft, die die blutigen Konflikte der modernen und zeitgenössischen Welt nicht kannte. Während Fichte 1799 in dem Export der Ordnung, die aus dem Sturz des Ancien Régime resultierte, das Mittel sah, der Geißel des Krieges ein Ende zu setzen, entwickelte Novalis eine ganz andere, ja gegensätzliche Vision des »ewigen Friedens«. Dieser deutsche Dichter, Schriftsteller und Philosoph, der Burkes Anklageschrift gegen die Französische Revolution gelesen hatte und schätzte (Novalis, 1978b, S. 279), beabsichtigte, jene Revolution auch in Bezug auf das ihr so teure Versprechen des ewigen Friedens zu widerlegen. Nein, die Geißel des Krieges werde nicht durch politische Umwälzungen und konstitutionelle Kopfgeburten beseitigt. Im Gegenteil, es sei notwendig, alldem ein Ende zu setzen, um wieder Anschluss an jene Welt zu finden, die, noch bevor sie von der Revolution hinweggefegt wurde, schon durch die protestantische Reformation und die Aufklärung in eine Krise gestürzt worden war. Dies ist das Grundmotiv des 1799 geschriebenen Aufsatzes *Die Christenheit oder Europa*, der, nachdem er anfangs nur eine begrenzte Verbreitung unter Freunden erfahren hatte, 1826, in den Jahren der Restauration, veröffentlicht wurde. Der kurze Text schließt mit der Beschwörung und Anrufung »der heiligen Zeit des ewigen Friedens« (Novalis, 1978a, S. 750). Aber – so viel sei klar – dieses Ziel könne nur erreicht werden, wenn man auf dem ruinösen Weg, der seit der Reformation eingeschlagen wurde, umkehrt: »Wer weiß ob des Kriegs genug ist, aber er wird nie aufhören, wenn man nicht den Palmenzweig ergreift, den allein eine geistliche Macht darreichen kann. Es wird so lange Blut über Europa strömen bis die Nationen ihren fürchterlichen Wahnsinn gewahr werden, der sie im Kreise herumtreibt, und von heiliger Musik getroffen und besänftigt zu ehemaligen Altären in bunter Vermischung treten, Werke des Friedens vornehmen, und ein großes Liebesmahl, als Friedensfest, auf den rauchenden Wahlstätten mit heißen Thränen gefeiert wird. Nur die Religion kann Europa wieder aufwecken und die Völker sichern, und die Christenheit mit neuer Herrlichkeit sichtbar auf Erden in ihr altes friedenstiftendes Amt installiren« (ebd., S. 749).

Laut Mirabeau hatte die Französische Revolution den Einzug der »universellen Brüderlichkeit« versprochen. Dieses Motiv aufgreifend hatten Kant und Fichte die Bildung einer »kosmopolitischen Ordnung« und eines »Völkerbundes« bzw. eines »Einheitsstaates« als Garantien für einen ewigen Frieden dargestellt. In den Augen von Novalis kann der ersehnte »Staat der Staaten«, diese Art von »politischer Wissenschaftslehre« – der ironische Verweis auf den Philosophen der *Wissenschaftslehre*, also auf Fichte, ist eindeutig – und Frieden und Brüderlichkeit unter den Nationen nur das Ergebnis eines ehrgeizigen konterrevolutionären Projekts sein, das, seinen Ausgang weit in der Vergangenheit nehmend, »dem Zustand der religiösen Anarchie«, der Reformation ein Ende setzen würde, welche »die Religion [in] irreligiöser Weise in Staats-Grenzen eingeschlossen« hatte und sie ihres »kosmopolitischen Interesses« beraubte, so dass sie ihren »großen politischen friedestiftenden Einfluß« verlor. Dieser schmerzhafte und tragische Rückschritt wurde durch einen »Religionsfrieden« zwischen Protestantismus und Katholizismus auf einer falschen und prekären Grundlage verfestigt: Er besiegelte den Riss und hatte auf diese Weise den Protestantismus »als revolutionaire Regierung fixirt«. Die Reformation hat damit die Dynamik der Französischen Revolution vorweggenommen, eine Art permanenter Revolution, die unfähig war, ans Ziel zu gelangen, und erst recht nicht in der Lage, Frieden in Europa und der Welt zu schaffen. Frieden und Harmonie können nur dann aufhören, ein Traum zu sein, wenn sich die Christenheit wieder als »sichtbare Kirche ohne Rücksicht auf Landesgrenzen« herausbildete und »das neue Jerusalem die Hauptstadt der Welt«, einer endgültig vereinigten Welt, sein würde (Novalis, 1978a, S. 748, 736f, 750).

Zweifellos hat sich hier die Bedeutung des Ideals des ewigen Friedens tiefgreifend verändert: Es gibt keine Spur mehr von dem antifeudalen, antiabsolutistischen und revolutionären *Pathos*. Im Gegenteil, die Polemik ist deutlich gegen den revolutionären Zyklus gerichtet, der das Ancien Régime gestürzt hat. Es ist ein Zyklus, der nun in Bausch und Bogen verurteilt wird, vom Aufstand der »Insurgenten« des Protestantismus bis zur Französischen Revolution, die als zweite Reformation oder »weltlicher Protestantismus« gesehen wird. Beginnend mit dem Bruch der mittelalterlichen katholischen Einheit wird Europa durch »zerstörerende Kriege« zerrissen, die durch die Wiederherstellung der früheren Einheit überwunden werden können und müssen (Novalis, 1978a, S. 736, 742f, 734). Wie schon aus dem Titel des hier analysierten Werkes hervorgeht, liegt der Schwerpunkt auf Europa und sogar auf der »europäischen Christenheit«, die zum »Erwachen« und zur »Versöhnung und Auferstehung« aufgerufen ist (Novalis, 1978a, S. 740, 748, 750). Die »anderen Weltteile« warten auf Europa, dem eindeutig eine hegemoniale Funktion zukommt, wie der positive Verweis auf Napoleons Expedition nach Ägypten zeigt, oder auf »die Näherung [Europas] ans Morgenland durch die neueren politischen Verhältnisse«. Es ist klar, dass das Ideal des ewigen Friedens, zu dem man sich heute bekennt, Kriege zur Bekräftigung oder Stärkung der Leitfunktion der »europäischen Christenheit« nicht ausschließt. Novalis zeigt, dass er sich dieses Aspekts bewusst ist, so sehr, dass er vorschlägt, dem »Soldatenstand« dadurch Beständigkeit und Vitalität zu verleihen, dass eine Maßnahme analog dem des Zölibats eingeführt wird, das trotz allem das Verdienst gehabt hatte, den katholischen Klerus zu retten (Novalis, 1978a, S. 750, 744, 736).

In den Jahren der Restauration hört die von Novalis geschätzte Utopie des ewigen Friedens auf, bloß seufzende Nostalgie in Bezug auf die gute alte Zeit zu sein, und beginnt, eine direkte und aktive politische Rolle zu spielen: Sie wird zum Instrument der Heiligen Allianz, mit dem diese ihre Politik der konterrevolutionären Intervention rechtfertigt (Dilthey, 1929, S. 298). Von »eine[r] sichtbare[n] Kirche ohne Rücksicht auf Landesgränzen« spricht bekanntlich Novalis. Die drei Monarchen, die den Vertrag der Heiligen Allianz unterzeichneten, erklärten, dass sie sich »bei jeder Gelegenheit und an jedem Orte« [...] »als Landleute betrachten«; und dass sie sich und ihre Untertanen »als Glieder ein und derselben christlichen Nation« ansahen: Sie verpflichten sich daher zu gegenseitigem »Beistand und Hilfe«, ohne sich durch staatliche Grenzen behindern zu lassen, da die »christliche Nation« letztlich »in Wahrheit keinen anderen Herrn hat, als [...] Gott«, den Allmächtigen (zit. in: Romeo, Talamo, 1974, Bd. 2, S. 263)[15]. Auf der Grundlage dieser Logik und dieser Doktrin glaubte die Heilige Allianz, nicht nur das Recht, sondern auch die Pflicht zu haben, gegen jede Revolution, die die etablierte Ordnung in Frage stellte, militärisch eingreifen zu müssen. Dies war der Grund für die Intervention in Spanien, die mit dem Untergang der Verfassung endete, auf die 1820 Ferdinand VII., nach dem von Oberst Rafael Riego eingeleiteten Aufstand, selbst hatte schwören müssen. Das Prinzip der staatlichen Souveränität wurde gegenüber der Verpflichtung zur Wiederherstellung der alten Ordnung und des »ewigen Friedens« als wertlos empfunden. Es erinnert dies ein wenig an

15 Text des Vertrages der *Heiligen Allianz* in Auszügen: www.documentarchiv.de/nzjh/1815/heilige-allianz.html

die *res publica christiana*, die der Abbé de Saint-Pierre erträumte und die sowohl gegen äußere Barbaren als auch gegen innere Subversion erreicht werden sollte.

Dies ist eine Ideologie, deren Einfluss auch über den Kreis jener hinausreicht, die im engeren Sinne als Anhänger und Verteidiger der Heiligen Allianz bezeichnet werden können. In der posthum veröffentlichten, aber in den Jahren der Restauration ausgearbeiteten *Lehre vom Staat* erklärt Schleiermacher, dass zur Erreichung eines »ewigen Friedens«, mehr noch als ein »Staatenbund«, Verhaltensregeln notwendig sind, die in den Sitten und Gefühlen der Völker und ihrer Herrscher wurzeln: »Wäre aber in einzelnen Staaten das Prinzip der Unruhe, so werden die anderen zusammentreten, um dieselben im Zaum zu halten«. Dies war die Regel, die im Deutschen Bund befolgt wurde, und sie könnte für die internationalen Beziehungen insgesamt übernommen werden. So kann der »Friedenszustand« erreicht werden; und diesem Ziel nähert man sich »in der neuesten Geschichte« tatsächlich »in schnellem Schritte«, nachdem die »französischen Störungen«, die revolutionären Unruhen, die sich in Paris immer noch zeigen, ausgerottet sind (Schleiermacher, 1967, Bd. 3, S. 565-6 und Anm.). In diesem Fall ist die Ausrottung des Krieges das Ergebnis des Exports nicht der Revolution, sondern der Konterrevolution.

Es handelt sich jedoch nur um ein kurzes Intermezzo. Novalis' Text wurde gerade einmal vier Jahre vor der Revolution in Frankreich vom Juli 1830 veröffentlicht, die der Heiligen Allianz faktisch ein Ende setzte – und zu einer Zeit, als das Buch von Constant, in dem er den Triumph des ewigen Friedens beschwor, bereits seit mehr als einem Jahrzehnt in Umlauf war – allerdings nicht dank der Wiedergeburt des europäischen Christentums, sondern, wie wir sehen werden, dank der Ausbreitung des Handels.

4.2. »Bürgerlicher Geist« und Krieg in der Hegel'schen Analyse

Allerdings wird die Vision, die Novalis und der Heiligen Allianz am Herzen liegt, sofort von Hegel einer harschen Kritik unterzogen, wenn auch eher in Vorlesungen als in gedruckten Texten. Hegel, der acht Jahre jünger war als Fichte, teilte, vor allem wegen seines robusten historischen Sinns, nie wirklich dessen emphatische Hoffnungen oder Illusionen. Es ist bekannt, dass die *Vorlesungen über die Philosophie der Weltgeschichte* auch in den Jahren der Restauration noch die Bewunderung für den »herrlichen Sonnenaufgang« (Hegel, 1919/20, S. 926) zum Ausdruck bringen, den die Französische Revolution darstellte, und ihre welthistorische Bedeutung und die Unumkehrbarkeit ihrer Errungenschaften stehen außer Frage. Aber zu diesen Ergebnissen gehört sicher nicht die Verwirklichung des Ideals des ewigen Friedens. Und das lag nicht am Widerstand der Länder des Ancien Régime und der von Großbritannien angeführten Koalition, sondern vor allem an der inneren Dialektik der aus der Französischen Revolution hervorgegangenen Ordnung und dem Wesen der internationalen Beziehungen.

Wenn auch Hegel für einige Zeit die Faszination einer Vision verspürte, die für Kant und Fichte eine so große Bedeutung hatte, so war es doch nur für eine sehr kurze Periode. Auf sie ging jener Brief zurück, den der Philosoph in den Jahren seiner Jugend, genauer gesagt im August 1798, erhielt: »Freilich, liebster Freund, ist unser Ansehen tief herabgesunken. Die Sachwalter der Großen Nation haben die heiligsten Rechte der Menschheit der Verachtung und dem Hohn unserer Feinde preisgegeben. Ich kenne keine Rache, die ihrem Verbrechen angemessen wäre« (zit. in: Rosenkranz, 1844, S. 91). Dies ist ein Brief, der außer den Gefühlen des Absenders, was offensichtlich ist, zum Teil auch die des Empfängers auszudrücken scheint. Die Beobachtung, die wir im folgenden Jahr in der *Verfassung Deutschlands* lesen können, hat den Beigeschmack eines schmerzhaften autobiographischen Geständnisses: Die blinde »Begeisterung eines Gebundenen« ist »ein furchtbarer Moment«, aus dem man herauszukommen wissen muss, indem man den Sinn für Maß und kritisches Gleichgewicht wiederentdeckt (Hegel, 1969-1979, Bd. 1, S. 458). Das heißt, die Begeisterung für eine große Revolution, darf nicht dazu führen, die Augen vor ihren Problemen und Widersprüchen zu verschließen. Wir haben gesehen, wie ein Schüler Kants 1799 die von den französischen Besatzungstruppen begangenen Plünderungen und Schikanen als einen niedrigen Preis betrachtete, der im Hinblick auf die Verwirklichung des »ewigen Friedens« zu zahlen sei (siehe oben, Abs. 2.4). Alles deutet darauf hin, dass es sich nicht um eine vereinzelte Stimme handelte: Trotz des hervortretenden Expansionsdrangs des Landes jenseits des Rheins, war die Unzufriedenheit mit den fortbestehenden feudalen Verhältnissen in Deutschland groß, und die Hoffnungen, Versprechungen und Erklärungen, die aus Paris kamen, aus der Stadt, die Protagonistin einer großen historischen Revolution war, waren noch glaubwürdig. Aus Hegels Sicht handelte es sich um den Zustand der »Begeisterung eines Gebundenen [...] in welchem er sich verliert« (Hegel, 1969-1979, Bd. 1, S. 458).

Die *Verfassung Deutschlands* wird zeitgleich mit dem einigermaßen »begeisterten« Brief an Kant verfasst. Diese Schrift ruft dazu auf, die Realität zur Kenntnis zu nehmen: Nicht nur das neue Frankreich führt Raubkriege, aber sie sind weder ein Verrat an den ursprünglichen Idealen noch gelegentliche Abweichungen und noch weniger stellen sie eine Rückkehr zur Vergangenheit oder einen Rückfall in das Ancien Régime dar. Wir sind in der Tat mit einer neuen Politik konfrontiert, die einer eisernen Logik folgt, die es zu analysieren gilt: Die territorialen Annexionen der Regierung in Paris sind Ausdruck der »Bürgerlichkeit«, einer »Staatskunst [die] ganz berechnend ist«. Nach dem Vorbild des »Bürgers, der sich durch seine Arbeit mühsam vom Pfennig an seine Schätze erworben hat«, handelte »die französische Republik durchaus nach allgemeinen Grundsätzen [...]«, verfolgte sie »mit ihrer Macht in die kleinsten Details« und unterdrückte »alle besonderen Rechte und Verhältnisse unter diese Grundsätze« (Hegel, 1969-1979, Bd. 1, S. 566). Es besteht also ein enger Zusammenhang zwischen Innen- und Außenpolitik: Die Bourgeoisie, die neue Klasse, die in Paris die Macht errungen hat, hat weder Absicht noch Interesse, den ewigen Frieden zu erreichen, den die von unkritischem Enthusiasmus geblendeten deutschen Revolutionäre erwarten.

Es stimmt, Napoleon (der vorerst Bonaparte genannt wird) hat »hingegen der Republik San Marino [...] ein paar Kanonen zum Geschenk gemacht«, aber nur, aus der »Veranlassung, den Mund mit dem Namen einer Achtung für Republiken vollzunehmen« (ebd., Bd. 1,

S. 564). Ansonsten lässt er sich von keinen Skrupeln aufhalten, wenn es darum geht, sich etwas Substantielles zu schnappen. Seine Kriege sind zweifellos Eroberungs- und Raubkriege, die sicher nicht darauf abzielen, den Völkern in ihrem Kampf um Fortschritt zu helfen, wie uns die offizielle Propaganda versichert, sondern sie entsprechen einer gnadenlosen bürgerlichen Logik der Reichtumsakkumulation.

Hegel zieht eine verallgemeinernde Schlussfolgerung: Wenn man die Politik eines Staates untersucht, muss man klar zwischen öffentlichen Erklärungen und den tatsächlich verfolgten Zielen unterscheiden können; es wäre der Gipfel der Naivität, sich auf »Manifeste« und »Staatsschriften« zu verlassen (ebd., Bd. 1, S. 540). Noch vor Fichte trifft Hegel auf Machiavelli und er liest ihn nicht nur als den Autor, der dabei hilft, über das Problem der Verteidigung der nationalen Unabhängigkeit und der staatlichen Souveränität nachzudenken, sondern begreift ihn auch als eine Art Meister des Argwohns auf dem Gebiet der internationalen Beziehungen. Unglücklicherweise wurden beide Aspekte in Deutschland nicht wirklich aufgenommen: »Machiavellis Stimme ist ohne Wirkung verhallt« (ebd., Bd. 1, S. 558). Dieser Ausdruck von Missmut fällt zu einem Zeitpunkt, als man in Deutschland ganz im Enthusiasmus der Französischen Revolution gefangen ist und dem Autoren des »Fürsten« nur wenig Beachtung schenkt. Lange Zeit sprechen Herder, Hölderlin und selbst Fichte in abfälliger Weise von ihm. Erst als der Expansionismus jenes Landes, das das Ende der Eroberungskriege und sogar den Beginn des ewigen Friedens angekündigt hatte, zu einer unbestreitbaren und unübersehbaren Realität wird, erst dann wird die Lehre Machiavellis wiederentdeckt (Losurdo, 1989, S. 212f).

Während er einerseits zu einer realistischeren Sicht auf die Französische Revolution auffordert, spart Hegel nicht mit Kritik an jenen in Deutschland, die nicht verstehen können, welch große Dinge auf der anderen Seite des Rheins geschehen sind, und der guten alten Zeit nachtrauern. »So töricht sind die Menschen, [...] die Wahrheit, die in der Macht liegt, zu übersehen« (Hegel, 1969-1979, Bd. 1, S. 529). Es sei sinnlos, sich über die Armee Napoleons aufzuregen, ohne gleichzeitig nach den Gründen für ihre Siege zu fragen, ohne diese auch in dem eroberten und unterworfenen Land zu suchen, in seiner fortdauernden staatlichen Zersplitterung, in seinen feudalen Verhältnissen, in seinen unheilbaren Zerwürfnissen. Eine nationale Erneuerung Deutschlands sei nicht möglich durch eine Rückkehr in die Vergangenheit oder durch das Festhalten an »ehrwürdigen« historischen Institutionen, die die geschichtliche Entwicklung selbst demontiert oder in Frage gestellt hat. Ist für den reaktionären Flügel die Bewegung der nationalen Erlösung untrennbar von antifranzösischem und antirevolutionärem Hass, so steht für Hegel außer Frage, dass Deutschland sich nur als Staat, als einheitlichen Nationalstaat konstituieren kann, indem es sich die Lektion der modernen bürgerlichen Entwicklung, »die Fortbildung der Vernunft und die Erfahrung an der französischen Freiheitsraserei« zu eigen macht und verinnerlicht (ebd., Bd. 1, S. 554f).

Es bleibt jedoch bei einem wesentlichen Punkt, den Hegel 1803/04, gerade als Napoleons Macht auf dem Höhepunkt ist und nicht wenige Menschen von seinen Triumphen eine strahlende Zukunft ohne Konflikte erwarten, zu wiederholen sich bemüßigt fühlt: »Ein allgemeiner Völkerverein zum ewigen Frieden, wäre die Herrschaft Eines Volks, oder es wäre nur ein Volk – ihre Individualität vertilgt – Universalmonarchie« (Hegel, 1969, S. 260f). Die *Pax Napoleonica*, also der »ewige Friede« *subspecies napoleonica*, ist nicht gleichbedeutend mit Verbrüderung, wie die aus Paris kommenden »Manifeste« und offiziellen Dokumente behaupten und wie diejenigen naiv glauben, die nicht durch die machiavellistische Schule des Argwohns gegangen sind, sondern ist gleichbedeutend mit universeller Herrschaft und Unterjochung.

4.3.
Repräsentative Regierung und »Kriegsbegeisterung«

Wir haben den grundlegenden Widerspruch gesehen, der bei Kant und Fichte im Diskurs über den ewigen Frieden vorhanden ist: Beide versprechen sich die Verwirklichung dieses Ideals im Zuge des Sturzes des Ancien Régimes und des monarchischen Absolutismus, nehmen dann aber insbesondere ein Land (Großbritannien) in den

Blick, in dem die wirtschaftliche und kommerzielle Entwicklung die feudale Welt verdrängt und die politische Revolution das repräsentative Regime durchgesetzt hat. Hegel löst diesen Widerspruch auf, indem er von vornherein darauf hinweist, dass die beiden Hauptakteure des langen Kriegszyklus, der nach der Französischen Revolution einsetzte, die beiden modernsten und am weitesten entwickelten Länder Europas sind. Frankreich und Großbritannien stehen sich in dieser Art von Weltkrieg gegenüber, der auch Afrika (man denke an Napoleons Expedition nach Ägypten) und den amerikanischen Kontinent (man denke an den Versuch der Londoner Regierung, den Aufstand der Schwarzen in Saint-Domingue auszunutzen, um ihre Rivalen in Bedrängnis zu bringen) einbezieht. Dieser »zehnjährige Kampf« und dieses »blutige Spiel« – so drückt er sich 1799 in der *Verfassung Deutschlands* aus (Hegel, 1969-1979, Bd. 1, S. 572) – sind an sich schon aufschlussreich: Der Krieg ist nicht das Produkt der wirtschaftlichen und politischen Rückständigkeit.

In Berlin – inzwischen ist der zwanzigjährige Zyklus der Kriege beendet – zieht der Philosoph eine historische Bilanz: »Wenn man meint Fürsten, Kabinette seien mehr der Leidenschaft unterworfen, so kann dies allerdings sein, aber auch ganze Nationen können enthusiasmiert, in Leidenschaft gebracht werden. In England hat mehrmals die ganze Nation auf Krieg gedrungen, hat gewissermaßen die Minister genötigt Krieg zu führen, die Abkühlung hat hernach das Bewußtsein hervorgebracht, daß der Krieg, unnütz, unnötig war und ohne Berechnung der Mittel angefangen worden« (Hegel, 1973/74, Bd. 4, S. 738f). Die geschichtliche Erfahrung hat die These, die insbesondere von Kant und dem frühen Fichte favorisiert worden war, widerlegt, wonach der Krieg verschwinden würde, sobald über ihn nicht mehr vom absoluten Monarchen, der vor allen Gefahren geschützt war, entschieden würde, sondern von den gewählten Vertretern des Volkes, die dazu bestimmt wären, das durch den Einsatz der Waffen verursachte Leid und Elend am eigenen Leibe zu ertragen. In Wirklichkeit war der kriegerische Eifer Großbritanniens (und des Unterhauses) nicht geringer als der der noch weitgehend feudalen Höfe Österreichs und Preußens.

Im revolutionären und nachrevolutionären Frankreich war es nicht anders: »Man glaubt etwa, es würde weniger Krieg geben, wenn Stände darüber beschließen; dies ist aber gerade das Gegenteil. Es ist damit ebenso, wenn die Verfassung eines Volks so ist, daß das Kriegerische darin überwiegend ist. Hier zeigt es sich, daß ein solches Volk gerade am meisten in Kriegen sich verwickelt. Kriege, an denen ganze Völker teilnehmen, werden in der Regel zu Eroberungskriegen« (Hegel, 1983b, S. 262). Wie aus der zitierten Passage, in der von Kriegen unter einhelliger Beteiligung des Volkes die Rede ist und die von der Defensive zur Offensive übergehen, deutlich hervorgeht, ist hier von Frankreich die Rede. Die Kriegserklärung, die am 20. April 1792 die Lunte an das Pulverfass legte, wurde von der gesetzgebenden Versammlung beschlossen und nicht vom Monarchen (der allerdings hinter den Kulissen intrigierte, um sie zu ermuntern). Nicht anders verhielten sich die Repräsentativorgane der Thermidorianischen Periode, als die anfänglich defensiven Kriege einen expansionistischen Charakter annahmen.

Hegel widerlegt damit ein zentrales Argument des Diskurses über den aus der Französischen Revolution hervorgehenden ewigen Frieden. In den Augen von Kant würde die Figur des Soldaten wieder in der des Bürgers aufgehen, sobald das stehende Heer durch eine Art Miliz aus »Bürgern in Waffen« ersetzt würde, und damit würde die Gefahr verschwinden, die von besonderen bewaffneten Verbänden ausgeht, deren Beruf der Krieg ist und die daher am Ende nicht anders können, als den kriegerischen Geist zu verkörpern und zu nähren (vgl. 1.5 oben). Auch in diesem Fall ist die konkrete historische Erfahrung eine harte Antwort auf die anfänglichen Hoffnungen und Illusionen gewesen. Nachdem sie das revolutionäre Frankreich unerschrocken verteidigt hatte, bildete die Nation in Waffen das Rückgrat der Armeen und die Basis der Eroberungskriege des thermidorianischen und napoleonischen Frankreichs. In den Worten der Vorlesung von 1817/18: »Das Gefährliche der Bewaffnung eines ganzen Volks zum Zweck der Unabhängigkeit dieses Volks ist, dass man das bloße Defensivsystem verlässt und offensiv handelt« (Hegel, 1983a, S. 192).

Es ist nicht so, dass der Philosoph die Existenzberechtigung der Nation in Waffen leugnet, aber es handelt sich um ein Mittel, zu dem man nur in Ausnahmefällen greifen sollte und das in jedem Fall Gefahren in sich birgt. Die *Grundlinien der Philosophie des Rechts* (§ 326) stellen fest: »Insofern aber der Staat als solcher, seine Selbständigkeit, in Gefahr kommt, so ruft die Pflicht alle seine Bürger zu seiner Verteidigung auf. Wenn so das Ganze zur Macht geworden und aus seinem inneren Leben in sich nach außen gerissen ist, so geht damit der Verteidigungskrieg in Eroberungskrieg über.« Der Gedanke bezieht sich offensichtlich auf das revolutionäre Frankreich, das durch die Intervention der konterrevolutionären Mächte in seiner Existenz bedroht ist: Die Beteiligung aller waffenfähigen Bürger an der Verteidigung bringt zwar die Rettung, verleiht aber der angegriffenen Nation eine so geballte militärische Kraft, dass diese wiederum weit über das ursprüngliche Ziel der Unabhängigkeit hinausgeht und sich in eine expansionistische Macht verwandelt.

Mit anderen Worten, es muss verhindert werden, dass die Ausnahme zur Regel wird: Ein Volk, das sich bei jedem auch nur begrenzten »Zwiste der Staaten untereinander« in permanenter Totalmobilisierung befindet, wird am Ende »zu einem Erobernden« (Hegel, 1983b, S. 277), so wie es im nachthermidorianischen und napoleonischen Frankreich der Fall war. Jedenfalls stellt, entgegen der Auffassung Kants und vieler anderer mit ihm, der Rückgriff auf die Nation in Waffen kein Mittel dar, von dem man sich die Ausrottung der Wurzeln des Krieges und die Verwirklichung eines ewigen Friedens versprechen kann.

4.4. *Wie der überspannte Universalismus in sein Gegenteil umschlägt*

Die postthermidorianischen französischen Armeen rechtfertigen ihren Expansionszug, indem sie sich als Verfechter von Werten (das Licht der Vernunft, die Menschenrechte, der ewige Frieden) ausgeben, die aufgrund ihrer Universalität nicht an Staatsgrenzen und die Eigenständigkeit der Nationen gebunden sind. Nach dieser Rhetorik zu urteilen, hat es den Anschein, dass Partikularinteressen in

Frankreich verschwunden sind oder gar keine Rolle mehr spielen, es scheint, dass nur die Universalität noch gilt. So rühmt sich selbst der »Raub eines Eigentums«, nämlich die Annexion des linken Rheinufers, das die Franzosen Deutschland abgenommen haben (Hegel, 1969-1979, Bd. 1, S. 458), der Legitimation, die die Universalität ihr verschafft hat. Aber kann ein Universalismus ernst genommen werden, der in völliger Verblendung dazu neigt, einen Sachverhalt, ein bestimmtes und partikulares Interesse, zu verklären? Und warum lässt sich die deutsche Kultur so leicht von einem Universalismus verführen, der eigentlich gleichbedeutend mit Expansionismus ist, wie der Brief eines Schülers von Kant an seinen Meister von 1799 (der ihn im Namen des »ewigen Friedens« auffordert, über die Raubzüge und die Arroganz der französischen Besatzungsarmee hinwegzusehen) und die explizite Theoretisierung des Exports der Revolution durch Fichte zeigen?

In dieser Frage übt Hegel scharfe Kritik an der kant-fichte'schen Philosophie: In ihrer Verklärung des reinen Ideals verherrlichten sie eine Universalität, die den empirischen Gegenstand als Quelle der Verunreinigung ansieht; da es aber bei der Analyse einer konkreten historischen Situation unvermeidlich ist, sich auf die Empirie zu beziehen, auf die Besonderheit der Umstände und der Subjekte und der umkämpften Interessen, wird schließlich ohne kritische Prüfung ein empirischer Sachverhalt, auch wenn er sehr fragwürdig und umstritten ist, subsumiert und als Ausdruck des Universellen betrachtet. Man hat es nicht mit dem üblichen Empirismus zu tun, der einen bestimmten Inhalt in Konkurrenz oder Kontrast zu anderen bestimmten Inhalten durchzusetzen sucht, während einer Konfrontation, in der unterschiedliche und widerstreitende Interessen gegeneinander stehen. Nein, nun wird »die Absolutheit, die im Grundsätzlichen liegt«, auf einen bestimmten empirischen Sachverhalt ausgedehnt, der verklärt und mit der Würde des Absoluten versehen wird. Indem er partikulare und determinierte Interessen als Ausdruck universeller und unhinterfragbarer Werte ausgibt, betreibt der »gemeine Empirismus« bzw. der »absolute Empirismus« »etwas Falsches, und muß als das Prinzip der Unsittlichkeit erkannt werden«; denn hier wird

»Vernunftwidrigkeit und, in Beziehung aufs Sittliche, Unsittlichkeit gesetzt (ebd., Bd. 2, S. 297, 403, 463f).

Wir können nun die Bilanz besser verstehen, die Hegel von dem 1789 begonnenen historischen Zyklus gezogen hat. Anfangs betrachtete er die antinapoleonischen Befreiungskriege mit Argwohn und Feindseligkeit: Sicherlich konnte er eine Sichtweise nicht teilen, die nicht nur die Invasion, die von Paris ausging, sondern auch das Land als Ganzes verdammte, das aus dem Sturz des Ancien Régime hervorgegangen war. Aber schon 1817 in Heidelberg sagt Hegel über die geschichtliche Periode vom Ausbruch der Französischen Revolution bis zur Niederlage Napoleons: Es seien »diese letzten 25 Jahre, die reichsten, welche die Weltgeschichte wohl gehabt hat, und die für uns lehrreichsten« gewesen (ebd., Bd. 4, S. 507). Wenig später, während sie in Berlin »die Französische Revolution als welthistorische« verteidigen, als fundamentale Etappe in der Geschichte der Freiheit, und ebenso als »Selbständigkeit der Nation, als einer Individualität gegen andere«, fahren die *Vorlesungen über die Philosophie der Geschichte* fort: »Mit der ungeheuren Kraft seines Charakters hat er [Napoleon] sich dann nach außen gewendet, ganz Europa unterworfen und seine liberalen Einrichtungen überall verbreitet. Keine größeren Siege sind je gesiegt, keine genievolleren Züge je ausgeführt worden; aber auch nie ist die Ohnmacht des Sieges in einem helleren Lichte erschienen als damals. [...] Die Individualität und die Gesinnung der Völker [...] hat endlich diesen Koloß gestürzt« (Hegel, 1919/20, S. 927, 930f).

Wie die konkrete Erfahrung zeigt, und wie auf der eher philosophischen Ebene die Geschichte des »abstrakten Allgemeinen« verdeutlicht, das sich in den »absoluten Empirismus« verkehrt, ist die konkrete Universalität insofern eine solche, als sie »den Reichtum des Besonderen in sich« fasst (Hegel, 1969-1979, Bd. 5, S. 54); sie fehlt stattdessen in der Vorgehensweise des römischen (und napoleonischen) Reiches, das trotz der Zurschaustellung eines Geistes der Toleranz entschlossen war, »die sittlichen Individuen in Banden zu schlagen, sowie alle Götter und alle Geister in dem Pantheon der Weltherrschaft zu versammeln, um daraus ein abstrakt Allgemeines zu machen«. In seinem unaufhaltsamen expansionistischen Marsch beraubt das »römische Prinzip« (und dasjenige Napoleons), bar aller Lebenskraft, die nationalen Individualitäten, gegen die es wie »ein blindes Schicksal, eine eiserne Gewalt wirkt« (ebd., Bd. 12, S. 339, 338).

Auf diese Weise kann der Philosoph sowohl die Französische Revolution und den durch sie ausgelösten mächtigen Drang nach radikaler politischer und sozialer Umgestaltung, der auch in Deutschland zu spüren war, als auch den Aufstand in Deutschland wie in anderen Ländern gegen ein Frankreich legitimieren, das mit Napoleon zum Synonym für nationale Unterdrückung und halbkoloniale Ausplünderung geworden war. Es ist eine Einschätzung, die sich durch ihre Reife und dialektische Klarheit auszeichnet.

4.5.
Kritik am »ewigen Frieden« und den Kriegen der Heiligen Allianz

Es lohnt sich nun, einen Punkt hervorzuheben, der oft übersehen wird: Indem er die Unsinnigkeit des Ideals oder Traums vom ewigen Frieden bekräftigte, analysierte Hegel beide zu seiner Zeit zirkulierenden Versionen im Zusammenhang, diejenige, die von der Französischen Revolution beflügelt wurde, und diejenige, die die Ideen und Bewegungen bekämpfte, die gerade aus dieser Revolution hervorgegangen waren. Offensichtlich unterschieden sich die beiden Versionen deutlich voneinander, und das nicht nur wegen der gegensätzlichen politischen Inhalte. Die erste hatte eine Massenbewegung inspiriert, hatte tiefe und weit verbreitete Sehnsüchte und Hoffnungen zum Ausdruck gebracht; letztere entsprach größtenteils dem politischen Kalkül von Kabinetten, Staatsmännern und Politikern. Eines hatten jedoch die beiden Versionen gemeinsam. Beides hatte Hegel im Sinn, als er 1822/23 im Rahmen seiner *Vorlesungen zur Rechtsphilosophie* die »in neueren Zeiten« geführten Kriege zur »Eroberung und Umstürzung der Verfassung eines Staats« verurteilte, und zwar so scharf, dass er in diesem Zusammenhang von einem »Vertilgungskrieg« oder von einem »Ausrottungskrieg« sprach, von einem Krieg jedenfalls im Zeichen des »Fanatismus« (Hegel, 1973/74, Bd. 3, S. 836f). Als er sich so äußerte, waren dem Philosophen die Kriege sicher nicht unbekannt, die das revolutionäre oder postrevolutionäre Frankreich mit dem erklärten Ziel führte, das Ancien Régime und den monarchistischen Absolutismus in den umliegenden Ländern zu stürzen und Freiheit und freie Institutionen zu verbreiten. Aber noch offensichtlicher war der Bezug auf die zu diesem Zeitpunkt erfolgende Intervention der Heiligen Allianz mit dem Ziel eines Umsturzes in Spanien gegen die konstitutionelle Ordnung, die sich nach dem Aufstand des Oberst Riego abgezeichnet hatte.

In beiden Fällen handelte es sich nicht um einen normalen zwischenstaatlichen Konflikt, dessen Gegenstand ein begrenzter Streit ist, sondern um einen Konflikt, der die Integrität eines Staates in Frage stellte und sogar seine unabhängige Existenz gefährdete. In beiden Fällen war die Losung vom ewigen Frieden (der sich aus der Verbreitung der als ausschließlich gerecht oder legitim angesehenen Verfassungsordnung ergeben sollte) weit davon entfernt, den Krieg zu beenden, sondern verwandelte einen begrenzten Krieg in eine Art Religionskrieg, in diesem Sinne in einen »Vernichtungskrieg«.

Napoleon hatte bereits abgedankt und war auf die Insel Elba verbannt worden, aber ein Gesprächspartner (Heinrich Steffens) schrieb an Schleiermacher, dass Deutschland und Europa sich erst dann ruhig fühlen könnten, wenn die »Festungen«, die der ehemalige Kaiser in den Herzen des französischen Volkes weiterhin besetzt hielt, erobert und niedergerissen worden seien (zit. in: Jonas, Dilthey, 1860-1863, Bd. 4, S. 200). Auch nach Waterloo und der endgültigen Niederlage Napoleons rief der uns bereits bekannte Patriot und Agitator Arndt (1972, Bd. 1, S. 471) zur Fortsetzung des Kampfes gegen die »gallische Sünde« auf, eine Aufgabe, die offensichtlich eine permanente Einmischung in die inneren Angelegenheiten Frankreichs bedeutete, eine Einmischung, die nicht nur die rein politische Sphäre betraf, sondern auch die Kultur, die Religion, die Seele eines Volkes einbezog.

Der Religionskrieg wurde noch deutlicher bei einem Autor, der nach seiner anfänglichen revolutionären Begeisterung mit dem Eifer eines Neophyten zur Restauration gekommen war. Nachdem Görres – um ihn handelte es sich – die bereits bekannte Erklärung der

Heiligen Allianz zitiert hatte, in der sich die unterzeichnenden Monarchen als Glieder einer einzigen christlichen Nation und als Beauftragte der »Vorsehung« (die per definitionem die Geschicke der ganzen Welt lenkte) verstanden, verkündete er: »Diese Sätze haben klar und deutlich eine unumwundene Abschwörung der Irrlehren jener trügerischen Politik, die seit Jahrhunderten die Welt geäfft und verwirrt, ausgesprochen und die Rückkehr zu jener früheren schlichten und einfältigen Gesinnung angelobt, die in der Kraft einer höheren Weltordnung und im Glauben an eine höhere Macht, als die eigene irdisch beschränkte, die Angelegenheiten der Menschen geleitet hat« (Görres, 1822, S. 63).

Es war Gott selbst, der »seinen Engel hoch über dem Streite dieser Zeit« gestellt hatte. Gerade weil sie in der Person ihrer Gründer die »drei verschiedenen Kirchen, in die im Verfolg der Zeiten, die eine christliche sich getheilt« (die katholische, die protestantische und die orthodoxe, denen Österreich, Preußen bzw. Russland angehörten) vereinigte, konnte die Heilige Allianz über die begrenzten »örtlichen und zeitlichen Verhältnisse« hinwegsehen und die zur Friedenssicherung notwendige »übergreifende Ansicht« haben (ebd., S.71). Sie hatte nicht nur eine ausschließlich »politische« Bedeutung, es ging ihr nicht nur um die Sicherung »der Ruhe Europas«, sondern sie hatte auch eine religiöse, »christliche« Bedeutung, sie zielte darauf ab, »alle zerstreuten Glieder der christlichen Gemeinde mit einem Familienbande zu umschlingen«; die Fürsten, die sie konstituiert hatten, waren die »Mandatare der Vorsehung«. Daher war die Heilige Allianz als »ein ewiger Bund zu Schutz und Trutz gegen alle revolutionäre Bewegungen« zu betrachten (ebd., S. 114, 126, 29). War der von der Französischen Revolution versprochene ewige Friede von Napoleon in einen ununterbrochenen Eroberungskrieg verwandelt worden, so war der von der Heiligen Allianz proklamierte ewige Friede schon in seinen Anfängen ein ewigen Krieg gegen die Revolution und gesellschaftspolitische Veränderungen.

Gegen gerade diese Kultur polemisierten die *Grundlinien der Philosophie des Rechts* (Abs. 322), als sie betonten, dass jeder Staat »selbständig gegen die anderen ist« und eine Souveränität genießt, die respektiert werden muss. Wie insbesondere in den Vorlesungen von 1822/23 erklärt wird, war das Ziel, oder zumindest das Hauptziel, die »Heilige Allianz«, die ausdrücklich erwähnt wurde: »Diese soll entscheiden was das Recht ist, und sie soll die [rechtliche] Grundlage sein die Staaten zu erhalten wie sie sind. Das andere ist daß aber, welche in diesem Bunde sind, als Souveraine sich ebenso gut davon können losmachen, so daß dieser Bund selbst ein Sollen bleibt, und jeder sich davon zu trennen das Recht hat, wenn er sich stark genug fühlt« (Hegel, 1973/74, Bd. 3, S. 835). Der Anspruch der Heiligen Allianz, den ihr angehörenden Staaten Gesetze zu diktieren und sie unter Androhung einer Invasion zu zwingen, an der alten Ordnung festzuhalten und die Ideen und Institutionen zu verwerfen, die aus der Französischen Revolution hervorgegangen waren, – all das beruhte letztlich auf Gewalt, nicht auf imaginären höheren Prinzipien oder Werten göttlichen Ursprungs. Bei näherer Betrachtung war die Heilige Allianz ein Widerspruch in sich: »Die souverainen Staaten sollen den Bund ausmachen und ihn als Richter über sich erkennen. Souverain sein aber heißt keinen Richter haben als sich selbst, und so ist diesem Bunde selbst in sich ›ein‹ Widerspruch« (ebd.).

Andererseits bedeutete die Bekräftigung der ausschließlichen Individualität eines jeden Staates, die Ablehnung des selbsternannten und aggressiven Universalismus der Heiligen Allianz, den Abschied von jeder berechtigten Hoffnung auf die Herstellung eines ewigen Friedens. Es war ein Punkt, der durch die Vorlesungen von 1824/25 deutlich gemacht wurde: »Ewiger Frieden ist so ein Ideal, von der Vernunft gefordert, worauf die Menschheit zugehen müsse. Kant hat so einen Fürstenbund vorgeschlagen, der die Streitigkeiten der Staaten schlichten sollte und die Heilige Allianz ist ungefähr so ein Institut. Allein der Staat ist Individuum und in der Individualität ist Negation wesentlich enthalten. Wenn also auch eine Anzahl von Staaten sich zu einer Familie macht, so muss sich dieser Verein als Individualität einen Gegensatz creiren, sich einen Gegensatz, einen Feind erzeugen, und der der Heiligen Allianz können die Türken oder die Amerikaner sein« (ebd., Bd. 4, S. 734f). Auch wenn sie das Banner des ewigen Friedens schwenkte, wurde die Heilige Allianz mit einem

Programm von Kriegen in ihrem Innern (gegen jene Länder, die sich der Apostasie oder Ketzerei schuldig gemacht hatten) und mit gegenseitiger Rivalität und Kampf um die Hegemonie auf internationaler Ebene geboren, einer Rivalität und einem Kampf, die leicht in einen bewaffneten Konflikt umschlagen konnten.

4.6.
Ewiger Frieden – vom objektiven zum absoluten Geist

Die Schlussfolgerung, zu der Hegel gelangte, war klar: Weder die Französische Revolution noch die Heilige Allianz waren in der Lage, das Versprechen des ewigen Friedens zu halten; im Gegenteil, gerade die im Namen dieses Ideals geführten Kriege endeten als totale Kriege in dem Sinne, dass sie nicht diesen oder jenen begrenzten und äußerlichen Aspekt in Frage stellten, sondern die innere Ordnung, die Verfassung, die Werte des feindlichen Staates. Anstatt einer Utopie nachzujagen, die jeden Moment in eine Dystopie umzuschlagen drohte, war es besser, sich auf das Problem der Begrenzung des Krieges zu konzentrieren. Der Bereich, der sich durch die Auflösung oder Abmilderung von Konflikten und durch eine Art ewigen Friedens auszeichnete, war, wenn überhaupt, der »absolute Geist«, es war die Welt der Kunst, der Religion, der Philosophie: Zumindest was Europa anging, blieben diese auch den Kontrahenten in einem Krieg mehr oder weniger gemeinsam und sollten daher nicht von dem einen oder anderen Kontrahenten als Grund für weitere und radikalere Auseinandersetzungen angeführt werden. In Hegels Augen waren sowohl die expliziten Religionskriege der Heiligen Allianz inakzeptabel als auch die zum Religiösen tendierenden Kriege, die von denen beschworen oder begründet wurden, die auf der Gegenseite versuchten, jene Ordnung mit Waffengewalt zu exportieren, die aus der Französischen Revolution hervorging.

Im Vergleich zum »absoluten Geist« bot der »objektive Geist«, die eigentlich politische Welt, ein ganz anderes Bild: Ihre Entwicklung war geprägt von Konflikten, die sowohl auf internationaler Ebene (Kriege) als auch auf interner Ebene (Revolutionen) gewaltsam werden konnten. Saint-Pierres Projekt des ewigen Friedens zielte darauf ab, zusammen mit den Kriegen auch die Revolutionen zu beseitigen. Und die Heilige Allianz, die die Losung des ewigen Friedens wieder aufgenommen hatte, hatte in erster Linie vor, Revolutionen zu verhindern, und zwar mittels Interventionen und Militärexpeditionen, die natürlich echte Kriege waren, die aber heuchlerisch zu Interventionen zur Wiederherstellung der Ordnung, zu »internationalen Polizeiaktionen« (um die Sprache von heute zu verwenden), erklärt wurden.

In Hegels Augen ist die Revolution selbst eine Form des Krieges. Er spricht gleichermaßen von »amerikanischer Revolution«, (nationalem) »Befreiungskrieg« oder auch einfach vom »amerikanischen Krieg« (Hegel, 1969-1979, Bd. 1, S. 258; 1919/20, S. 208, 919). Oder er erinnert mit Wärme an die Revolution, oder vielmehr an »blutige Kriege, in denen die [römischen] Sklaven sich frei zu machen, zu Anerkennung ihrer ewigen Menschenrechte zu gelangen suchten« (Hegel, 1969-1979, Bd. 10, S. 224); in diesem Falle haben wir es passenderweise mit einer Revolution zu tun. Ob Kriege oder Revolutionen, solche Umwälzungen sind nach Ansicht des Philosophen Teil des historischen Prozesses und können auch eine positive Funktion haben.

Um es klar zu sagen: Dies ist keineswegs eine undifferenzierte Verherrlichung von Gewalt oder Krieg. Beim Abschied vom Ideal des ewigen Friedens ist Hegel so weit davon entfernt, den Krieg als solchen zu preisen, dass er schon 1799 die zunehmenden Kosten an Blut und Geld betont, die er mit sich bringt: »Die Kriege haben schon an sich ihre Natur so verändert, dass die Eroberung von ein paar Inseln oder einer Provinz vieljährige Anstrengungen, ungeheure Summen usw. kostet« (ebd., Bd. 1, S. 571). Es gibt also keine Grundlage dafür, auf Hegel als den Philosophen des Krieges par excellence und sogar als seinen unkritischen Lobredner zu verweisen, wie es oft getan wurde. Ein solches Urteil ist unzutreffend, weil man eine historische Bilanz, deren Richtigkeit schwer zu bestreiten ist, mit einer Verunglimpfung des Friedensideals verwechselt.

Eine solche Verwechslung ist umso weniger zu rechtfertigen, wenn man einen Blick auf die Geschichte des Schicksals wirft, das die von Hegel geschätzte Vision erfahren hat. Ein Kapitel ist besonders erhellend. Auf Hegel und die von ihm formulierte Unterscheidung zwischen »objektivem Geist« und »absolutem Geist« beriefen sich im Verlauf des Ersten Weltkriegs diejenigen (nicht nur Benedetto Croce, sondern auch Antonio Gramsci), die sich weigerten, den Krieg als Zusammenprall gegensätzlicher und miteinander unvereinbarer Zivilisationen zu interpretieren, die versuchten, das Konfliktfeld einzudämmen und dabei die Grundlagen einer zukünftigen Versöhnung nicht zu gefährden. In genau die entgegengesetzte Richtung bewegen sich diejenigen (große Intellektuelle und sogar berühmte Philosophen), die unbedacht sogar den absoluten Geist in den Konflikt einbeziehen und diesen als einen Zusammenstoß von Werten und gegensätzlichen Glaubensrichtungen lesen (Losurdo, 1997b, Kap. II, Abs. 4).

Es bleibt jedoch die Tatsache, dass anlässlich großer historischer Krisen, die Auseinandersetzung, entgegen Hegels Hoffnungen, dazu neigt, über den »objektiven Geist« hinaus den »absoluten Geist« selbst einzubeziehen.

5. Kapitel

Handel, Industrie und Frieden?

5.1.
Washington, der Handel und die »wilden Tiere«

Am Ende des 18. Jahrhunderts wurde das Ancien Régime nicht nur durch die politische, sondern auch durch die wirtschaftliche Revolution zur Diskussion gestellt: Die Feudalaristokratie überließ jedenfalls tendenziell der Handels- und Industriebourgeoisie mehr und mehr ihren Platz. Der Niedergang einer Klasse, deren Reichtum auf Grundbesitz und der Kontrolle über ein bestimmtes Gebiet beruhte, und der Aufstieg einer sozialen Klasse, die sich durch größere Mobilität und eine gewisse kosmopolitische Verbundenheit mit anderen Völkern und anderen Ländern auszeichnete: Hätte dies nicht dem Phänomen des Krieges den Boden entziehen müssen? Die Antwort von Kant kennen wir bereits. Handel und Handelsgeist waren ambivalent: Einerseits brachten sie die am Warenaustausch beteiligten Völker in ein Verhältnis von gegenseitigem Kennenlernen und Zusammenarbeit, andererseits stimulierten sie Gier und das Streben nach Plünderung und Herrschaft, wie der koloniale Expansionismus und der Sklavenhandel zeigten.

In anderen Fällen fiel die Antwort jedoch weniger problematisch aus: Es wäre das Aufkommen der Gesellschaft des Handels, das den Weg für die Verbrüderung und Befriedung der Völker ebnete. Im Frankreich der Aufklärung konnte Jean François Melon (1736, S. 79*) schreiben, dass »in einer Nation der Geist der Eroberung und der Geist des Handels sich gegenseitig ausschließen«.

Es war eine Vision, die vielleicht ihre erste vollendete Form in Amerika fand, wo das Gewicht des Ancien Régime offensichtlich weniger stark war als in Europa. Am 15. August 1786 schrieb George Washington an den Marquis de La Fayette (der später einer der Protagonisten der ersten Phase der Französischen Revolution werden sollte) folgendes: »Obwohl ich nicht behaupten würde, dass ich über umfassende Informationen über kommerzielle Angelegenheiten verfüge, noch dass ich zukünftige Entwicklungen voraussehen kann, so kann ich doch als Mitglied eines neugeborenen Imperiums [infant empire], als Philanthrop von Natur aus und – wenn mir der Ausdruck erlaubt ist – als Bürger der großen Republik der Menschheit als Ganzes nicht umhin, manchmal meine Aufmerksamkeit auf dieses Thema zu richten. Das bedeutet, dass ich nicht umhin kann, mit Vergnügen über den wahrscheinlichen Einfluss nachzudenken, den der Handel in Zukunft auf die menschlichen Sitten und die Gesellschaft im Allgemeinen haben wird. Bei solchen Gelegenheiten denke ich, dass die Menschheit brüderliche Bande knüpfen könnte wie in einer großen Familie. Ich gebe mich einer zarten und vielleicht enthusiastischen Idee hin: Da die Welt offensichtlich weniger barbarisch geworden ist als in der Vergangenheit, kann sich ihre Verbesserung weiter entwickeln; die Nationen werden in ihrer Politik humaner, die Motive des Ehrgeizes und die Ursachen der Feindseligkeit nehmen täglich ab; schließlich ist die Zeit nicht allzu fern, in der die Vorteile des liberalen und freien Handels im Großen und Ganzen den Platz der Verwüstungen und Schrecken des Krieges einnehmen werden« (Washington, 1988, S. 326*). Ja – bekräftigt ein späterer Brief vom Frühjahr 1788, der an einen anderen französischen Gesprächspartner gerichtet ist –, dank der »philanthropischen Wohltaten des Handels« werden die »Verwüstungen des Krieges und die Wut der Eroberung« verschwinden und die biblische Prophezeiung wird sich endlich erfüllen: »Schwerter könnten zu Pflugscharen werden« (ebd., S. 394*).

Eine Frage hingegen stellt sich sofort: Umfasst die hier skizzierte emphatische Perspektive des ewigen Friedens auch die koloniale Welt? Tatsächlich möchte Melon die Sklaverei von den Kolonien auf die Mutterländer ausweiten (Losurdo, 2002, Kap. 12, Abs. 3). Was

Washington betrifft, so gibt ein Brief von ihm an Sieyès zu denken: »Die Indianer verursachen einige unbedeutende Schäden, aber es gibt nichts, was einem allgemeinen oder offenen Krieg vergleichbar ist«: Von einem wirklichen Frieden ist hier nicht die Rede und noch weniger von einem dauerhaften Frieden. Und es ist schwer bis unmöglich, sich eine solche Perspektive vorzustellen, wenn man von der Annahme ausgeht, dass die »wilden« Rothäute mit »wilden Tieren des Waldes«, gegen die der Kampf nur schonungslos geführt werden kann, auf eine Stufe gestellt werden: Der expansionistische Marsch der weißen amerikanischen Siedler wird »den Wilden wie den Wolf zum Rückzug« zwingen.

Dieser entmenschlichende Vergleich findet sich in einem Brief Washingtons vom 7. September 1783 (zit. in: Delanoë, Rostkowski, 1991, S. 50-52*), geschrieben also nur wenige Tage nach dem Friedensvertrag, der den Weg zur Gründung der Vereinigten Staaten ebnete. Während des Unabhängigkeitskrieges gegen Großbritannien, so berichtet zumindest ein loyalistischer Historiker, der nach dem Sieg der amerikanischen Kolonialrebellen nach Kanada geflohen war, betrieben diese eine Politik der »Ausrottung der sechs Völker« der amerikanischen Ureinwohner, die mit der Regierung in London verbündet waren: »Mit einem Befehl, der, wie wir glauben, in den Annalen einer zivilisierten Nation einzig dasteht, hat der Kongress die völlige Vernichtung dieses Volkes als Nation angeordnet [...], Frauen und Kinder inbegriffen« (zit. in: Losurdo, 2007/2009, Kap. V, Abs. 13, S. 278). Es war eine Politik, die von George Washington schwerlich in Frage gestellt werden konnte: Er entmenschlichte die Indianer, in seinem Brief an Sieyès rühmte er das Land, dessen erster Präsident er werden sollte, als ein »neugeborenes Imperium«, und außerdem war er persönlich am Vormarsch der Frontier und an der Fortsetzung und Verstärkung der kolonialen Expansion im Westen interessiert, da er eine große Menge an Kapital in dieses Unternehmen investiert hatte (siehe oben, Abs. 1.2). Zusammenfassend lässt sich sagen, dass der durch den Handel geförderte ewige Friede den Krieg, und zwar den rücksichtslosesten Krieg, gegen die Indianer nicht ausschließt; ebenso wenig schließt er die Versklavung der Schwarzen und damit in der Tat den Krieg gegen sie aus (nach der großen Lehre von Rousseau). Es stimmt, dass Washington eine gewisse Abneigung und Verlegenheit gegenüber der Sklaverei zeigt; aber diese Gefühle bleiben privat und stellen nicht die Fortdauer oder gar die zentrale Bedeutung dieser Institution in der neu gegründeten nordamerikanischen Republik in Frage.

Weil in der amerikanischen Gesellschaft eine wirklich feudale Phase weitgehend fehlte, entstand früher als in Europa das Ideal eines durch die Entwicklung des Handels und der Handelsbeziehungen geförderten ewigen Friedens. Es gibt aber auch eine Kehrseite der Medaille: Wenn in der Alten Welt der feudale Landadel, dessen einzige Tätigkeit der Krieg und die Kriegsvorbereitung war, unter Anklage steht, richtet sich auf der anderen Seite des Atlantiks die Betonung der zivilisierenden und befriedenden Wirkung des Handels, oder vielmehr des »liberalen und freien Handels« (um Washingtons Worte zu gebrauchen), gegen die Indianer. Man denke an die Geschichte hinter dieser Einstellung. In Lockes Augen hatten die Eingeborenen, da sie sich ausschließlich der Jagd widmeten und nicht in der Lage waren, das Land zu bearbeiten, keinen wirklichen Anspruch auf einen Eigentumstitel und waren ohnehin der bürgerlichen Gesellschaft fremd (Losurdo, 2005, Kap. 1, Abs. 6); nun ist (bei Washington) der Grund für den Ausschluss der Indianer aus der Zivilisation und dem friedlichen Zusammenleben ihre Fremdheit gegenüber kommerziellen (wie auch produktiven) Aktivitäten. Wurden sie zuvor im Namen der Arbeit enteignet, deportiert (und dezimiert), erleiden die Eingeborenen nun dasselbe Schicksal im Namen des Handels und des Friedens.

5.2.
Constant und das »Zeitalter des Handels« und des Friedens

Bevor sie eine eigenständige Form annahm, tauchte in Europa die Vision, die dem Handel die entscheidende Rolle bei der Ausrottung der Geißel des Krieges zuschrieb, zunächst in den Versprechungen und Hoffnungen auf, die durch die politische Revolution geweckt wurden. Zu den Stimmen in Frankreich, die vom Sturz des Ancien

Régime einen ewigen Frieden erwarteten, gehörte auch die von Antoine Barnave. In die laufende Debatte eingreifend, drückte er im Frühjahr 1790 seine Zustimmung zu der damals sehr verbreiteten These aus, dass Kriege zunächst dadurch verhindert würden, dass man der absoluten Macht der Könige ein Ende setzte und sie daran hinderte, sich ohne jedes Risiko in kriegerische Abenteuer zu stürzen. Er beharrte jedoch auf der positiven Wirkung in Bezug auf die Sache des Friedens, die sich aus der Kontrolle der politischen Macht ergibt, allerdings dachte er dabei nicht an die Kontrolle durch Handwerker oder Bauern, von denen Fichte sprach (vgl. oben, Abs. 2.2), sondern durch die Eigentümer: »Die gesetzgebende Körperschaft wird kaum beschließen, Krieg zu führen. Jeder von uns hat Eigentum, Freunde, eine Familie, Kinder, eine Menge persönlicher Interessen, die der Krieg gefährden könnte« (zit. in: Buchez, Roux, 1834, Bd. 6, S. 109*). Gemeint ist hier nicht das Grundeigentum, die traditionelle Bastion des Landadels und des alten Regimes. In den Augen von Barnave (1960, S. 28f*) wuchs und verstärkte sich der »Geist der Freiheit« und die Ablehnung des monarchischen Absolutismus (der per se zum Krieg neigte) mit der Entwicklung von »Industrie«, »Reichtum« und besonders »beweglichem Reichtum«: Deshalb hatte der »Geist der Freiheit« noch vor England, mit seiner großartigen »Verfassung«, den Sieg in Holland errungen, »dem Land, in dem der bewegliche Reichtum am meisten angehäuft ist«. Bewegliches Eigentum, Handel und die Sache der Freiheit und des Friedens wurden eins.

Die Verherrlichung der an sich schon befriedenden Kraft des Handels nahm eine eigenständige Form an und verbreitete sich am Ende des Zyklus der napoleonischen Kriege, auf der Welle des britischen Triumphs und dem Beginn einer langen Friedensperiode. Inzwischen war klar, welches Land wirklich und mehr als jedes andere die Abscheu und den Widerwillen gegen den Krieg verkörperte. So argumentierte zumindest Benjamin Constant, der 1814 feststellte, dass trotz des Versprechens eines ewigen Friedens »aus den Stürmen der Französischen Revolution der Geist der Eroberung aufgestiegen ist, gewaltiger denn je«. Zumindest auf den ersten Blick war es eine Bilanz, die der von Engels formulierten nicht unähnlich war (siehe unten, Abschnitt 7.5). Im Falle des liberalen Autors wohnen wir einer Liquidation en bloc »unserer langen und traurigen Revolution« bei, »lang und traurig« auch deshalb, weil sie der Kontrolle der Eigentümer entglitten ist. Da diese Revolution »eine stumpfsinnige Klasse in die Regierung eingeführt« habe, den unwissenden und elenden Plebs, und »die gebildete« (und wohlhabende) Klasse entmutigt habe, habe sie einen »neuen Einbruch von Barbaren« dargestellt (Constant, 1961, S. 147, 92*).

Auf der anderen Seite war der Sieg Großbritanniens kein Zufall, es war der Sieg des Landes, das die Sache der Modernität sowie der Freiheit, des Freihandels und des Friedens repräsentierte. Es kündigte sich ein großer und vielversprechender Wendepunkt in der Geschichte an: »Wir sind in das Zeitalter des Handels eingetreten, ein Zeitalter, das notwendigerweise das des Krieges ablösen muss, so wie das des Krieges ihm notwendigerweise vorausgehen musste. Krieg und Handel sind nur zwei verschiedene Mittel, deren sich der Mensch bedient, um das gleiche Ziel zu erreichen, nämlich zu besitzen, was er begehrt. [Der Handel] ist ein Versuch, in aller Güte zu erlangen, was man nicht mehr mit Gewalt zu erwerben hofft.« Das Aufkommen der Moderne und die Entwicklung von Handel und Gewerbe machten die Versuche, sich durch Gewalt und Unterdrückung zu bereichern, obsolet, zumal sich die Menschheit aus langer und schmerzlicher Erfahrung inzwischen der schrecklichen Kosten und Risiken bewusst war, die mit dem Rückgriff auf Gewalt und Krieg verbunden waren: »Der Krieg geht also dem Handel voraus [...]. Der Krieg hat daher seinen Reiz verloren. Der Mensch fühlt sich nicht mehr dazu hingezogen, ihm zu frönen, weder aus Interesse noch aus Leidenschaft« (ebd., S. 22-24). Andererseits hatten zumindest für die wohlhabenden und aufgeklärten Klassen staatliche und nationale Grenzen praktisch aufgehört zu existieren – so wiederholte er einige Jahre später in seinem Diskurs über die *Freiheit des Altertums, verglichen mit der Freiheit der Gegenwart*: »Die Menschen verschieben ihre Schätze in die Ferne; sie tragen alle Genüsse des Privatlebens mit sich; der Handel hat die Völker einander näher gebracht und ihnen ähnliche Sitten und Gebräuche gegeben; die Führer mögen Feinde sein, die Völker [und insbesondere die Angehörigen der wohlhabenden Klassen] sind Landsleute« (Constant, 1980, S. 511). Der Kosmopolitismus des Eigentums würde am Ende die Oberhand über den engen Geist und die nationalen Leidenschaften der vormodernen Vergangenheit (und der ärmeren und weniger gebildeten Klassen) gewinnen.

Wenn trotz allem zwischen dem Ende des achtzehnten und dem Beginn des neunzehnten Jahrhunderts zwei Jahrzehnte lang Krieg in Europa tobte, liege die Verantwortung ganz bei der Französischen Revolution. Sie habe »einen bis dahin unbekannten Vorwand für den Krieg ersonnen: Die Völker vom Joch ihrer angeblich illegitimen und tyrannischen Regierungen zu befreien«; später, mit Napoleon, sei der Krieg zu einem zynischen Instrument der Eroberung und Plünderung geworden. Dieser Zyklus sei schließlich zu Ende gegangen und habe mit dem Sieg der »merkantilen Nationen« (Britannien) und der Niederlage der »kriegerischen Völker« (Frankreich) geendet, was die Unwiderstehlichkeit jener Tendenz bestätige, die zum Triumph des Handels und zum Niedergang des Krieges führe (Constant, 1961, S. 40, Anm., 23*).

Es versteht sich von selbst, dass in dem hier skizzierten Bild der Kreuzzugsgeist des revolutionären und napoleonischen Frankreich gegen »Regierungen«, die als »illegitim und tyrannisch« angesehen wurden, angeprangert wurde, aber nichts wurde über den Kreuzzug entgegengesetzten Vorzeichens gesagt, der schon früher versucht hatte, die in Frankreich entstandene revolutionäre Ordnung zu stürzen, und der Kant dazu veranlasst hatte, Pitt (den britischen Premierminister) als »Feind der Menschheit« zu brandmarken. Zu dieser Verdrängung, die für die Verherrlichung Großbritanniens als Inkarnation des »Zeitalters des Handels« und des Friedens notwendig war, kam eine weitere hinzu, die sich auf die Kolonialfrage bezog. Wie wir wissen, war es für Barnave, der seine Aufmerksamkeit auf Holland und Großbritannien richtete, die fortschreitende Eroberung von wirtschaftlicher und politischer Vormachtstellung durch das bewegliche Eigentum, die den Vormarsch der Freiheit und des Friedens kennzeichnete. Integraler Bestandteil dieses »beweglichen« Besitzes waren die Sklaven (die schon im Code Noir Ludwigs XIV. als »bewegliche« Güter katalogisiert worden waren); sie waren Handelsobjekte erst des einen und dann des anderen von Barnave gerühmten Landes. In ähnlicher Weise verklärte Constant 1814 Großbritannien als Verfechter der Sache des Friedens, das zu dieser Zeit eine große Anzahl von Sklaven in den Kolonien besaß: Im Gegensatz zu Rousseau standen sowohl für Barnave als auch für Constant weder die Institution der Sklaverei und ebenso wenig die Kolonialkriege im Widerspruch zum ewigen Frieden.

Gerade auf der Welle der Französischen Revolution versuchte Irland 1798, das von Großbritannien aufgezwungene Joch abzuschütteln, doch die Rebellion auf der Insel wurde von einer Militärexpedition niedergeschlagen, die auch die Zivilbevölkerung nicht verschonte. Das Land und das Regime, das sich Constant als Vorbild genommen hatte, waren aus der Glorreichen Revolution von 1688/89 hervorgegangen, die sich in Irland nur durch eine rassische Reconquista hatte durchsetzen können, die per definitionem dazu neigte, den Feind zu vernichten, ohne in seinen Reihen Unterschiede zu machen (siehe oben, Abs. 1.2). Wenn er vom Frieden sprach, bezog sich der französische liberale Autor ausschließlich auf Europa, das »nichts von den noch barbarischen Horden zu befürchten hatte« (Constant, 1961, S. 21), von den kolonialen Völkern, die es nach und nach unterwarf.

5.3.
Entwicklung der Industriegesellschaft und Niedergang des »militärischen Geistes«

Schließlich schlossen sowohl Washington als auch Constant die koloniale Welt vom ewigen Frieden aus, den sie erwarteten und erhofften; nur befand sich auf der anderen Seite des Atlantiks die koloniale Welt innerhalb der nordamerikanischen Republik selbst, was den Ausschluss unweigerlich brutaler machte. Von Constant als Ausdruck des Fortschritts der Sache des Friedens begrüßt, zeigte sich der Sieg der »Handelsnationen« (Großbritannien) über die »Kriegervölker« (sowohl Frankreich, das trotz aller politischen Umwälzungen am Rande der industriellen Revolution und der damit verbundenen

Entwicklung des Welthandels blieb, als auch die Barbaren der Kolonien) in den Vereinigten Staaten als unaufhaltsamer Vormarsch der weißen Kolonisten auf Kosten der Indianer, jener eigensinnigen und unverbesserlichen Krieger, die unfähig waren, sich dem Handel und der Arbeit zu widmen, und deren tragisches Schicksal von Anfang an unwiderruflich vorgezeichnet war.

Konzentrieren wir uns zunächst auf Europa. Die Vision, die Constant am Herzen lag, wurde in der langen, relativ friedlichen Periode, die Europa zwischen 1814 (der Niederlage Napoleons) und 1914 (dem Ausbruch des Ersten Weltkriegs) erlebte, verstärkt: Der sogenannte »Hundertjährige Frieden« zeichnete sich durch eine enorme industrielle und kommerzielle Entwicklung aus, und dies stärkte die Hoffnung, dass das »Zeitalter des Handels« und der Industrie auch das Zeitalter des Friedens sein würde. In den Augen von Auguste Comte ist der Krieg nun ein Anachronismus: Die Industriegesellschaft hat die Militärgesellschaft verdrängt und der industrielle und friedliche Geist hat den Platz des militärischen Geistes eingenommen oder ist wenigstens im Begriff, ihn zu ersetzen. Dieser unwiderstehliche Trend hat sich in Europa und im Westen bereits durchgesetzt. In diesem Teil der Welt scheinen staatliche und nationale Grenzen fast aufgehoben zu sein, zumindest wenn man nach dem französischen Philosophen urteilt, der immer wieder von der »europäischen Republik«, von der »großen europäischen Republik« (Comte, 1979, Bd. 2, S. 253, 369, 416*) oder von der »westlichen res publica« und von der »großen westlichen Republik« (ebd., Bd. 2, S. 428, 371, 402*) spricht.

Der fundamentale Fehler der napoleonischen Eroberungskriege war, dass sie Frankreich »für unsere westlichen Mitbürger verdächtig« machten. Zum Glück ist diese Epoche unwiderruflich vorbei: Der »tiefe europäische Frieden« ist eingetreten, der »jetzt in einem in der ganzen Menschheitsgeschichte noch nie dagewesenen Ausmaß andauert« und der eindeutig »den endgültigen Anbruch eines vollständig friedlichen Zeitalters« markiert oder ankündigt; ein »universeller Frieden« zeichnet sich ab, ja eine »Epoche des universellen Friedens« ist angebrochen. Zwar gibt es in mehreren Ländern weiterhin eine Wehrpflicht, aber die Notwendigkeit für die Staatsmacht, auf Zwang zurückzugreifen, um eine Armee aufzubauen, ist »ein spontanes Zeugnis für die antimilitaristische Neigung der modernen Bevölkerung«. Gewiss, »der gewaltige Militärapparat, der gegenwärtig in allen europäischen Völkern unterhalten wird«, springt ins Auge, aber er ist nur dazu berufen, die Aufrechterhaltung der öffentlichen Ordnung für eine vorübergehende Phase anhaltender revolutionärer oder subversiver Unruhen zu sichern, bevor das Aufkommen der positiven Philosophie auch diese Aufgabe überflüssig macht (ebd., Bd. 2, S. 403, 426-429*).

Die Zuversicht des französischen Philosophen wird durch die (auch heute noch weit verbreitete) Fehlinterpretation jenes Aufstandes, der zur Gründung der Vereinigten Staaten führte, weiter genährt: Indem er nur den Kampf der Kolonisten gegen die Regierung in London berücksichtigt und ihren Einsatz für die Versklavung der Schwarzen und die Enteignung, Deportation und Dezimierung der Eingeborenen vernachlässigt, wird eines der tragischsten Kapitel in der Geschichte des Kolonialismus in eine Art antikoloniale Revolution umgewandelt und das, was eigentlich eine wesentliche Etappe seines weltweiten Triumphes ist, als Anfang vom Ende des Kolonialismus interpretiert. Jedenfalls begann in den Augen von Comte mit der antibritischen Revolte der amerikanischen Kolonisten »die notwendige Zerstörung des kolonialen Systems«; »in dieser Epoche ist die fast universelle Dekadenz des kolonialen Regimes« umrissen; auf diese Weise verschwindet »im System der europäischen Republiken die letzte allgemeine Ursache der modernen Kriege«. Das heißt, dass zusammen mit den Kriegen zwischen den großen Mächten des Westens auch die Kolonialkriege, in denen sie die Protagonisten waren, verschwinden oder verschwinden werden. Die Gegenwart Europas und des Westens, d. h. der »zivilisierten Menschheit«, die bereits in der Industriegesellschaft angekommen ist oder kurz davor steht, ist die Zukunft der noch nicht zivilisierten Völker; die »universelle Entwicklung der modernen Industrie« ist zugleich der Fortschritt und mit ihm die fortschreitende Stärkung des universellen Friedens (ebd., Bd. 2, S. 373, 424, 253*).

Nicht weniger zuversichtlich als der französische Positivist ist der Brite Herbert Spencer. Mit dem Aufkommen und der Ausbreitung der »Industriegesellschaft«, die dank der »freiwilligen Zusammenarbeit« und der Förderung von Wissenschaft und Technik in der Lage ist, den gesellschaftlichen Reichtum auf ein noch nie dagewesenes Niveau zu entwickeln, erweist sich der militärische Geist, der die Bereicherung durch Eroberung und den Einsatz von Armeen verfolgt, die Zwang und starrer Disziplin unterworfen sind, nicht nur als ineffektiv und kontraproduktiv, sondern wird von den Völkern, die nun an individuelle Freiheit und ein friedliches Leben gewöhnt sind, immer weniger akzeptiert. Was auch immer seine Funktion in der Vergangenheit war, inzwischen »hat der Krieg alles gegeben, was er konnte« (Spencer, 1967, Bd. 2, S. 421*). Der Weg zu einem soliden und dauerhaften Frieden mag noch lang und holprig sein, aber es kann keinen Zweifel an der Richtung der historischen Entwicklung und ihrem Endziel geben: »Der Krieg ist der Nährboden des feudalen Geistes und zugleich der Fluch aller Nationen gewesen; und aus diesem Geist ist ein großer Teil der selbstsüchtigen und tyrannischen Gesetzgebung hervorgegangen, unter der wir so lange gelitten haben. Hätte sich die zivilisierte Welt in den letzten vier oder fünf Jahrhunderten, anstatt sich in Invasionen und Eroberungen zu ergehen, den wahren Quellen des Reichtums zugewandt – der Industrie und dem Handel, der Wissenschaft und den Künsten –, so hätten sich unsere Adligen schon längst davon überzeugt, dass sie nur Drohnen im Bienenstock sind, und sie hätten aufgehört, sich ihrer verächtlichen Rolle zu rühmen […]. [Der militärische Geist] ist das große Hindernis für die Ausbreitung jenes Gefühls universeller Brüderlichkeit unter allen Nationen, das für den wahren Wohlstand der Menschheit so wesentlich ist. Wie uns [in der Bibel] gesagt wird, wird die Zeit kommen, in der die Nationen ›ihre Schwerter zu Pflugscharen und ihre Spieße zu Sicheln machen werden‹. Diese Zeit mag noch in weiter Ferne liegen, aber wir kommen ihr näher und werden sie schließlich erreichen; und dies wird – da können wir sicher sein – nicht durch irgendeine plötzliche Revolution geschehen, sondern durch anhaltenden moralischen und intellektuellen Fortschritt« (Spencer, 1981, S. 212f*).

Was den militärischen Geist, ungeachtet seiner Zuckungen und seiner kurzzeitigen Wiederkehr, weiter schwächt, ist der Prozess, den wir heute als Globalisierung bezeichnen würden: Die »Zunahme der Produktions- und Handelsaktivitäten« geht Hand in Hand »mit der Wiederbelebung der durch gegenseitige Abhängigkeit entstandenen Bindungen zwischen den Nationen«, so dass »Feindseligkeiten auf immer größeren Widerstand stoßen und die für das militärische Leben bestimmte Organisation zurückgeht« (Spencer, 1967, Bd. 2, S. 407*).

5.4.
Triumph der »friedlichen Gemeinschaften« und Verschwinden der »kriegerischen« Rassen

Bereits in der europäischen Kultur bekamen diese Motive schließlich eine rassische Konnotation: Der Niedergang des militärischen Geistes war zugleich der Niedergang oder das Verschwinden jener »Rassen«, die diesen Geist unweigerlich verkörperten. Frieden und Zivilisation schritten voran, indem sie »die minderwertigen Menschenrassen wegfegten«, die vom »alten Raubtierinstinkt« besessen waren. Wie innerhalb jeder einzelnen Gesellschaft, so manifestierte sich auch auf der internationalen Ebene das kosmische Gesetz, das die Eliminierung der nicht Angepassten beinhaltet: »Die ganze Anstrengung der Natur besteht darin, sie loszuwerden, indem sie die Welt von ihrer Anwesenheit befreit und Platz für die Besseren macht« (Spencer, 1873, S. 454, 414*).

Und doch war es jenseits des Atlantiks, wo sich die rassische Lesart vom unwiderstehlichen Vormarsch der friedlichen Industriegesellschaft mit besonderer Schärfe und Kontinuität manifestierte (und ohne die Schwankungen und Widersprüche, die wir bei Spencer sehen werden). Das von George Washington beschworene »neugeborene Imperium« begann bald, seine ersten schnellen Schritte zu tun. Während sie die Enteignung, Deportation und Dezimierung der Eingeborenen vorantrieben, angetrieben von jenem »Manifest Destiny«, das – so glaubten sie – umso unaufhaltsamer war, als es von der Vorsehung sanktioniert wurde, fuhren die Vereinigten Staaten fort, ihre

Kontrolle über die gesamte »westliche Hemisphäre« auszudehnen, die sie als ihnen vorbehalten ansahen und die ihnen ohnehin durch die Monroe-Doktrin bestimmt war. Der expansionistische Vormarsch wurde mit dem Abschluss des Sezessionskrieges verstärkt, der den Makel, den die Sklaverei der Schwarzen bildete, hinwegfegte und den Anspruch der nordamerikanischen Republik untermauerte, ein Imperium zu errichten, das Freiheit und Frieden garantieren sollte, während die Schwarzen weiterhin unter der Unterdrückung durch das Regime der weißen Vorherrschaft litten.

Ja, der koloniale und neokoloniale Expansionismus hatte keine Schwierigkeiten, dem Ideal des ewigen Friedens zu huldigen, konnte er doch dank der Entwicklung der Gesellschaft der Industrie und des Handels endlich erreicht werden. Der Rückgriff auf das Instrument der Eroberung und des Krieges, das bei den barbarischen und wilden Stämmen so beliebt war, wurde damit überflüssig, unproduktiv und sogar kontraproduktiv. Weil die eroberten Völker, die gewonnen wurden, der Sache des Friedens geweiht werden konnten und diejenigen, die nicht in der Lage waren, sich zu dieser Höhe zu erheben, vernichtet wurden, stellte der Vormarsch der Kolonisten, wenn auch mit seiner bisweilen völkermörderischen Brutalität, gleichzeitig den Vormarsch des Friedens dar.

Und so argumentierte John Fiske, einer der kriegerischsten Verfechter des »Manifest Destiny«, im späten neunzehnten Jahrhundert: »Die politische Gesellschaft in ihren primitivsten Formen wird von kleinen Gruppen gebildet, die sich selbst regieren und immer im Krieg miteinander stehen [...]. Es ist klar, dass der ewige Frieden in der Welt nur durch die allmähliche Konzentration der militärischen Gewalt in den Händen der friedlichsten Gemeinschaften gesichert werden kann [...]. Die größte Leistung der Römer bestand darin, sich der Bedrohung durch die Barbarei zu stellen, sie zu besiegen, zu zähmen und ihre rohe Gewalt durch Recht und Ordnung zu disziplinieren« (zit. in: Bairati, 1975, S. 224, 226*).

Die Expansion der Kolonisten und der friedliebenden Menschen fiel glücklicherweise mit dem »schnellen und unbezwingbaren Vormarsch der englischen Rasse in Amerika zusammen«. Dieser Vormarsch endete allerdings nicht auf dem amerikanischen Kontinent: »Das zivilisatorische Werk der englischen Rasse, das mit der Kolonisation Nordamerikas begonnen hat, ist dazu bestimmt, fortzufahren«, bis es »die ganze Oberfläche der Erde« umfasst. Im Gange sei »die allmähliche Übertragung der physischen Kraft aus den Händen des kriegerischen Teils des Menschengeschlechts in die Hände des friedlichen Teils, in die der Dollarjäger, wenn Sie es so ausdrücken wollen, aber bedenken Sie immer, dass sie aus denen der Skalpjäger genommen worden ist« (zitiert ebd., S. 235, 238). Erst an diesem Punkt würde die Sache des ewigen Friedens auf einem soliden Fundament ruhen. Eine begeisternde Perspektive war dabei, sich abzuzeichnen. Mehr noch, es war die Verwirklichung eines messianischen Versprechens: »Wir gehen daher davon aus, dass die allmähliche Konzentration der Gewalt in den Händen der friedlicheren Gemeinschaften zu einer weltweiten Ächtung des Krieges führen wird. Während dieser Prozess seinen Lauf nimmt, gibt es nach langen Jahrhunderten politischer Erfahrung keinen objektiven Grund, warum die gesamte Menschheit nicht dazu kommen sollte, sich in einem einzigen politischen Weltbund zu konstituieren [...]. Ich glaube, dass es eines Tages einen solchen Staat auf der Erde geben wird, aber erst dann, wenn man von den Vereinigten Staaten als einem Organismus sprechen kann, der sich von einem Pol zum anderen erstreckt oder mit [Alfred] Tennyson ›das Parlament des Menschen und die Föderation der Menschheit‹ zu preisen. Nur dann kann sich die Welt christlich nennen [...]. Unsere Untersuchung begann mit einem Bild, das von entsetzlichem Gemetzel und Trostlosigkeit verwüstet war; aber sie endet mit dem Bild einer Welt freier und glücklicher Gemeinschaften, gesegnet durch das Sabbatfest des ewigen Friedens« (zitiert ebd., S. 240).

Zu Beginn des zwanzigsten Jahrhunderts wurde diese Ansicht von Albert J. Beveridge, einem ausdrücklichen Verfechter des »Imperialismus«, bekräftigt, der die »English-speaking people's league of God« ausrief, um »den dauerhaften Frieden dieser kriegsmüden Welt« herbeizuführen, und seine Geschichtsphilosophie so verdeutlichte: »[Ulysses S.] Grant hatte die prophetische Gabe, als Teil des unergründlichen Plans des Allmächtigen das Verschwinden der niederen Zivilisationen und der dekadenten Rassen angesichts des Vormarsches der höheren Zivilisationen, die von den edelsten und männlichsten Menschentypen gebildet wurden, vorauszusehen [...]. Lassen Sie mich zu diesem historischen Anlass diese Worte von Grant zitieren: ›Ich teile nicht die Befürchtungen vieler, die die Gefahr sehen, dass Regierungen durch die Ausdehnung ihres Territoriums geschwächt und vernichtet werden. Handel, Bildung und die rasante Entwicklung des Denkens widerlegen diese Sichtweise. In der Tat glaube ich, dass unser großer Schöpfer auf die Zeit hinarbeitet, in der seine Welt zu einer Nation mit einer Sprache wird, in der Armeen und Flotten nicht mehr notwendig sein werden‹« (Beveridge, 1968, S. 44, 42f*).

Nach wie vor wird dem Ideal des ewigen Friedens gehuldigt, der aber nicht mehr die Folge des Siegeszuges der Handels- und Industriegesellschaft ist. Im Gegenteil, man erkennt ohne Schwierigkeiten eine Wahrheit, die bis dahin geleugnet oder verdrängt wurde: »Die Konflikte der Zukunft werden Konflikte um den Handel sein, nämlich Kämpfe um Märkte und Handelskriege um die Existenz« (ebd., S. 54*). Die Aufgabe der Ausrottung des Krieges ist nun dem Triumph des amerikanischen Imperiums überlassen.

Die Vereinigten Staaten boten das vielleicht einzigartige Schauspiel der Verflechtung von Imperialismus und Messianismus in der Verherrlichung eines ewigen Friedens, der die Enteignung, Deportation und Dezimierung des »kriegerischen Teils« der Menschheit (Fiske) bzw. der »dekadenten Rassen« (Beveridge) beinhaltete.

5.5.
Der Traum vom ewigen Frieden und der Albtraum des »Imperialismus«: Comte und Spencer

Zweifellos begünstigte der hundertjährige Frieden den Traum vom ewigen Frieden, aber es war ein unruhiger Traum, der sich bei den aufmerksamsten Denkern manchmal in einen quälenden Albtraum verwandelte. Nehmen wir Comte: Als guter Positivist war er sich des endgültigen Verschwindens der Geißel des Krieges auf der Welle des weltweiten Triumphs der Industriegesellschaft sicher. Und doch verlangten empirische Beobachtung und intellektuelle Ehrlichkeit von ihm, ein Phänomen zur Kenntnis zu nehmen, das nichts Gutes verhieß. Dies war das Fortbestehen des kolonialen Expansionismus mit den damit verbundenen Kriegen. Es war »das spontane Eintreten eines schädlichen Sophismus, den man heute zu festigen versucht und der dazu tendieren wird, die militärischen Aktivitäten auf unbestimmte Zeit aufrechtzuerhalten, indem er den fortlaufenden Invasionen das besondere Ziel zuweist, im letztendlichen Interesse der universellen Zivilisation direkt das materielle Übergewicht der am höchsten entwickelten Bevölkerungen über die weniger entwickelten zu etablieren [...]. Eine solche Tendenz ist sicherlich sehr ernst und eine Quelle der universellen Beunruhigung; logisch verfolgt, wird sie, nachdem sie die gegenseitige Unterdrückung der Nationen begründet hat, zweifellos dazu führen, die verschiedenen Städte aufeinander zu werfen, je nach ihrem unterschiedlichen Grad an sozialem Fortschritt [...]. In der Tat wurde unter diesem Vorwand die hasserfüllte Rechtfertigung der kolonialen Sklaverei auf der Grundlage der unbestreitbaren Überlegenheit der weißen Rasse behauptet« (Comte, 1979, Bd. 2, S. 425*).

Wurde damit wirklich ein Kapitel der Geschichte der Vergangenheit überantwortet, das erlebte, wie »die europäische Gier dazu neigte, menschliche Rassen systematisch zu vernichten, wegen der Unfähigkeit, sie zu assimilieren«, und das »die unzivilisierte Ausrottung ganzer Rassen« vollzog (ebd., Bd. 2, S. 252, 255*)? Diese Frage wurde umso unausweichlicher, je deutlicher wurde, wie irrig die ursprüngliche Annahme vom Verschwinden der Kolonialkriege war, von der der positivistische Philosoph ausgegangen war, um zu demonstrieren, wie unwiderstehlich die Tendenz zum Verschwinden des Krieges sei.

In Wirklichkeit war gerade in diesen Jahren das liberale Frankreich der Julimonarchie dabei, Algerien mit einem grausamen und stellenweise völkermörderischen Krieg zu erobern, der in seiner Art dem von Comte rückblickend angeprangerten nicht unähnlich war. Der französische Philosoph war gezwungen, zur Kenntnis zu nehmen, dass die Kolonialkriege nicht nur weiter wüteten, sondern dass sie sich mehr denn je einer theoretischen Legitimation bedienten: Sie behaupteten, »im letzten Interesse der universellen Zivilisation« geführt zu werden. So legitimiert und verklärt, und mit einem so ehrgeizigen Ziel versehen, was wäre dagegen ihre räumliche Ausdehnung und was ihre zeitliche Dauer?

Daneben drängte sich eine vielleicht noch beunruhigendere Frage auf: Würden der Konflikt und das Schlachtfeld auf die Kolonien beschränkt bleiben? Wir haben gesehen, dass Comte anerkennen musste, dass trotz der Ausbreitung der Industriegesellschaft die Rüstung in Europa in keiner Weise rückläufig war. Zwar beeilte er sich hinzuzufügen, dass das Ganze eine Sache der Aufrechterhaltung der öffentlichen Ordnung in jedem einzelnen Land sei. Andererseits war es jedoch der *Cours de Philosophie Positive* selbst, der die Aufmerksamkeit auf die »Handelskriege« lenkte. Was war geschehen? »Der kriegerische Geist unterwirft sich, um eine aktive und dauerhafte Stellung zu bewahren, mehr und mehr dem bisher untergeordneten industriellen Geist und versucht nun, sich mit der neuen gesellschaftlichen Ökonomie zu amalgamieren, wobei er seine besondere Neigung offenbart, sei es, für jedes Volk nützliche Grundlagen zu erobern, sei es für seinen eigenen Nutzen die Hauptquellen der gefährlichen fremden Konkurrenz zu zerstören« (Comte, 1979, Bd. 2, S. 257f*). Auch wenn er dem »industriellen Geist« untergeordnet war, erwies sich der »kriegerische Geist« doch als fähig, das Aufkommen des ersteren zu überleben und dieselben Industriegesellschaften aufgrund der »Konkurrenz« in den Krieg zu ziehen.

Die Beunruhigung zeigte sich mit noch größerer Kraft bei Spencer, der jünger als Comte war und ihn um fast ein halbes Jahrhundert überleben sollte. Auch wenn der englische Philosoph mit Blick auf die Vergangenheit weit davon entfernt war, den Kolonialismus eindeutig zu verurteilen, so protestierte er mit Blick auf die Gegenwart und die Industriegesellschaft, die auch in seinen Augen gleichbedeutend mit einer friedlichen Entwicklung war, bereits in den 1840er Jahren gegen die »barbarische Maxime«, wonach der Stärkste »ein legitimes Recht auf alle Gebiete hat, die er erobern kann«. Auf die

Enteignung der Besiegten folgte in Wirklichkeit ihre »Ausrottung«: Nicht nur die »Indianer Nordamerikas« und die »Eingeborenen Australiens« hatten zu leiden; in Indien wurden »ganze Regimenter hingerichtet«, weil sie es »gewagt hatten, den tyrannischen Befehlen ihrer Unterdrücker nicht zu gehorchen« (Spencer, 1981, S. 224*).

In diesem Fall war die Verurteilung des Kolonialismus und der Kolonialkriege klar und eindeutig und wurde in den folgenden Jahren und Jahrzehnten weiter akzentuiert. Am Ausgang des Jahrhunderts, genauer gesagt in einem Brief vom 17. Juli 1898, konstatierte Spencer (1996, S. 410*) bitter: »Wir sind in ein Zeitalter des sozialen Kannibalismus eingetreten, in dem die stärkeren Nationen die schwächeren verschlingen«; man kann wohl sagen, dass »die weißen Wilden Europas die farbigen Wilden bei weitem übertreffen«. Und unglücklicherweise ging der koloniale Expansionismus Hand in Hand mit der Verschärfung der »Konkurrenz« und der Rivalität unter »den europäischen Nationen«. Auch in Europa drohte der Krieg. Bei der Veröffentlichung des zweiten Bandes der *Principles of Sociology* im Jahr 1882 warnte Spencer: »Bei dem gegenwärtigen Stand der militärischen Vorbereitungen, der in ganz Europa herrscht, kann ein unglücklicher Zwischenfall Kriege entfachen, die vielleicht eine Generation lang andauern und wieder die Zwangsformen der politischen Kontrolle entwickeln würden« (Spencer, 1967, Bd. 2, S. 406*). Mit dem Erscheinen des dritten Bandes im Jahr 1896 wurde die Warnung deutlicher: Real und dramatisch sei die Gefahr eines »Zerreißens der Bande« zwischen den europäischen Ländern und des Ausbruchs eines Krieges, der nicht Fortschritt, sondern »Auslöschung« der Zivilisation bedeuten würde (ebd., Bd. 2, S. 1079*).

Besonders nach dem Anti-Buren-Krieg und der Expedition gegen die Boxer in China wurden Spencers Anklage und seine Warnungen eindringlicher. In Großbritannien und im Westen sei eine »Re-Barbarisierung« im Gange, eine Rückkehr zur militaristischen Barbarei, wie sie vor dem Aufkommen der Industriegesellschaft existiert hatte: »Die Verbreitung militärischer Ideen, militärischer Gesinnung, militärischer Organisation und militärischer Disziplin hat sich überall entwickelt [...]. Literatur, Journalismus und Kunst leisten alle brav ihren Beitrag zu diesem Prozess der Rückkehr zur Barbarei [...]. So sehen wir, wie von jeder Seite die Ideen, Gefühle und Institutionen, die dem friedlichen Leben eigen sind, von denen verdrängt werden, die dem militärischen Leben eigen sind. Der kontinuierliche Ausbau der Armee, die Einrichtung von ständigen Lagern, die Etablierung von öffentlichen militärischen Wettbewerben und militärischen Ausstellungen haben zu diesem Ergebnis geführt [...]. Ähnlich in den Schulen, militärische Organisation und Disziplin sind dabei, den Instinkt der Gegnerschaft in jeder neuen Generation zu kultivieren [...]. Bücher, die sich mit Schlachten, Eroberungen beschäftigten, und den Männern, die sie führten, sind weit verbreitet und werden eifrig gelesen. Zeitschriften, gefüllt mit Geschichten, die durch die Morde interessant werden, mit den dazugehörigen Illustrationen, haben Monat für Monat dem Zerstörungseifer Tribut gezollt, und genauso machen es die illustrierten Wochenzeitschriften. Während der letzten fünfzig Jahre hat sich überall und in jeder Hinsicht ein Wiederaufleben barbarischer Ideen, Gefühle und Ambitionen gezeigt und einer Kultur, die unaufhörlich von Blutrausch erfüllt ist« (Spencer, 1902, S. 178, 185, 187f*).

Die Militarisierung der Gesellschaft brachte die Einschränkung demokratischer Freiheiten und sogar den Verlust des Rechtsstaates mit sich. In ganz England konnte man einer »Explosion der Gewalt« beiwohnen, die von chauvinistischen Banden gegen diejenigen verübt wurde, die es wagten, die »Behandlung der Buren« (die Konzentrationslager, in denen sie gefangen gehalten wurden) zu kritisieren. Und diese Gewalt von unten wurde »größtenteils von den Behörden geduldet«: Ein skandalöses Verhalten, das dennoch den Beifall der »maßgeblichen Zeitungen« erhielt, die selbst Beute des chauvinistischen Deliriums waren (Spencer, 1902, S. 181*). Es gab keinen Zweifel mehr: Der »Imperialismus« ging Hand in Hand mit der »Sklaverei«, der Versklavung nicht nur der unterworfenen Völker, sondern auch derjenigen, die die »Herren« hätten sein wollen. Ein Beweis dafür war die Unterdrückung abweichender Meinungen in der kapitalistischen und liberalen Metropole selbst, die wachsende Last der Militärausgaben (die die Bürger faktisch zu Leibeigenen machten, die gezwungen waren, unbezahlte Arbeit im Dienste des kriegerischen und erobernden Staates zu leisten) und vor allem die eiserne Militärdisziplin, die den Bürger-Soldaten in Ketten legte und ihn zwang, in den Tod zu gehen (ebd., S. 157, 169f*).

Das Erwachen aus dem Traum vom ewigen Frieden, einem Frieden, der in den Hoffnungen der positivistischen Kultur unweigerlich durch den Fortschritt der Industriegesellschaft erzeugt werden würde, zeigte die albtraumhafte Realität einer Militarisierung der Industriegesellschaften von beispielloser Allgegenwärtigkeit und Durchdringung, die Spencer analysierte und anprangerte, wobei sein Blick vor allem auf Großbritannien und den britischen »Imperialismus« gerichtet war. Dem positivistischen Philosophen schien dies nicht oder nicht in vollem Umfang bewusst zu sein; Tatsache ist aber, dass er die Wurzeln des Krieges nun nicht mehr in der vorindustriellen Gesellschaft, sondern im »Imperialismus« erkannte, der sich der produktiven und technologischen Macht bedienen konnte, die ihm gerade durch die wirtschaftliche und industrielle Entwicklung zur Verfügung gestellt wurde.

5.6.
Die Massaker in den Kolonien und die »Vereinigten Staaten der zivilisierten Welt«

Obwohl Comte und Spencer von den friedensstiftenden Tugenden der Industriegesellschaft vollständig überzeugt waren, hatten sie das Verdienst, auf die Realität der Kolonialkriege (und ihre Massaker) aufmerksam zu machen. Der zweite ging noch weiter: Er begann davor zu warnen, dass der koloniale Expansionismus am Ende Widersprüche, Konflikte und sogar Antagonismen erzeugte, die zwischen den großen Kolonialmächten, die gleichzeitig große Industriemächte waren, schwer zu vereinbaren waren. Aber obwohl Zweifel, Unsicherheiten und Sorgen hervorgerufen wurden, war all dies nicht in der Lage, die Illusionen des hundertjährigen Friedens und der Belle Époque radikal und endgültig zu untergraben.

Das zwanzigste Jahrhundert begann mit der gemeinsamen Expedition der Großmächte, die entschlossen waren, den Boxeraufstand in China niederzuschlagen (und damit die neokoloniale Unterwerfung des großen asiatischen Landes zu bekräftigen). So beschreiben heutige Historiker, was sich nach der Ankunft der selbsternannten Zivilisatoren in einem Land mit jahrtausendealter Zivilisation abspielte: »Sie haben ein systematisches Gemetzel und Plündern begonnen, das die Exzesse der Boxer bei weitem übertrifft. In Peking werden Tausende von Männern in einer wilden Orgie niedergemetzelt; die Frauen und ganze Familien begehen Selbstmord, um die Schmach nicht zu überleben; die ganze Stadt wird geplündert; der besetzte Kaiserpalast wird des größten Teils seiner Schätze beraubt. Ähnlich verhält es sich in Tientsin und Baoding. In die ländlichen Gebieten von Zhili, wo Missionare angegriffen worden waren, werden ›Strafexpeditionen‹ unternommen; die ausländischen Soldaten brennen ganze Dörfer nieder und verschonen nichts« (Bastid, Bergère, Chesneaux, 1974, Bd. 2, S. 118*).

Andererseits hatte Wilhelm II. in seiner Ansprache an die deutschen Truppen, die sich auf den Abmarsch nach Asien vorbereiteten, keinen Zweifel an der Art und Weise der Niederschlagung des Boxeraufstandes und der Lektion, die dem gesamten chinesischen Volk erteilt werden sollte, gelassen: »Gebt der ganzen Welt ein Beispiel für Männlichkeit und Disziplin. […] Kommt ihr vor den Feind, so wird derselbe geschlagen! Pardon wird nicht gegeben! Gefangene werden nicht gemacht! Wer euch in die Hände fällt, sei euch verfallen!« (vgl. Losurdo, 2015, Kap. VI, Abs. 6[16]).

Es handelte sich also um kein besonders erbauliches Ereignis. Genau diesen Eindruck vermittelte jedoch ein Zeitzeuge, der französische General H. N. Frey. Er war außerordentlich und angenehm beeindruckt von der Einhelligkeit, die bei dieser Gelegenheit von der zivilisierten Welt, von der zivilisierten Menschheit gezeigt wurde: Großbritannien, die Vereinigten Staaten, Frankreich, Italien, Deutschland, Österreich-Ungarn, Russland und Japan hatten sich an der Strafexpedition beteiligt. Man hatte es also mit einem großen

16 Zit. in: Wikipedia »Hunnenrede«; das Zitat steht nur in der italienischen Ausgabe (2015), nicht in der älteren deutschen Übersetzung (2007/2009).

Unternehmen zu tun, dem das Verdienst zukommt, dass es »erstmals den Traum idealistischer Politiker, die Vereinigten Staaten der zivilisierten Welt, verwirklicht hatte« (zit. in: Lenin, 1955-1970, Bd. 39, S. 706).

Der hier beschworene »Traum« von den »Vereinigten Staaten der zivilisierten Welt« war der Traum vom ewigen Frieden. Man mag erstaunt oder empört sein, dass ein großangelegtes Massaker als der Moment der Verwirklichung eines solchen Traums bezeichnet und gefeiert wird. Dabei war die Logik hinter dieser Argumentation klar: Kriege gegen »Barbaren« (zu denen man ohne Zögern ein Land mit einer jahrtausendealten Zivilisation zählte) waren eigentlich segensreiche Polizeiaktionen, die die internationale Ordnung und den Frieden wiederherstellten. Wenn sich die Protagonisten solcher Polizeiaktionen (d.h. solcher Massaker) unter dem Banner der geschlossenen Einheit bewegten, waren die »Vereinigten Staaten der zivilisierten Welt« eindeutig das Vorspiel zur endgültigen Ausrottung des Krieges.

Das eben Analysierte war nicht die Argumentationsweise eines kauzigen Generals. Vier Jahre später wurde das zwischen Großbritannien und Frankreich zustande gekommene Bündnis vom einflussreichen »The Economist« als »Ausdruck der Tendenzen bejubelt, die einen Krieg innerhalb der zivilisierten Weltgemeinschaft langsam, aber sicher unmöglich machen werden« (zit. in: Coker, 2015, S. 141*). Aus den »Vereinigten Staaten der zivilisierten Welt« wurde also die »zivilisierte Weltgemeinschaft«, die sich zusammengeschlossen hatte; ansonsten hatte sich wenig geändert. Was war tatsächlich geschehen? Gehen wir einen kleinen Schritt zurück: Im Jahr 1898 hatten sich in der kleinen sudanesischen Stadt Faschoda die Armeen und Kolonialreiche von Großbritannien und Frankreich auf Kollisionskurs befunden. Der Zwischenfall wurde durch einen Kompromiss (die Aufteilung der Expansions- und Einflussgebiete in Afrika) entschärft; dies ebnete den Weg für die 1904 vereinbarte *Entente cordiale* und wurde vom »Economist« als Vorbote eines mehr oder weniger ewigen Friedens zwischen der »zivilisierten Weltgemeinschaft« gefeiert: Die Kolonialkriege, deren Fortführung in der Aufteilung der Einfluss- und Expansionsgebiete impliziert war, wurden weiterhin ignoriert oder als Polizeiaktionen verklärt. Außerdem geriet in diesem Fall aus dem Blickfeld, dass die französisch-britische Entente eine antideutsche Funktion hatte, also Ausdruck einer Rivalität war, die später in den Ersten Weltkrieg führen sollte.

Werfen wir nun einen Blick auf das, was auf der anderen Seite des Atlantiks geschah. Zwischen 1895 und 1896 standen Großbritannien und die Vereinigten Staaten kurz vor einer militärischen Auseinandersetzung: Ersteres drohte mit einer Intervention gegen Venezuela, womit es die Monroe-Doktrin missachtete und damit den Zorn Washingtons provozierte. In feurigen Worten rief Theodore Roosevelt zum Krieg gegen den in finsteren Farben gemalten Feind auf (siehe unten, Abs. 10.3). Er änderte seinen Ton spürbar, nachdem die Londoner Regierung zum Einlenken gezwungen war. Nun zeichnete der amerikanische Politiker und Verfechter eines Krieges gegen Großbritannien folgendes Bild von der Weltlage: Die Kriegslust und die Kriegsbereitschaft gingen glücklicherweise zurück; »dennoch ist die Friedensliebe unter den Nationen streng auf die zivilisierten beschränkt geblieben« (Roosevelt, 1901, S. 31*). Die Sache des Friedens fiel also mit dem kolonialen Expansionismus, nämlich der fortschreitenden Vergrößerung des Gebiets der Zivilisation und des Friedens zusammen. Aber war das nicht mit einem Kolonialkrieg verbunden? Auch als Antwort auf diesen möglichen Einwand formulierte Theodore Roosevelt im Jahr 1904, damals Präsident der Vereinigten Staaten, die Theorie einer kooperativen und friedlichen Arbeitsteilung zwischen den Großmächten der »zivilisierten Gesellschaft«: Jede von ihnen war aufgerufen, in ihrem Zuständigkeitsbereich, d. h. in ihrem Herrschafts- und Einflussbereich, eine »internationale Polizeimacht« auszuüben. Diejenige, die über die Aufrechterhaltung von Recht und Ordnung auf dem amerikanischen Kontinent zu wachen hatte, war nach der Monroe-Doktrin natürlich die Regierung in Washington (Commager, 1963, Bd. 2, S. 33f*).

Theodore Roosevelt war ein zu glühender Expansionist und hatte eine zu ausgeprägte Vorliebe für unverblümte Sprache, um dem Ideal des ewigen Friedens zu huldigen, und doch war das Bild, das er zeichnete, dem nicht unähnlich, das wir bei einigen Verfechtern der »Vereinigten Staaten der zivilisierten Welt« (und des damit verbundenen ewigen Friedens) im zwanzigsten Jahrhundert finden. Sobald der Frieden und die Einheit in der zivilisierten Welt gesichert waren, genügte es – so glaubte und hoffte man –, die militärischen Interventionen der Großmächte in der kolonialen Welt in internationale Polizeieinsätze umzubenennen, damit die Geißel des Krieges als ein Überbleibsel der Vergangenheit erschien. Das haben wir sowohl bei dem französischen General und dem britischen Magazin, aber auch bei dem amerikanischen Politiker gesehen.

Letzterer erhielt 1906 den Friedensnobelpreis. Natürlich war die Auszeichnung motiviert durch die Rolle, die der Preisträger bei der Vermittlung zur Beendigung des Russisch-Japanischen Krieges im Jahr zuvor gespielt hatte. Es bleibt jedoch die Tatsache, dass der Preisträger Autor eines 1901 erschienenen Buches war, das von Anfang bis Ende die Kolonialkriege bzw. den »ewigen Krieg« gegen »die roten Herren der Barbarei« (die amerikanischen Ureinwohner) und »gegen den wilden Menschen« im Allgemeinen rühmte und die virilen und kriegerischen Tugenden einer »expansionistischen Rasse« lobte; konsequenterweise war das Buch zugleich eine ungebrochene Beleidigung des Tolstoi'schen Pazifismus (Roosevelt, 1901, S. 254, 251, 27f*). Es musste klar sein: So blutig sie auch gewesen sein mögen, die Kriege gegen die Kolonialvölker waren keine Kriege. Im folgenden Jahr wurde der Friedensnobelpreis an Ernesto Teodoro Moneta verliehen, dem es 1911 nicht schwer fiel, den Krieg Italiens gegen Libyen zu unterstützen, einen Krieg, der trotz der üblichen kolonialen Massaker als zivilisierende Intervention und segensreiche internationale Polizeiaktion legitimiert und verklärt wurde. Außerdem hatte Moneta das Verdienst, sich als »Pazifist« klar ausgedrückt zu haben: Es ging ihm um den Frieden unter »zivilisierten Nationen«, zu denen er eindeutig nicht die Türkei zählte (die bis dahin die Souveränität über Libyen ausgeübt hatte) und noch weniger die Libyer. Das »Schicksal«, die »Gesetze der Geschichte und der Entwicklung der Welt drängen die Seemächte, ihre überschüssigen Energien auf den afrikanischen Kontinent zu lenken«, und dies sei »im ureigenen Interesse des europäischen [und westlichen] Friedens«, der gerade dank des kolonialen Expansionismus besser gewahrt werden könne; indem die Gemeinschaft der »zivilisierten Nationen« ihre »überschüssigen Energien« nach außen entlade, stärke sie nach innen die Bande des Friedens und der Freundschaft. Wem die Sache des Friedens (unter den »zivilisierten Nationen«) wirklich am Herzen lag, konnte nicht umhin, das libysche Unternehmen wie auch andere ähnliche koloniale Unternehmungen zu begrüßen. Andererseits war der von Italien unternommene Krieg nicht wirklich ein Krieg, sondern »eine einfache militärische Demonstration« mit eindeutig zivilisatorischen Zielen (zit. in: Procacci, 1989, S. 52f*).

Ein Licht auf die konkreten Bedingungen und die Bedeutung zivilisatorischer Interventionen und internationaler Polizeieinsätze warf Theodore Roosevelt als deren berühmtester Theoretiker und Verfechter, der in seiner privaten Korrespondenz davor warnte, dass, wenn »eine der minderwertigen Rassen« die »überlegene Rasse« angreife, letztere mit einem »Vernichtungskrieg« (*extermination*) reagieren würde; weiße Soldaten würden als »Kreuzritter« dazu aufgerufen, »Männer, Frauen und Kinder zu töten«; das »Geschrei« philanthropischer Proteste würde nichts nützen und würde schnell und zu Recht »zum Schweigen gebracht« werden (Roosevelt, 1951, Bd. 1, S. 377*). Es war eine Rede, die scheinbar im Futur und Konditional gehalten war, die aber tatsächliche Praktiken in Aktion beschrieb. Die Huldigung, die dem ewigen Frieden oder den »Vereinigten Staaten der zivilisierten Welt« zuteil wurde, also einer Welt, die bereits unter einer Art Weltregierung vereinigt war und über eine »internationale Polizei« verfügte, schloss keineswegs die Rechtfertigung der barbarischsten Kriege gegen die Kolonialvölker aus.

5.7.
Das britische Empire als Garant für den »Weltfrieden«: Mill und Rhodes

In diesen historischen und politisch-ideologischen Kontext muss auch John Stuart Mill eingeordnet werden. Während er besondere Ehren für das Britische Empire bereithielt, das von ihm als »ein

Schritt zum universellen Frieden und zur allgemeinen Zusammenarbeit und Verständigung unter den Völkern« verstanden wurde, zollte er dem kolonialen Expansionismus des Westens insgesamt Anerkennung: Da »kräftiger Despotismus« die einzige Methode sei, die »den Übergang der Bevölkerungen«, d.h. der »Barbaren«, »zu einer höheren Civilisationsstufe am meisten erleichtert«, seien koloniale Eroberungen im Interesse der Zivilisation und des Friedens und müssten daher auf den gesamten Globus ausgedehnt werden; der »direkte Despotismus fortgeschrittener Völker« über rückständige sei bereits »der gewöhnliche Zustand«, müsse aber »allgemein« werden (Mill, 1873, S. 247, 249). Der englische Philosoph sah keinen Widerspruch zwischen seinen Hymnen auf den »Weltfrieden« und der Rechtfertigung von Kolonialkriegen, zu denen offensichtlich gegriffen werden musste, um die Despotie zu verallgemeinern, die die zivilisierte Gemeinschaft nicht nur gegenüber den »Barbaren«, sondern auch gegenüber den weniger »fortgeschrittenen« Völkern ausüben sollte. Noch einmal: So hart und blutig sie auch sein mochten, die militärischen Interventionen des Westens in den Kolonien ließen sich weiterhin nicht unter die Kategorie Krieg subsumieren.

Die oben genannten Aussagen fielen in das Jahr 1861. Im Jahr zuvor, am Ende des Zweiten Opiumkrieges, hatte eine französisch-britische Expedition den Sommerpalast in Peking verwüstet und eine enorme Anzahl von Kunstwerken zerstört und geplündert. Victor Hugo hatte seine Empörung folgendermaßen ausgedrückt: »In den Augen der Geschichte wird der eine Bandit Frankreich heißen, der andere England« (zit. in: Losurdo, 2010/11, 9. Kap., Abs. 5). Schon ein paar Jahre zuvor, 1857, hatte in Indien ein Aufstand großen Ausmaßes stattgefunden: Die aufständischen Sepoys hatten sich schrecklicher Verbrechen schuldig gemacht, auf die Großbritannien jedoch keineswegs zivilisierter reagierte. Vor allem ab diesem Zeitpunkt wurden die Inder in den Augen der Kolonialherren in jeder Hinsicht zu *Niggern*, zu Angehörigen einer minderwertigen »Rasse«, die zu jeder Barbarei fähig war und dementsprechend behandelt werden mussten. In ihrer privaten Korrespondenz aus Indien berichteten bzw. prahlten britische Offiziere: »Jeden Tag wurden 10 bis 12 Neger (*niggers*) gehängt«, und diese erlitten den Tod auch ohne jeglichen Beweis von Schuld. Wie ein britischer Historiker unserer Tage erklärt, folgte auf die heftige Gewalt des Aufstands eine nicht minder grausame Repression (»die schuldigen Dörfer sollten in Brand gesteckt und ihre Bewohner bis auf den letzten Mann abgeschlachtet werden«), auch weil »der Geist der Rache von einer im Wesentlichen rassistischen Empörung genährt wurde: Die schwarzen Wilden hatten es gewagt, ihre weißen Herren anzugreifen und ›unsägliche‹ Gräueltaten an weißen Frauen zu begehen« (Mount, 2015, S. 588f, 592*). Ein zeitgenössischer indischer Historiker geht sogar noch weiter und prangert den »Völkermord« und gar einen »Holocaust« an, für den die Londoner Regierung verantwortlich gewesen sei, als sie auf den Aufstand der Sepoys mit dem Massaker an »zehn Millionen Indern« (»etwa 7 % der damaligen indischen Bevölkerung«) reagierte (Misra, 2008, S. 1895, 1897*). John Stuart Mill hingegen hatte keine Zweifel am zivilisierenden und friedensschaffenden Charakter des Kolonialismus im Allgemeinen und insbesondere an der Rolle des Britischen Empire als Modell der Zivilisation und des »universellen Friedens«. Man könnte meinen, dass die ihm zur Verfügung stehenden Informationen völlig unzureichend waren; tatsächlich zeichnete Marx (vgl. *unten*, Abs. 6.2) bereits ein Bild, das die Ergebnisse der neueren Geschichtsschreibung weitgehend vorwegnahm. Selbst Tocqueville musste, obwohl er auf die baldige Wiederherstellung der Ordnung, d.h. den vollständigen Sieg Großbritanniens hoffte, eingestehen, dass in Indien den »Massakern der Barbaren« »die Barbareien der Zivilisierten« folgten (Losurdo, 2010/11, 8. Kap., Abs. 3).

Wie erklärt man die besonderen Ehren, die dem Britischen Empire vorbehalten sind und vorbehalten bleiben sollen? Es war eine Tendenz, die schon bei Spencer vorhanden war: Das vollendetste Beispiel der Industriegesellschaft war England, wo gerade aus diesem Grund der militärische Geist weitgehend verschwunden war. Ganz anders sah es in Russland und selbst in Deutschland aus, wo die Industrialisierung noch nicht lange zurücklag und der militärische Geist noch lebendig war. Da er der (deutschen) Landarmee mehr Bedeutung beimaß als der (britischen) Marine, neigte Spencer eine Zeitlang dazu, die Sache des Friedens mit der Sache Großbritanniens zu identifizieren. Wir haben jedoch gesehen, dass der große Soziologe in der letzten Phase seiner Entwicklung, angesichts des Spektakels des »sozialen Kannibalismus« zu Lasten der Kolonialvölker und der wachsenden »imperialistischen« Rivalität zwischen den Großmächten, von Zweifeln und Unsicherheit geplagt wurde und schließlich ein radikales Umdenken in Bezug auf die Rolle Großbritanniens andeutete.

Die Rivalität zwischen den Großmächten entging Mill nicht, der jedoch zu einem gegenteiligen Schluss kam: Jene gigantische – wenn auch »ungleiche« – »Föderation«, die das englische Empire war, verstand »sich am besten auf den Umgang mit der Freiheit« und hatte »moralischere Grundsätze [...] als irgendeine andere große Nation es für möglich oder wünschenswert zu halten scheint«; daher hatten die rückständigen Völker ein Interesse daran, Teil eines solchen Reiches zu werden, auch um zu vermeiden, dass sie »von einem fremden Staat *absorbiert* [werden] und damit einen Zuwachs an *aggressiver Stärke* für eine rivalisierende Macht« darstellen könnten (Mill, 1971, S. 263). Die Huldigung des »Weltfriedens«, dessen Garant das britische Empire war, konnte die Realität der Kolonialkriege, die darauf abzielten, diese oder jene Kolonie zu »absorbieren«, nicht ganz verbergen, und vor allem brachte sie die Rivalität zum Vorschein, die der Vorbote größerer Kriege zwischen Großbritannien, als Verkörperung der Sache der »Freiheit« und des »Friedens«, und irgendeiner »rivalisierenden Macht« war, der man das beunruhigende Vorhaben zuschrieb, ihre »aggressive Stärke« erhöhen zu wollen. Es begann sich jene Ideologie herauszubilden, mit der Großbritannien später am Ersten Weltkrieg teilnehmen und mit Deutschland zusammenstoßen sollte.

Die Verherrlichung des britischen Empire als Vorreiter im Friedensprozess wurde zur offiziellen Ideologie, ja zu einer Art offiziellem Glaubensbekenntnis. 1870 verkündete der große Literat John Ruskin während seiner Antrittsvorlesung in Oxford vor einer Menge begeisterter junger Menschen: Das britische Empire sei »eine Lichtquelle für die ganze Welt, ein Zentrum des Friedens« (zit. in: Morris, 1992, Bd. 1, S. 318*). Es war Cecil Rhodes, der berühmteste Verfechter des britischen Expansionismus, der dies sieben Jahre später mit besonderem Nachdruck betonte: Es sei notwendig, dem Empire, das sein Zentrum in London hatte, eine solche Ausdehnung und Stärke zu geben, dass es »Kriege unmöglich machte und die höchsten Interessen der Menschheit förderte«. Ja, es sei notwendig, sich so viel Macht anzueignen, dass es unangreifbar werde und damit die Herausforderungen der Rivalen im Voraus abschrecken und die internationale Ordnung und den Frieden ein für alle Mal sichern könne. Großbritannien solle »den ganzen Kontinent Afrika« und den Nahen Osten kolonisieren sowie »die Inseln des Pazifiks«, die Straße von Malakka und, ja, »den ganzen malaiischen Archipel« sowie »die Küsten Chinas und Japans« und »ganz Südamerika« kontrollieren. Der gewaltige Expansions- und Eroberungsfeldzug sollte mit der »endgültigen Wiedererlangung der Vereinigten Staaten von Amerika als integraler Bestandteil des britischen Empire« enden (zit. in: Williams, 1921, S. 51*). Es wurde so ein regelrechter Triumphzug geplant oder erträumt, der eine ganze Reihe von Kriegen nicht nur gegen die Kolonialvölker, sondern auch gegen die anderen rivalisierenden Großmächte nach sich gezogen hätte.

Und doch erwies sich diese Vision von »Frieden« als hartnäckig. Auch der junge Winston Churchill beteiligte sich an den oft blutigen Kolonialkriegen seines Landes, in der Überzeugung, dass es die Aufgabe des britischen Empire sei, »den kriegführenden Stämmen (*warring tribes*) Frieden zu bringen und Gerechtigkeit zu üben, wo alles Gewalt war« (zit. in: Ferguson, 2004, S. XXVII*).

5.8.
Angell und der Schwanengesang der Pax Britannica

Auf dieser Linie befindet sich auch ein Buch, das am Vorabend des Ersten Weltkriegs erschienen war und auf den ersten Blick ausschließlich von Friedensliebe beseelt und von den Verlockungen des Empire und den imperialen Versuchungen verschont zu sein schien: Von einem britischen Journalisten und Politiker herausgegeben, wurde es sofort zu einem durchschlagenden internationalen Erfolg und später, 1933, mit dem Friedensnobelpreis geehrt.

Zumindest auf den ersten Blick war die Huldigung an den Frieden, der im Begriffe war, sich unwiderstehlich und endgültig durchzusetzen, der rote Faden des Buches, welches das Bild vom Triumph der Industriegesellschaft, das der positivistischen Kultur am Herzen lag, wieder aufgriff, wonach diese als Synonym für das Ende der Epoche der Eroberungen, der Kriege und des militärischen Geistes zu gelten hatte. Dank der »wirtschaftlichen Verflechtung durch die zunehmende Arbeitsteilung [im internationalen Maßstab] und des recht hoch entwickelten Kommunikationssystems« war die Welt glücklicherweise endlich geeint; ja, »das internationale Finanzwesen war so abhängig geworden und so sehr mit Handel und Industrie verflochten«, und das Weltwirtschaftssystem war so eng über staatliche und nationale Grenzen hinweg verschmolzen, dass »politische und militärische Herrschaft« eines Landes über ein anderes ohnehin bedeutungslos und unwirksam war (Angell, 2007, S. VIII-IX*).

Denn wozu sollten Krieg und militärische Eroberung dienen? »Stellen wir uns vor, Deutschland würde, entsprechend den Befürchtungen unserer Chauvinisten, zum absoluten Herren Europas werden und die Politik diktieren können, die ihm am besten passt. Wie würde es mit einem solchen europäischen Imperium umgehen? Würde es seine einzelnen Mitglieder verarmen lassen? Das wäre selbstmörderisch. Wo würde seine große industrielle Bevölkerung ihre Märkte finden? Wenn es sich hingegen um die Entwicklung und Bereicherung der einzelnen Glieder des Reiches bemühen würde, würden diese zu effektiven Konkurrenten werden, und Deutschland hätte es nicht nötig, den teuersten Krieg der Geschichte zu führen, um dieses Ergebnis zu erreichen.«

Oder nehmen wir das gegenteilige Szenario an: »Selbst wenn es uns gelänge, Deutschland zu vernichten, würden wir [Briten] einen so wichtigen Teil unserer Schuldner vernichten, dass in London eine nicht wiedergutzumachende Panik entstehen würde, und diese Panik würde wiederum unseren Handel so stark beeinträchtigen, dass er in keiner Weise in der Lage wäre, den Platz einzunehmen, den Deutschland früher auf den neutralen Märkten eingenommen hat, ganz zu schweigen von der Tatsache, dass ein solcher Vernichtungsakt einen

Markt zerstören würde, der dem von Kanada und Südafrika zusammen entspricht.« Daraus folgte die offensichtliche Sinnlosigkeit von Eroberung und Krieg (ebd., S. 77, 63*).

Könnten Kriege, auch ohne wirtschaftliche Bedeutung, weiterhin durch ideologische Konflikte provoziert werden? Tatsächlich habe die Globalisierung auch »die geistige Homogenität der Staaten« hinweggefegt; als Folge der »Entwicklung der Kommunikation« gebe es sowohl auf wirtschaftlicher als auch auf religiöser, geistiger und intellektueller Ebene keine realen nationalen und Staatsgrenzen mehr; wie die »wirtschaftliche Kooperation«, so habe auch die »intellektuelle Kooperation« einen unzerstörbaren transnationalen Charakter angenommen; die Kampfparteien seien keine Staaten, sondern stünden sich innerhalb jedes einzelnen Staates gegenüber (ebd., S. 184-194*). An diesem Punkt drängte sich eine Schlussfolgerung auf: der ewige Friede war im Begriff, verwirklicht zu werden, die Vorurteile, die noch existierten, waren Überbleibsel einer längst vergangenen Epoche, und auch sie selbst waren dazu bestimmt, rasch zu verschwinden, oder, wenn man genau hinsah, waren schon dabei, hinweggefegt zu werden; auf dem Müllhaufen der Geschichte schickte sich der Krieg an, die Praxis des Kannibalismus, des Duells usw. einzuholen, wenn er sie denn noch nicht erreicht hatte. Wie Spencer bereits gezeigt hatte, war die These vom »unveränderlichen Charakter der menschlichen Natur« ein reaktionärer Mythos (ebd., S. 200-203*). Bei näherer Betrachtung war der ewige Friede sogar mehr als eine zu verwirklichende Utopie, nämlich eine bereits verwirklichte oder in der Verwirklichung begriffene Utopie.

Leider entpuppte sich bei aufmerksamerer Lektüre des Buches die realisierte Utopie letztlich als indirekte Legitimation und Verklärung der Gewalt und der Kriege, die weiterhin gegen die Kolonialvölker wüteten. Es war derselbe britische Journalist und Politiker, der, wenn auch nur am Rande, darauf hinwies, dass die friedensstiftende Globalisierung, die im Zentrum seines Diskurses stand, nur »die wirtschaftlich zivilisierte Welt«, die »großen Nationen Europas« (und des Westens) betraf (ebd., S. VIII, 33*). Die Gewalt in den Kolonien war noch weit davon entfernt, beendet zu werden, und das musste zur

Kenntnis genommen werden. Der »Rückgriff auf Gewalt« war völlig gerechtfertigt, wenn es darum ging, die »Kooperation« von Verbrechern und »Banditen« zu erzwingen, die es vorzogen als »Schmarotzer« zu leben. In diesem Fall spielte die Armee der Großmacht, die zur Wiederherstellung der Ordnung intervenierte, eine nützliche »polizeiliche Rolle« (ebd., S. 259-261*). Damit griff Angell auf dieselbe Kategorie zurück, die Roosevelt, dem erklärten Verfechter von Imperialismus und Krieg, lieb und teuer war, weswegen er gerade in *The Great Illusion* wiederholt kritisiert wurde.

In den Augen des Autors dieses Buches war die Rolle, die Großbritannien in seinen Kolonien spielte, besonders segensreich und in der Tat ausgesprochen bewundernswert: »Großbritannien hat Indien erobert. Bedeutet das, dass die minderwertige Rasse von der überlegenen Rasse verdrängt wurde? Auf keinen Fall! Die unterlegene Rasse überlebt nicht nur, sondern hat durch die Eroberung einen neuen Lebensimpuls erhalten. Wenn die asiatische Rasse jemals die weiße Rasse bedroht, wird dies in nicht geringem Maße auf das Werk zur Erhaltung der asiatischen Rasse zurückzuführen sein, die die britische Eroberung des Orients mit sich gebracht hat« (ebd., S. 235*). In diesem rosaroten Bild war kein Platz für die schwärzeren Seiten, jene Seiten, auf denen wir einen britischen Historiker und einen modernen indischen Historiker zu ähnlichen Schlussfolgerungen kommen sahen. Mit dem gleichen Nachdruck verklärte *The Great Illusion* die Rolle der Vereinigten Staaten, der »angelsächsischen Welt« oder des »großen angelsächsischen Stammes« als Ganzes; es war ein »Stamm«, der regelmäßig von Ruhm umgeben war, selbst wenn es um sehr brutale koloniale Eroberungen ging, wie sie Großbritannien und die Vereinigten Staaten gegen den Sudan bzw. die Philippinen unternommen hatten (ebd., S. 257, 286, 275, 239f*).

Die Welt des Krieges wurde fast ausschließlich durch Länder wie Spanien und Portugal repräsentiert, durch die »europäische Regierungskunst« oder, genauer gesagt, durch Kontinentaleuropa (ebd., S. 260f*). Die angelsächsische »Kolonisation« der Neuen Welt mit ihrem im Wesentlichen »kommerziellen und friedlichen« Charakter und unter dem Banner der »Kooperation« stand der blutigen und zugleich parasitären Eroberung durch die Spanier und Portugiesen gegenüber (ebd., S. 165 ff.*). In der Gegenwart räumen Historiker (selbst angloamerikanische und sogar solche, die sich als Befürworter des britischen und amerikanischen Empires aufspielen) ein, dass die angelsächsische Kolonisation gegenüber Eingeborenen und Schwarzen einen schärferen und konsequenteren Rassismus praktizierte als die spanische und portugiesische (Losurdo, 2015, 6. Kap., Abs. 7). Angell hielt jedoch an dem von Comte und Spencer bevorzugten Schema fest, wonach es die Länder waren, die noch am Rande der kommerziellen und industriellen Entwicklung standen, die vom militärischen Geist beeinflusst waren; in der Tat machte er dieses Schema aber noch rigider und dogmatischer, indem er die von den beiden großen Theoretikern des Positivismus geäußerten Zweifel zu diesem Thema ignorierte und beseitigte.

Sehr wohlwollend war auch das Urteil über Deutschland, das als Teil der eigenen Welt und des »angelsächsischen Stammbaums« betrachtet wurde (der Nachkommen der germanischen Stämme, die, nachdem sie sich in Deutschland selbst niedergelassen hatten, zuerst den Kanal und dann den Atlantik überquert hatten). Handelte es sich doch auch um ein Land, das durch den Einsatz der Großindustrie – wiederum in Übereinstimmung mit dem positivistischen Schema – jenes Stadium hinter sich gelassen hatte, dessen Tendenz darin bestand, sich durch Eroberung und nicht durch Handel und Industrie zu bereichern. Seit der Gründung des Zweiten Reiches befand sich Deutschland fast immer im Zustand des Friedens. Zwar hatte es an der Expedition gegen die Boxer teilgenommen, aber »die ›Operationen‹ der Alliierten in China […] dauerten nur wenige Wochen. Und waren es Kriege?«. Sicher, ein paar Jahre später waren die Deutschen »gegen nackte Schwarze« (die Herero) angetreten; aber nur »achttausend von einer Bevölkerung von sechzig Millionen« waren angetreten, und die ganze Sache hatte etwa ein Jahr gedauert. Auch hier hatte es wenig Sinn, von Krieg zu sprechen (Angell, 2007, S. 218 und Anmerkung*). Wie wir sehen, hörte trotz der unablässig wiederholten und bekräftigten Lobreden auf das Ideal des ewigen Friedens die Legitimierung und Bagatellisierung des kolonialen Expansionismus nicht auf, nicht einmal angesichts des Genozids an den Herero.

Zudem legitimierte *The Great Illusion* nicht nur die koloniale Gewalt. Der Schluss des Buches war eloquent und verstörend: »Es ist die englische Praxis, es ist die englische Erfahrung, an der sich die Welt orientieren wird. Die Lösung des internationalen Problems, die dieses Buch einfordert, ist die Ausdehnung des im Britischen Empire vorherrschenden Grundsatzes auf die gesamte europäische Gesellschaft [...]. Da die Prinzipien der freien Zusammenarbeit der Menschen zwischen den verschiedenen Gemeinschaften in starkem Maße eine englische Errungenschaft sind, fällt England die Verantwortung zu, als Führer zu fungieren. Wenn wir, die wir diese Prinzipien in den Beziehungen zwischen allen Gemeinschaften, die aus dem angelsächsischen Stamm hervorgegangen sind, durchgesetzt haben, sie nicht übernehmen, wen können wir dann bitten, sie zu übernehmen? Wenn England kein Vertrauen in seine Prinzipien hat, auf wen können wir dann unsere Augen richten?« (ebd., S. 361*). Während er einerseits, über Massaker und Völkermorde hinweggehend, die vom Westen über die Kolonialvölker ausgeübte Herrschaft für selbstverständlich und segensreich hielt, bezog Angell andererseits im Kontext des sich in Europa und der Welt entwickelnden Kampfes um die Hegemonie klar und entschieden Stellung für das britische Empire: Der Erste Weltkrieg rückte schnell näher, und umso schneller, je beruhigender die nun vorherrschende locker-leichte Hymne auf den ewigen Frieden ausfiel.

5.9. Vorzeichen des 20. Jahrhunderts

Bezeichnenderweise erblickte *The Great Illusion* zur gleichen Zeit das Licht der Welt wie zwei literarische Texte, ebenfalls aus dem englischsprachigen Raum, die das ganze Grauen des zwanzigsten Jahrhunderts vorausahnen ließen: 1908 veröffentlichte Herbert G. Wells in Großbritannien *The War in the Air* und zwei Jahre später publizierte Jack London in den Vereinigten Staaten *The Unparalleled Invasion*. Obwohl die beiden Texte (der eine ein Roman und der andere eine kurze Novelle) sehr unterschiedlich sind, weisen sie eine wichtige Gemeinsamkeit auf: Beide gehören zum Genre der Science Fiction und gleichzeitig zur politischen Fiktion; und es war eine politische Fiktion, die im Laufe des Jahrhunderts, das gerade begonnen hatte, zu einer tragischen Realität werden sollte. Nach den literarischen Texten der beiden Autoren wäre das zwanzigste Jahrhundert weit davon entfernt, von jenem Frieden geprägt zu sein, den Angell beschworen hatte; vielmehr hätte es zu einem totalen Krieg kommen sollen, mit dem Einsatz der Luftwaffe (1903 hatten die Gebrüder Wright den ersten Flug gemacht) und bakteriologischer Waffen (wie die gesamte Wissenschaft wäre auch die Chemie im Krieg zur Anwendung gekommen).

Der gigantische Konflikt, der sich in Wells' Roman am Horizont abzeichnet, hat als Hauptakteure die Westmächte, vor allem Deutschland auf der einen und Großbritannien und die USA auf der anderen Seite: New York, San Francisco, London, Berlin und Hamburg werden systematisch bombardiert und zerstört und damit die Menschen, die dort leben, dem Tode geweiht. Der Westen entdeckte seine Einheit nur deshalb wieder, weil er gezwungen war, sich der übermächtigen gelben Gefahr zu stellen, die von der »ostasiatischen Konföderation« ausging, die China mit Japan (das einige Jahre zuvor Russland eine unerwartete und verheerende Niederlage zugefügt hatte) vereint sah. Zwischen verschiedenen und gegensätzlichen Zivilisationen und »Rassen« nahm der Konflikt noch barbarischere Formen an. Trotz der gegenseitigen »wirtschaftlichen Abhängigkeit«, in der sich die einzelnen Länder befinden, weicht der erhoffte »universelle Frieden« (universal peace) in Wirklichkeit Kriegen von noch nie dagewesener Gewalt (The War in the Air, Kap. VIII, 1*). Es ist eine Gewalt, die sich neben der internationalen Ebene auch im Innern manifestiert. Der Kampf der Vereinigten Staaten gegen die Asiaten wird in den amerikanischen Städten von der systematischen Lynchjustiz an den Chinesen begleitet: Die Weißen hängen »alle Chinesen, die sie finden können«; in Würdigung einer bewährten Tradition werden auch die Schwarzen nicht verschont (ebd., Kap. X, 5*).

Das Thema der Vorurteile und des Rassenhasses, das bei Wells summarisch anklingt, wird in Londons kurzer Novelle zum zentralen Thema. Die Handlung ist einfach: Auf das Auftauchen Japans, das im Gefolge der westlichen Kolonialmächte China unterwerfen will, folgt Chinas Wiedererwachen. Indem es aus den Lektionen Japans lernte und schnell die Vorherrschaft abschüttelte, die Japan ihm aufzwingen wollte, lernte es schnell die westliche Wissenschaft und Technologie zu beherrschen und wurde in kurzer Zeit zu einer großen Industrie- und Handelsmacht, die dennoch die für seine Kultur charakteristische Liebe zum Frieden nicht verleugnete. Aber schon aufgrund seiner industriellen und kommerziellen Leistungsfähigkeit und vor allem aufgrund seines demographischen Übergewichts (der neue Reichtum, der Hungersnöte und Epidemien besiegte, gab dem Bevölkerungswachstum weiteren Auftrieb) war das große asiatische Land gewarnt und wurde in gewisser Weise zum Todfeind des Westens. Letzterer, um die Situation der extremen Gefahr zu bewältigen, schließt sich zusammen wie nie zuvor, aber die traditionellen militärischen Expeditionen und Methoden der Kriegsführung erweisen sich als völlig wirkungslos. Bis ein amerikanischer Wissenschaftler dem Präsidenten seines Landes einen wertvollen Vorschlag macht: Hier sind die Flugzeuge des Vereinigten Westens, die das bevölkerungsreichste Land der Welt mit tödlichen Keimen besprühen können. Für die Chinesen gibt es kein Entkommen: Selbst diejenigen, die, oft mit bereits zerstörten Körpern, auf dem Land- oder Seeweg versuchen, dem Tod zu entkommen und anderswo Zuflucht zu finden, werden rücksichtslos zurückgestoßen. Zu alledem unternimmt der Westen wissenschaftlich-militärische Expeditionen zur Erkundung und Kontrolle eines Territoriums, das zu einem riesigen Friedhof geworden ist: »Sie fanden China verwüstet; es war ein ödes Land, in dem Rudel von wilden Hunden und Banditen umherzogen, die überlebt hatten und verzweifelt waren. Wo immer sie auf sie trafen, wurden die Überlebenden umgebracht.« Erst einige Jahre später, als die Dekontamination bereits stattgefunden hatte, begann der Westen mit der Kolonisierung, die zu einer vorläufigen Aufteilung Chinas unter die verschiedenen Mächte führte, aber kunterbunt durcheinander, »in Übereinstimmung mit dem amerikanischen demokratischen Programm«. Die Ergebnisse sind ausgezeichnet: »Heute wissen wir von der großartigen technologischen, intellektuellen und künstlerischen Blüte« (London, 1910), die nach der Invasion und dem massiven bakteriologischen Bombardement erwachte.

Ist es so, dass sich der Autor dieser Novelle mit ihrem Inhalt, also mit dem unerbittlichen Kampf des Westens gegen die angebliche »gelbe Gefahr« identifiziert und mit der konsequenten Planung und Durchführung eines Völkermords, der den Tod von fast einem Viertel der Menschheit zur Folge hat? Zwar wird Jack London ein beunruhigender Satz zugeschrieben (»Ich bin zuerst ein weißer Mann und erst dann Sozialist«), und die Mythologie der weißen und arischen Vorherrschaft ist ihm alles andere als fremd. Wie allerdings neuere Studien nahelegen und wie die von mir zitierten Passagen aus dem Schluss der Novelle zu bestätigen scheinen (die den systematischen und abscheulichen Charakter des Völkermords, den »demokratischen« Charakter der anschließenden Kolonisation und die Pracht der auf dem riesigen Friedhof erblühenden Zivilisation unterstreichen), suggeriert *The Unparalleled Invasion* zumindest zeitweise eine sarkastische Anklage. Ist dies ein Wendepunkt, eine Krise in der Entwicklung des Autors?

An dieser Stelle sollte unsere Aufmerksamkeit auf einen anderen Punkt gerichtet werden. Im krassen Gegensatz zu dem beruhigenden Bild, das Angells vermeintlich wissenschaftliche Analyse zeichnet, sehen die beiden literarischen Texte von Wells und London das Grauen des zwanzigsten Jahrhunderts voraus und zeichnen ein Bild, das an die zwei Weltkriege denken lässt. Vor allem der erste Autor beschwört den tödlichen Zusammenstoß zwischen den Großmächten, den die gegenseitige, mit der reifen Industrie- und Handelsgesellschaft aufkommende Abhängigkeit nicht verhinderte. Der Zweite, ob er nun freiwillig oder unfreiwillig Angells Verdrängung zu Ende denkt, lenkt die Aufmerksamkeit auf den Horror des Völkermords in den Kolonialkriegen und auf eine Ideologie, die das Banner der weißen Vorherrschaft schwenkt. Und dieses Thema fehlt auch bei Wells nicht, wie sein Verweis auf die Lynchmorde an Asiaten und Schwarzen in den Vereinigten Staaten beweist. Wenige Jahre vor Londons Novelle bezeichnete ein französischer General die gemeinsame Expedition der Westmächte als die Verwirklichung des Traums von den »Vereinigten Staaten der zivilisierten Welt«, als die Verwirklichung des ewigen Friedens. *The Unparalleled Invasion* wirft im Rückblick ein düsteres Licht auf jene Expedition, die sich nun als das entpuppt, was sie wirklich war: ein infamer Kolonialkrieg.

6. Kapitel

Wie dem Krieg ein Ende setzen? Lenin und Wilson

6.1. Heine, die Börse und die »imperialistischen Gelüste«

Trotz seiner denkwürdigen Verurteilung des »sozialen Kannibalismus«, für den die großen Industriemächte in der kolonialen Welt den Beweis lieferten, und des »Imperialismus«, dem sie frönten, und der sogar einen gigantischen Machtkampf und einen Konflikt von großem Ausmaß zwischen ihnen zu provozieren drohte, ging Spencer nie so weit, die industrielle (und kapitalistische) Gesellschaft als solche wirklich in Frage zu stellen. In seinen Augen drückten die immer deutlicher werdenden kriegerischen Tendenzen eher die Abweichungen als das Wesen der Gesellschaft aus, die aus dem Umsturz der alten Ordnung hervorgegangen war. Damit die Aufmerksamkeit auf die Beziehung zwischen der industriellen und kapitalistischen Gesellschaft einerseits und den (kolonialen oder durch den Kampf der Großmächte um die Hegemonie diktierten) Kriegen andererseits gelenkt würde, bedurfte es einer anderen Denktradition.

Die *Pax Britannica* bekam während der internationalen Krise von 1840 Risse, als die Flammen des Krieges nicht nur die Kolonien, sondern auch die kapitalistische Metropole selbst zu verschlingen schienen. Im Zuge des Wiederauflebens der Orientfrage stand ein militärischer Machtkampf bevor, bei dem sich Großbritannien und Frankreich in vorderster Front gegenüberstanden. Auch wenn er seine traditionelle Abneigung gegen ersteres zum Ausdruck brachte, erkannte Heinrich Heine an, dass letzteres von einem kriegslüsternen Politiker, Louis-Adolphe Thiers, geführt wurde: Er »hat imperialistische Gelüste« und »der Krieg ist die Freude seines Herzens«; Bösewichte unterstellten, »daß er an der Börse spekuliert habe« und dass er kompromittierend mit »gesinnungslosen Glücksrittern« aus der Finanzwelt verbunden sei. Alles deutete darauf hin, dass es in der Tat »Geld« war, das die patriotische Unnachgiebigkeit inspirierte (Heine, 1969-1978, Bd. 5, S. 321f).

Der Krieg und die Liebe zum Krieg erwiesen sich also als mit einer völlig neuen Welt verbunden, die nichts mit der Vorstellung jener zu tun hatte, die sich die falsche Hoffnung machten, durch den Sturz des Ancien Régime und den Jubel darüber, auf dem Weg des ewigen Friedens voranzuschreiten. Der Verwirklichung dieses Ideals standen hingegen gerade jene Kräfte im Wege, die bis dahin noch nicht unter dem Schatten des Verdachts gestanden hatten: Die »Börse«, die Finanzspekulation, die »imperialistischen Gelüste«. Dieses Bild wurde durch einen letzten Umstand vervollständigt: Der Ausbruch des Krieges wurde in letzter Minute vereitelt durch die Intervention von König Louis-Philippe, der Thiers entließ, wodurch dieser auf sein Amt als Ministerpräsident und Außenminister verzichten musste. Es war folglich der Monarch, der das Abenteuer des Krieges scheute, nicht der politische Führer, der dank eines demokratischen Mandats an die Macht gekommen war.

Sogar ein berühmter Theoretiker der Demokratie, nämlich Tocqueville, gestand am 9. August 1840 in einem Brief an einen Freund, dass er »eine gewisse Genugtuung« über die sich am Horizont abzeichnende Kraftprobe empfinde: »Sie wissen, welche Vorliebe ich für große Ereignisse habe und wie satt ich unsere mittelmäßige demokratische und bürgerliche Suppe habe« (Tocqueville, 1951-1983, Bd. 8.1, S. 421*). Das Mindeste, was man sagen kann, ist, dass feudale Verhältnisse, monarchischer Despotismus und die Gesellschaft vor dem Aufkommen des »Zeitalters des Handels«, der Industrie und des Finanzwesens nicht die einzigen Wurzeln des Krieges waren, wie die Positivisten glaubten. Die neuen politischen, wirtschaftlichen und sozialen Verhältnisse, die sich aus dem Sturz oder dem Niedergang des

Ancien Régime ergaben, haben dazu beigetragen, die endgültige Verbrüderung der Völker in Frieden zu verhindern – und das trifft sogar auf ihre großen Theoretiker zu.

6.2. Marx und der »industrielle Vernichtungskrieg der Nationen untereinander«

Obwohl brillant, war Heines Vorstellung ein Einzelfall. Um zu einem umfassenden Umdenken im Diskurs über den ewigen Frieden zu kommen, musste auf Marx und Engels gewartet werden. Als sie ihre Aktivitäten als revolutionäre Denker und Kämpfer begannen, waren die durch den Sturz des Ancien Régime in Frankreich geweckten Hoffnungen auf ewigen Frieden eine ferne Erinnerung an die Vergangenheit, widerlegt und sogar lächerlich gemacht durch die ununterbrochenen Eroberungskriege Napoleons. Und dennoch tauchten die Illusionen der Vergangenheit in bestimmten intellektuellen und politischen Kreisen, die man als »links« bezeichnen könnte, wieder auf, als 1848 die Revolution in Frankreich und in Europa wieder ausbrach und die Sache der Demokratie auch in Deutschland zu triumphieren schien.

Im Frankfurter Parlament stellte Arnold Ruge (1968, S. 99-113) in einer Rede am 22. Juli einen Antrag, der die Einberufung eines »Völkerkongress« forderte, der die »allgemeine europäische Abrüstung« sanktionieren und den Kontinent nicht nur vom Gespenst des Krieges, sondern auch von der unerträglichen Last eines teuren »bewaffneten Friedens« befreien sollte. Dieser Forderung zufolge stand, wenn nicht ein ewiger und universeller, so doch ein dauerhafter und ungetrübter Frieden für die wirtschaftlich und politisch am weitesten entwickelten Länder insgesamt bevor, und es schien wahrscheinlich, dass er sich schnell von Europa und dem Westen auf den Rest der Welt ausbreiten würde.

Dies war eine Ansicht, die auf den Spott von Marx und Engels traf, die Ruge vorwarfen, nicht verstanden zu haben, dass das Phänomen des Krieges nicht mit der Feudalherrschaft verschwand: Einer solchen Ansicht und Erwartung widersprachen zuerst die Erfahrung mit dem Expansionismus des bürgerlichen und napoleonischen Frankreich und dann die internationale Krise von 1840. Anstatt »natürliche Alliierte« zu sein, waren die Länder, in denen die Bourgeoisie dominierte, von rücksichtsloser Konkurrenz zerrissen, deren Ergebnis durchaus ein Krieg hätte sein können (MEW, Bd. 5, S. 359-363). Und dennoch beeinflusste die Illusion, dass der Niedergang des Ancien Régime, dank des Aufkommens der Demokratie und der Entwicklung der Handels- und Wirtschaftsbeziehungen zwischen den Völkern, dem Krieg ein Ende bereiten würde, auch nicht unbedeutende Teile der Arbeiterbewegung. Noch 1859 äußerte Ferdinand Lassalle die Überzeugung, dass mit dem sich abzeichnenden Ende der Feudalherrschaften auch das Zeitalter der Kriege zu Ende gehen würde: »Die Bourgeoisie hat sich bei Heller und Pfennig berechnet, dass ihr jede Eroberung unendlich mehr kostet als einbringt, und sich seitdem daran gewöhnt, ihre Eroberungen im Gebiete der Verringerung der Produktionskosten zu suchen« (in erster Linie durch Lohnzurückhaltung und die Intensivierung der Arbeiterausbeutung). Die Zeiten des »Nationalhasses« waren vorbei oder standen kurz vor ihrem Ende. Um dies zu erkennen, genügte es, »große und eklatante Tatsachen« zu betrachten, wie z. B. »das lange Bündnis« zwischen den beiden am weitesten entwickelten und modernsten Ländern der Zeit, das lange Bündnis Frankreichs mit England, »welches doch wirklich durch eine vielhundertjährige Tradition und Geschichte der wahre Erbfeind Frankreichs« gewesen war (Lassalle, 1919, Bd. 1, S. 94f).

Solche Motive fanden sich zeitweise auch bei Marx und Engels. Nach dem *Manifest der Kommunistischen Partei* verschwinden »die nationalen Absonderungen und Gegensätze der Völker [...] mehr und mehr schon mit der Entwicklung der Bourgeoisie, mit der Handelsfreiheit, dem Weltmarkt, der Gleichförmigkeit der industriellen Produktion und der ihr entsprechenden Lebensverhältnisse« (MEW, Bd. 4, S. 479). Es war ein Prozess, der sich auch auf kultureller Ebene manifestierte: »An die Stelle der alten lokalen und nationalen Selbstgenügsamkeit und Abgeschlossenheit tritt ein allseitiger Verkehr, eine allseitige Abhängigkeit der Nationen voneinander. Und wie in der materiellen, so auch in der geistigen Produktion. Die geistigen Erzeugnisse der einzelnen Nationen werden Gemeingut. Die nationale Einseitigkeit und Beschränktheit wird mehr und mehr unmöglich, und aus den vielen nationalen und lokalen Literaturen bildet sich eine Weltliteratur« (ebd., Bd. 4, S. 466).

»Allseitiger Verkehr« und »Weltliteratur« scheinen sich gemeinsam in Richtung auf die Vereinigung der Menschheit zu bewegen, oder besser gesagt, sie scheinen all die verschiedenen Antagonismen zu beseitigen oder einzuebnen, um nur einen zuzulassen und sogar noch zu verschärfen, nämlich den, der zum Umsturz des kapitalistischen Systems führen würde. Das ist die Ansicht, die aus einer Rede hervorgeht, die Marx im Januar 1848 in Brüssel hielt: Der Freihandel reißt »die paar nationalen Schranken, die noch die freie Entwicklung des Kapitals einengen«, ein, »zersetzt die bisherigen Nationalitäten« und lässt nur noch Raum für den »Gegensatz zwischen Proletariat und Bourgeoisie«, der den Boden für die »soziale Revolution« bereitet (ebd., Bd. 4, S. 455, 457f). In diesen Passagen wird deutlich, dass das Bestreben, die absolute Zentralität und Vorrangigkeit des Widerspruchs zwischen Bourgeoisie und Proletariat zu betonen, dazu verleitet, die anderen Widersprüche zu unterschätzen, so dass der Konkurrenz und dem Streit zwischen den Bourgeoisien, die in den verschiedenen kapitalistischen Ländern an der Macht sind, wenig Aufmerksamkeit geschenkt wird. Mit anderen Worten, das Bild, das wir gerade gesehen haben, ist mehr präskriptiv als deskriptiv; es ist ein impliziter Appell an das Proletariat, seiner internationalistischen Aufgabe gerecht zu werden und sich nicht in die Konkurrenz und den Wettbewerb zwischen den Ausbeuterklassen hineinziehen zu lassen.

Wenn dieses politisch-pädagogische Anliegen fehlt oder sich weniger bemerkbar macht, ergibt sich ein komplexeres und weniger beruhigendes Bild. Lesen wir gemeinsam die *Deutsche Ideologie* und das *Manifest der Kommunistischen Partei*: Es stimmt, der von der Bourgeoisie hervorgebrachte »Weltmarkt« stimuliert die »allseitige Abhängigkeit der Nationen voneinander«, und »erzeugte insoweit erst die Weltgeschichte, als sie jede zivilisierte Nation [...] von der ganzen Welt abhängig machte«. In diesem Sinne ist der Weltmarkt ein Moment im Prozess der Konstruktion der Universalität und Einheit der Menschheit. Dies ist jedoch nur ein Aspekt: Die dem »Weltmarkt« innewohnende »universelle Konkurrenz«, die zwar »alle Individuen zur äußersten Anspannung ihrer Energie« zwingt und die Entwicklung der Produktivkräfte mächtig anregt, befreit die kapitalistische Wirtschaftstätigkeit von traditionellen religiösen und ideologischen Bedenken (MEW, Bd. 3, S. 60 und Bd. 4, S. 466). Hier findet sich die völlige Entmenschlichung und Verdinglichung der kolonialen Völker; hier findet sich, um das *Kapital* zu zitieren, die »Verwandlung von Afrika in ein Geheg zur Handelsjagd auf Schwarzhäute«. Der Weltmarkt kann mit Kriegen zur Unterwerfung und Versklavung von Schwarzen und anderen Völkern Hand in Hand gehen und tut es in der Tat. Weit davon entfernt, gleichbedeutend mit allgemeiner Befriedung zu sein, führt der Handel, der »doux commerce«, von dem seine Apologeten sprechen und auf den Marx ironisch eingeht, in den Kolonien zu totalen Kriegen, die die »Verödung« und »Entvölkerung« ganzer Regionen mit sich bringen (MEW, Bd. 23, S. 779f).

Dabei handelt es sich nicht um ein fernes Kapitel der Geschichte: In den Vereinigten Staaten – *das Elend der Philosophie* weist bereits darauf hin – koexistiert der blühende Handel, der in jeder Richtung ein Land von kontinentalen Ausmaßen verbindet, mit der Sklaverei von Schwarzen (ebd., Bd. 4, S. 132). Die Entwicklung des Handels besiegelt auch weiterhin die Reduzierung der aus Afrika stammenden Sklaven auf eine Handelsware, die als Beute von Kolonialkriegen und -unternehmungen auf dem amerikanischen Kontinent landeten. Das am weitesten entwickelte Industrie- und Handelsland jener Zeit, nämlich Großbritannien, griff zu »bewaffneter Propaganda« und einem »Krieg im Namen der Zivilisation«, und zwar zu einem besonders infamen Krieg, um China die Öffnung seiner Häfen für britische Waren und vor allem den freien Handel mit Opium aufzuzwingen, das aus dem von der Londoner Regierung eingeführten »Zwangsanbau« dieser Droge in Indien stammte (ebd., Bd. 12, S. 549, und Bd. 13, S. 516, Bd, 15, S. 338).

Die Kolonialvölker sind jedoch nicht die einzigen Opfer der Konflikte und Kriege, die mit der Ausweitung des Handels und der Entstehung des Weltmarktes verbunden sind. Marx' Rede über den Freihandel, die er im Januar 1848 in Brüssel hielt, weist auf den alles andere als freundlichen und brüderlichen Charakter der Beziehung hin, die der »Freihandel zwischen den verschiedenen Nationen der Erde stiften würde« (ebd., Bd. 4, S. 456). In Wirklichkeit – so das *Manifest der Kommunistischen Partei* – befindet sich »die Bourgeoisie [...] in fortwährendem Kampfe [...] stets gegen die Bourgeoisie aller auswärtigen Länder«, und dieser Kampf ist so erbittert, dass er in einen »industriellen Vernichtungskrieg der Nationen untereinander« mündet (ebd., Bd. 4, S. 471, 485). Die Kolonialkriege, die im Zeichen »brutalster Gewalt« geführt werden – bemerkt *Das Kapital* – sind mit dem »Handelskrieg der europäischen Nationen« verflochten. Es ist ein gigantischer Zusammenstoß, »mit dem Erdrund als Schauplatz« (ebd., Bd. 23, S. 779), eben desselben Schauplatzes, den auch der Weltmarkt hat.

Das Ideal des ewigen Friedens ernst zu nehmen, bedeutet also, sich nicht nur mit den Illusionen der Französischen Revolution auseinanderzusetzen, sondern auch mit jenen, die insbesondere von Constant geäußert wurden und die auch bei Comte und Spencer noch nachhallen, wenn auch von quälenden Zweifeln durchsetzt. In Wirklichkeit beruht ihre Vision des ewigen Friedens auf der fehlenden Verallgemeinerung oder auf dem Fehlen einer konsequenten Verallgemeinerung des Problems von Frieden und Krieg: Das heißt, sie können die industriell und kommerziell fortschrittlichsten Länder nur deshalb als Protagonisten des erwarteten oder gewünschten Prozesses der Ausrottung des Krieges preisen, weil sie die Kolonialkriege, die gerade von diesen Ländern entfesselt wurden, nicht oder nicht in kohärenter und konstanter Weise als Kriege betrachten. Und gerade in der Infragestellung und Widerlegung dieser Auffassung liegt der wichtigste Beitrag von Marx und Engels zum Verständnis des Problems von Frieden und Krieg. Erteilen wir das Wort zunächst noch einmal dem Werk *Das Elend der Philosophie*, das 1847 veröffentlicht wurde: »Die modernen Völker haben die Sklaverei in ihren Ländern lediglich zu maskieren gewußt, während sie sie in der Neuen Welt unverhüllt eingeführt haben« (ebd., Bd. 4, S. 132). Die Unterwerfung der Sklaven und der (darin implizierte) Krieg gegen die Schwarzen setzten sich ausgerechnet in jenem Land (den Vereinigten Staaten) fort, das in seiner eigenen Geschichte kein Ancien Régime hinter sich hatte.

Einige Jahre später bekräftigt Marx, insbesondere mit Blick auf die britische Kolonialherrschaft über Indien: »Die tiefe Heuchelei der bürgerlichen Zivilisation und die von ihr nicht zu trennende Barbarei liegen unverschleiert vor unseren Augen, sobald wir den Blick von ihrer Heimat, in der sie unter respektablen Formen auftreten, nach den Kolonien wenden, wo sie sich in ihrer ganzen Nacktheit zeigen« (ebd., Bd. 9, S. 225). Die kapitalistische Barbarei zeigt sich in den Kolonien in ihrer abstoßenden Nacktheit nicht zuletzt deshalb, weil hier der Eroberungskrieg vor keiner Schandtat zurückschreckt. Als 1857 in Indien der antikoloniale Aufstand der Sepoys ausbrach, fehlte es selbst in der Bewegung, die sich zur prinzipiellen Gewaltlosigkeit bekannte, nicht an solchen, die die von der Londoner Regierung entfesselte rücksichtslose Repression eher als legitime Polizeiaktion denn als Krieg einstuften (Losurdo, 2015[1], Kap. I, Abs. 2). Ganz anders ist die Haltung von Marx, der in keiner Weise die Gräueltaten verschweigt, deren sich die Aufständischen schuldig gemacht haben. Und dennoch: »Wie schändlich das Vorgehen der Sepoys auch immer sein mag, es ist nur in konzentrierter Form der Reflex von Englands eigenem Vorgehen in Indien [...]« Ja, »die Folter (bildet) einen organischen Bestandteil ihrer dortigen Finanzpolitik«; »Schändung von Frauen, Aufspießen von Kindern, Abbrennen ganzer Dörfer waren damals bloß zügellose Belustigungen [...] von den britischen Offizieren selbst bezeugt [...]«, die sich »die Macht über Leben und Tod« anmaßen »und schonungslos gebrauchen« und sich in ihrer Korrespondenz oft mit ihren Schandtaten brüsten (MEW, Bd. 12, S. 285-287). Mit anderen Worten, wir haben es mit einem jener erbitterten Kolonialkriege zu tun, die die Geschichte der bürgerlichen Gesellschaft charakterisieren und deren Protagonist jenes Land ist, das an der Spitze der industriellen und kommerziellen

Entwicklung steht und genau aus eben diesem Grunde von Constant als Vorkämpfer für die Sache des ewigen Friedens bezeichnet wird.

Man kann dann die Haltung des Manifests verstehen: Erst mit dem Kommunismus, »mit dem Gegensatz der Klassen im Innern der Nation fällt die feindliche Stellung der Nationen gegeneinander« (ebd., Bd. 4, S. 479). Damit die Wurzeln des Krieges ein für alle Mal ausgerissen werden können, reicht es nicht aus, dass eine Ausbeuterklasse an die Stelle einer anderen tritt, wie es bei der bürgerlichen Revolution geschieht, sondern es ist notwendig, dass das System der Ausbeutung und Unterdrückung als Ganzes beseitigt wird, sowohl im Innern der Länder als auch weltweit. In diesem Sinne nahm die Internationale Arbeiterassoziation im Juli 1870 in einem von Marx verfassten Text Stellung zum gerade ausgebrochenen Deutsch-Französischen Krieg und rief zum Kampf auf für »eine neue Gesellschaft [...], deren internationales Prinzip der Frieden sein wird, weil bei jeder Nation dasselbe Prinzip herrscht – die Arbeit!« (ebd., Bd. 17, S. 7).

Insgesamt ist die Aussicht auf eine von der Geißel des Krieges und der Gewalt befreite Welt der rote Faden, der sich durch die Geschichtsphilosophie von Marx und Engels zieht, obwohl sie sich offensichtlich einer anderen Sprache bedienen als Kant und Fichte. Ewiger Frieden ist nun ein integraler Bestandteil der kommunistischen Ordnung, die im Weltmaßstab erreicht werden muss.

6.3.
»Der Kapitalismus trägt den Krieg in sich wie die Wolke den Regen«

Solange das kapitalistische System fortbestand, war Krieg an der Tagesordnung; die aufkommende Industriegesellschaft, weit davon entfernt, eine Garantie für den Frieden zu sein, wie die Positivisten glaubten, würde den Krieg noch verheerender machen. So war die Argumentation von Engels, der 1895 prophetisch warnte: Am Horizont zeichnete sich »ein Weltkrieg von unerhörter Greuelhaftigkeit und von absolut unberechenbarem Ausgang« ab (ebd., Bd. 22, S. 517).

In demselben Jahr bekräftigte auch Jean Jaurès, führender Vertreter der Sozialistischen Partei Frankreichs, die Verbindung zwischen Kapitalismus und Krieg und verwandte dabei eine Metapher, die berühmt wurde. Er wandte sich insbesondere an die bürgerliche Mehrheit in der Abgeordnetenkammer und gab einer Überzeugung Ausdruck, die in den Reihen der internationalen Arbeiterbewegung weit verbreitet war: »Eure gewalttätige und chaotische Gesellschaft trägt, selbst wenn sie Frieden will, selbst wenn sie sich in einem Zustand scheinbarer Ruhe befindet, den Krieg in sich, wie die ruhige Wolke den Regen in sich trägt«. Gegründet auf Ausbeutung und Unterdrückung, war der Kapitalismus durch eine Art Sozialdarwinismus gekennzeichnet, der sich sowohl im Inland als auch international manifestierte. Es ist kein Zufall, dass es die Industrie des Todes war, die im kapitalistischen System eine bedeutende Rolle spielte, es waren die Produktion und der Verkauf von Waffen, die in der Tat »die erste, die aufregendste, die fiebrigste aller Industrien« wurde. Die »grenzenlose Konkurrenz« zwischen den kapitalistischen Gruppen, die die »großen Produktions- und Tauschmittel« besaßen, manifestierte sich auch als Wettbewerb um die Aufteilung der Kolonien, so dass »die großen kolonialen Konkurrenzen« – wie der französische Sozialistenführer luzide feststellte – dazu tendierten, »große Kriege zwischen den Völkern Europas« auszulösen (Jaurès, 1959, S. 85-89*).

Gerade weil sie den Kolonialismus unmissverständlich verurteilte, machte diese Anklage gegen den Kapitalismus keine wesentlichen Unterscheidungen zwischen den verschiedenen europäischen Ländern. Fünf Tage vor seiner Ermordung, am 25. Juli 1914, betonte Jaurès, während er bereits die »Wolke des Sturms« über Europa heraufziehen sah (ebd., S. 231f), einen wichtigen Punkt: Für den »Kataklysmus« und die mörderische »Barbarei«, die sich anbahnten, war Frankreich mit seiner »Kolonialpolitik« nicht weniger verantwortlich als seine Konkurrenten und Antagonisten.

In ähnlicher Weise argumentierte in jenen Jahren Karl Kautsky, der aber, wie wir sehen werden, später die angelsächsische Welt als grundsätzlich immun gegen den militaristischen Rausch loben wird. Im Jahr 1907 jedoch wies der führende Vertreter der deutschen Sozialdemokratie im Rahmen einer Verurteilung des Kapitalismus in seiner Gesamtheit auf den gewalttätigen und kriegerischen Charakter des Kolonialismus hin, in diesem Moment vor allem von Großbritannien und Frankreich repräsentiert. Es handelte sich um Gewalt und um Kriege, die den Charakter eines Völkermords annehmen konnten: Ihr Ziel war nicht nur die »Unterdrückung«, sondern mitunter die »gänzliche[n] Vernichtung der eingeborenen Völker«. Die Anklage betraf direkt und primär die »englische, holländische, amerikanische« Kolonialpolitik. Selbstverständlich wurde auch Deutschland vorbehaltlos verurteilt, aber besonders erbittert wurde ihm vorgeworfen, dass es sich, trotz seines aufgesetzten Anscheins moralischer Überlegenheit in der Praxis in die Schule jenes unmoralischen Herrschaftswillens begab, wie ihn insbesondere England und Holland hervorbrachten. Es waren diese Länder, die herausgegriffen und als Brutstätte der sich ausbreitenden ansteckenden Krankheit bezeichnet wurden: »Das Heldentum des Tropenkollers ist zum Vorbild der Scharfmacher und Junker [so brutal wie eh und je gegen die von ihnen unterworfenen Völker] geworden, die danach ihr Verhältnis zu ihren Arbeitern einzurichten suchen«; auch in den europäischen Metropolen brach ein geistiges Klima aus, das insgesamt von »Orgien der Grausamkeit und Habgier« und dem »Kult der Rohheit« geprägt war (Kautsky, 1977, S. 115, 129, 144f). Großbritannien beteiligte sich nicht nur aktiv am Rüstungswettlauf, sondern konnte sich umso leichter daran beteiligen, als es über ein großes Kolonialreich verfügte: »Auch in dem letzteren Falle hat die Kolonie den Löwenanteil an den Kosten oder die ganzen Kosten, wie in Britisch-Indien, des Militarismus zu bezahlen« (ebd., S. 126).

Es ging also nicht darum, zwischen den gegnerischen Koalitionen, die sich gebildet hatten oder im Entstehen begriffen waren, zu unterscheiden, sondern darum, dem »Krieg den Krieg« zu erklären, wie die 1910 von Karl Liebknecht (1981, S. 153f), dem Führer der deutschen antimilitaristischen Bewegung, geprägte Losung lautete: Ein Krieg gegen den Krieg, der vollständig mit der antikapitalistischen Revolution zusammenfiel. Dies war auch die Grundausrichtung des Außerordentlichen Kongresses der Sozialistischen Internationale, der Ende 1912 in Basel stattfand und ebenfalls dazu aufrief, dem Krieg, den die herrschenden Klassen schmählich zu entfesseln bereit waren, letztendlich die Revolution entgegenzusetzen.

Im selben Jahr jedoch spielte sich der Sozialdemokrat Georg Heinrich Vollmar im Bayerischen Landtag als Klassenprimus auf, was den patriotischen Eifer betraf: »Im Falle eines Krieges werden die Sozialdemokraten ihrem Lande dienen, und ich glaube, sie werden nicht die schlechtesten Verteidiger sein« (zit. in: Monteleone, 1977, S. 163*). Im Sommer 1914, unmittelbar bevor die Lunte gezündet wurde, konnte der deutsche Kanzler Theobald von Bethmann Hollweg seinem Stab versichern, dass die Arbeiter- und sozialistische Bewegung Loyalität beweisen würde, die gleiche Versicherung konnte in diesen Tagen in Frankreich Präsident Raymond Poincaré abgeben (Clark, 2013, S. 527, 503). Und tatsächlich stimmte die deutsche Sozialdemokratie kurz darauf für die Kriegskredite und gab damit ein Beispiel, dem die anderen Parteien der Zweiten Internationale prompt folgten: Das Versprechen des ewigen Friedens wich der Realität des ungeheuren Massakers des Krieges.

6.4. *Salvemini für den Krieg, der »den Krieg tötet«*

Wenn die sozialistischen Parteien bei Ausbruch des gigantischen Konflikts ihre früheren Verpflichtungen zum Kampf gegen den Krieg und gegen das Gesellschaftssystem, das ihn produzierte und reproduzierte, vergaßen, so ging Gaetano Salvemini, der schon eine Vergangenheit als sozialistischer Aktivist vorweisen konnte, weit darüber hinaus. In Italien, das noch neutrale Positionen einnahm, forderte er ein Eingreifen, um dem Ziel eines ewigen Friedens näher zu kommen. Der Krieg der Entente, insbesondere Großbritanniens und Frankreichs, sollte »das Ende des germanischen Imperialismus, d.h. die Liquidierung der Hohenzollern und Habsburger und ihrer feudalen Klientel, und die Demokratisierung Österreichs und Deutschlands« besiegeln; damit wäre der Grundstein für die Errichtung der »Rechtsordnung unter den Völkern« und eines dauerhaften Friedens unter ihnen gelegt. Es handelte sich letztlich um einen Krieg für die Demokratie und damit um einen »Krieg für den Frieden«. Diejenigen, denen die Sache des Friedens wirklich am Herzen lag, konnten nicht beiseite stehen: »Es ist notwendig, dass *dieser Krieg* den *Krieg* tötet« (Salvemini, 1964-1978, Bd. 3.1, S. 360f*). Die Parole von Liebknecht und der antimilitaristischen Bewegung (»Krieg dem Kriege«) wurde so in ihr Gegenteil verkehrt: Ja zum (Entente-)Krieg im Namen des Friedens!

Die Illusionen, die seinerzeit aus der Französischen Revolution hervorgegangen waren (und Salvemini war ein bedeutender Historiker der Französischen Revolution), schienen wieder aufzutauchen: In seinen Augen war das Ancien Régime trotz der verstrichenen Zeit und der zwischenzeitlich eingetretenen Umwälzungen weiterhin lebendig in Ländern wie Deutschland und Österreich, die als alleinige Verantwortliche für den aufflammenden Konflikt angesehen wurden; nun, die Niederlage, die den Mittelmächten zugefügt werden sollte, würde dem Ancien Régime endgültig den Gnadenstoß versetzen und die Wurzeln des Krieges ein für alle Mal ausreißen.

Es ist angebracht, gleich auf einen grundlegenden Unterschied zur Vergangenheit hinzuweisen, den Salvemini indirekt ansprach. In dem 1789 begonnenen historischen Zyklus hat das Ideal des ewigen Friedens, bevor es (ab dem Thermidor und vor allem mit Napoleon) als Ideologie des Krieges Gestalt annahm, Ergebnisse von außerordentlicher Bedeutung erzielt: Es trug dazu bei, im revolutionären Frankreich und in den umliegenden Ländern den Kampf gegen das Ancien Régime und gegen dessen Anspruch, unabhängig von staatlichen und nationalen Grenzen das Recht in Europa zu diktieren, zu verstärken; zumindest bei den radikalsten Exponenten der revolutionären Bewegung mündete es in die Infragestellung der Kolonialherrschaft. Salvemini hingegen verwies auf Großbritannien und Frankreich und dann auf die Vereinigten Staaten als Vorkämpfer bei der Ausrottung des Krieges und blendete dabei das Schicksal, das diese Länder den kolonialen Völkern und den Völkern kolonialer Herkunft bereitet hatten, völlig aus; der ewige Frieden sollte wieder eine ausschließliche Angelegenheit der zivilisierten westlichen Welt sein, im Wesentlichen wie zu Zeiten von Saint-Pierre! Mehr noch! Salvemini behauptete, gegen das Ancien Régime zu kämpfen, indem er sich auf ein Bündnis (die Entente) berief, an dem das halbfeudale und autokratische Russland beteiligt war, und das die Unterstützung Japans genoss, dessen oberste Autorität durch den Kaiser repräsentiert wurde, der von seinen Untertanen als eine Art göttliche Inkarnation verehrt wurde. Es ist kein Zufall, dass, während Salvemini und die Entente den Krieg als Aufruf zum Demokratieexport nach Deutschland bejubelten, hier vor allem die Sozialdemokratische Partei vorschlug, die Demokratie in das (mit der Entente verbündete) zaristische Russland zu exportieren, so dass – wie Rosa Luxemburg (1968, S. 89) ironisch bemerkte – in den Augen der inzwischen für die Sache des Krieges gewonnenen Sozialdemokraten General Paul von Hindenburg »zum Vollstrecker des Testaments von Marx und Engels« wurde! Mit anderen Worten: Anders als 1789 funktionierten in den Jahren von 1914-1918 die Agitation und die Losung vom ewigen Frieden von Anfang an als Ideologie des Krieges, und zwar als Ideologie des Krieges, die zumindest teilweise von den Ländern geteilt wurde, die in einen tödlichen Kampf gegeneinander verwickelt waren!

Das Wichtigste ist jedoch etwas ganz anderes. Es gibt keinen Grund, Großbritannien oder die Vereinigten Staaten für demokratischer zu halten als das damalige Deutschland, wo der Reichstag durch das allgemeine (männliche) Wahlrecht gewählt wurde und wo sich die Präsenz einer robusten Gewerkschaftsbewegung und einer starken sozialistischen Bewegung in der Zivilgesellschaft und in den repräsentativen Organen stark bemerkbar machte. Als weitere Widerlegung der Ideologie, die Salvemini (und nicht nur ihm) am Herzen liegt, mag es interessant sein, die Position eines bedeutenden Staatsmannes unserer Tage zu lesen: »Als der Erste Weltkrieg ausbrach, wurden in Europa die meisten Länder (einschließlich Großbritanniens, Frankreichs und Deutschlands) von im Wesentlichen demokratischen Institutionen regiert. Und trotzdem wurde der Erste Weltkrieg – eine Katastrophe, von der sich Europa nie ganz erholt hat – von allen (demokratisch gewählten) Parlamenten enthusiastisch befürwortet« (Kissinger, 2011, S. 425f).

Max Weber (1988, S. 354) hatte nicht unrecht, als er auf die bewaffneten Lektionen in Sachen Demokratie von jenseits des Atlantiks mit dem Hinweis auf den Ausschluss der Afroamerikaner vom Genuss politischer (und oft auch bürgerlicher) Rechte und auf die Schändlichkeit des in den Vereinigten Staaten geltenden Regimes der *white supremacy* antwortete. Der Umstand der Knechtschaft der Afroamerikaner bringt uns zu der Frage der Unterwerfung der kolonialen Völker oder der Völker kolonialen Ursprungs insbesondere durch die Länder der Entente, die sich als Verfechter der Sache der Demokratie in der Welt aufspielten. Es lohnt sich, mit einem britischen Historiker festzuhalten, dass gerade das von der Londoner Regierung beherrschte Irland Protagonist »des einzigen nationalen Aufstandes war, der während des Ersten Weltkriegs in einem europäischen Land stattfand, ein ironischer Kommentar zu dem britischen Anspruch, für die Freiheit zu kämpfen« und die Sache der Demokratie zu vertreten (Taylor, 1975, S. 71*).

Es wäre allerdings nicht ganz richtig zu behaupten, dass Salvemini die koloniale Frage ignorierte. Ohne auch nur das Kriegsende abzuwarten, forderte er in einem Brief vom 26. Oktober 1918 als angemessene koloniale Entschädigung für Italien zunächst einmal Tunesien ein. Die italienische Regierung habe dadurch, dass sie dies zum Zeitpunkt der Intervention nicht eingefordert habe, »ein Verbrechen begangen« und zudem mit ihrer fortwährenden Nachgiebigkeit »Kretinismus« bewiesen. Einen wesentlichen Punkt dürfe man nicht aus den Augen verlieren: »Frankreich und England haben uns im April 1915 koloniale Erweiterungen versprochen, die im Verhältnis zu denen stehen sollten, die sie selbst machen würden: Das ist unser erworbenes Recht«. Und stattdessen: »Syrien ist von Frankreich gepfändet; Mesopotamien und Arabien von England. Die deutschen Kolonien in Afrika sollen zwischen England und Frankreich aufgeteilt werden […]. Es gibt ein Missverhältnis zwischen dem, was Frankreich und England zu schlucken bereit sind, und dem, was sie uns überlassen« (Salvemini, 1984, S. 430-432*).

Aus diesem Anspruch erwuchs das beharrliche Festhalten am kolonialen Expansionismus trotz der schrecklichen Kriege, die er mit sich brachte und die Salvemini selbst 1912 wie folgt beschrieben hatte: »Die eingeborenen Stämme sollen müde werden, in unseren

Schützengräben massakriert zu werden«. Das soeben unterworfene (und sofort in Aufruhr geratene) Libyen musste jedoch unter italienischer Herrschaft gehalten werden: »Die Eroberung von Tripolis, so ungerecht sie vom Standpunkt der absoluten Moral auch sein mag [...], sollten wir alle am Ende vom moralischen Standpunkt aus als einen großen Gewinn für unser Land betrachten« (Salvemini, 1964-1978, Bd. 3.1, S. 149f*). Zu den Kriegen, die die Entente mit ihrem Krieg »töten« sollte, gehörten nicht die Kolonialkriege, die die brutalsten und willkürlichsten waren.

Die kriegerischen kolonialen Rivalitäten bestätigten sich jedoch: Während sie die siegreichen »demokratischen« Länder einbezogen, brachten sie später Hitler dazu, das Projekt der Errichtung seines Reiches in Osteuropa auf der Welle eines erklärtermaßen genozidalen kolonialen Expansionismus zu verfolgen. Der Krieg, der »den Krieg töten« sollte, enthüllte schließlich schnell seine wahre Natur: In den Worten des amerikanischen Historikers Fritz Stern war er »die erste Katastrophe des zwanzigsten Jahrhunderts, die Katastrophe, aus der alle anderen entsprangen« (zit. in: Clark, 2013, S. XXI*).

6.5.
»Die Brüderlichkeit und die Emanzipation der Völker verwirklichen«

War Salvemini ein glühender Interventionist und ein erklärter Verfechter des Krieges für Demokratie und Frieden, so vollziehen die sozialistischen und Arbeiterparteien diese Kehrtwendung in ihrer seit langem eingenommenen Position nicht, d. h. sie gingen nicht so weit, den zuvor verurteilten und verachteten Krieg zu bejubeln. Fest steht allerdings, dass sich die meisten von ihnen, trotz ihrer kämpferischen Absichten und Versprechen bis zum Vorabend des Krieges, die Sache des Friedens auch um den Preis einer Revolution zu verteidigen, von der chauvinistischen Welle mitreißen ließen oder sich jedenfalls als unfähig erwiesen zu reagieren. Die Ausnahme bildete Russland: Im Juli/August 1915 begrüßte Lenin (1955-1970, Bd. 21, S. 315) begeistert die sich spontan manifestierende »Verbrüderung von Soldaten der kriegführenden Nationen sogar in den Schützengräben«, und rief zu ihrer Verallgemeinerung auf, um dem Gemetzel ein Ende zu setzen und das Gesellschaftssystem zu stürzen, das es hervorgebracht hatte und weiterhin hervorbringen würde. Die bolschewistische Revolution war vor allem deshalb erfolgreich, weil sie dem Streben einer ungeheuren Masse von Menschen, die den Schrecken des Krieges ein Ende setzen wollten, eine Stimme gab. Im Oktober 1917 schien das Ideal des ewigen Friedens, das mit der Französischen Revolution entstanden war, zurückzukehren und erneut reale Erwartungen und Hoffnungen zu wecken, dieses Mal jedoch mit einer weitaus größeren Massenanhängerschaft und in einem internationalen Maßstab, wie er noch nie dagewesen war.

Nun bekam das Problem von Krieg und Frieden mehr denn je eine universelle Dimension, es umfasste auch die koloniale Welt, der in der Tat ein besonderer Stellenwert eingeräumt wurde. Im August 1915 definierte Lenin (1955-1970, Bd. 21, S. 302) das, was ein Jahr zuvor begonnen hatte, als einen »Krieg zwischen den größten Sklavenhaltern um die Aufrechterhaltung und Festigung der Sklaverei«. Dieselben westlichen Demokratien, die in Salveminis Augen dazu berufen sind, die Sache des ewigen Friedens zu verwirklichen, werden als »Sklavenhalter« gebrandmarkt! Handelt es sich hierbei vielleicht um die typische Tirade des revolutionären Agitators? Sehen wir uns an, was in den Kolonien zu Beginn und im Verlauf des gigantischen Konflikts passiert. Um ein Beispiel zu nennen: In Ägypten wurden auf Basaren aufgegriffene Bauern »verhaftet und in die nächsten Mobilisierungszentren verfrachtet«. Diejenigen, die versuchten zu fliehen, schafften es nicht weit; sie wurden meist gefangen und unter Eskorte in die Kaserne geschickt. Es gibt kein Entkommen für die »Barbaren«, die als Kanonenfutter dienen sollen! Um es mit den Worten eines britischen Historikers konservativer Ausrichtung (Alan J. P. Taylor) zu sagen, werden »etwa 50 Millionen Afrikaner und 250 Millionen Inder« von England »ohne gefragt zu werden« in das Feuer eines Krieges geworfen, von dem sie nichts wissen (zit. in: Losurdo, 2007/09, Kap. V, Abs. 2). Wenn die Einrichtung der Sklaverei die Macht über Leben und Tod bedeutet, die der Herr über seine Sklaven ausübt, hat Lenin nicht Unrecht, wenn er sich, wie wir gesehen haben, so ausdrückt: Um so viel Kanonenfutter wie möglich zu beschaffen, maßen sich die großen Kolonialmächte in der Tat die Macht über Leben und Tod über die unterjochten Völker an!

In der Analyse des russischen Revolutionärs war der Erste Weltkrieg das Ergebnis der Verflechtung zweier Kriege: desjenigen, in dem sich die Großmächte im Kampf um die Eroberung der Kolonien (und um die Weltherrschaft) gegenüberstanden, und desjenigen, in dem jede Großmacht einen mehr oder weniger großen Teil der kolonialen Welt unterjochte und versklavte. In ähnlicher Weise argumentiert Gramsci. In seinem Artikel vom Juni 1919 findet sich ein Absatz, dessen Titel für sich spricht: *Der Krieg der Kolonien*. Die gegnerischen »kapitalistischen Imperialismen« haben ihre Kriegsmaschinerie angeheizt, indem sie die Ausplünderung der Kolonien so verschärften, dass »Millionen und Abermillionen Inder, Ägypter, Algerier, Tonkinesen [Vietnamesen] [...] an Hunger und aufgrund von Epidemien gestorben« sind (Gramsci, 1987, S. 68f*). Man kann den daraus hervorgehenden Aufstand gut nachvollziehen, der sofort mit einer durch Vorurteile oder Rassenhass gesteigerten Grausamkeit niedergeschlagen wurde: »Die gepanzerten Automobile, die Panzer und die Maschinengewehre wirken Wunder auf der braunen Haut der arabischen und indischen Bauern« (ebd.). Die Analyse von Lenin und Gramsci zeichnet sich gerade dadurch aus, dass sie die Aufmerksamkeit auf diesen zweiten Krieg lenkt, der bis heute von der gängigen westlichen Geschichtsschreibung weitgehend ignoriert wird.

1917, im selben Jahr, in dem er den *Imperialismus als höchstes Stadium des Kapitalismus* veröffentlichte, prangerte der russische Revolutionär die Angewohnheit der Europäer und der Westler an, jene Kriege, die außerhalb Europas und des Westens stattfinden, nicht als Kriege zu betrachten, obwohl sie Massaker an unbewaffneten oder jedenfalls eindeutig militärisch unterlegenen Völkern mit sich bringen. Es handelt sich um Konflikte, in deren Verlauf »wenig Europäer, dafür aber Hunderttausende aus jenen Völkern umkamen, die sie versklavten [...]. Sind denn das Kriege? Das sind doch eigentlich gar keine Kriege, das kann man der Vergessenheit anheim fallen lassen« (Lenin, 1955-1970, Bd. 24, S. 404). Man kann die Frage des Friedens nicht ernsthaft anpacken, wenn die Realität der Kolonialkriege weiterhin verdrängt wird, und wenn die Völker, die Ziel solcher Kriege sind, weiterhin entmenschlicht werden.

Um die Wurzeln des Krieges ein für alle Mal auszurotten, geht es also nicht mehr um die Beendigung des alten Feudalregimes und des monarchischen Absolutismus, sondern um den Kapitalismus und den mit ihm eng verbundenen kolonialistischen Imperialismus: »Im Kapitalismus, und besonders in seinem imperialistischen Stadium, sind Kriege unvermeidlich« (ebd., Bd. 21, S. 152); um wirklich auf dem Weg zu einem Frieden voranzukommen, der nicht nur ein einfacher Waffenstillstand, sondern solide und dauerhaft ist, ist es notwendig, die bestehende politische und soziale Ordnung zu stürzen. Nur so – erklärt Karl Radek, ein anderer bedeutender Bolschewik – wird der »Krieg der Nationen« beendet, und nur so – verkündet die Kommunistische Partei Deutschlands zum Zeitpunkt ihrer Gründung – wird die »internationale Brüderlichkeit« verwirklicht (Carr, 1964, S. 895, 897*).

Das ist die Schlussfolgerung, die auch in den Dokumenten der Kommunistischen Internationale bekräftigt wird. Nachdem sie das blutige »Chaos«, das durch den »ungeheuerlichen imperialistischen Weltkrieg« verursacht wurde, angeprangert und »die Raubnatur« des Weltkrieges als »das größte aller Verbrechen« gebrandmarkt und nachdem sie vor der Gefahr »vollständiger Vernichtung« gewarnt hatten, die der »Menschheit« drohte, fahren die am 6. März 1919 vom 1. Kongress der Kommunistischen Internationale angenommenen *Richtlinien* wie folgt fort »Die Arbeiterklasse [...] muss eine wirkliche Ordnung schaffen, die kommunistische Ordnung. Sie muss die Herrschaft des Kapitals brechen, die Kriege unmöglich machen, die Grenzen der Staaten vernichten, die ganze Welt in eine für sich selbst arbeitende Gemeinschaft verwandeln, die Verbrüderung und Befreiung der Völker verwirklichen«. Es ist eine Vision, die die koloniale Frage erneut ins Zentrum stellt: Die »Brüderlichkeit« der Völker ist untrennbar mit ihrer »Emanzipation« vom Kapitalismus, aber auch, und vielleicht noch mehr, vom Kolonialismus verbunden. Der Text schließt mit einer an und für sich beredten Losung: »Es lebe die internationale Republik der proletarischen Räte!« (zit. in: Agosti,

1974-1979, Bd. 1.1, S. 23f, 30; siehe auch Kommunistische Internationale (1921) online). Etwas mehr als zwei Monate später verkündete ein *Manifest der Dritten Internationale* am 13. Mai 1919 unter Bezugnahme auf den Versailler Vertrag und mit dem richtigen Hinweis darauf, dass dieser den Weg für neue katastrophale Auseinandersetzungen zwischen den großen kapitalistischen Mächten ebnete: »Solange der Kapitalismus lebt, kann es keinen dauernden Frieden geben. Der dauernde Friede wird auf den Trümmern der bürgerlichen Ordnung aufgebaut. [...]. Es lebe die Rätemacht in der ganzen Welt!« (KI 1920 online).

Die antikapitalistische Revolution breitet sich in Westeuropa nur zögerlich aus, und schon droht erneut das Gespenst einer Wiederholung des Gemetzels, das nur wenige Jahre zuvor geendet hatte. 1921 warnte Lenin vor dem »nächsten imperialistischen Krieg«, der sich am Horizont abzeichnete und der noch monströser zu werden drohte als der vorherige: »Es ist das die Frage, ob im nächsten imperialistischen Krieg [...] 20 Millionen Menschen niedergemetzelt werden sollen (statt der 10 Millionen Gefallenen des Krieges 1914-1918 nebst den ihn ergänzenden, auch heute noch nicht beendeten »kleinen« Kriegen), ob in diesem (bei Weiterbestehen des Kapitalismus) unvermeidlichen kommenden Krieg 60 Millionen verkrüppelt werden sollen (statt der 30 Millionen Verkrüppelter in den Jahren 1914-1918)« (Lenin, 1955-1970, Bd. 33, S. 35).

Fünfzehn Jahre später beschwört Otto Bauer, der berühmteste Vertreter des Austro-Marxismus, bereits im Titel seines Buches (*Zwischen zwei Weltkriegen?*) den neuen aufziehenden Kriegssturm, der in der Tat bereits mit dem Einmarsch Japans in China im Osten zu wüten begonnen hatte, und bemerkt: »Es gibt in der kapitalistischen Welt keinen ›ewigen Frieden‹«; nur die Verwirklichung einer sozialistischen Gesellschaftsordnung kann schließlich den Weg für einen »dauernden, gesicherten« Frieden ebnen (Bauer, 1936, S. 226, 230, 232).

Ebenfalls 1936, Tausende Kilometer von Sowjetrussland und Europa entfernt, kam Mao Zedong in China zu demselben Schluss: »Die Entwicklung der menschlichen Gesellschaft wird letzten Endes und dabei in nicht allzu ferner Zukunft zur Aufhebung des Krieges

– dieser ungeheuerlichen gegenseitigen Vernichtung der Menschheit – führen. Aber es gibt nur ein Mittel zur Aufhebung des Krieges; es besteht darin, mit Krieg gegen den Krieg zu kämpfen: mit dem revolutionären Krieg gegen den konterrevolutionären Krieg [...].« Um diese Aussage in ihrer wirklichen Bedeutung zu begreifen, muss man sich vor Augen halten, dass die Invasion Chinas durch den japanischen Imperialismus bereits begonnen hatte und man die Waffen schon hatte sprechen lassen. Der Ansatz, der sich dabei herauskristallisiert, ähnelt dem, den wir bei Rousseau gesehen haben: Unabhängig von den konkreten, besonderen und bisweilen unterschiedlich artikulierten Kämpfen wird der Krieg als allgemeines Phänomen letztlich durch einen revolutionären Prozess beseitigt, der ein für alle Mal seine Wurzeln ausreißt. »Wenn die menschliche Gesellschaft im Verlauf ihrer Entwicklung zur Aufhebung der Klassen, zur Aufhebung des Staates gelangt, wird es keinerlei Kriege mehr geben [...] Das wird die Epoche des ewigen Friedens für die Menschheit sein.« Später wird der bewaffnete Widerstand gegen die japanische Invasion, deren Ziel es ist, China zu kolonisieren und zu versklaven, als »Krieg für den ewigen Frieden« bezeichnet werden. Die Aussichten scheinen ermutigend zu sein: »In der Geschichte gab es noch nie eine Periode, wo der Krieg uns dem ewigen Frieden so nahe gebracht hätte wie heute« (Mao Zedong, 1956ff, Bd. 1, S. 208f, und Bd. 2, S. 185). Der Unterschied zu Rousseau besteht darin, dass nun die Herstellung des ewigen Friedens nicht mehr das Verschwinden der feudalen Despoten und Barone voraussetzt, sondern das der Kapitalisten und der Spaltung der Gesellschaft in antagonistische Klassen.

Sicherlich ist das Ideal des ewigen Friedens in diesen Jahren und Jahrzehnten keineswegs verschwunden, sondern hat von Europa bis Asien lauter denn je seinen Widerhall gefunden und sich Gehör verschafft auf den verschiedenen Kontinenten, die alle mehr oder weniger stark von der Agitation der Kommunistischen Internationale beeinflusst worden waren. Diese förderte, angespornt durch den Schrecken des soeben zu Ende gegangenen Gemetzels, den Kampf für die Beseitigung der Geißel des Krieges und des Gesellschaftssystems, in dem sie die Wurzeln des Krieges sah.

7. Kapitel

1789 und 1917: zwei Revolutionen im Vergleich

7.1. Antikolonialismus als Kritik und Selbstkritik

Während die Hoffnungen auf einen ewigen Frieden, die durch die Französische Revolution geweckt wurden, vor allem jenseits des Rheins, nämlich in Deutschland, ihren Widerhall fanden, gingen die Hoffnungen, die die Oktoberrevolution beflügelten und die durch ihren Erfolg noch verstärkt wurden, über alle Grenzen hinaus und fanden praktisch in jedem Winkel der Welt ihren Widerhall. Deutlich tritt jedoch das Element zutage, das die beiden Revolutionen verbindet, ein Element, das sie gleichzeitig von früheren Revolutionen unterscheidet. Die Französische Revolution in ihren radikalsten Strömungen und die Oktoberrevolution als Ganzes waren zutiefst vom Ideal des ewigen Friedens beeinflusst, der in einem universalistischen Sinne verstanden wurde, d. h. er sollte die gesamte Menschheit, einschließlich der Kolonialvölker, umfassen; gerade deshalb geht die Forderung, der Geißel des Krieges ein Ende zu setzen, Hand in Hand mit der Infragestellung der Kolonialherrschaft. Wir haben gesehen, wie Marat über das Recht der Kolonien auf Sezession theoretisiert hat (siehe oben, Abs. 1.2.); diese mehr oder weniger isolierte Haltung wird zu einem zentralen Punkt des bolschewistischen Programms. Hat die Französische Revolution schließlich in Saint-Domingue/ Haiti die Revolution der schwarzen Sklaven unter der Führung von Toussaint Louverture stimuliert und indirekt die Abschaffung der schwarzen Sklaverei in einem großen Teil Lateinamerikas vorangetrieben, so ruft die Oktoberrevolution von Anfang an die »Sklaven der Kolonien« auf, ihre Ketten zu sprengen, und mündet in die weltweite antikolonialistische Revolution.

Es ist richtig, dass wir es in beiden Fällen mit historischen Prozessen zu tun haben, die alles andere als geradlinig sind. Was die Revolution von 1789 angeht, so verkehrte sich der ewige Frieden, den sie versprach, in sein Gegenteil, und der anfängliche Antikolonialismus schwand rapide. Und doch gibt es trotz dieser Wendung der Ereignisse ein dauerhaftes Vermächtnis, das nicht vergessen werden darf. Schon bei der ideologischen Vorbereitung dieser Revolution und später im Laufe ihrer Entwicklung wurden immer wieder Stimmen laut, die auch für die Kolonialvölker das Prinzip der Schaffung internationaler Beziehungen im Zeichen von Gleichheit und Frieden geltend machten. Es sind diese Ideen, die eines der größten Kapitel in der Geschichte des Antikolonialismus inspirierten, nämlich den heroischen Aufstand, mit dem die schwarzen Sklaven von Saint-Domingue / Haiti die Emanzipation errangen und einen Zyklus von Revolutionen von unten und oben anregten, der mit der Abschaffung der Sklaverei auch in Lateinamerika und in den britischen Kolonien endete (Losurdo, 2005, Kap. V, Abs. 7-10). Trotz alledem, auch wenn die Französische Revolution in das napoleonische Kaiserreich mündete, das versuchte, die Kolonialherrschaft und die Sklaverei in Saint-Domingue / Haiti wieder einzuführen und eine Zeitlang halbkoloniale Verhältnisse in Europa (und besonders in Deutschland) durchsetzte, schrieb sie das erste große Kapitel des Abolitionismus und des Antikolonialismus und leistete einen wirklichen und wichtigen Beitrag zur Sache des ewigen Friedens, der – es lohnt sich zu wiederholen – die Verwirklichung von Beziehungen der Gleichheit und Freundschaft zwischen allen Völkern voraussetzt. Eine ähnliche Überlegung kann man auch, und sogar mit größerem Recht, für die Oktoberrevolution anstellen, die eine antikoloniale Revolution von planetarischen Ausmaßen inspirierte und nährte. Auch wenn das »sozialistische Lager« die zwischenstaatlichen Beziehungen innerhalb seiner selbst nicht zufriedenstellend zu regeln vermochte und auf eine gewaltsame Zerrüttung zuging, bleibt der Beitrag, den der 1917 begonnene historische Zyklus für die Sache des Friedens geleistet hat, unschätzbar für die Überwindung von Kolonialismus und Rassismus und die Niederwerfung der kolonialistischen und sklavenhalterischen Konterrevolution, die vor allem vom Dritten Reich in Europa und vom Reich der aufgehenden Sonne in Asien entfesselt wurde.

In den beiden hier gegenübergestellten Revolutionen ist die Kritik am Kolonialismus zugleich eine selbstkritische Reflexion, gereift in den beiden Ländern, in denen sie stattgefunden haben. Was Frankreich betrifft, so wissen wir, dass die Krise, die in den Sturz des Ancien Régime mündete, zu einem Zeitpunkt eintrat, als das Land bereits weitgehend seines Kolonialreichs beraubt war, das Aufkommen einer ideologischen und politischen Klasse erlebte, die, anders als in Großbritannien und Amerika, wenig oder nichts mit Kolonialherrschaft und Sklavenbesitz zu tun hatte: Dies erleichterte zuerst die Entstehung einer radikalen Kritik am Kolonialismus und danach die Akzeptanz der großen Revolution der schwarzen Sklaven von Saint-Domingue / Haiti. In Russland hingegen, dessen Imperium nach der Niederlage gegen Japan 1905 bereits deutliche Anzeichen einer Krise zeigte, stellten die Bolschewiki, eine ideologische und politische Schicht, die in keiner Weise durch die Kolonialherrschaft oder das zaristische Machtsystem kompromittiert war, von Anfang an vorbehaltlos die koloniale und nationale Unterdrückung in den Mittelpunkt ihrer politischen Theorie und Praxis, die damit zu einem wesentlichen Aspekt zunächst der ideologischen Vorbereitung der Oktoberrevolution und dann der internationalen Politik Sowjetrusslands wurde.

Diese internationale Politik Sowjetrusslands erblickte das Licht der Welt, indem sie die Unabhängigkeit Polens und Finnlands in Europa anerkannte und die expansionistische Politik des zaristischen Russlands in Asien in Frage stellte. Am 25. Juli 1919 erklärte der stellvertretende Volkskommissar für Auswärtige Angelegenheiten Lew M. Karachan, auf sämtliche politischen Sonderrechte und territorialen Ansprüche des zaristischen Russland in China zu verzichten und die Nichtigkeit der vom zaristischen Imperialismus mit Waffengewalt erzwungenen Verträge anzuerkennen (Carr, 1964, S. 1270f*).

Der Weg zur Freundschaft wird damit für zwei Länder und zwei Völker, deren Beziehungen lange Zeit im Zeichen der Feindschaft oder sogar des tatsächlichen Krieges standen, geebnet. Die »internationale Brüderlichkeit« scheint mit den ersten Taten der Sowjetregierung, jener aus der Revolution gegen den Krieg geborenen Regierung, ihre ersten Schritte zu machen.

Natürlich wurde bald klar, dass ein so langer historischer Prozess nicht rückgängig gemacht werden kann: Dessen wurden sich die Bolschewiki ebenso bewusst wie die Führer der Republik China und der Kommunistischen Partei Chinas. Und doch sind Karachans Erklärung und die Haltung des jungen Sowjetrussland nicht nur eine rhetorische Übung. Es handelte sich um eine klare Abkehr vom kolonialen und imperialen Expansionismus, ein Schritt, der, wie wir gesehen haben, zumindest in Europa konkrete und unmittelbare Folgen hatte.

Einmal mehr wird deutlich, dass die Revolutionen von 1789 und 1917 sich von allen anderen deutlich unterscheiden: Die Revolution, die am Ende des 16. Jahrhunderts die Unabhängigkeit der Niederlande durchsetzte, die beiden Revolutionen, die im darauffolgenden Jahrhundert in England stattfanden, und natürlich und erst recht die amerikanische Revolution waren alle von der Erneuerung des kolonialen Expansionismus und der Unterwerfung von Völkern kolonialer Herkunft geprägt. Wenn sie in einem berühmten, 1963 erschienenen Buch (*On Revolution*) die amerikanische Revolution als die einzige preist, die die Sache der Freiheit in den Mittelpunkt ihres Anliegens stellt, berücksichtigt Hannah Arendt in keiner Weise das Problem der Sklaverei, die koloniale Frage, das den Indianern und Afroamerikanern zugedachte Schicksal und auch nicht den Expansionismus der Vereinigten Staaten gegenüber Lateinamerika.

7.2.
Das Gegenmittel zum Krieg: repräsentative oder direkte Demokratie?

Die Revolutionen von 1789 und 1917 sind durch eine Verflechtung von Kontinuität und Diskontinuität verbunden, die auf verschiedenen Ebenen spürbar ist. Zumindest in einem Fall ist die Kontinuität klar und deutlich. Wir haben gesehen, dass Kant die Figur des »Bürgers in Waffen« (die aus den Umwälzungen jenseits des Rheins hervorgegangen war) der Figur des *miles perpetuus* oder des Berufssoldaten (die dem Ancien Régime eigen war) positiv gegenüberstellt (vgl. oben, Abs. 1.5). Nun, dieses Motiv finden wir ausgiebig bei Marx, bei der Ersten und der Zweiten Internationale und schließlich bei Lenin und der Oktoberrevolution. Und es ist ein Motiv, das im Lichte der inzwischen gemachten historischen Erfahrungen eng mit dem Thema Demokratie verknüpft ist: Der von der sozialistischen und kommunistischen Bewegung ins Visier genommene Berufssoldat ist neben seinem Einsatz im Kriege oft Protagonist in antidemokratischen Staatsstreichen, wie insbesondere das Beispiel von Napoleon I. und Napoleon III. sowie der Generäle zeigt, die in Russland zunächst die Februarrevolution und dann die Oktoberrevolution niederzuschlagen versuchten.

An dieser Stelle kommt das Element der Diskontinuität ins Spiel. Im Jahr 1789 und in den unmittelbar folgenden Jahren glaubte man, dass mit dem Zusammenbruch des königlichen Absolutismus und der Übertragung der Befugnis zur Kriegserklärung an die Volksvertreter diese sich davor hüten würden, bewaffnete Konflikte, Verderben und Blutvergießen heraufzubeschwören, in die sie persönlich verwickelt werden könnten oder die ihren Familien- und Freundeskreis betreffen würden. Allerdings waren die Protagonisten des gigantischen Konflikts, der 1914 ausbrach, allesamt Länder, die eine mehr oder weniger demokratische Regierung hatten (dies galt auch für Russland nach dem Zusammenbruch der zaristischen Autokratie). Nicht deshalb verschwand das Thema des Verhältnisses von Demokratie und Frieden mit der Oktoberrevolution. Nur war jetzt nicht die von Kant geschätzte republikanische und repräsentative Ordnung gefordert, um der Geißel des Krieges ein für allemal ein Ende zu setzen, sondern die direkte Demokratie, der unmittelbare Appell an die Volksmassen. Schon der Kongress der Zweiten Internationale, der 1910 in Kopenhagen stattfand, hatte die Geheimdiplomatie verurteilt, die trotz des demokratischen Anscheins, geschützt vor neugierigen Blicken, die höfischen Intrigen des Ancien Régime nachahmte und eine internationale Politik betrieb, die früher oder später zum Krieg führen musste. Sobald er an die Macht kam, ging Lenin dazu über, die Geheimverträge zu veröffentlichen, in denen sich die Länder der Entente über die Aufteilung der zukünftigen Kriegsbeute geeinigt hatten (Carr, 1964, S. 810*). Die Logik hinter dieser Geste war klar: Die Stimme des Volkes, und vor allem die der subalternen Klassen und der Soldaten (die selbst größtenteils aus der Bauern- oder Arbeiterklasse stammten), konnte die infernalische Kriegsmaschinerie blockieren oder lahmlegen. Mit besonderer Beredsamkeit erklärte Trotzki: »Der Kampf gegen den Imperialismus, der die Völker Europas ausblutete und verheerte, bedeutet zugleich einen Kampf gegen die kapitalistische Diplomatie, die genügend Gründe hat, das Tageslicht zu fürchten [...]. Die Abschaffung der Geheimdiplomatie ist die erste Bedingung einer ehrlichen, volkstümlichen, wirklich demokratischen Außenpolitik« (zit. ebd., S. 811* oder Trotzki, 1917 *Geheimdiplomatie und Geheimverträge*, Iswestija Nr. 221 v. 10.11.1917).

Mit anderen Worten, sobald die wirklichen wirtschaftlichen und geopolitischen Ziele, die die imperialistischen Mächte dazu trieben, sich in einem furchtbaren Gemetzel gegenüberzutreten, öffentlich bekannt würden, sobald die Menschen in der Lage wären, ihre Orientierung und ihren Willen in voller Kenntnis der Tatsachen zum Ausdruck zu bringen, und schließlich sobald eine echte Demokratie erreicht wäre, würden die Mächtigen schnell gezwungen sein, die Waffen zum Schweigen zu bringen. Es ist eine Ansicht, die einen noch zugespitzteren Ausdruck in der Rede fand, in der Trotzki dem Petrograder Sowjet erklärte, wie sich die sowjetische Delegation in Brest-Litowsk bei den Friedensverhandlungen mit den Vertretern Deutschlands und Österreichs verhalten würde: »Mit ihnen an einem Tisch sitzend, werden wir explizite Fragen stellen, die kein Ausweichen zulassen, und der gesamte Verlauf der Verhandlungen, jedes Wort, das sie oder wir äußern, wird aufgezeichnet und per Funktelefon an alle Menschen übermittelt, die die Richter unserer Diskussionen sein werden. Unter dem Einfluss der Massen haben sich die deutsche und die österreichische Regierung bereits bereit erklärt, auf dem Prüfstand zu erscheinen. Ihr könnt sicher sein, Genossen, dass der Staatsanwalt in der Person der russischen revolutionären Delegation an Ort und Stelle sein wird und zur rechten Zeit eine donnernde Anklageschrift gegen die Diplomatie aller Imperialisten halten wird« (Carr, 1964, S. 823).

Die detaillierte Aufzeichnung und universelle Übermittlung jeder Einzelheit der Verhandlungen per Funk und Telefon hätte die direkte oder die fast direkte Demokratie in Fragen des Friedens und des Krieges ermöglicht, und die Befürworter von Krieg und Gemetzel wären dann zur Machtlosigkeit verurteilt gewesen. Während er Trotzki in Petrograd, am Tag des Beginns der Verhandlungen von Brest-Litowsk, interviewte, berichtete der Korrespondent der »Times«, dass die Haltung des russischen Revolutionärs von der »Illusion geprägt war, dass ein plötzlicher und gleichzeitiger Ausbruch des Pazifismus nahe bevorstehe, vor dem alle Throne, Fürstentümer und Mächte werden weichen müssen« (ebd.). Und das alles – wir müssen es hinzufügen und wiederholen – dank des Verschwindens der Geheimdiplomatie und – wiederum im Gefolge der Oktoberrevolution – der damit verbundenen Entstehung einer Art direkter und universeller Demokratie in Fragen von Frieden und Krieg.

Wir haben die Dokumente der Kommunistischen Internationale vom März und Mai 1919 gesehen, in denen die »internationale Republik der proletarischen Räte« bzw. die »Rätemacht der ganzen Welt« gepriesen wird. Die Erreichung dieses Ziels, wie ehrgeizig es auch war, schien zeitweise in greifbarer Nähe zu liegen und bezog sich auf jeden Fall nicht auf eine ferne und problematische Zukunft. Die Oktoberrevolution hatte in Russland triumphiert und ein Jahr später fegten die Volksrevolutionen in Deutschland und Österreich die Hohenzollern- und Habsburger-Dynastien hinweg und riefen die Republik aus, ohne dass sich die Lage stabilisiert gehabt hätte; im März und April 1919 schien die proletarische Revolution in Ungarn und Bayern zu triumphieren, während Italien seinerseits im Begriff war, von der Bewegung der Fabrikbesetzungen erschüttert zu werden. All dies beflügelte die Hoffnung auf einen schnellen Übergang vom Kapitalismus zum Sozialismus im europäischen, ja sogar im weltweiten Maßstab. Es mangelte nicht an überschwänglichen Erklärungen, oder zumindest an solchen, die uns heute so erscheinen. Wenige Wochen nach der Gründung der Kommunistischen Internationale äußerte sich Sinowjew wie folgt: »Die Bewegung schreitet mit solcher schwindelerregender Geschwindigkeit voran, dass man zuversichtlich erklären kann, dass wir nach Jahresfrist bereits anfangen werden zu vergessen, dass es in Europa einen Kampf für den Kommunismus gegeben hat, denn in einem Jahr wird ganz Europa kommunistisch sein. Und der Kampf für den Kommunismus wird sich bereits auf Amerika und vielleicht auch auf Asien und die anderen Erdteile ausgedehnt haben« (zit. in: Agosti, 1974-1979, Bd. 1.1, S. 75*). Und auf der anderen Seite erklärte sogar Lenin, der gewöhnlich klar und nüchtern sprach, in seiner Abschlussrede auf dem Gründungskongress der Internationale: »Der Sieg der proletarischen Revolution in der ganzen Welt ist sicher. Die Gründung der Internationalen Räterepublik wird kommen« (KI 1921, www.sinistra.net/komintern/wk1/komint105d.html#u13). Und die Internationale Räterepublik hätte die Errichtung eines ewigen Friedens bedeutet: Welchen Grund für einen Krieg konnte es noch geben, wenn das Weltsystem von Kapitalismus und Imperialismus gestürzt war und nationale Rivalitäten und sogar staatliche und nationale Grenzen verschwunden waren?

Das Erreichen des Ziels der Verbrüderung der Menschheit war in greifbarer, oder in fast greifbarer Nähe. Bei seinem Amtsantritt als Volkskommissar für Auswärtige Angelegenheiten erklärte Trotzki: »Ich werde einige revolutionäre Proklamationen an die Völker erlassen und dann die Bude schließen« (Trotzki, 1930, S. 327); die Vereinigung der menschlichen Gemeinschaft auf weltweiter Ebene und das Verschwinden der Unterscheidung zwischen dem, was innen, und dem, was außen ist, hätte die Institution des Außenministeriums Geschichte werden lassen, dieser mittelmäßigen »Bude«, Ausdruck eines kleinlichen und wütenden Provinzialismus, den die Menschheit endlich hinter sich lassen würde.

Die Hoffnungen und Illusionen der Französischen Revolution kommen einem wieder in den Sinn: »Ein Organismus führt keinen Krieg gegen sich selbst, und das Menschengeschlecht wird nur dann in Frieden leben, wenn es einen einzigen Organismus, eine einzige Nation bildet«; wenn dies Wirklichkeit wird, kann jeder erkennen, dass »Botschaften die Saat des Unfriedens säen, und zwar auf eine sehr kostspielige Weise« (Cloots, 1979, S. 245, 490*). Zumindest für die radikalsten Strömungen der Französischen Revolution stand das Außenministerium schon nach der Wende von 1789 kurz vor der »Schließung der Bude«.

7.3.
Verteidigung und Export der Revolution: Cloots und Trotzki

Nach dem bolschewistischen Oktober stützte sich die Hoffnung auf die endgültige Ausrottung des kapitalistisch-imperialistischen Systems und die damit verbundene Verwirklichung des ewigen Friedens zunächst auf die Revolutionen von unten, die in anderen Ländern, außerhalb Sowjetrusslands, bereits im Gange waren oder sich abzeichneten. Wenn man in diesem Moment von einem zwischenstaatlichen Krieg spricht, nimmt man Bezug auf jenen Krieg, zu dem das Land gezwungen ist, das aus der Revolution hervorgegangen war, die gegen den Krieg ausgebrochen war, ein Krieg, der ihm von den imperialistischen Mächten aufgezwungen wurde, die mit ihren Expeditionskorps intervenierten, um das kapitalistische »Ancien Régime« wiederherzustellen.

Schon bald jedoch begann sich eine Dialektik zu manifestieren, nicht unähnlich derjenigen, die schon in Bezug auf die Französische Revolution analysiert worden war. Von Feinden angegriffen, die auf militärischer Ebene viel mächtiger waren, appellierte Sowjetrussland an die Solidarität der Proletarier der ganzen Welt (einschließlich der Proletarier der Angreiferländer selbst) und erhielt sie in einem Ausmaß, das nicht zu vernachlässigen war. Soll nun die Bewegung der Solidarität nur von Westen in Richtung Osten erfolgen oder auch in umgekehrter Richtung? Mit anderen Worten: Was sind die Grenzen der Auseinandersetzung zwischen Revolution und Konterrevolution? Und gibt es solche Grenzen tatsächlich?

Während der Französischen Revolution haben wir gesehen, wie von Paris aus ein deutscher Emigrant (Cloots) die Vorkämpfer des

Sturzes des Ancien Régime als »Vertreter der menschlichen Gattung« bezeichnete und pries (vgl. oben, Abs. 2.5). In ähnlicher Weise erklärte Radek nach dem Oktober 1917: »Wir sind nicht länger Moskowiter oder Bürger von Sowpedien [ein abwertender Begriff, mit dem Sowjetrussland von seinen Feinden bezeichnet wurde], sondern die fortgeschrittene Garde der Weltrevolution«. Wie Cloots ein Deutsch-Franzose ist, der sich als »Redner des Menschengeschlechts« bezeichnet, so ist auch Radek ein »Typus des internationalen Revolutionärs ohne genaue Verortung seiner Nationalität« (Carr, 1964, S. 813).

Wie nach 1789, so neigt auch nach 1917 das universalistische Pathos der Revolution dazu, die Unterscheidung zwischen Staatsbürgern und Ausländern aufzuheben oder sehr unscharf zu machen. In Paris drückt Cloots sein Erstaunen darüber aus, dass nach dem Sturz des Ancien Régime und der Erklärung der Menschenrechte immer noch zwischen Bürgern und »Ausländern« unterschieden wird (zit. in: Labbé, 1999, S. 387*). Letzteres sei ein sinnloses und in der Tat völlig irreführendes Wort. In Wirklichkeit ist »die Welt in Patrioten und Aristokraten geteilt«. Das ist der einzige Unterschied, auf den es ankommt: »Einmal befreit, wird die Menschheit eines Tages die Natur nachahmen, die überhaupt keine Fremden kennt.« Was hier beschworen wird, ist keine ferne Zukunft, es hat in gewisser Weise schon begonnen: »Fremder« ist ein »barbarischer Ausdruck, über den wir zu erröten beginnen« (Cloots, 1979, S. 198, 484, 490*). Es handelte sich hier nicht um die Position einer isolierten Persönlichkeit. Am 20. April 1792 beschloss die französische Nationalversammlung, »von nun an alle Ausländer aufzunehmen, die die Sache ihrer Feinde ablehnten« und die Revolution unterstützten. In ähnlicher Weise verlieh Sowjetrussland »ohne lästige Formalitäten« das Staatsbürgerrecht an »Ausländer, die auf dem Territorium der Russischen Republik arbeiten, vorausgesetzt, sie gehören der Arbeiterklasse oder der Bauernklasse, die keine Lohnarbeiter beschäftigt, an« (Carr, 1964, S. 813).

Gilt die Vergänglichkeit der nationalen Grenzen nur für die Figur des Bürgers oder auch für die des Soldaten? »Die Rote Armee war ursprünglich und ihrer Konzeption nach nicht ausschließlich national. Gleichzeitig mit ihrer Gründung erschien in der ›Prawda‹ vom 24. Februar 1918 ein von drei Amerikanern unterzeichneter Aufruf zur Anwerbung einer ›internationalen Abteilung der Roten Armee‹, deren Sprache Englisch sein sollte« (ebd.*). Für die Internationalisierung der revolutionären proletarischen Armee plädierten die unterschiedlichsten Figuren, vom russischen Kommandeur Michail N. Tuchatschewski bis zum Italiener Giacinto Menotti Serrati (Losurdo, 2016, Kap. VI, Abs. 4).

Ist eine internationale Armee in Hinblick auf ihre Zusammensetzung und mehr noch, was ihren Geist angeht, verpflichtet, nationale Grenzen zu respektieren? Im März 1919, anlässlich des Ersten Kongresses der Kommunistischen Internationale, schloss Trotzki, nachdem er argumentiert hatte, dass die von der Sowjetmacht rekrutierte Armee von ihren besten Soldaten »nicht nur als die Schutztruppe der russischen sozialistischen Republik [...], sondern auch als die Rote Armee der III. Internationale« empfunden und betrachtet wird, wie folgt: »Und wenn wir heute gar nicht daran denken, in Ostpreussen einzubrechen – im Gegenteil, wir würden ganz glücklich sein, wenn die Herren [Friedrich] Ebert und [Philipp] Scheidemann uns in Frieden ließen –, so ist es jedenfalls richtig, dass wir, wenn einmal die Zeit kommt und die Brüder vom Westen uns zu Hilfe rufen, antworten werden: ›Wir sind hier, wir haben während dieser Zeit den Gebrauch der Waffen gelernt, wir sind bereit, für die Sache der Weltrevolution zu kämpfen und zu sterben!‹« (KI, 1921). Diese Position drückt eine weit verbreitete Ansicht aus. In einer der Resolutionen des Zweiten Kongresses der Kommunistischen Internationale heißt es: »Die Kommunistische Internationale proklamiert die Sache Sowjetrusslands als ihre eigene Sache. Das internationale Proletariat wird sein Schwert erst dann in die Scheide stecken, wenn Sowjetrussland zu einem Glied in einer Föderation von Sowjetrepubliken in der ganzen Welt wird« (Carr, 1964, S. 975*).

Diese Erklärungen fallen in die Jahre 1919/20, in eine Zeit, in der sich Revolution und Konterrevolution in einem praktisch grenzenlosen Kräftemessen gegenüberstanden: Sowjetrussland musste eine Aggression nach der anderen über sich ergehen lassen (zuerst die deutsche des Wilhelm II. und dann die der Entente), und die Aggressorländer ihrerseits mussten sich Revolutionen entgegenstemmen, die in neue Sowjetrepubliken zu münden drohten bzw. versprachen. Mit anderen Worten, die Theorie vom Export der Revolution als Mittel, um die Wurzeln des Krieges auszureißen und einen ewigen Frieden zu erreichen, d. h. jene Theorie, die in den Jahren der Französischen Revolution ihre klarste Formulierung bei Cloots und Fichte gefunden hatte, hat sich noch nicht richtig herausgebildet.

Machen wir nun einen Sprung von sechzehn Jahren. Im Jahr 1936 erklärte Stalin in einem Interview mit Roy Howard (von der »Times«): »Der Export der Revolution ist Unsinn. Jedes Land wird, wenn es will, seine Revolution selber durchführen; wenn es nicht will, wird es keine Revolution geben. Unser Land zum Beispiel wollte die Revolution durchführen und hat sie durchgeführt.« Stalin hat dabei die Lektion Lenins im Hinterkopf, der, nachdem die Aussicht auf das rasche Zustandekommen der »internationalen Sowjetrepublik« und die endgültige Auslöschung der staatlichen und nationalen Grenzen geschwunden war, das Prinzip der friedlichen Koexistenz zwischen Ländern mit unterschiedlichen Gesellschaftsordnungen geltend gemacht hatte. Dieses von Stalin akzeptierte und bekräftigte neue Prinzip, das das Ergebnis eines Lernprozesses war und Sowjetrussland auf jeden Fall das Recht auf Unabhängigkeit in einer feindlichen und militärisch stärkeren Welt garantierte, erscheint in den Augen derer, die sich weiterhin an ihre anfänglichen Hoffnungen und Illusionen klammern, jedoch als mittelmäßig und verzichtbar.

Trotzki nimmt zu Stalins Aussage Stellung und drückt schon im Titel seines berühmtesten Buches seine Entrüstung über »Die verratene Revolution« aus: »Wir zitieren wörtlich. Von der Theorie des Sozialismus in einem Land gibt es einen ganz natürlichen Übergang zur Theorie der Revolution in einem Land. [...]. Wir proklamierten mehr als einmal die Pflicht des Proletariats im Lande der siegreichen Revolution, den unterdrückten und aufständischen Klassen zu Hilfe zu eilen, und zwar nicht nur mit Ideen, sondern wenn möglich auch mit der Waffe. Wir begnügten uns nicht mit Erklärungen. Wir halfen den Arbeitern Finnlands, Lettlands, Estlands und Georgiens damals mit Waffengewalt. Wir machten den Versuch, einen Aufstand des polnischen Proletariats durch den Marsch der Roten Armee auf Warschau zu unterstützen« (Trotzki, 2009, S. 215).

Unermüdlich und unerbittlich ist die Polemik gegen die Verwandlung der ursprünglichen »internationalistisch-revolutionären« in eine »national-konservative« Politik, gegen »die national-pazifistische Außenpolitik der Sowjetregierung«, gegen das Vergessen des Prinzips, wonach der einzelne Arbeiterstaat nur als »Truppensammelplatz der Weltrevolution« agieren darf (Trotzki, 1997-2001, Bd. 3, S. 476, 554, 566). An diesem Punkt, da sich die internationalen Beziehungen stabilisiert haben und die Grenzen zwischen Sowjetrussland und der kapitalistischen Welt klar hervortreten, wird der These von der friedlichen Koexistenz nun bewusst die Theorie vom Export der Revolution – auch mit militärischen Mitteln – entgegengehalten; und selbstverständlich bleibt die Sichtweise bestehen, wonach der Rückgriff auf Waffen (und damit letztlich auf den Krieg) darauf abzielt, die Wurzeln des Krieges auszureißen und den ewigen Frieden zu garantieren.

Es kommt einem der Fichte der *Bestimmung des Menschen* in den Sinn, für den kein friedliebender Staat mit einer politischen Verfassung, die den Krieg ablehnt und verurteilt, Regierungsformen »vernünftigerweise neben sich dulden« kann, die den Krieg objektiv fördern und unterstützen. Diese Gedanken richten sich vor allem auf Cloots, der wenige Monate nach Ausbruch des Krieges, dem sich Robespierre vergeblich widersetzt hatte, dem Jakobinerführer vorwirft, an einer feigen Position festzuhalten, den »Angriffskrieg« abzulehnen und darauf zu verzichten, die »Waffen der Befreiung [...] zu den Nachbarvölkern [zu] tragen. So, wie Stalin von Trotzki beschuldigt wird, Verfechter einer »national-konservativen« Politik zu sein, wird Robespierre, weil auch er den Export der Revolution ablehnt, von Cloots mit La Fayette verglichen, einem Exponenten der liberal-konservativen Strömung (vgl. oben, Abs. 2.4-2.5).

Von seinem Standpunkt aus hat Trotzki vollkommen Recht, an erster Stelle Stalin ins Visier zu nehmen. Die letzten Lebensjahre von Lenin, dem großen Theoretiker der nationalen Frage, sind geprägt von der Auseinandersetzung zwischen Revolution und Konterrevolution, die nationale Grenzen nicht kennt, und dies vor allem aufgrund der militärischen Intervention jener Mächte, die entschlossen sind, die in Russland entstandene neue Ordnung zu ersticken. Auf jeden Fall scheint der Traum von der spontanen Ausbreitung der bolschewistischen Revolution in Europa eine konkrete Grundlage zu haben. Erst nach Stabilisierung der internationalen Lage wurde die Wahl zwischen dem Export der Revolution und der friedlichen Koexistenz zwingend, und es war Stalin, der sich klar für die zweite Option aussprach. Es war kein Zufall, dass er zwischen Februar und Oktober 1917 die Revolution nicht nur im Namen der internationalen Sache des Sozialismus forderte, sondern auch, um die nationale Unabhängigkeit zu verteidigen oder wiederzuerlangen, die von den Entente-Mächten, die entschlossen waren, die Fortsetzung des Krieges auch gegen den Willen des russischen Volkes durchzusetzen, bedroht war. Wenn Trotzki an Cloots und den frühen Fichte erinnert, so kann man Stalin mit Robespierre vergleichen. Während dieser dazu aufruft, sich – unter Verzicht auf den Traum von der Weltrevolution, die notfalls mit Waffengewalt durch eine revolutionäre Armee mit internationalem Charakter erzwungen werden muss – auf die Aufgabe des Aufbaus einer neuen Ordnung in Sowjetrussland zu konzentrieren, führt jener eine unerbittliche Polemik gegen Cloots, den »unzeitgemäßen Prediger der einen und universellen Republik« und Propheten einer Revolution oder vielmehr eines bereits vor den Toren stehenden »weltweiten Flächenbrandes«. Stalin, der ständig und peinlich genau auf die realen Kräfteverhältnisse achtete und ein mittelmäßiger Redner war, dem es jedenfalls völlig an Trotzkis mitreißender Eloquenz fehlte, hätte sich zweifellos Robespierres Polemik (1950-1967, Bd. 8, S. 80f) gegen diejenigen angeschlossen, die glaubten, von der »Rednertribüne« aus und unter Berufung auf die »Figuren der Rhetorik« den Sieg »über den Despotismus und die Aristokratie des Weltkreises« erringen zu können. Als die französische Revolutionsarmee, nachdem sie die Invasoren besiegt hatte, ihre Gegenoffensive entwickelte und von einigen Kreisen gedrängt wurde, nicht auf halbem Wege stehen zu bleiben, rief Robespierre, wie wir bereits gesehen haben, zum Nachdenken darüber auf, dass »niemand bewaffnete Missionare liebt«. Mehr als ein Jahrhundert später, als auf die Aggression Polens die Gegenoffensive der Sowjetarmee folgte, fehlte es nicht an denen, die auf einen einfachen »Marsch auf Warschau« hofften, um ein »rotes sowjetisches Warschau« zu errichten oder zu erzwingen. Stalin brachte die Position der von ihm kritisierten »Überheblichen« auf den Punkt, wenn er die Stärke des »Heimatgefühls« betonte; und er zog einige Jahre später ein allgemeines Fazit: »Kolossal groß ist die Stabilität der Nationen« (Losurdo, 2012, S. 61f).

Der Gegensatz zwischen Trotzki und Stalin ist klar, theoretisch mehr noch als politisch; für beide ist jedoch der endgültige Triumph des Sozialismus (den sowohl der eine als auch der andere erwartet, wenn auch am Ende zweier sehr unterschiedlicher Prozesse) gleichbedeutend mit der Beseitigung des gesellschaftlichen und politischen Systems, das den Krieg erzeugt, und ist damit die Voraussetzung für die Verwirklichung des ewigen Friedens. Aber es ist gerade die universalistische Idee des ewigen Friedens, aus der sich der Zusammenprall zweier gegensätzlicher Visionen des Universalismus entwickelt.

7.4. Kommunistische Tradition und Kritik am »Napoleonismus«

Bei Cloots mündet die Verherrlichung der »universellen Republik« – ahnungslos und vollkommen respektlos gegenüber den Eigenheiten und Rechten der einzelnen Nationen – in einen Chauvinismus, der jede Eroberung Frankreichs als einen Beitrag zur internationalistischen und universalistischen Sache der endgültigen Ausrottung der Geißel des Krieges bejubelt. Es ist ein Prozess, der in die Legitimation der Eroberungskriege und des Expansionismus des postthermidorianischen Frankreichs mündet und der die (sich abzeichnende) *Pax Napoleonica* als universellen und ewigen Frieden verklärt. Entwickelt sich mit der Oktoberrevolution eine ähnliche Dialektik? Antonio Gramsci (1996, S. 1693) wirft Trotzki einen »anachronistischen und widernatürlichen ›Napoleonismus‹« vor. Zuweilen wird der sowjetische Napoleonismus explizit und stolz zelebriert, allerdings wird er nicht von Trotzki, dem in den *Gefängnisheften* scharf kritisierten Oppositionsführer, sondern von Stalin verkörpert, der die Macht mit eiserner Hand ausübt. Während der Zweite Weltkrieg tobte, sprach ein einzigartiger und faszinierender Philosoph, Alexandre Kojève (Koschewnikow), von dem sowjetischen Führer als einem »industrialisierten Napoleon« (oder »Alexander« des 20. Jahrhunderts), der dazu bestimmt sei, ein Imperium im Zeichen des Kommunismus zu errichten, um eine Welt zu schaffen, die das Ende der Geschichte darstelle und in der »es keine Kriege und Revolutionen mehr geben wird« (zit. in: Filoni, 2008, S. 229-232*). Hier wird der Export des als am fortgeschrittensten geltenden politisch-sozialen Systems mehr oder weniger explizit thematisiert und dieser Export einer Sowjetunion anvertraut, die sich anschickte, das Dritte Reich zu besiegen und ein Höchstmaß an Macht und Einfluss zu erlangen. Und wieder sind wir angehalten, an die Dialektik zu denken, die sich in Frankreich seit 1789 entwickelt hat.

Neben den Gemeinsamkeiten müssen wir aber auch die Unterschiede sehen können, die in diesem Fall eindeutig den Hauptaspekt darstellen. Wahr ist, dass sich, auch dank des Versprechens eines ewigen Friedens (der dem Sturz des Ancien Régime folgen sollte, im ersten Falle dem feudalen und im zweiten dem kapitalistischen), das revolutionäre Frankreich und das revolutionäre Russland am Ende beide mit einer Mission ausgestattet fühlen, die mehr oder weniger deutlich dazu tendiert, über die »künstlichen« nationalen und staatlichen Grenzen hinauszugehen, und die daher mehr oder weniger imperialen Charakter hat. Und doch sind die beiden Imperien sehr unterschiedlich. Das napoleonische entfesselte einen ungebremsten Krieg zur Wiederherstellung der Kolonialherrschaft und der schwarzen Sklaverei in Saint-Domingue, und auch in Europa schreckte es nicht vor kolonialen Praktiken wie der (manchmal systematischen) Plünderung von Kunstwerken und Kulturgütern zurück. Im Gegensatz dazu ermutigte und unterstützte das sowjetische »Imperium« die weltweite antikoloniale Revolution, wobei es sowohl mit den klassischen Kolonialmächten als auch mit dem Dritten Reich in Konflikt geriet. Letzteres war entschlossen, mit der kolonialen Tradition fortzufahren und sie zu radikalisieren, indem es die Völker Osteuropas, die Hitler im Wesentlichen mit »wilden« Stämmen gleichsetzte, dazu bestimmte, enteignet und dezimiert zu werden oder wie Sklaven im Dienst der »Herrenrasse« zu arbeiten. Zumindest am Anfang nimmt das von der Sowjetunion angeführte »sozialistische Lager« Gestalt an mit dem Begraben des kontinentalen Kolonialreichs, das Hitlerdeutschland in Osteuropa begonnen hatte aufzubauen, d.h. es entspringt einer antikolonialen Revolution.

Der grundlegende Unterschied zwischen 1789 und 1917 wird vor allem dann deutlich, wenn wir uns auf den philosophischen Aspekt des Problems konzentrieren. Erst am Ende einer langen und quälenden Entwicklung gelingt es Fichte, sich endgültig von der Versuchung zu befreien, die Revolution zu exportieren: Nein, die Revolution wird sich spontan, aber umso sicherer ausbreiten, wenn der Staat, der die fortschrittlichsten politischen und sozialen Beziehungen und Institutionen geschaffen hat, die Garant für »Glück« und Frieden sind, zum »Muster« für andere Staaten wird, die »ebenso glücklich werden« möchten und ebenso auf eine internationale Ordnung der Gerechtigkeit und des ewigen Friedens zugehen wollen (vgl. oben, Abs. 3.12). Nun sind es gerade Fichtes Schlussfolgerungen, von denen Engels ausgeht, als er beginnt, über die Probleme der internationalen Politik nachzudenken, die in Angriff genommen werden müssen, wenn einst einige Länder im Sozialismus oder im Postkapitalismus angekommen sein werden. In einem Brief an Karl Kautsky vom 12. September 1882 lenkt er die Aufmerksamkeit auf die Missverständnisse und Spannungen, die auftreten können. Wie damit umgehen? Nachdem er betont hat, dass »das sich befreiende Proletariat keine Kolonialkriege führen kann«, fügt Engels eine weitere Überlegung hinzu, die mehr allgemeiner Natur und alles andere als selbstverständlich ist: »Das siegreiche Proletariat kann keinem fremden Volk irgendwelche Beglückung aufzwingen, ohne damit seinen eigenen Sieg zu untergraben. Womit natürlich *Verteidigungskriege verschiedner Art* keineswegs ausgeschlossen sind«, die von jenen Ländern und Völkern ausgehen können, die von einer Art postkapitalistischem Napoleonismus erfasst wurden (MEW, Bd. 35, S. 357f). Hier werden

Kriege vorhergesehen und gerechtfertigt, deren großer Theoretiker Fichte, der Philosoph des ewigen Friedens schlechthin, in der letzten Phase seiner Entwicklung wurde.

Im Juli 1916 kommentierte Lenin, nachdem er Engels' Analyse aufgegriffen und bestätigt hatte: »Engels nimmt keineswegs an, dass das ›Ökonomische‹ von selbst und unmittelbar alle Schwierigkeiten aus dem Wege räumen würde. Die wirtschaftliche Umwälzung wird *alle* Völker veranlassen, sich dem Sozialismus *zuzuwenden*, doch sind dabei auch Revolutionen – gegen den sozialistischen Staat – und Kriege möglich. Die Anpassung der Politik an die Ökonomik wird unvermeidlich eintreten, aber nicht auf einmal und nicht ganz glatt, nicht einfach, nicht unmittelbar [...]. Das Proletariat wird nicht heilig und gegen Fehler und Schwächen gefeit werden, nur weil es die soziale Revolution vollbringen wird. Aber mögliche Fehler (und eigennützige Interessen – der Versuch, auf Kosten anderer zu leben) werden es unvermeidlich zur Erkenntnis dieser Wahrheit führen« (Lenin, 1955-1970, Bd. 22, S. 360f). Und so warnt der große russische Revolutionär, noch bevor ein postkapitalistischer Staat mit sozialistischer Orientierung entsteht: Der Versuch oder der Anspruch eines solchen Staates, die Revolution zu exportieren, hätte keine Legitimität und wäre in der Tat ein Ausdruck von Chauvinismus, der durch berechtigte Erhebungen und Kriege mehr oder weniger antinapoleonischer Art bekämpft werden könnte.

Mit anderen Worten: Die Lenin'sche Revolutionstheorie setzt eine explizite und radikale Kritik des Napoleonismus voraus, ja sie hat diese zur Grundlage. Einerseits und zuvorderst war es die Entente, die sich während des Ersten Weltkriegs zum Meister des Exports eines gesellschaftlichen und politischen Systems aufschwang, das man für das fortschrittlichere hielt, und die sich vornahm, mit Waffengewalt die Liquidierung des Despotismus, den man Deutschland vorwarf, und dessen Demokratisierung durchzusetzen, während es andererseits Deutschland selbst war, das seinen Krieg gegen das zaristische Russland (verbündet mit Frankreich und Großbritannien) als einen Kreuzzug für die Freiheit darstellte. Es ist dieser Kontext, in dem sich Lenin, nachdem er beide Kontrahenten als Imperialisten verurteilt hat, die Frage nach den möglichen Entwicklungen des gigantischen Kampfes stellt, der da gerade ausgetragen wird: Wir befinden uns im Oktober 1916, und die Armee Wilhelms II. steht vor den Toren von Paris; wenn nun der Konflikt »mit Siegen in der Art der Siege *Napoleons*« und mit »der Versklavung einer Reihe lebensfähiger Nationalstaaten endete, [...] dann wäre ein großer nationaler Krieg in Europa möglich«, ein legitimer nationaler Befreiungskrieg. Der Napoleonismus machte nationale Befreiungskriege legitim und sogar unvermeidlich. Dies zeigt die historische Erfahrung: »Die Kriege der Großen Französischen Revolution begannen als nationale Kriege und waren auch solche. Diese Kriege waren revolutionär, sie dienten der Verteidigung der großen Revolution gegen eine Koalition konterrevolutionärer Monarchien. Als aber Napoleon das französische Kaiserreich errichtete und eine ganze Reihe seit langem bestehender, großer, lebensfähiger Nationalstaaten Europas unterjochte, da wurden die nationalen französischen Kriege zu imperialistischen, die nun *ihrerseits* nationale Befreiungskriege *gegen den Imperialismus Napoleons* erzeugten« (ebd., Bd. 22, S. 308). Die Schlüsselbegriffe sind »Siege in der Art der Siege Napoleons« und »Imperialismus Napoleons«, und beide haben eine deutlich negative Konnotation. Ein Land, das in seinen Beziehungen zu anderen das Recht des Stärkeren geltend macht, wie fortschrittlich es auch sein mag und wie edel die Ideale, die es verkündet, auch sein mögen, läuft Gefahr, den Weg des Napoleonismus und des Imperialismus zu beschreiten, und provoziert am Ende den gerechten nationalen Widerstand der Unterdrückten.

Die Kritik am Napoleonismus ist mit der Oktoberrevolution keineswegs verstummt. Am 14. März 1918, etwa zehn Tage nachdem das junge Sowjetrussland vom imperialistischen Deutschland, auf dessen Thron mit Wilhelm II. immer noch die Hohenzollern saßen, gezwungen wurde, den demütigenden Frieden von Brest-Litowsk zu unterzeichnen, vergleicht Lenin den Kampf des von ihm geführten Landes mit dem Kampf, den seinerzeit Preußen gegen die napoleonische Invasion und Okkupation führte – ebenso unter der Führung der Hohenzollern –, während er Napoleon seinerseits als

»einen ebensolchen Räuber wie jetzt die Hohenzollern und Hindenburg« beschreibt (ebd., Bd. 27, S. 175). Während er sich noch mit der Armee Wilhelms II. herumplagt, sieht Lenin in gewisser Weise die Invasionen und Invasionsdrohungen der folgenden Jahrzehnte voraus und fordert Sowjetrussland auf, sich auf die Möglichkeit einer »Epoche« ähnlich der »Zeit der Napoleonischen Kriege« vorzubereiten (ebd., Bd. 27, S. 60). Der große Revolutionär identifizierte sich nicht mit dem napoleonischen Frankreich (das wenige Jahre nach der Revolution von 1789 entstanden war), sondern mit den Ländern, die sich ihm widersetzten, auch wenn sie von ihm als rückständig und befallen von engstirnigem und stumpfem Provinzialismus bezeichnet wurden.

Bei näherer Betrachtung zieht sich der Verweis auf die antinapoleonischen Kriege, wenn auch unter Schwankungen und Widersprüchen, durch die gesamte Geschichte Sowjetrusslands. Zum Zeitpunkt seiner Konstituierung, und kaum, dass es sich dank des Vertrags von Brest-Litowsk von der deutschen Bedrohung befreit hatte, fand die Invasion durch die Entente statt, woraufhin die Bolschewiki zu einem »patriotischen und sozialistischen Befreiungskrieg« aufriefen, wobei sie eine Formulierung verwendeten, die sofort an den Krieg von 1812 gegen Napoleon erinnerte (in der ursprünglichen Fassung des Textes fehlte sogar das Adjektiv »sozialistisch«) (Carr, 1964, S. 858f). Unmittelbar nachdem das Dritte Reiches in die Sowjetunion eingefallen war und Hitler als neuer Napoleon auftrat, rief auf der Gegenseite Stalin (1971-1976, Bd. 14, S. 253) sein Volk zum Widerstand auf, wobei er auch die Figur von Michail I. Kutusow heraufbeschwor, jenem General, der gegen die Invasion des napoleonischen Frankreich gekämpft hatte. Ein erfolgreiches Plakat, das einen »zwergenhaften« Hitler zeigt, der von einem gigantischen Schatten Napoleons überragt wird, verkündet: »Napoleon hat eine Niederlage erlitten, das wird auch mit Hitler geschehen!« (zit. in: Drechsler et al., 1975, S. 41). Andererseits enthält die Bezeichnung »Großer Vaterländischer Krieg« für den Widerstand gegen die Aggression des Dritten Reiches einen impliziten Hinweis auf den Widerstand Russlands gegen die Invasion des französischen Kaisers. Die Figur des antinapoleonischen Partisanen, die in Tolstois großem Roman *Krieg und Frieden* hervorsticht, spielt eine wesentliche Rolle in Stalins Aufruf zum Volkswiderstand gegen den Angreifer (Schmitt, 1963, S. 19).

Die Kritik des Napoleonismus bleibt nicht auf der politischen Ebene im strengen Sinne des Wortes stehen, sondern bezieht auch die eher philosophische Sphäre mit ein. Es ist kein Zufall, dass Lenin sich auf den Philosophen beruft, der als erster den historischen Zyklus von der Französischen Revolution bis zum ungezügelten Expansionismus Napoleons reflektierte und die Dialektik aufzeigte, durch die der Universalismus in sein Gegenteil umschlagen kann. In Umschreibung der uns bereits bekannten Passage (vgl. oben, Abs. 4.4.) aus der Hegel'schen Logik, wonach das Allgemeine nur in dem Maße authentisch ist, wie es das Besondere umfassen kann, kommentiert Lenin (1956-1972, Bd. 38, S. 91): Es ist eine »ausgezeichnete Formulierung«! Dasselbe gilt für Gramscis Kritik an Trotzki (1996, S. 1692): Er irre, wenn er nicht begreife, dass der »Internationalismus«, um authentisch zu sein, »zutiefst national« sein muss, oder, um noch einmal Hegels Sprache zu verwenden, dass der Universalismus in dem Maße Universalismus ist, in dem er fähig ist, die Besonderheit zu subsumieren (einschließlich und an erster Stelle die nationale Besonderheit).

7.5.
Die fehlende Abrechnung mit dem »Napoleonismus«

Wie ist dann zu erklären, dass Gramsci Trotzki »Napoleonismus« vorwirft, während Kojève (Koschewnikow) Stalin als »industrialisierten Napoleon« feiert? Handelt es sich dabei um isolierte Positionen, oder müssen wir stattdessen die Schlussfolgerung ziehen, dass die kommunistische Bewegung trotz allem nicht die endgültige Abrechnung mit dem Napoleonismus vollzogen hat?

In der Tat haben wir es mit einer ideologischen Zweideutigkeit zu tun, die sich bereits vor dem Oktober 1917 zeigt. Wir wissen, dass für Engels die bürgerliche Revolution in Deutschland mit den Reformen beginnt, die in Vorbereitung und während des Aufstands gegen die napoleonische Besatzung gefordert und durchgeführt wurden (vgl.

oben, Abs. 3.9). Es scheint jedoch, dass Marx keine identische oder ähnliche These je formuliert hat. Im Gegenteil, es gibt eine berühmte Textstelle von ihm in der *Heiligen Familie*, die in Napoleon den letzten Ausdruck des »revolutionären Terrorismus« erkennt: Der geniale Führer habe »den [jakobinischen] Terrorismus vollzogen, indem er an die Stelle der permanenten Revolution den permanenten Krieg setzte«; dank ihm hätten sich die Revolution und die Liquidierung des Ancien Régime auf Deutschland ausgedehnt und eine europäische Dimension angenommen (MEW, Bd. 2, S. 130). Und so hätte nach dieser Textstelle die bürgerliche Revolution in Deutschland mit der napoleonischen Eroberung begonnen, nicht mit dem Aufstand gegen sie, wie Engels glaubte.

Traditionell wird, wenn eine Diskrepanz zwischen Marx und Engels auftaucht, immer auf letzteren als denjenigen verwiesen, der innerhalb der großen intellektuellen Gemeinschaft der Beiden weniger philosophische und hermeneutische Finesse an den Tag legte; aber in dem jetzt zu untersuchenden Fall erweist sich diese Vorgehensweise als vereinfachend und mechanisch. Die Bilanz der *Heiligen Familie*, die dazu neigt, Napoleon mit den Jakobinern gleichzusetzen, hält einer historischen Analyse nicht stand. Erstens ist sie eindeutig vom Eurozentrismus geprägt. Sie berücksichtigt Europa, aber nicht die Kolonien und Saint-Domingue / Haiti, über das (zehn Jahre nach der *Heiligen Familie*) ein großer (russischer) Intellektueller, Zeitgenosse von Marx, feststellt, dass Napoleon dort in jeder Hinsicht der »Wiedererrichter der Sklaverei« ist oder zu sein versucht (Herzen, 1949, S. 237). Und so können wir hinzufügen, dass der brillante Feldherr der direkte Gegner sowohl der »schwarzen Jakobiner« ist, die auf der Karibikinsel die Ketten der Sklaverei sprengten und die gewonnene Freiheit heldenhaft verteidigten, als auch des Jakobinerkonvents, der in Paris die Ergebnisse der großen Revolution auf der anderen Seite des Atlantiks bestätigte und die Abschaffung der Sklaverei in den Kolonien sanktionierte. Allgemeiner ausgedrückt: Wenn Robespierre bereit war, die Kolonien der Sache der Freiheit zu opfern (vgl. oben, Abs. 1.3), war Napoleon fest entschlossen, das französische Kolonialreich wiederherzustellen und möglicherweise zu erweitern.

Selbst wenn wir den Blick ausschließlich auf Europa richten, ist die Rolle des ersten Konsuls und Kaisers, der in Paris residierte, alles andere als eindeutig progressiv. Neben der halbkolonialen Herrschaft, die seinen Eroberungen folgte, ist eine weitere Praxis zu bedenken: Indem er sowohl Territorien als auch Kronen in eigenmächtiger Manier an Verwandte und Freunde verteilte, erneuerte er die patrimoniale Konzeption des Staates; zum anderen verstärkte er die staatliche Fraktionierung Deutschlands und rückte damit jene nationale Einheit (und die des nationalen Marktes), die eines der zentralen Ziele der bürgerlichen Revolution darstellte, in weite Ferne.

Und doch folgt ein paar Jahrzehnte später ein angesehener Vertreter der revolutionären Sozialdemokratie und der deutschen Arbeiterbewegung dem von Marx in der *Heiligen Familie* vorgegebenen Weg und ist der Auffassung, dass das entscheidende Datum in der deutschen Geschichte des 19. Jahrhunderts nicht die Schlacht bei Leipzig ist (die die Niederlage Napoleons I. und das Ende der französischen Okkupation Deutschlands markiert), sondern die Schlacht bei Jena, in der der französische Kaiser, der die Herrschaft über ganz Europa anstrebte, der preußischen Armee eine Niederlage zufügte: »Deutschland erlebte die erste bürgerliche Revolution in einer Invasion feindlicher Armeen« (Mehring, 1960-1966, Bd. 6, S. 7, 154).

Es ist eine Sichtweise, die auch noch im zwanzigsten Jahrhundert bei zwei der bedeutendsten marxistischen und kommunistischen Philosophen nachhallt. Georg Lukács und Ernst Bloch fällen ein positives Urteil über Fichte und Hegel nur insofern, als sie ihnen eine gewisse Sympathie für die *Grande Nation* (und für den Export der von ihr angefachten und verwirklichten Revolution) zuschreiben konnten. Wir wissen, wie Lukács den späten Fichte abfertigt, den großen Theoretiker der nationalen Unabhängigkeitskämpfe, den er beschuldigt, zusammen mit den anderen Protagonisten des antinapoleonischen Aufstandes »von einer reaktionären Mystik erfüllt« und von Chauvinismus durchdrungen zu sein. In ähnlicher Weise äußert sich Bloch, der sein Misstrauen oder gar seine Feindseligkeit gegenüber den von Deutschland gegen die napoleonische Besatzung geführten »sogenannten Befreiungskriege(n)« ausdrückt (Bloch, 1959, S. 251). Umso symptomatischer ist eine eklatante Fehldeutung. In seinen Vorlesungen von 1804/05 (*Grundzüge des gegenwärtigen Zeitalters*) kritisierte Fichte, der bereits mit Napoleon gebrochen hatte, Preußen für seine zögerliche bzw. ängstliche Politik gegenüber dem Expansionismus des napoleonischen Imperiums und schaute sich in Deutschland nach einer möglichen Alternative um; aber nach Bloch (1970, S. 302) erwartete Fichte das Heil von Frankreich, d.h. von dem Land, gegen das er zum Kampf aufrief!

Lukács verfällt in eine ähnliche Fehlinterpretation: In der 1799 verfassten *Kritik der Verfassung Deutschlands* hebt Hegel, der sich der nationalen Frage voll bewusst ist, hervor, wie der Krieg von französischer Seite auf den »Raub eines Eigentums«, nämlich die Annexion des linken Rheinufers, abzielt (siehe oben, Abs. 4.4). Eine Politik des Widerstandes drängt sich auf; leider nimmt Preußen eine Haltung der Neutralität und sogar der Komplizenschaft mit den französischen Invasoren ein. Um hier Abhilfe zu schaffen, wäre eine mutige und tatkräftige Persönlichkeit vonnöten, die wie Theseus, der König von Athen in der griechischen Mythologie, das nicht mehr existierende Deutschland rettet und gründet (oder neu gründet). Nun, der von Hegel zur Rettung des Landes vor der französischen Invasion beschworene Theseus wird von Lukács (1954², S. 353f) in Napoleon erkannt! Mehr noch: Lukács (ebd., S. 354, Anm.) hält es für ein entscheidendes Symptom einer Rückentwicklung des Berliner Hegels, dass er sich »mit dem Sturz Napoleons« abfand, was mit einer Haltung, wenn schon nicht des Anpassens, so doch jedenfalls der Resignation gegenüber der Restauration einherging. In Wirklichkeit ist es gerade der reifere Hegel, der die nationale Frage und den legitimen und im Wesentlichen fortschrittlichen Charakter der antinapoleonischen Erhebungen der unterdrückten Nationen vollständig verstanden hat.

Und doch formuliert Lukács tiefgreifend und klar das Kriterium, an das man sich halten muss, um die große philosophische und kulturelle Epoche von Kant bis Marx zu verstehen: »Die fruchtbaren und genialen Züge der klassischen deutschen Philosophie sind mit ihrer gedanklichen Widerspiegelung der großen Weltereignisse dieser Periode aufs engste verknüpft. [...] Die zentralen geschichtlichen Ereignisse, deren gedankliche Spiegelbilder wir hier zu untersuchen haben, sind die Französische Revolution und die auf sie folgenden großen Klassenkämpfe in Frankreich mit ihrer Einwirkung auf die innerdeutschen Probleme. Und man kann im Allgemeinen sagen, dass die großen ideologischen Vertreter dieser Periode desto größer sind, je stärker die welthistorischen internationalen Ereignisse im Vordergrund ihrer Interessen stehen« (ebd., S. 25). Unter den »zentralen geschichtlichen Ereignissen« dieser historischen Periode fehlt jedoch eines, das Engels im Anti-Dühring wie folgt resümiert: »Der [von der Französischen Revolution] verheißene ewige Friede war umgeschlagen in einen endlosen Eroberungskrieg« (MEW, Bd. 20, S. 239). Statt über »reaktionären Mystizismus« und Chauvinismus zu jammern, den die Bewegungen gegen einen solchen »endlosen Eroberungskrieg« an den Tag legten, müssen wir uns eines Traumas vergegenwärtigen, das sich in Deutschland und anderswo einstellte, als der von der Revolution von 1789 versprochene »ewige Frieden« in sein Gegenteil verkehrt wurde.

Es handelt sich um ein zentrales zeitgeschichtliches Phänomen, auf das schon der späte Fichte aufmerksam gemacht hat, und dessen grundsätzliche Bedeutung von Lenin verdeutlicht worden ist: Erstens ist die nationale Frage nicht auf die klassische koloniale Welt beschränkt und kann auch in Europa auf mehr oder weniger dramatische Weise in Erscheinung treten; zweitens kann sich die nationale Frage auch im Zuge eines großen revolutionären Prozesses, der die Fahne des Internationalismus und Universalismus schwenkt, manifestieren. Was den ersten Punkt angeht, so denke man nur an die halbkoloniale Herrschaft, die Napoleon ganz Europa auferlegt hat, und noch mehr an den Versuch Hitlers, die Völker Osteuropas einer besonders barbarischen kolonialen Unterdrückung und weitgehenden Versklavung zu unterwerfen. Was den zweiten Punkt betrifft, so kennen wir bereits die Dialektik, nach der das Prinzip der Gleichheit und des friedlichen Zusammenlebens der verschiedenen Völker, das ursprünglich durch die Französische Revolution aufgestellt wurde, am Ende schnell vergessen und mit Füßen getreten wurde. Hat sich dieselbe Dialektik auch während des historischen Zyklus manifestiert, der im Oktober 1917 begann?

7.6.
Das Feld des ewigen Friedens, das vom Krieg verwüstet wird

Die erste große Zeit der Begeisterung der Massen für die Perspektive einer ein für alle Mal von der Geißel des Krieges befreiten Welt endete tatsächlich mit den nationalen Befreiungskriegen gegen das napoleonische Frankreich, mit Volkskriegen, die per definitionem umfangreicher und härter waren als die traditionellen »Kabinettskriege«, die die Protagonisten von 1789 noch zu liquidieren versprochen hatten. Nicht weniger beunruhigend war das Ende jener großen Periode, die ebenfalls in jedem Winkel der Welt Begeisterung hervorgerufen und die mit der Revolution begonnen hatte, die im Oktober 1917 gegen das Gemetzel des Ersten Weltkriegs ausgebrochen war. Auch in diesem Fall folgte auf den Traum vom ewigen Frieden das schmerzhafte Erwachen aufgrund von nationalen Unruhen und Revolten (in Jugoslawien, Ungarn, der Tschechoslowakei) gegen das Land, das Protagonist der Revolution war, die den Krieg hatte ausrotten sollen. Mehr noch: Die schließliche Auflösung des »sozialistischen Lagers«, d.h. des Lagers jener Länder, die sich auf die große Revolution beriefen, die einen ewigen Frieden versprochen hatte, wurde durch eine Reihe von Kriegen gegliedert oder doch von einem Kräftemessen, das kurz davor stand, in einen regelrechten Krieg überzugehen. Im Jahr 1969 kam es an der Grenze zwischen der Sowjetunion und China zu blutigen Zwischenfällen; knapp vermieden wurde damals noch der Krieg, der aber etwa zehn Jahre später mit der Konfrontation auf den Schlachtfeldern zunächst zwischen Vietnam und Kambodscha und dann zwischen China und Vietnam zu einer tragischen Realität wurde.

Erneut springen die Ähnlichkeiten zwischen den jeweiligen Prozessen, die aus den beiden großen Revolutionen von 1789 und 1917 hervorgingen, ins Auge. Allerdings müssen wir heute mehr denn je darauf achten, dass wir die radikalen Unterschiede nicht aus den Augen verlieren: Der von Lenin angeprangerte »napoleonische Imperialismus« war das Ergebnis des ersten Prozesses, nicht des zweiten.

Zunächst ist es angebracht, über die Bemerkung eines der Architekten der US-Außenpolitik in der letzten Phase des Kalten Krieges nachzudenken: Die Aufnahme der Länder Osteuropas in das so genannte »sozialistische Lager« habe »die Beherrschung durch ein Volk [die Russen] bedeutet, das diese Länder, oft zu Unrecht, als kulturell minderwertig betrachteten« (Brzezinski, 1998, S. 18*). Mit anderen Worten: Es war gerade ein Land wie Polen, das stark vom Westen beeinflusst war und dazu neigte, sich als fortschrittlicher Wächter der westlichen Zivilisation im Osten zu präsentieren, das eine für Kolonialmächte typische Haltung einnahm. Oder es waren die baltischen Länder: Nach der Revolution Sowjetrussland entrissen und von Stalin wieder annektiert, waren sie am Ende des Kalten Krieges wieder unabhängig geworden. Zehn Jahre später machte der lettische Botschafter in Oslo in einem Brief an die *International Herald Tribune* die Bedeutung der Wende deutlich: Sein Land sei entschlossen, der NATO und der EU beizutreten, um »unsere europäischen Wurzeln und unsere nordischen kulturellen Bindungen« zu bekräftigen (Krastins, 2000*). Die Brücken nach Asien und zur Barbarei mussten endlich gekappt werden, und zwar mit Rückgriff auf eine Ideologie, die der des Dritten Reiches nicht unähnlich war, als es versucht hatte, Sowjetrussland zu kolonisieren und zu versklaven!

Selbstverständlich hat es nicht an Imperialismusvorwürfen gegen die Sowjetunion gefehlt, aber diejenigen, die sie formuliert haben, sind dieselben gewesen, die sie in Frage gestellt oder tatsächlich widerlegt haben. Zum Zeitpunkt des Zerfalls des Landes, das aus der Oktoberrevolution hervorgegangen war, wimmelte es vor allem in den Vereinigten Staaten von Vorhersagen, dass der Zusammenbruch des herrschenden Regimes in Kuba unvermeidlich sei und unmittelbar bevorstehe. Einmal der wirtschaftlichen Unterstützung Moskaus beraubt – so wurde argumentiert –, würde Fidel Castro zur Kapitulation gezwungen sein. Also war die rebellische Insel nicht geplündert, sondern im Gegenteil kräftig unterstützt worden. Es muss hinzugefügt werden, dass die Auflösung der Sowjetunion von Boris Jelzin mit der Begründung vorangetrieben wurde, Russland müsse sich der weniger entwickelten Republiken entledigen, die in seinen Augen einen Klotz am Bein darstellten (und deshalb endgültig ihrem Schicksal überlassen werden mussten) (Boffa, 1995, S. 300*). Der Führer, der 1991 mit Unterstützung des Westens in Moskau an die Macht kam, beschuldigte das von ihm gestürzte Regime nicht, die nicht-russischen Nationen, die Teil der Sowjetunion waren, wirtschaftlich ausgebeutet, sondern sie begünstigt und verhätschelt und damit Russland ausgeblutet oder geschädigt zu haben.

Es stimmt, im zugespitztesten Moment des Zusammenstoßes zwischen der Sowjetunion und der Volksrepublik China beschuldigte letztere die erstere des Sozialimperialismus. Später jedoch, beim Treffen mit Gorbatschow am 16. Mai 1989 in Peking, zog Deng Xiaoping eine viel ausgewogenere Bilanz der Auseinandersetzung zwischen den beiden Ländern: »Ich glaube nicht, dass das an ideologischen Streitigkeiten lag; wir denken nicht mehr, dass alles, was damals gesagt wurde, richtig war. Das Hauptproblem war, dass die Chinesen nicht als Gleichberechtigte behandelt wurden und sich gedemütigt fühlten. Wir haben jedoch nie vergessen, dass die Sowjetunion uns in der Zeit des ersten Fünfjahresplans geholfen hat, die Grundlagen der Industrie zu legen. Ich habe mich lange mit diesen Themen beschäftigt, damit wir die Vergangenheit loswerden können [...]. Die Vergangenheit ist Vergangenheit« (Deng Xiaoping, 1992-1995, Bd. 3, S. 287*).

Wie man sieht, lag der Schwerpunkt bei dieser kritischen Beurteilung nicht auf der Ökonomie, in Bezug auf die man Moskaus Hilfe anerkannte. Stattdessen wurde auf Aspekte der Politik und sogar des Verhaltens verwiesen: Die sowjetischen Führer gaben sich als Klassenbeste aus, damit sich die Chinesen »gedemütigt fühlten«. So werden wir zu der von Lenin treffend kommentierten Passage von Engels zurückgeführt: In Bezug auf die Beziehungen zwischen den Nationen ist es gut, sich zu vergegenwärtigen, dass Missverständnisse, Spannungen und Konflikte den Sturz des kapitalistischen Systems durchaus überdauern können; »Engels nimmt keineswegs an, dass das ›Ökonomische‹ von selbst und unmittelbar alle Schwierigkeiten aus dem Wege räumen würde«.

Das sind allgemeine Überlegungen, aber was geschah konkret, als sich ab dem Ende des Zweiten Weltkriegs ein umfangreiches »sozialistisches Lager« bildete? Während die Rote Armee in Osteuropa vorrückte und die Invasionsarmee Hitlers zurückschlug und verjagte, bemerkte Stalin: »Dieser Krieg ist nicht wie in der Vergangenheit; wer immer ein Gebiet besetzt, erlegt ihm auch sein eigenes gesellschaftliches System auf. Jeder führt sein eigenes System ein, so weit seine Armee vordringen kann. Es kann gar nicht anders sein« (zit. in: Djilas, 1962, S. 146).

Im Jahr 1946, wenige Monate nach dem Ende des gigantischen Krieges sah Ernest Bevin, eine führende Persönlichkeit der Labour-Partei und britischer Außenminister, die Welt tendenziell »in Einflusssphären oder das, was man die drei großen Monroe-Doktrinen nennen kann«, aufgeteilt, die auf die eine oder andere Weise von den Vereinigten Staaten, der Sowjetunion und Großbritannien beansprucht und auch durchgesetzt worden waren (zit. in: Thomas, 1988, S. 296*). In Wien, im Jahr 1961, war es John F. Kennedy, der bei einem Gespräch mit Nikita Chruschtschow die »sowjetische Monroedoktrin« legitimierte und gleichzeitig die amerikanische bekräftigte (der Versuch, in Kuba einzufallen, war gerade gescheitert): Wenn die Sowjetunion »eine pro-amerikanische Regierung in Warschau« nicht tolerieren konnte, so konnten die Vereinigten Staaten nicht passiv bleiben angesichts der revolutionären Dynamik der Rebelleninsel, die ihre Hegemonie in der »westlichen Hemisphäre« in Frage stellte. Zulässig waren nur Veränderungen, die das »bestehende Kräfteverhältnis« und das »Gleichgewicht der Weltmächte« nicht veränderten; andernfalls bestand die Gefahr eines Frontalzusammenstoßes (Schlesinger Jr., 1967, S. 338*). Die drei »Monroe-Doktrinen«, die mit dem Ausscheiden des britischen Empire, das immer stärker von den antikolonialen Revolutionen betroffen war, bald auf zwei reduziert werden sollten, hatten jeweils eine andere Bedeutung. Was die Sowjetunion betrifft, so verspürte diese nach der tragischen Erfahrung des Hitler-Überfalls und angesichts eines Kalten Krieges, der jeden Moment heiß und glühend zu werden drohte, das Bedürfnis, eine Sicherheitszone zu errichten, eine Art »Cordon Sanitaire«. Alles in allem bedeutete jedoch die aus dem Zweiten Weltkrieg resultierende Aufteilung der Welt in Einflusssphären zwischen den beiden Großmächten einen prekären Kompromiss, der zwar indirekte gewaltsame Auseinandersetzungen in den Randgebieten nicht ausschloss, aber ein frontales Kräftemessen, das die atomare Schwelle hätte überschreiten können, vermied.

Angesichts der bestehenden Kräfteverhältnisse, vor allem auf wirtschaftlicher Ebene, ist es leicht zu verstehen, warum nach der britischen Monroe-Doktrin die sowjetische in die Krise stürzte. Problematisch ist die Art und Weise, wie sich die Krise der letzteren entwickelte und endete. Verschärfend kam hinzu, dass die Lehren, die bereits von Engels und Lenin gezogen worden waren, vergessen wurden, und die Illusion, dass der Sturz des Kapitalismus an sich schon der nationalen Frage ein Ende bereiten würde, fortdauerte. Ausgehend von diesen Annahmen, die sowohl von den politischen Führern des »sozialistischen Lagers« (und insbesondere seines führenden Landes) als auch von den prominentesten Intellektuellen der internationalen kommunistischen Bewegung insgesamt geteilt wurden, war es nicht möglich, den Problemen, den Missverständnissen, den Interessenkonflikten, die normalerweise zwischen verschiedenen Ländern, auch solchen mit sozialistischer Orientierung, auftreten, mit Sachlichkeit und Realismus zu begegnen; die Differenzen führten so schnell zu gegenseitigen Exkommunikationen, was sie weiter verschärfte. Das führende Land des »sozialistischen Lagers« versuchte, dessen Krise einzudämmen oder ihr Einhalt zu gebieten, indem es sich als dessen unbestrittener und unanfechtbarer Führer aufstellte und das Banner eines »proletarischen Internationalismus« bzw. einer »internationalen Diktatur des Proletariats« schwenkte, und damit das Prinzip der nationalen Unabhängigkeit und der staatlichen Souveränität weiter entwertete. Wenn auch der Sowjetunion durch reale Sicherheitsbedürfnisse aufgezwungen, wurde die Monroe-Politik von den Ländern, die »Brüder« sein sollten, aber Brüderchen geworden waren, bereits mit Ärger oder Unduldsamkeit wahrgenommen, um schließlich völlig unerträglich zu werden. Daraus entsprangen Aufstände, Kraftproben und Kriege, die ein »sozialistisches Lager«, das gleichzeitig den Anspruch erhob, das Lager des Friedens und sogar des ewigen Friedens zu sein, endgültig und schmerzhaft zerreißen sollten.

Kurz gesagt: Der Prozess, der 1789 begonnen hatte, endete mit nationalen Befreiungskriegen gegen das Land, das mit der Revolution den Beginn der internationalen Brüderlichkeit der Nationen versprochen hatte; der Prozess, der 1917 begann, endete mit dem Nachweis der Unfähigkeit, ein »sozialistisches Lager« zu verwalten, das aus einer Reihe von Revolutionen hervorgegangen war: Alle hatten sich unter dem Banner eines aufrichtigen und tief empfundenen Universalismus entwickelt und den Sieg errungen, aber alle hatten auch das stolze Selbstbewusstsein und sogar die nationale Empfindlichkeit der beteiligten Länder und Völker gestärkt. Damit war eine Situation geschaffen worden, die sicher nicht verstanden und bewältigt werden konnte, indem man sich in der Illusion wiegte, die nationale Frage sei überwunden. Es bleibt die Tatsache, dass, trotz der großen Unterschiede zwischen den beiden hier verglichenen historischen Entwicklungen, die beiden großen Epochen der Massenbegeisterung für das Ideal und die Aussicht auf einen ewigen Frieden ganz anders endeten, als die ursprünglichen Hoffnungen versprachen.

8. Kapitel

Wilson und der Übergang von der *Pax Britannica* zur *Pax Americana*

8.1. Der Garant des Friedens: vom britischen zum amerikanischen Empire

Der Triumph des Westens und seines Führungslandes im Kalten Krieg markierte den Niedergang der Überlegungen Lenins über den ewigen Frieden und die klare Vorherrschaft eines anderen, gegensätzlichen Diskurses, der sich im Laufe des Ersten Weltkrieges herauszubilden begonnen hatte. So hatte US-Präsident Wilson das Eingreifen seines Landes in einen Konflikt, der sich jenseits des Atlantiks und Tausende von Meilen entfernt abspielte, als pflichtschuldige Teilnahme an einem Kreuzzug für den Triumph der Sache der Freiheit und des Friedens in der Welt dargestellt: Es sei notwendig, den »Frieden der Welt und der Völker [...], [der] von dem Bestand autokratischer, auf organisierter Kraft beruhender Regierungen bedroht« werde, zu sichern; die weltweite Ausbreitung von »politischer Freiheit« und »Demokratie« und die Errichtung einer »Vereinigung demokratischer Nationen« würden schließlich »den endgültigen Frieden (*ultimate peace*) der Welt« ermöglichen (Wilson, 1918, S. 42, 43, 46).

Ein oft vernachlässigter Umstand wirft ein Licht auf die konkrete Bedeutung dieses Projekts. In den Monaten vor Kriegseintritt schlug Wilson als Modell für eine neue internationale Ordnung, die auf Demokratie, Frieden und Respekt für die Unabhängigkeit und Souveränität eines jeden Landes basieren sollte, die Monroe-Doktrin vor. Diesbezüglich hat eine bedeutende Persönlichkeit der USA,

Henry Kissinger, bemerkt: »Mexiko war wahrscheinlich erstaunt zu erfahren, dass der Präsident des Landes, das ihm im neunzehnten Jahrhundert ein Drittel seines Territoriums abgerungen und im Jahr zuvor seine Truppen nach Mexiko geschickt hatte, nun die Monroe-Doktrin als Garantie für die territoriale Integrität von Schwesternationen und als klassisches Beispiel für internationale Zusammenarbeit präsentierte [...]. Die Vereinigten Staaten haben nie gezögert, Gewalt anzuwenden, um die Monroe-Doktrin aufrechtzuerhalten, die Wilson immer wieder als Vorbild für seine neue internationale Ordnung beschwor« (Kissinger, 1994, S. 224, 235*).

Und so wurde nun also der endgültige Sieg der Demokratie und des Friedens dem weltweiten Triumph des auf der Monroe-Doktrin fußenden Modells anvertraut, welches in der von Theodore Roosevelt und seinen Nachfolgern geltend gemachten Interpretation Washington ausdrücklich eine »internationale Polizeimacht« über den amerikanischen Kontinent verlieh, die in der Praxis, ja sogar in der Theorie einem US-Protektorat gleichkam. Es handelte sich um eine neokoloniale Herrschaft, legitimiert und verschärft durch die gleichzeitige Verbreitung einer Ideologie, die seit dem 19. Jahrhundert die Bewohner Lateinamerikas als der weißen Rasse fremd und »von gemischtem und hybriden Blut« bezeichnete, ja sogar als Mitglieder einer »Rasse, die dem wilden Tier und dem Wilden näher steht als dem zivilisierten Menschen« (Losurdo, 2010/11, Kap. VII, Abs. 1).

Kissinger drückte sein Erstaunen über die Haltung Wilsons aus, aber sie war keineswegs ohne Vorbild. Trotz der rassistischen Verachtung, die die Briten z. B. den von ihnen unterworfenen indischen *Niggers* entgegenbrachten, hatten John Stuart Mill und Norman Angell keine Schwierigkeiten, das britische Empire als Garant des »universellen Friedens« bzw. der »Lösung des internationalen Problems« der »freien Zusammenarbeit der Menschen« aller Länder zu feiern (vgl. oben, Abs. 5.7 und 5.8). Mit Wilson begannen die Vereinigten Staaten, das Britische Empire zu entmachten und gleichzeitig zu beerben, sowohl auf wirtschaftlich-diplomatisch-militärischer als auch auf der eher ideologischen Ebene: Die *Pax Americana* trat an die Stelle der *Pax Britannica*.

Im Zuge der Intervention im Ersten Weltkrieg erwarb der US-Präsident von Dänemark die Jungferninseln, annektierte Puerto Rico, verstärkte die Kontrolle über Kuba, Haiti usw., verwandelte das Karibische Meer in einen amerikanischen »See« (Julien, 1969, S. 158f*) und bekräftigte die Monroe-Doktrin mit Waffengewalt: Die Dominikanische Republik wurde überfallen, besetzt und dem Kriegsrecht unterstellt (Weinberg, 1963, S. 437*). Und das war noch nicht alles: Die Wilson-Administration »erwies sich für eine größere Zahl bewaffneter Interventionen verantwortlich, als [Theodore] Roosevelt und [William H.] Taft beschlossen hatten« (Julien, 1969, S. 160*). Man muss bedenken, dass Ersterer zu Recht als »Wegbereiter des amerikanischen Militarismus und Imperialismus« und sogar des »Rassismus« bezeichnet wurde (Hofstadter, 1967, S. 206*). So wie der von John Stuart Mill postulierte »universelle Frieden«, so ließ sich auch der von Wilson proklamierte »endgültige Frieden« problemlos mit Kolonialkriegen verbinden.

Es waren die Jahre, in denen die Ansicht in amerikanischen Führungskreisen weit verbreitet war, dass die Völker Lateinamerikas ebenso wenig zur Selbstverwaltung fähig seien wie die »Wilden Afrikas« und die Schwarzen im Allgemeinen, die Afroamerikaner eingeschlossen (Weinberg, 1963, S. 425*). Und auch Wilson hat sich auf diese Weise gebärdet. Als er seine politische Karriere begann, wüteten im Süden der USA, aus dem er kam, die Schlägertrupps des Ku-Klux-Klans gegen Schwarze. Der spätere demokratische Präsident intervenierte tatsächlich nicht zu Gunsten der Letzteren, im Gegenteil sprach er in einem Artikel im »Atlantic Monthly« vom Januar 1901 eine Reihe von Vorwürfen gegen die Opfer aus: Die »Neger« seien »erregt von einer Freiheit, die sie nicht verstehen«, sie seien »unverschämt und aggressiv, faul und vergnügungssüchtig«! Jedenfalls sei »die plötzliche und absolute Emanzipation der Neger« eine Katastrophe gewesen: Sie hatte eine »sehr gefährliche« Situation verursacht, der »die gesetzgebenden Versammlungen des Südens« (d.h. der Weißen) mit »außerordentlichen Maßnahmen« (De-Emanzipation, Lynchmorde und Terror) begegnen mussten (zit. in: Logan, 1997, S. 378*). Die Sache der *weißen Vorherrschaft* lag Wilson so sehr am Herzen, dass er sich bei seinem Einzug ins Weiße Haus verpflichtete, das System der Diskriminierung von Schwarzen auf Bundesebene weiter zu verschärfen (Gosset, 1965, S. 284, 292*).

Auch auf internationaler Ebene wurde die *weiße Vorherrschaft* verfochten und verteidigt. Am Ende des Ersten Weltkriegs ließ Wilson auf der Friedenskonferenz von Versailles den Versuch der japanischen und chinesischen Delegationen scheitern, eine Klausel in das Statut des Völkerbundes einzufügen, die das Prinzip der Gleichheit der »Rassen« verankern sollte, und es war kein Zufall, dass er bei dieser Gelegenheit die Unterstützung des segregationistischen und rassistischen Südafrikas sowie Australiens und Neuseelands genoss, die von Siedlern beherrscht wurden, die die Eingeborenen dezimiert oder ausgerottet hatten und die sich als die Verfechter der andauernden weißen Vorherrschaft in Asien gaben (Weston, 1972, S. 74).

Selbst gegenüber seinen engsten Verbündeten war Wilson weit davon entfernt, eine Politik des »endgültigen Friedens« zu entwickeln, es ging ihm vielmehr darum, die amerikanische Hegemonie zu festigen. Unmittelbar nach dem Kriegseintritt äußerte sich der amerikanische Präsident in einem Brief an seinen Vertrauten, Colonel Edward House, über seine »Verbündeten« folgendermaßen: »Wenn der Krieg vorbei ist, werden wir in der Lage sein, sie unserer Denkweise zu unterwerfen, unter anderem, weil sie finanziell in unseren Händen sein werden« (zit. in: Kissinger, 1994, S. 224*). Man kann das 1919 von John Maynard Keynes formulierte Urteil über Wilson gut verstehen, der ihm als »der größte Schwindler auf Erden« erschien (zit. in: Skidelsky, 1989, S. 444*). Der große Ökonom spürte, dass der Staatsmann, mit dem er es während der Versailler Konferenz zu tun hatte, nicht Verfechter des »endgültigen Friedens«, sondern der amerikanischen Hegemonie war, er war der Protagonist des sich vollziehenden Übergangs vom Britischen zum Amerikanischen Empire, von der *Pax Britannica* zur *Pax Americana*.

Die Parole vom »endgültigen Frieden« war von Anfang an eine Antwort auf die von Lenin und Sowjetrussland vorangetriebene Antikriegsagitation. Es ging darum, einer schnell wachsenden revolutionären Bewegung, die tief und aufrichtig davon überzeugt war, dass der Sturz des Kapitalismus und des Kolonialismus im Weltmaßstab die Wurzeln des Krieges ein für alle Mal ausreißen würde, die Fahne des ewigen Friedens zu entreißen. Ganz anders sah es in Bezug auf den US-Präsidenten aus. Die herrschende Ideologie stellt oft gerne den idealistischen und sogar moralischen Wilson gegen den machiavellistischen Lenin. Zumindest, was die Frage von Krieg und Frieden betrifft, ist das Ergebnis des Vergleichs jedoch umgekehrt: Derjenige, der am meisten des Machiavellismus verdächtig ist, ist Wilson, der als junger Mann von Bismarck fasziniert war (Heckscher, 1991, S. 44, 298) und der sich bei der Formulierung der Losung vom »endgültigen Frieden« der neokolonialen Interessen und hegemonialen Ambitionen des amerikanischen Imperiums sehr wohl bewusst war. Dieses war entschlossen, weit über die westliche Hemisphäre, auf die sich die Monroe-Doktrin bis zum Ende des 19. Jahrhunderts bezogen hatte, zu expandieren.

8.2.
Der erste kurze Frühling des »endgültigen Friedens«

Und dennoch verbreitete sich, wenn auch nur für kurze Zeit, in Europa die Ideologie, welche die Intervention der Vereinigten Staaten im Ersten Weltkrieg beherrscht hatte, und in ganz besonderer Weise in jenen Ländern, in denen sich nach der Niederlage der Einfluss der Oktoberrevolution mit gleicher Kraft bemerkbar machte. In gewisser Weise wurde Lenins »Partei« der »Partei« Wilsons gegenübergestellt.

Um die These des russischen Revolutionsführers, der Kapitalismus sei die Wurzel der Kriegspolitik des Imperialismus, zu widerlegen, führte Joseph Schumpeter das Beispiel der Vereinigten Staaten im Jahr 1919 an: Gerade hier, wo der Kapitalismus besonders entwickelt war, hätte das Friedensideal in Kultur und politischer Praxis immer unangefochten dominiert. Indem er auf diese Weise argumentierte, vollzog der große Ökonom eine totale Abstraktion von den makroskopischen Realitäten: Er überging die den Schwarzen lange Zeit aufgezwungene Sklaverei (aus Rousseaus Sicht ein kriegerischer Akt); vor allem aber erwähnte er nicht einmal die Deportations- und Vernichtungsfeldzüge gegen die Rothäute. Auf diese Weise bestätigte er letztlich eindrucksvoll eine zentrale These Lenins, der die dem Kapitalismus innewohnende Kriegspolitik kritisierte: Die kolonialistischen und imperialistischen Mächte weigerten sich, bei bewaffneten Konflikten gegen die von ihnen ihrer Menschlichkeit beraubten Völker von Krieg zu sprechen. Unter dem Einfluss der Schlagworte, die von jenseits des Atlantiks erklangen, griff Schumpeter die Vision auf, die die Handels- und Industriegesellschaft mit der Aufgabe betraute, den ewigen Frieden zu erreichen. Und als Anerkennung dieser Tradition weigerte er sich, die brutalsten Kriege als Kriege zu betrachten, jene Kriege, die das Vorbild für die Ideologie und Praxis des barbarischsten Imperialismus darstellen, des Dritten Reiches nämlich, das entschlossen war, sein Kolonialreich in Osteuropa aufzubauen. Indem er die nordamerikanische Republik als Leuchtturm des Friedens bezeichnete, ging Schumpeter sogar noch weiter und blendete den Krieg aus, der zur Zerstückelung Mexikos geführt hatte, ebenso wie die wiederholten militärischen Interventionen in Lateinamerika und die teilweise völkermörderische Repression, mit der Washington die Unabhängigkeitsbewegung auf den Philippinen unterdrückt hatte: Noch einmal, die Unterwerfung und Dezimierung der Barbaren waren keine Kriege! Der koloniale Expansionismus fand sich in Theodore Roosevelts feierlicher Verherrlichung der Vernichtung der amerikanischen Ureinwohner und der »minderwertigen Rassen« und seiner Bekräftigung der kathartischen Funktion des Krieges wieder (siehe unten, Abs. 10.2). Unerklärlicherweise war der offene Lobgesang auf koloniale und sogar völkermörderische Kriege für Schumpeter kein wirklich kriegerischer Diskurs: Als er gezwungen war, das Vorhandensein von nicht gerade friedlichen Kräften innerhalb der Vereinigten Staaten selbst zu registrieren, führte er sie auf die vorkapitalistischen Reste zurück, die durch die Emigranten aus Europa repräsentiert wurden (Schumpeter, 1974, S. 76, 79f)!

In ähnlicher Weise argumentierte Ludwig von Mises. Er vertraute die Sache der Abschaffung des Krieges dem Handel und seiner freien und ungestörten Ausbreitung an, der Etablierung des Prinzips der »Solidarität der wirtschaftlichen Interessen aller Völker«, legitimierte dann aber nicht nur die Opiumkriege und die Kolonialkriege des britischen Empire im Allgemeinen (vgl. unten, Abs. 12.6), sondern zögerte auch nicht, selbst zu Kriegen aufzurufen, die ihrem Charakter nach kaum zu begrenzen waren: Neben antisozialen Elementen aller Art, die innerhalb des Westens lebten, mussten die »wilden Völkerschaften« der Kolonien als »schädliche Tiere« behandelt werden (Mises, 1932, S. 45, 208 Anm., 291, 139).

Die Besorgnis, die im Zentrum des Diskurses von Schumpeter und Mises stand, war Kautsky sicherlich nicht fremd. Er verspürte in der Tat mehr als jeder andere das Bedürfnis, Lenin zu widerlegen. Während er das internationale Proletariat dazu aufrief, die Idee des Völkerbundes als einzige wirkliche Garantie für den Frieden anzunehmen, würdigte der sozialdemokratische Theoretiker »die Kraft Amerikas und seines Präsidenten Wilson, des Vorkämpfers der Idee des Völkerbundes in der bürgerlichen Welt«. Alles, was nötig war, um jede Kriegsgefahr abzuwenden, war die Stärkung des entstehenden Bundes oder der Gesellschaft der Völker, indem man ihm »eine Exekutivgewalt« verleiht, »die es ihm ermöglicht, jedem vergewaltigten Volk oder Volksteil ohne Krieg durch einfachen Richterspruch zu seinem Rechte zu verhelfen« (Kautsky, 1919, S. 4). Unter Wilsons Einfluss distanzierte sich Kautsky von der Sichtweise, die Marx (und die Zweite wie auch die Dritte Internationale) teuer war, die die Wurzeln des Krieges im Kapitalismus ausmachte und anprangerte. Nein, es sei notwendig, so sehr unterschiedliche Realitäten nicht unter einer umfassenden Kategorie zu vereinen: »Welche Unterschiede zum Beispiel zwischen Deutschland und England, die beide auf gleicher Höhe des Kapitalismus stehen! In England historisch überliefert ein parlamentarisches Regime, in Deutschland eine dem Parlament übergeordnete Monarchie. In England bis zum Kriege eine kleine Armee, auf freiwilliger Werbung beruhend, in Deutschland die stärkste auf allgemeiner Wehrpflicht beruhende Armee der Welt« (Kautsky, 1917, S. 478) Eine »starke Armee« fehlte auch in der nordamerikanischen Republik (ebd., S. 479).

Das war eine recht eigentümliche Art zu argumentieren. Es gab keine Spur einer gebotenen selbstkritischen Reflexion: Zum Ausbruch des Ersten Weltkrieges hatten der »Sozialchauvinismus« (um einen Ausdruck von Lenin zu benutzen) und die Haltung der verschiedenen sozialistischen Parteien wesentlich mehr beigetragen als die »dem Parlament übergeordnete Monarchie«, die, auch dank des Verhaltens der Partei Kautskys, keinen Versuch unternommen hatte, dem kriegerischen Furor entgegenzuwirken. Auch Geografie und Geopolitik wurden ignoriert und ausgeklammert, als ob Großbritannien und vor allem die Vereinigten Staaten nicht eine privilegierte Position gegenüber den Ländern Kontinentaleuropas inne gehabt hätten, weil sie durch den Ozean von den anderen konkurrierenden Großmächten getrennt waren. Kautsky sprach vom Heer, aber nicht von der Marine (bei der Großbritannien und die Vereinigten Staaten überlegen waren), so als ob die Kriegsschiffe, die Deutschland blockierten und belagerten, keinerlei militärische Bedeutung gehabt hätten. Er hätte gut daran getan, die Überlegungen von Alexander Hamilton, einem Klassiker der liberalen Tradition, über das »Königreich Großbritannien« (und die Vereinigten Staaten) zu lesen: »Eine geographische Insellage und eine mächtige Marine stellen eine fast vollständige Absicherung gegen eine mögliche ausländische Invasion dar und machen es unnötig, eine große Armee im Königreich zu unterhalten [...]. Wäre Großbritannien hingegen auf dem Kontinent angesiedelt, wäre es gezwungen, eine Armee in der gleichen Größe wie die anderen Großmächte aufzustellen (Hamilton, 2001, S. 192*; *The Federalist*, 8*).

In der Tat erwies sich die Marine nicht nur als Schutz gegen die Gefahr einer Invasion, sondern auch als schreckliche Angriffswaffe. Während Kautsky so sprach, wie wir es gesehen haben, prangerte Weber (1971, S. 494) die »offenkundig rechtswidrig[e]« und unmenschliche »englische [See-]Blockade« an, die »dreiviertel Millionen Menschenleben« unter der deutschen Zivilbevölkerung gefordert hatte. Später würde Churchill selbst ohne Verlegenheit zugeben: »Die britische Blockade behandelte ganz Deutschland wie eine belagerte Festung und zielte explizit darauf ab, die gesamte Bevölkerung auszuhungern und damit zur Kapitulation zu zwingen: Männer, Frauen und Kinder, Alte und Junge, Verwundete und Gesunde« (zit. in: Baker, 2008, S. 2*). Keine Beachtung schenkte Kautsky der Entwicklung der Luftwaffe, bei der sich Großbritannien bereits zu profilieren begann.

Die von der »Partei Wilsons« ausgelöste Begeisterung erwies sich jedoch als kurzlebig. Im Hinblick auf die Verwirklichung des »endgültigen Friedens« hatte sie ein Ende des Konflikts im Zeichen der Versöhnung versprochen. In Versailles jedoch sah Deutschland sich einen äußerst strafenden und demütigenden Frieden aufgezwungen, einen »karthagischen Frieden«. Die Definition stammte von Keynes, der der britischen Delegation angehört hatte und sofort warnte: »Die Rache [Deutschlands], so wage ich vorauszusagen, wird nicht lange auf sich warten lassen«; ein neues Kräftemessen zeichnete sich ab, »angesichts dessen sich die Schrecken des letzten deutschen Krieges in Nichts auflösen und, wer auch immer der Sieger sein wird, die Zivilisation und den Fortschritt unserer Generation zerstören werden« (Keynes, 1988, S. 56, 267f*). Kurz darauf war es der französische Marschall Ferdinand Foch, der feststellte: »Es ist kein Frieden, es ist nur ein Waffenstillstand für zwanzig Jahre« (zit. in: Kissinger, 1994, S. 250*). Über den »karthagischen Frieden« hinaus, den Deutschland zu ertragen hatte, war es die koloniale Frage, die das Versprechen eines »endgültigen Friedens«, mit dem Deutschlands Feinde lockten, zunichtemachte. Wir haben gesehen, dass Wilson wiederholt militärische Interventionen in Lateinamerika initiierte, welches aufgrund der Monroe-Doktrin auf den Rang einer Kolonie oder Halbkolonie des nordamerikanischen »großen Bruders« reduziert worden war. Nun, Artikel 21 des Völkerbundes[17] legitimierte diese Doktrin ausdrücklich und billigte damit indirekt die in ihrem Namen entfesselten militärischen Interventionen; ganz allgemein billigte Artikel 22 den Siegermächten des Ersten Weltkrieges das »Mandat« zu bzw. übertrug ihnen die »heilige Aufgabe«, jene Völker zu führen, die noch nicht auf der Höhe der »heutigen Welt« angelangt waren.

Der Geburtsakt der neuen internationalen Organisation, die dazu berufen sein sollte, den »endgültigen Frieden« herbeizuführen, (sie wurde übrigens vom US-Senat abgelehnt, der entschlossen war, die Vermengung der von Gott gewählten Nation mit der Masse der profanen Nationen zurückzuweisen) fiel mit zwei aufschlussreichen Er-

17 Text des Versailler Vertrages: www.documentarchiv.de/wr/vv01.html

eignissen zusammen: 1920 konnte Frankreich Syrien angreifen und erobern. Er gab sich dabei »einen Anschein von Legalität, indem es die Ermächtigung des Völkerbundes vorwies, die Rechte des arabischen Volkes von Syrien zu verletzen« (Toynbee, 1951-1954, Bd. 7, S. 255-259*). Im selben Jahr entsandte die Londoner Regierung zur Festigung ihrer Herrschaft über den Irak, der kurz zuvor Teil des Empire geworden war, Truppen, die im Kampf gegen die Aufständischen »grausame Repressalien« ausübten, »ihre Dörfer in Brand setzten und andere Handlungen begingen, die wir heute als übertrieben repressiv, wenn nicht gar als geradezu barbarisch ansehen würden«. Churchill war offensichtlich nicht derjenige, der dies bremsen wollte; im Gegenteil, er forderte die Luftwaffe auf, den »widerspenstigen Eingeborenen« eine harte Lektion zu erteilen, indem sie sie mit einer »experimentellen Maßnahme« auf der Grundlage von »Gasgeschossen und vor allem Senfgas« bestrafte (Catherwood, 2004, S. 89, 85*).

Es ging auch nicht nur um die Kolonialkriege. Mit der Entstehung der Weimarer Republik war Deutschland ein Land, das sicherlich nicht weniger demokratisch war als das Frankreich der Dritten Republik; aber dadurch wurden der Antagonismus zwischen den beiden und die Gefahr des Wiederaufflammens eines Krieges nicht abgeschwächt. Nein, die Demokratie reichte nicht aus, um den »endgültigen Frieden in der Welt« herbeizuführen!

8.3. Ein langwieriger Kampf zwischen den Parteien Lenins und Wilsons

Und dennoch hörte deswegen der Wettstreit zwischen dem Projekt Lenins und jenem Wilsons nicht auf. Nachdem er sich sofort auf die Seite des US-Präsidenten geschlagen hatte, radikalisierte Kautsky seine Kehrtwende in den folgenden Jahren weiter. Angeregt auch durch das Aufkommen der Diktatur Hitlers in Deutschland und durch dessen explizites Kriegsprogramm, schrieb er am 13. Oktober 1935 im »Neuen Vorwärts«: »Allgemeine Demokratie ist gleichbedeutend mit allgemeinem dauerndem Frieden.« Der Sozialismus »bildet nicht die Voraussetzung des Friedens«, wie die Zweite Internationale behauptet hatte und wie die Dritte Internationale und die kommunistische Bewegung nicht müde wurden zu bekräftigen. Nein, »die allgemeine Demokratie sichert den Weltfrieden«, den »dauernden Weltfrieden« (»Neuer Vorwärts« vom 13. Oktober 1935, zit. in: Panaccione, 2000, S. 229*).

Kautskys Zustimmung zu der Vision Wilsons und zur Kriegsideologie, mit deren Hilfe die Vereinigten Staaten und ihr Präsident Wilson die Intervention in einen Krieg und ein Gemetzel verklärten und heiligsprachen, das Tausende von Kilometern entfernt tobte, war nun uneingeschränkt. Auf diese Weise rechtfertigte der angesehene Exponent der deutschen Sozialdemokratie im Nachhinein den Krieg der Entente gegen das von seinen Gegnern (mit ziemlich problematischen Argumenten) als undemokratisch gebrandmarkte wilhelminische Deutschland; im Übrigen legitimierte er aber, ohne es zu wollen, zugleich den Krieg Wilhelms II. gegen das zaristische Russland, den nicht wenige sozialdemokratische Abgeordnete als demokratischen Kreuzzug gegen die Autokratie gesehen und propagiert hatten. Mit anderen Worten: Kautsky war sich nicht bewusst, dass er ein Argument aufgriff, das sowohl von der Entente als auch von ihren Feinden vorgebracht worden war.

Mit dem Ausbruch des Kalten Krieges standen sich die beiden gegensätzlichen Projekte des ewigen Friedens (das eine in Anlehnung an Lenin, das andere in Anlehnung an Wilson) erbitterter denn je gegenüber. Am 9. Februar 1946 bekräftigte Stalin seine seit langem vorhandene Überzeugung: Wirtschaftskrisen sowie Kriege, die von Ländern ausgelöst werden, um die Verteilung von Ressourcen und Märkten zu ihrem Vorteil zu verändern und um konkurrierende und rivalisierende Länder zu verdrängen, seien integraler Bestandteil des Kapitalismus; um den Frieden sicher und dauerhaft zu machen, sei es notwendig, dieses politisch-soziale System zu überwinden. Im Jahre 1952, am Vorabend seines Todes, bekräftigte der sowjetische Führer: Die Protagonisten des Ersten Weltkriegs seien ausschließlich kapitalistische Länder gewesen, und es sei die Rivalität zwischen ihnen gewesen, die die Lunte an das Pulverfass des Zweiten Weltkriegs gelegt habe, auch wenn am Ende die Sowjetunion selbst betroffen gewesen sei; mehr als der Widerspruch zwischen Kapitalismus und Sozialismus sei es vor allem die Dialektik innerhalb des kapitalistischen Systems, die den Frieden bedrohe (Stalin, 1971-1976, S. 323ff). Wenn auch nicht unmittelbar, so wurde doch in strategischer Perspektive die Sache des Friedens mit der des Sozialismus identifiziert.

Im Westen hingegen rückte die Vision, die Wilson am Herzen lag, wieder in den Vordergrund. Im März 1949, als Palmiro Togliatti in der Abgeordnetenkammer in die Debatte über den Beitritt Italiens zur NATO intervenierte, wandte er sich polemisierend mit diesen Worten an die Abgeordneten der Regierungsmehrheit: »Das wichtigste Ihrer Argumente ist, dass Demokratien, wie Sie sie nennen, keine Kriege führen. Aber, meine Herren, für wen halten Sie uns? Glauben Sie wirklich, dass wir nicht ein Minimum an politischer und historischer Bildung haben? Es ist nicht wahr, dass Demokratien keine Kriege führen: Alle Kolonialkriege des 19. und 20. Jahrhunderts wurden von Regimes geführt, die sich Demokratien nannten. So führten die Vereinigten Staaten einen Angriffskrieg gegen Spanien, um ihre Vorherrschaft in einem Teil der Welt zu etablieren, der sie interessierte; sie führten Krieg gegen Mexiko, um bestimmte Regionen zu erobern, in denen es bedeutende Rohstoffquellen gab; sie führten über Jahrzehnte Krieg gegen die indigenen Stämme der Rothäute, um sie zu vernichten, und lieferten damit eines der ersten Beispiele für das Verbrechen des Völkermordes, das heute juristisch erfasst ist und in Zukunft auch juristisch verfolgt werden sollte« (Togliatti, 1973-1984, Bd. 5, S. 496f*). Es ging nicht um eine längst vergangene, für das 20. Jahrhundert bedeutungslose Geschichte. Zur Bestätigung seiner These führte der Führer des italienischen Kommunismus auch »den ›Kreuzzug der 19 Nationen‹, wie er damals von Churchill genannt wurde« (ebd., S. 497), gegen Sowjetrussland und den Krieg Frankreichs gegen Vietnam an.

In jenen Jahren standen sich die beiden Projekte des ewigen Friedens in einem einigermaßen ausgewogenen Wettstreit gegenüber. In der Folgezeit, als die inneren Widersprüche innerhalb des »sozialistischen Lagers« allmählich immer schärfer und zugespitzter wurden, sollte Lenins Partei immer mehr an Boden verlieren.

8.4.
Der Triumph der Partei Wilsons und die »neue Weltordnung«

Der Triumph der Vereinigten Staaten im Kalten Krieg war auch der Triumph von Wilsons Partei. Beide fielen mit dem ersten Golfkrieg zusammen, der von Washington vorangetrieben und entfesselt wurde, ohne im Sicherheitsrat der Vereinten Nationen (UN) auf Widerstand zu stoßen, auch nicht von Seiten der Sowjetunion (die sich gerade anschickte, sich aufzulösen und zu verschwinden). Diese Art der militärischen Intervention gab vor, nur den Aggressor (der Irak unter Saddam Hussein, der in Kuwait einmarschiert war) stoppen und bestrafen zu wollen, um die Grundlagen des internationalen Rechts und des Friedens durchzusetzen, und wurde als Beginn einer völlig neuen und vielversprechenden Phase der Weltgeschichte bejubelt. In seiner Rede vor dem Kongress am 29. Januar 1991 erklärte US-Präsident George H. W. Bush, es gehe darum, endlich »eine große Idee zu verwirklichen: Eine neue Weltordnung, in der sich unterschiedliche Nationen in einer gemeinsamen Anstrengung zusammenschließen, um ein universelles Ziel der Menschheit zu erreichen: Frieden und Sicherheit, Freiheit und Rechtsstaatlichkeit«.

Eine neue Ära war angebrochen. Dies war auch die Meinung von Karl R. Popper. Auf die Frage des Interviewers erklärte der Theoretiker und Verkünder der westlichen »offenen Gesellschaft« in Anlehnung an seine eigene Formulierung, er teile voll und ganz »Kants Forderung, dass die höchste Aufgabe der menschlichen Gattung die weltweite Verbreitung einer gerechten politischen Verfassung« als Grundlage des Friedens sei (Popper, 1992b, S. 203); Immanuel Kants »Hoffnung auf ›ewigen Frieden‹« beginne konkret zu werden. Popper (1992a, S. 78f*) präzisierte jedoch: »Ich muss gleich klarstellen, dass ich im Interesse des Friedens ein Gegner der sogenannten Friedensbewegung bin. Wir müssen aus unseren Erfahrungen lernen, und schon zweimal hat die Friedensbewegung dazu beigetragen, den Aggressor zu ermutigen. Kaiser Wilhelm II. erwartete, dass England, obwohl es die Garantiemacht für Belgien war, sich aus pazifistischen Gründen nicht zum Eintritt in den Krieg entschließen würde, und ganz ähnlich dachte Hitler, obwohl England die Garantiemacht für

Polen war.« Der Verweis auf Wilhelm II. führt uns zurück zum Ersten Weltkrieg, der mit Wilson gerade als ein Krieg verstanden wurde, der für die Vereinigten Staaten und ihre Verbündeten ausschließlich darauf abzielte, die Demokratie zu erweitern und den Weg für den »endgültigen Frieden in der Welt« zu ebnen. Nach dem Sieg, den der demokratische Westen im Kalten Krieg errungen hatte, hörte das von Kant hochgehaltene Ideal des ewigen Friedens auf, ein Traum zu sein: Das war das Motiv, das die herrschende Ideologie nicht müde wurde zu wiederholen.

Im Gegenteil – so betonte Fukuyama – wenn die Geschichte eine Abfolge blutiger Zusammenstöße im Zeichen gegensätzlicher Ideologien und Werte gewesen sei, sei nach der endgültigen und unwiderruflichen Niederlage aller Feinde des liberal-demokratischen und friedliebenden Westens das »Ende der Geschichte« bereits absehbar (Fukuyama 1989). Nicht, dass dies die völlige Einstellung bewaffneter Konflikte bedeutete, aber solche Konflikte, die von viel geringerem Ausmaß als in der Vergangenheit und inzwischen frei von ideologischen Leidenschaften wären, könnten nicht mehr als Kriege betrachtet werden, sondern als Polizeieinsätze, die von dem im Aufbau befindlichen »universellen homogenen Staat« ausgeführt würden.

Nicht unähnlich war der Standpunkt von Norberto Bobbio, der in einem Interview mit dem »Corriere della Sera« vom 17. Januar 1991 seine Unterstützung für die Expedition gegen den Irak und Saddam Hussein ausdrückte: Es sei notwendig gewesen, »eine Verletzung des Völkerrechts« zu beenden und damit einen Beschluss der UNO in die Tat umzusetzen, »der, bis zum Beweis des Gegenteils, gerade zur Vermeidung von Kriegen gefasst wurde« (Bobbio, 1991*). Die Annahme, die einem solchen Argument zugrunde lag, war klar: Trotz gegenteiligen Anscheins war der Rückgriff des mächtigsten Militärbündnisses der Geschichte auf seine kolossale Zerstörung- und Tötungsmaschinerie nicht mit einem Krieg gleichzusetzen, sondern mit einer internationalen Polizeiaktion; er war das Instrument, um die Einhaltung der Gesetze, des internationalen Rechts, durchzusetzen.

Mit der Position des Philosophen aus Turin sind wir in Italien gelandet. Das westliche Land, in dem die kommunistische Idee am tiefsten und verbreitetsten Wurzeln geschlagen hatte, tat sich am Ende des Kalten Krieges durch den massenhaften Übertritt von der Partei Lenins zur Partei Wilsons hervor. Der Erste Golfkrieg fiel mit der Auflösung der Kommunistischen Partei Italiens und der klaren Distanzierung der Ex-Kommunisten von pazifistischer Agitation zusammen, die als demagogisch und respektlos gegenüber dem Westen und der entstehenden Neuen Weltordnung verurteilt wurde: Wenn es legitim und richtig war, sich dem Krieg zu widersetzen, so war es doch sinnlos und zerstörerisch, sich den notwendigen und nützlichen internationalen Polizeieinsätzen gegen Despoten, die zu Störung der öffentlichen Ordnung, Unterdrückung und Gewalt griffen, entgegenzustellen.

In der Unterstützung der Kehrtwende waren die Intellektuellen der Linken nicht weniger begeistert als die politische Klasse selbst. Zum Zeitpunkt des Starts der Militärexpedition gegen den Irak, als die Kommunistische Partei Italiens kurz vor ihrer Auflösung stand, gab einer ihrer namhaften Philosophen am 25. Januar 1991 eine entschiedene Erklärung in der »Unità« ab: »Es ist in der Geschichte noch nie vorgekommen, dass ein demokratischer Staat einen Krieg gegen einen anderen demokratischen Staat geführt hat« (Marramao, 1991*). Wirtschaftliche und materielle Interessen spielten bei der sich abzeichnenden Auseinandersetzung keine Rolle. Die Wurzel des Krieges war immer und nur die Fortdauer des Despotismus: Der Übergang von Lenins Partei zu der von Wilson war sehr deutlich. Selbst ein Intellektueller mit einer Vergangenheit im Zeichen leninistischer und trotzkistischer Kompromisslosigkeit bezog sich bei der Unterstützung des internationalen Polizeieinsatzes ausdrücklich auf den »demokratischen Interventionismus« (Flores d'Arcais, 1991*), auf die Philosophie, mit der erst Salvemini und dann Wilson die Intervention Italiens bzw. der Vereinigten Staaten in das Gemetzel des Ersten Weltkriegs beschworen und gerechtfertigt hatten. Und wieder wurde Lenin mehr als nur widerlegt, man gab ihn der Vergessenheit anheim; es lohnte sich nicht, auf seine Argumente einzugehen, und es hatte ebenso wenig Sinn, Zeit mit der Analyse der ökonomischen und geopolitischen Auseinandersetzungen zu verschwenden, die dem gigantischen Krieg zwischen 1914 und 1918 oder dem Ersten Golfkrieg zugrunde lagen. Der Kampf zwischen Demokratie und Despotismus war der universelle Schlüssel zur Deutung der bewaffneten Konflikte der Gegenwart und der Vergangenheit. Und wie Wilson ein für alle Mal klargestellt hatte, war der Sieg der Demokratie (der in Osteuropa stattgefunden hatte und im Nahen Osten eine Wiederholung erfahren sollte) zugleich der Sieg der Sache des Friedens. Der Feuersturm, der sich gegen Saddam Husseins Irak zusammenbraute, war nur ein Beweis dafür, dass die Neue Weltordnung unter dem Banner von Demokratie und Rechtsstaatlichkeit im In- und Ausland ihre ersten Schritte unternahm.

In seiner Rede vom 29. Januar 1991 betonte George H. W. Bush ferner, dass es »12 Resolutionen der Vereinten Nationen« waren, die den Irak von Saddam Hussein verurteilten; es war also die gesamte »Völkergemeinschaft«, die die Wiederherstellung des Rechts forderte. Wenn auch nicht so direkt wie bei Popper, sondern meist nur andeutend und diffus waren der Bezug und die Hommage an Kant, den Theoretiker des »ewigen Friedens«, zu diesem Zeitpunkt weit verbreitet. Garantiert werden sollte dieser durch den »freien Föderalismus« der Völker, der die gesamte Menschheit umfassen sollte und dazu berufen war, als »Friedensbund« zu handeln und »allen Kriegen auf immer« ein Ende zu setzen. Wenn auch nicht vom amerikanischen Präsidenten, der wenig mit Philosophie, dafür aber umso mehr mit Geo- und Machtpolitik vertraut war, so wurde doch von vielen, vor allem europäischen Intellektuellen, der Erste Golfkrieg als eine Art »Kantianischer Krieg« erlebt. Es war der Beginn der Überwindung der »wilden Freiheit« bzw. der »Freiheit ohne Gesetz«, die bis zu diesem Zeitpunkt die internationalen Beziehungen beherrscht hatten.

8.5.
»Kosmopolitische Ordnung« und »ewiger und universeller Frieden«

Acht Jahre nach dem Ersten Golfkrieg entfesselte die NATO eine lang anhaltende und verheerende Luftoffensive gegen Jugoslawien, eine Offensive, die, wie ein britischer Historiker feststellte, der sich auch als bedingungsloser Verfechter der Sache des Westens einen Namen gemacht hatte, an einem gewissen Punkt »auf zivile Ziele ausgedehnt wurde« (Ferguson, 2001, S. 413*). Und das alles fand ohne Zustimmung des UN-Sicherheitsrates statt. Und trotz allem machten sich die Illusionen, die die Neue Weltordnung weckte, überall bemerkbar. Keinerlei Bedenken zeigte Bobbio, der, wie wir gesehen haben, bereits den ersten Golfkrieg im Namen der UNO legitimiert hatte, »der, bis zum Beweis des Gegenteils, gerade zur Vermeidung von Kriegen« geführt wurde! Auch Jürgen Habermas schwankte nicht, auch er war überzeugt, dass trotz der offensichtlichen Verletzung des Völkerrechts Fortschritte auf dem von Kant aufgezeigten Weg gemacht wurden.

In Wirklichkeit ermöglichte der Krieg den USA, im Kosovo (das Jugoslawien abgerungen worden war) die gewaltige Militärbasis Camp Bondsteel zu errichten und damit den Balkan unter ihre Kontrolle zu bringen, auf dessen geopolitische Bedeutung »im Kampf um die europäische Vorherrschaft« Brzezinski (1998, S. 168*) kurz zuvor noch hingewiesen hatte. Überdies konnte man einer unverdächtigen Tageszeitung (dem »International Herald Tribune«) lesen, dass die NATO dank dieses Krieges demonstriert habe, dass sie eine überwältigende militärische Überlegenheit besitze und entschlossen sei, diese in jedem Winkel der Welt zur Verteidigung ihrer »vitalen Interessen« einzusetzen (siehe unten, Abs. 12.5). Liest man jedoch jene Seiten, die Habermas diesem Krieg widmet, hat man fast das Gefühl, dass er über ein anderes Ereignis, das der allgemeinen Aufmerksamkeit entgangen ist, spricht (Habermas 1999a*). Nach Ansicht des Philosophen, der kurz zuvor (schon im Titel des von ihm herausgegebenen Buches) den Beginn einer »postnationalen Konstellation« (ders. 1998) begrüßt hatte, signalisierten die Bombardierungen Jugoslawiens durch die NATO, wenn auch noch umständlich und problematisch – die Autorisierung durch den UN-Sicherheitsrat fehlte leider, sie wurde unglücklicherweise von Ländern wie Russland und China »blockiert« – den »prekären Übergang von der klassischen Machtpolitik zu einer kosmopolitischen Ordnung«. Diese machte ihre ersten Schritte, indem sie energisch auf die »Bestialität«

der Serben reagierte und ihnen gegenüber die Gründe der »Humanität« geltend machte (ders. 1999a*).

Während er die Verantwortlichen des Krieges als Architekten der Verwirklichung der »kosmopolitischen Ordnung« würdigte, wütete der Philosoph gegen die Opfer: »Staaten wie Libyen, Irak oder Serbien gleichen ihre instabilen Verhältnisse im Inneren durch autoritäre Herrschaft und Identitätspolitik aus, während sie sich nach außen expansionistisch verhalten, in Grenzfragen sensibel sind und neurotisch auf ihre Souveränität pochen.« (Habermas, 1999b, S. 7) Als Verkörperung von Chauvinismus und Expansionismus wurden Länder vom Westen bezeichnet und eins ums andere angegriffen, um dann als Nationalstaaten zerstört zu werden. Die führende Rolle, die Deutschland bei der Zerstückelung Jugoslawiens spielte, ist allgemein bekannt. Indem er sich voll und ganz mit seinem Land (und auch mit der NATO) identifizierte, das er zusammen mit seinen Verbündeten als Verkörperung der Vernunft und der »Humanität« im Kampf gegen die »Bestialität« rühmte, stellte sich der deutsche Philosoph nicht die Frage, ob nicht er selbst gerade den Beweis für Chauvinismus erbrachte: Das Moment der Selbstreflexion, das in einem philosophischen Diskurs unausweichlich sein sollte, fehlte völlig.

Um den Krieg der NATO endgültig zu legitimieren, verglich Habermas (ebd.) den »großserbischen Nationalismus« mit dem von »Ernst Moritz Arndt«. Nach dieser Argumentation war nicht Napoleon, der Protagonist endloser Eroberungskriege, das Symbol für Chauvinismus, sondern sein Gegner! Auf Lenins schmeichelhaftes Urteil über den antinapoleonischen Widerstand und die Erhebung in Preußen zu verweisen, zu deren großen Impulsgebern Arndt gehörte, würde Habermas in keiner Weise beeindrucken. Er könnte stattdessen der von Constant (1961, S. 127, Anm.*) gezogenen Bilanz des antinapoleonischen Widerstands und der Erhebung mehr Aufmerksamkeit schenken: »Wenige Jahre sind vergangen [seit der Schlacht von Jena mit dem Triumph Napoleons], und Preußen ist wieder aufgestanden; es hat sich in die Reihe der führenden Nationen gestellt; es hat Anspruch auf die Dankbarkeit künftiger Generationen, auf die Achtung und Begeisterung aller Freunde der Menschheit erworben.«

Selbst für einen Vertreter des Liberalismus und Bewunderer des liberalen Englands wie Constant, waren es Arndt und seine Mitstreiter und gewiss nicht der französische Kaiser, die die Sache der Freiheit (und des Friedens) repräsentierten. Ohne es zu wollen, stellte Habermas am Ende die *Pax Americana* (und die westliche), die er 1999 bejubelt hatte, der *Pax Napoleonica* (historisch gesehen ein Synonym für unersättlichen Expansionismus) an die Seite.

Während der berühmte Philosoph es begrüßte, dass sich die »postnationale Konstellation« und der »kosmopolitische Ordnung« durchsetzten (seinerzeit beschworen von Kant, dem Theoretiker des ewigen Friedens), so veröffentlichten kurz darauf zwei als extrem links geltende Autoren (Michael Hardt und Antonio Negri) ein Buch (Empire), das, wie wir gleich sehen werden, noch weiter ging. Aber der Reihe nach! 1999 applaudierte der erste der beiden Autoren, ohne zu zögern, den Luftangriffen, die die NATO ohne Zustimmung des UN-Sicherheitsrats gegen Jugoslawien entfesselte: »Wir müssen erkennen, dass es sich nicht um eine Aktion des amerikanischen Imperialismus handelt. Es handelt sich in der Tat um eine internationale (oder besser gesagt supranationale) Operation. Und ihre Ziele sind nicht von den begrenzten nationalen Interessen der USA bestimmt: Sie zielt tatsächlich auf den Schutz der Menschenrechte (oder besser gesagt, des menschlichen Lebens) ab« (Hardt, 1999, S. 8*).

Was Habermas eine »kosmopolitische Ordnung« genannt hatte, war bereits in die Tat umgesetzt, eine »supranationale« Ordnung war am Werk. Die »nationalen Interessen« und sogar die Nationen hatten sich aufgelöst oder waren im Begriff zu verschwinden; »supranationale« Polizeieinsätze waren endgültig an die Stelle des Krieges getreten, einer Geißel, die nun der Geschichte angehörte. So wurde – im folgenden Jahr von *Empire* nachdrücklich bekräftigt – dank der Globalisierung, die sich auf allen Ebenen durchgesetzt hatte, ein »ewiger und allumfassender Friede« begrüßt (Hardt, Negri, 2002, S. 13)!

Wie hatte, von den meisten unbemerkt, ein so außergewöhnliches und verheißungsvolles Ereignis Eingang in die Geschichte gefunden? Was war geschehen? Ein immer wiederkehrender Mythos war einfach wieder aufgetaucht! Wir haben ihn erstmals ans Licht kommen sehen auf der Welle jenes Prozesses zur Herausbildung des Weltmarktes, der die unterschiedlichsten Völker in eine Beziehung des gegenseitigen Kennenlernens und der Kooperation treten ließ und – so machte man sich vor – dabei die geografischen Entfernungen und die auf Unwissenheit basierenden Vorurteile zunichtemachen würde. Wir begegneten ihm dann bei Angell am Vorabend des Ersten Weltkrieges, der trotz der »wirtschaftlichen Verflechtung« ausbrach, die doch eine sichere Garantie für den Frieden hätte sein sollen.

Die »Große Illusion«, die zu Beginn des zwanzigsten Jahrhunderts dem Buch des britischen Journalisten und Politikers den Titel gab, kehrt schließlich im Übergang vom zwanzigsten zum einundzwanzigsten Jahrhundert wieder. Bei der Lektüre von *Empire*, das im Jahr 2000 in der ersten Auflage erschien und sofort mit einem außerordentlichen internationalen Erfolg gekrönt war, hat man manchmal den Eindruck, sich in einer neuen Version von Angells Buch wiederzufinden.

Ausgangspunkt ist nach wie vor die Globalisierung, die sich allerdings in unseren Tagen nicht nur auf wirtschaftlicher und finanzieller, sondern auch auf politischer Ebene vollzogen habe: »Es ist die natürlichste Sache der Welt, dass die Welt politisch eins zu sein scheint, dass der Markt global und Macht universell organisiert ist […]. Das Empire diktiert seine Gesetze und erhält den Frieden gemäß einem Modell postmodernen Rechts und Gesetzes« (ebd., S. 362).

Und deshalb ist es notwendig, die Vereinigung der Welt zur Kenntnis zu nehmen, ebenso wie die Realität des Empires. Es ist »ein Regime […], das den Raum in seiner Totalität vollständig umfasst« (ebd., S. 12) und das nichts »mit Imperialismus zu tun« (ebd., S. 178) hat. Welchen Sinn sollte es haben, in einer politisch geeinten Welt, die einen »ewigen und universellen Frieden« erreicht hat, auf eine Kategorie zurückzugreifen, derer sich Lenin bediente, um den Ausbruchs des Ersten Weltkriegs zu erklären? Nein, denn: »Schließlich sei noch darauf hingewiesen, dass Entwicklung und Expansion des Empire auf einer Vorstellung von Frieden beruhen« (ebd., S.179); »der Begriff Empire [ist] immer mit Frieden verknüpft« (ebd., S. 13).

Und das ist noch nicht alles: »Empire lässt sich nur als universelle Republik begreifen«, als »demokratische Republik« (ebd., S. 178). Die demokratische »Weltrepublik«, die zuerst von Cloots und Fichte und dann von den Bolschewiki als Ergebnis einer Revolution weltweiten Ausmaßes hartnäckig verfolgt wurde, jetzt ist sie vorhanden. Die traditionelle Utopie hat sich in eine realisierte Utopie verwandelt; es hat keinen Sinn mehr, in einer fernen und problematischen Zukunft nach dem zu suchen, was bereits die Gegenwart prägt. An diesem Punkt sind zusammen mit den Staats- und Landesgrenzen auch die militärischen Auseinandersetzungen und das Kräftemessen zwischen verschiedenen Staaten und Ländern per Definition verschwunden, sind die Kriege verschwunden: »[...] das Zeitalter der großen Konflikte [ist] zu Ende [...]: Die souveräne Macht sieht sich keinem Anderen und keinem Außen mehr gegenüber, sondern wird ihre Grenzen immer weiter ausdehnen und am Ende den gesamten Erdball zu ihrem Hoheitsgebiet gemacht haben [...]. Die Geschichte der imperialistischen, interimperialistischen und antiimperialistischen Kriege ist vorüber. Das Ende der Geschichte kündet von der Herrschaft des Friedens. Genauer gesagt sind wir in das Zeitalter der kleinen und inneren Konflikte eingetreten« (ebd., S. 200f).

Zwar fließt weiterhin reichlich Blut, aber bei näherer Betrachtung ist der Krieg einer »*Polizeiaktion* – von Los Angeles und Grenada bis nach Mogadischu und Sarajewo« gewichen (ebd., S. 201). Um die kommende Überwindung des Imperialismus zu demonstrieren, bedient man sich einer Kategorie (»internationale Polizeiaktion«), die man zwar sicher auch bei Angell finden kann, die aber ihren Ruhm vor allem Theodore Roosevelt verdankt, einem der leidenschaftlichsten und brutalsten Verfechter des Imperialismus!

Unter die Kategorie internationaler »*Polizeiaktion*« wird auch die US-Invasion in Grenada im Oktober 1983 eingeordnet. Es wird nicht spezifiziert, welches Verbrechen sich die kleine Insel angeblich zuschulden kommen ließ und das Eingreifen der internationalen Polizei erforderlich machte. Es ist jedoch bekannt, dass die Operation »Urgent Fury« (Objekt weitgehender Verurteilung selbst durch Länder mit erwiesener atlantischer Loyalität) von den USA unter Ronald Reagan beschlossen wurde, um zu verhindern, dass in der Karibik ein neues Kuba entsteht (wenn auch in kleinerem Maßstab), damit die Monroe-Doktrin zu bekräftigen und den USA zu ermöglichen, das »Vietnam-Syndrom« endlich abzuschütteln. Aber von Hardt und Negri wird eine militärische Intervention in eine internationale Polizeiaktion umgemünzt, die es einem besonders angriffslustigen (oder kriegerischen) US-Präsidenten ermöglichte, einem der blutigsten Kolonialkriege der Gegenwart erneut Rechtmäßigkeit zu verleihen. Das ist nicht einfach nur ein Betriebsunfall, sondern die gewissermaßen zwangsläufige Folge des Rückgriffs auf eine verwirklichte Utopie: Kolonialkriege werden als Unternehmungen einer internationalen Ordnung gelesen, die die Idee und die Wirklichkeit des Friedens bereits in sich trägt. Es ist die Dialektik, die schon bei Angell zu sehen war.

Und wie in *The Great Illusion*, so findet auch in *Empire* die Schönfärberei des Kolonialismus nicht nur mit Blick auf die Gegenwart, sondern auch auf die Vergangenheit statt. Von »Kolonialismus« und »Imperialismus« spricht *Empire* nur in Bezug auf die Geschichte Europas (und insbesondere Kontinentaleuropas), unter ausdrücklichem Ausschluss der Vereinigten Staaten. Daher die Begeisterung auf ganzer Linie für Wilson und seine »internationalistische Friedensideologie«, die weit entfernt von der »traditionelle[n] imperialistische[n] Ideologie europäischer Art« sei (ebd., S. 186f)! So wird ein Präsident auf wundersame Weise zum Vorkämpfer für den Frieden, ein Präsident, der nicht nur die Teilnahme seines Landes am Ersten Weltkrieg als »heiligen Krieg, den heiligsten aller Kriege« (Losurdo, 2007/09, Kap. III, Abs. 2, S. 108) propagiert hat, sondern auch Protagonist einer langen Reihe von Kolonialkriegen war, d.h. von militärischen Interventionen in Lateinamerika im Namen der Monroe-Doktrin. Es ist die Geschichte der Vereinigten Staaten als Ganzes, die eine strahlende Verklärung erfahren hat: »Gründete die amerikanische Demokratie denn nicht auf der Demokratie des Exodus, auf affirmativen und nicht-dialektischen Werten, auf Pluralismus und Freiheit? Sorgten nicht diese Werte sowie die Vorstellung immer neuer Grenz- und Siedlungsräume dafür, dass sich die Ausweitung ihrer demokratischen Basis fortlaufend vollzog, und zwar ungeachtet jedes abstrakten Hindernisses der Nation, der ethnischen Zugehörigkeit und der Religion? [...] Als Hannah Arendt behauptete, dass die amerikanische Revolution der Französischen überlegen sei, da die amerikanische eine unbegrenzte Suche nach politischer Freiheit sei, während es sich bei der Französischen Revolution lediglich um eine begrenzte Auseinandersetzung aufgrund von Knappheit und Ungleichheit gehandelt habe, pries sie nicht nur ein Freiheitsideal, das die Europäer gar nicht mehr kannten, sondern reterritorialisierte es in den Vereinigten Staaten« (Hardt, Negri, 2002, S. 11, 387f).

Bekanntlich stellt Angell apologetisch die friedliche »Kolonisierung« der Neuen Welt durch die Angelsachsen der zerstörerischen Conquista durch Spanien und Portugal gegenüber. In diese Fußstapfen treten tatsächlich auch Hardt und Negri, mit einer Haltung, die angesichts der tragischen Lektion der Geschichte, die das Dritte Reich erteilt hat, umso unhaltbarer ist. Auf diese Weise löscht *Empire* aus der Geschichte des Kolonialismus zwei der berüchtigtsten Kapitel seiner langen Geschichte aus (die Versklavung der Schwarzen und die Enteignung, Deportation und Dezimierung der Indianer), die beiden Kapitel, die nicht zufällig den Nazismus inspirierten: In Hitlers Augen waren die »Eingeborenen« Osteuropas einerseits Rothäute, die enteignet, deportiert und dezimiert werden sollten, und andererseits sollten die Überlebenden – wie die Schwarzen – als Sklaven im Dienste der selbst ernannten »Herrenrasse« arbeiten.

9. Kapitel

Die »neokonservative Revolution«

9.1. »Wir dürfen keine Angst haben, Kriege für den Frieden zu führen«

Im Jahr 2003, vier Jahre nach den Bombenangriffen auf Jugoslawien, wurde von den USA und Großbritannien der zweite Golfkrieg entfesselt – nicht nur ohne Zustimmung des UN-Sicherheitsrates, sondern auch gegen die klare Opposition von Vollmitgliedern des Westens und Mitgliedern der NATO, wie Deutschland und Frankreich. Selbst wenn man absurderweise die kantianische »freie Föderation« der Völker und den »Friedensbund« nicht mehr mit der UNO, sondern mit der NATO (also nur noch mit dem Westen und seinem übermächtigen Militärbündnis) zusammenfallen ließe, ginge die Rechnung doch nicht auf. Man kann nicht mehr von »Kants Krieg« sprechen. Geht die Neue Weltordnung wirklich in die Richtung, die der Autor des Aufsatzes *Zum ewigen Frieden* angedeutet hat?

Das ist eine Frage, die sich aufmerksame Beobachter schon im ersten Golfkrieg hätten stellen können. Etwas mehr als ein Jahr zuvor, im Dezember 1989, war US-Präsident George H. W. Bush in Panama einmarschiert, wobei er in aller Seelenruhe das internationale Recht mit Füßen trat und sich als Souverän der westlichen Hemisphäre aufspielte; im Nahen Osten fuhr Israel fort (unter Komplizenschaft des Westens) die Resolutionen der UNO zu missachten, die zur Lösung der palästinensischen Frage oder zur Milderung der Tragödie eines Volkes, das seit Jahrzehnten unter militärischer Besatzung steht, aufgerufen hatten. Aber nichts davon schien besonders relevant für diejenigen zu sein, die davon überzeugt waren, dass ein neues leuchtendes Kapitel der Geschichte aufgeschlagen wurde. Es ist wahr, in seiner Rede vom 29. Januar 1991, bemühte George H. W. Bush, zusammen mit derjenigen über die Neue Weltordnung, ein anderes und entgegengesetztes Motiv: Er kündigte auch den Anbruch des »künftigen amerikanischen Jahrhunderts« an und erklärte, dass die Vereinigten Staaten als das Land, das immer die Sache von »Freiheit und Demokratie« verteidigt habe (die peinlichsten Kapitel der US-Geschichte wurden gestrichen), eine »einzigartige Verantwortung« hätten, die Welt zu führen. Ja, die »Führung durch Amerika« war »unverzichtbar«, nicht zuletzt, weil sie die unbestreitbare moralische und politische Überlegenheit eines Volkes über alle anderen widerspiegelte: »Wir sind eine Nation mit felsenfestem Realismus und klarem Idealismus. Wir sind Amerikaner. Wir sind die Nation, die an die Zukunft glaubt. Wir sind die Nation, die die Zukunft gestalten kann. Genau das haben wir begonnen zu tun.« Es war dies eine Sprache mit imperialen Tönen: Musste man sie deshalb kritisieren?

Schon 1991 waren Stimmen laut geworden, die die Neue Weltordnung ziemlich radikal, das heißt ohne Rücksicht auf Formen und Regeln, interpretiert hatten: Saddam Hussein war ein Diktator; warum sollte man sich darauf beschränken, die Verletzung des Völkerrechts, für die er verantwortlich war, einfach ungeschehen zu machen, anstatt ihn zu stürzen? Im Übrigen war er ja nicht der einzige Diktator: Warum also die anderen verschonen? Auf diese Weise argumentierte auch ein Philosoph, der behauptete, von Kant inspiriert zu sein: »Wir dürfen hier nicht davor zurückschrecken, für den Frieden Krieg zu führen.« Die »Todfeinde«, die es zu liquidieren oder unschädlich zu machen galt, waren nicht nur das Land, in dem Saddam herrschte oder die »Terroristenstaaten«, sondern auch das »kommunistische China, das für uns uneinnehmbar ist«. Es sollte keinen Halt auf halbem Wege bei der Verwirklichung der *Pax Civilitatis* auf Weltebene oder bei der Überhöhung der *Pax Americana* zur *Pax Civilitatis* geben (Popper, 1992b; 1992c*). Der Umfang des hier verkündeten Programms und das Fehlen jeglichen Hinweises auf die UNO (in deren Sicherheitsrat das große asiatische Land ständiges Mitglied war und ist) waren symptomatisch: Im Westen wuchs die Verlockung, die »demokratische« Revolution in jeden Winkel der Welt zu exportieren und dabei souverän und ohne Scheu zu den Waffen zu greifen.

Zu diesem Zeitpunkt setzte sich in den Vereinigten Staaten eine neue theoretische und politische Plattform durch, jene der »neokonservativen Revolution«. Es handelt sich nicht um einen Bruch mit der von George H. W. Bush entworfenen Neuen Weltordnung: Der imperiale Diskurs wird jetzt explizit und bedenkenlos. In Bezug auf die internationale Politik kann die von Popper formulierte Empfehlung (»wir dürfen nicht davor zurückschrecken, für den Frieden Krieg zu führen«) zur Durchsetzung der *Pax Americana*, die gleichbedeutend mit der *Pax Civilitatis* ist, durchaus als Zusammenfassung des Programms der neokonservativen Revolution dienen: Es ist erforderlich, ob mit oder ohne Einwilligung der UNO, Regimes, die als undemokratisch und damit als Störer der internationalen öffentlichen Ordnung angesehen werden, früher oder später ein Ende zu setzen; nur so wird es möglich sein, die Menschheit von Unordnung und Gewalt in den internationalen Beziehungen zu befreien.

Das Ziel ist klar, aber wie sollte es in der Praxis erreicht werden, wenn Kompetenz- und Befugniskonflikte vermieden oder minimiert werden sollen? Diese Frage wird von den Theoretikern der neokonservativen Revolution unmissverständlich beantwortet: »Beginnen wir mit der Frage: Braucht die Welt einen Polizisten? Dies ist gleichbedeutend mit der Frage, ob London oder New York eine Polizei braucht. Solange das Böse existiert, wird jemand die friedlichen Bürger vor Räubern schützen müssen. In dieser Hinsicht ist das internationale System nicht viel anders als die eigene Nachbarschaft, außer dass die Räuber im Ausland viel gefährlicher sind als gewöhnliche Diebe, Vergewaltiger und Mörder« (Boot, 2003, S. 64*).

Die Notwendigkeit einer internationalen Polizeitruppe steht also außer Frage, aber wer kann mit dieser Funktion betraut werden? Es ist notwendig, eine historische Bilanz zu ziehen: Ein Misserfolg waren der Völkerbund, der aus dem Ersten Weltkrieg hervorgegangen war und die Aufgabe hatte, eine Wiederholung einer solchen Katastrophe zu verhindern, sowie der Briand-Kellogg-Pakt (benannt nach dem französischen Außenminister Aristide Briand und dem US-Außenminister Frank Kellogg), der 1929 in Kraft trat und ebenfalls den Krieg als Instrument der internationalen Politik verbieten sollte. Jeder weiß, wie die Dinge ausgegangen sind; und die UN scheinen nicht dazu bestimmt zu sein, es besser zu machen (ebd., S. 64f*).

Könnte also die UNO durch die NATO ersetzt werden? »Im Gegensatz zu den Vereinten Nationen hat [letztere] den Vorteil, dass sie aus Demokratien mit einem gemeinsamen historischen Erbe und vermutlich auch gemeinsamen Interessen besteht«. Unglücklicherweise gibt es selbst innerhalb des Atlantischen Bündnisses keinen Mangel an Ländern, die sich ihrer Verantwortung entziehen möchten (wie die Ablehnung des zweiten Golfkriegs durch Frankreich und Deutschland zeigt). In jedem Fall ist die NATO »zu groß und zu schwerfällig, um effektive militärische Maßnahmen zu ergreifen«. Was jetzt? »Wer bleibt also übrig, um Weltpolizist zu spielen [...] Die Antwort ist ziemlich offensichtlich. Es ist das Land mit der dynamischsten Wirtschaft, der glühendsten Hingabe an die Freiheit und den stärksten Streitkräften«, es ist »die unverzichtbare Nation« (ebd.).

Man muss zur Kenntnis nehmen: Die nordamerikanische Republik ist »die dominierende Macht in der Welt, von der die Aufrechterhaltung des internationalen Friedens und die Unterstützung der liberalen und demokratischen Prinzipien abhängen«. Sie ist es, die Freiheitsliebe beweist und über die materielle Kraft verfügt, die notwendig ist, um die »freiheitlich-demokratische Zivilisation«, die einzig mögliche Grundlage des Friedens, zu »bewahren und zu erweitern«. Richtig sei, dass die Vereinigten Staaten sich manchmal wie ein »widerwilliger Weltgendarm« verhalten, aber sie sind durchaus in der Lage, diesen Widerwillen abzuschütteln und ihre weltweite Verantwortung voll zu übernehmen. Das ist es, was bereits geschehen ist oder gegenwärtig geschieht« (Kagan, Kristol, 2003, S. 44, 53*). Es ist ein Glück für die ganze Welt: »Die Vereinigten Staaten agieren als ein vielleicht selbst ernannter, aber dennoch weithin mit offenen Armen begrüßter internationaler ›Gendarm‹, der sich darum bemüht, in einer in seinen Augen gesetzlosen Welt, in der Verbrecher oftmals mit Waffengewalt abgeschreckt oder ausgeschaltet werden müssen, ein gewisses Maß an Frieden und Gerechtigkeit durchzusetzen« (Kagan, 2003, S. 42).

Bei näherer Betrachtung geht es nicht um die Gründung der Neuen Weltordnung, von der Bush Sr. sprach, sondern um die Bewahrung einer bereits bestehenden Ordnung, in der der »Weltgendarm« Ordnung und Rechtsstaatlichkeit in einer Welt durchsetzt, die, sich selbst überlassen, »wild« wäre. Es ist notwendig, eine Ordnung, die sich spontan herausgebildet hat, aber dennoch gleichbedeutend mit internationalem Recht und Frieden ist, durch Anerkennung ihrer Legitimität zu festigen.

Ja, durch den Triumph des Westens und seiner Führungsmacht im Kalten Krieg wurde »ein außergewöhnlicher Frieden« erreicht, der »amerikanische Frieden«. Es ist ein Wendepunkt, der eine radikale Zäsur darstellt. »In der Menschheitsgeschichte« ist eine noch nie dagewesene Situation eingetreten: »Amerika übt seine geopolitische Führungsrolle in jeder Region der Welt aus, und fast alle anderen großen und wohlhabenden Mächte sind unsere Verbündeten« (Donnelly, 2003, S. 72f*). Das Land, das jetzt Garant des Friedens ist, verfügt über ein überwältigendes militärisches Übergewicht, das zudem mit einer »außergewöhnlichen moralischen Stärke« einhergeht. Eine »Ära der *Pax Americana*« und »eine unipolare Welt«, die sich als »außerordentlich stabil, dauerhaft und friedlich« erweist, haben sich durchgesetzt (ebd., S. 95f*). »Garant für Frieden und Sicherheit in der heutigen Welt« ist ein Land, das gleichzeitig eine unanfechtbare moralische, politische und militärische Vormachtstellung genießt. Sicher, es mangelt nicht an Herausforderungen, aber gerade deshalb ist es notwendig, gegen »regionale Kriminelle« und »die Verbrecher von heute und die potenziellen Rivalen von morgen« in der Lage zu sein, »den amerikanischen Frieden zu verteidigen«, genauer gesagt, es ist notwendig, »den amerikanischen Frieden zu bewahren und zu erweitern«, notfalls unter Rückgriff auf »multiple und dauerhafte Friedensmissionen« und auf internationale »Polizeimissionen« (Donnelly, 2003, S. 74f, 95f, 81*).

Wie man sehen kann, ist die Anarchie, die traditionell die internationalen Beziehungen kennzeichnet, verschwunden; eine einigermaßen kosmopolitische Ordnung ist bereits vorhanden. Es versteht sich von selbst, dass man sich dabei nicht auf Kant, sondern auf Rhodes bezieht: Das Imperium, das dieser unter der Führung Londons zu errichten träumte und das so mächtig sein sollte, dass es jede Herausforderung abschreckt und »Kriege unmöglich macht«, dieses Imperium steht bereits allen vor Augen und befindet sich unter der festen Führung Washingtons. Diejenigen, die Anzeichen von Rebellion oder auch nur Widerspenstigkeit gegen das Imperium zeigen, sind Banditen oder wenigstens potenzielle Banditen, die mit energischen Polizeieinsätzen konfrontiert und neutralisiert werden müssen, die nur unter Rückgriff auf die traditionelle, aber inzwischen unzulässige Sprache als »Kriege« bezeichnet werden können.

9.2.
Der »liberale Internationalismus« als »neuer Internationalismus«

Die Rolle, die hier dem »Weltgendarmen« zugeschrieben wird, steht in klarem Widerspruch zu der am Ende des Zweiten Weltkriegs geschaffenen Ordnung, die das Prinzip der Gleichheit der Nationen und ihr gleiches Recht auf nationale Souveränität bekräftigt und die Befugnis zu Interventionen zur Verteidigung des Friedens und des internationalen Rechts ausschließlich dem UN-Sicherheitsrat vorbehält. Dieses Widerspruchs sind sich die US-amerikanischen Neokonservativen sehr wohl bewusst und sie schlagen ausdrücklich vor, ihn zugunsten des »Weltgendarmen« und der in den Jahren unmittelbar nach dem Ende des Kalten Krieges geltenden Machtverhältnisse aufzulösen: Wenn man es mit gefährlichen Diktatoren zu tun hat, muss man wissen, wie man »institutionelle und rechtliche Zwänge beiseite schieben kann«, ohne sich zu scheuen, »mit den Traditionen des Völkerrechts und mit dem UN-Sicherheitsrat in Konflikt zu geraten«. Es ist gut, dem Zögern und den Bedenken ein Ende zu setzen: »Die Geschichte und die Ethik« können nicht umhin, »über die traditionellen Prinzipien des Völkerrechts zu obsiegen« (Kagan 2004, S. 41, 25*).

Wenn sich Ethik auf Werte bezieht, die als universell angesehen werden, so bezieht sich Geschichte auf die überwältigende militärische Überlegenheit, die die Vereinigten Staaten am Ende des Kalten Krieges gewonnen haben. Die Kombination der beiden Begriffe (»Geschichte« und »Ethik«) ist ungewöhnlich, ja sie ist sogar ein Oxymoron. Die Neokonservativen ahnen das Problem: Wenn es ihnen darum geht, sich ein weichgespültes Image zu geben, vermeiden sie es, sich explizit auf den ersten Begriff (Machtverhältnisse) zu beziehen und bestehen stattdessen auf dem zweiten: »Das Streben nach dem sittlich Guten und der Gerechtigkeit« hat absoluten Vorrang und kennt keine Grenzen; man darf sich nicht durch eine »zu starre Anwendung der Grundsätze des Völkerrechts« blockieren lassen (ebd., S. 33, 25*).

Gegen den »legalistischen Ansatz«, gegen die »formale und legalistische« Sicht auf das Völkerrecht gilt es, einen »liberalen Internationalismus« durchzusetzen, also das, was der britische Premierminister (Tony Blair) anlässlich des Krieges gegen Jugoslawien den »neuen Internationalismus« genannt hat (ebd., S. 47, 34, 37*). Protagonist, ja Verkörperung des »neuen Internationalismus« kann nur das »liberale und revolutionäre Amerika« sein, das Amerika, das »schon immer eine revolutionäre Kraft war« und sich immer geweigert hat, seiner Befreiungsmission Schranken zu setzen: »Aufgrund ihrer Natur, Tradition und Ideologie waren sie [die Vereinigten Staaten] immer geneigt, liberale Prinzipien zu fördern, während sie die Feinheiten des westfälischen Systems verachteten [...]. Seit der Generation der Gründerväter haben die Amerikaner fremde Tyranneien als vorübergehend betrachtet, dazu bestimmt, vor den republikanischen Kräften, die durch die amerikanische Revolution selbst freigesetzt wurden, zusammenzubrechen« (ebd., S. 41, 38f*).

Es ist ein wiederkehrendes Motiv des neokonservativen Kreuzzuges: Anstatt sich durch den fetischistischen Respekt vor staatlichen und nationalen Grenzen, der dem westfälischen System eigen ist, durch traditionelle »institutionelle und rechtliche Zwänge« einschränken zu lassen, sind die Vereinigten Staaten gefordert, »in einer Weise zu handeln, die der gesamten Menschheit zugutekommt«. Dabei ist zu bedenken, dass es »keine klare Trennlinie zwischen Innen- und Außenpolitik gibt« (ebd., S. 41, 58, 56*). Die Infragestellung oder Beseitigung der Trennlinie zwischen Innen- und Außenpolitik ist eine Revolution (oder eine Konterrevolution), die faktisch die Liquidierung des bestehenden Völkerrechts beinhaltet. All dies sollte kein Grund sein sich zu wundern: »Während des größten Teils der letzten drei Jahrhunderte haben sich die Amerikaner als Vorhut einer weltweiten liberalen Revolution betrachtet« (ebd., S. 55*). Gerade deshalb haben sich die Vereinigten Staaten nie wirklich an das westfälische Prinzip der Achtung der nationalen Souveränität gehalten. Ein Beispiel (ebd., S. 39*): »Die Amerikaner hatten nie die Absicht, die Legitimität der Sowjetunion zu akzeptieren, und versuchten ständig, ihren Zusammenbruch von innen und von außen her herbeizuführen, wobei sie sogar die Stabilität der ganzen Welt gefährdeten. Ein ›Reich des Bösen‹ kann keine Legitimität und keine unantastbaren Rechte als souveräne Nation haben.«

Zur Rechtfertigung oder gar Verherrlichung dieser Haltung entwickelte der Neokonservatismus eine Geschichtsphilosophie, wonach der Liberalismus und der »liberale Internationalismus« (zunächst der englische, dann der amerikanische) das Prinzip der Achtung der staatlichen Souveränität stets als unerträgliche Zwangsjacke betrachtet hätten: »Wie Edmund Burke nach den Schrecken der Französischen Revolution geschrieben hat, ›kann es keine schädlichere Vorstellung geben, als dass in einem Lande Bosheit, Gewalt und Unterdrückung herrschen, dass dort die abscheulichsten, verbrecherischsten und vernichtendsten Rebellionen wüten oder die grausamsten und blutigsten Diktaturen herrschen, und dass keine benachbarte Macht von all dem Kenntnis nimmt oder den elenden Opfern beisteht‹. Die Engländer sollten die letzten sein, die das Prinzip der Nichteinmischung verteidigen, so Burke weiter, denn England verdanke ›seine Gesetze und Freiheiten [...] genau dem entgegengesetzten Prinzip‹« (ebd., S. 35*). Nun also, »wie Burkes England verdankt Amerika seine Existenz, seine ›Laws and Liberties‹, dem Prinzip der Einmischung« (ebd., S. 38*).

Alle müssen sich diesem radikalen und unnachgiebigen »Internationalismus« anpassen oder sich ihm beugen, auch die widerwilligen Verbündeten, die zögern, die UNO ganz aus dem Verkehr zu ziehen: »In der Tat werden die Europäer nicht in der Lage sein, die amerikanische Perspektive einer humaneren Welt für immer zu ignorieren, auch wenn sie im Moment mehr mit der Konsolidierung der internationalen Rechtsordnung beschäftigt zu sein scheinen« (ebd., S. 60*).

Was die Vereinigten Staaten betrifft, so können sie ihre eigenen Traditionen sicher nicht verleugnen, und noch weniger konnten sie dies in der außerordentlich günstigen Situation, die am Ende des Kalten Krieges entstanden war und die es ihnen erlauben würde, den Internationalismus, den sie immer verfolgt haben, relativ leicht in die Praxis umzusetzen: Es ist nicht statthaft, sich der »Verantwortung zu entledigen, die das Schicksal auf unsere Schultern gelegt hat«. Also müssen wir uns an die Arbeit machen: »Eines der primären Ziele der US-Außenpolitik sollte es sein, einen Regimewechsel in feindlichen Nationen herbeizuführen: in Bagdad und in Belgrad, in Pjöngjang und in Peking« und anderswo. Nicht wenige Länder sind im Fadenkreuz des Gendarmen, der ausersehen ist, für Ordnung und für den Weltfrieden zu sorgen. Natürlich ist es angebracht, sich den Umständen anzupassen: »Nicht jeder Regimewechsel kann oder sollte durch eine militärische Intervention herbeigeführt werden. Die Taktik zur Verfolgung einer Strategie des Regimewechsels sollte je nach den Umständen variieren. In einigen Fällen könnte die beste Politik darin bestehen, Rebellengruppen zu unterstützen, nach dem Vorbild der in Nicaragua und anderswo angewandten Reagan-Doktrin. In einigen Fällen könnte dies bedeuten, dass Dissidentengruppen mit offiziellen oder geheimen Maßnahmen unterstützt werden, und/oder dass wirtschaftliche Sanktionen und diplomatische Isolation verhängt werden. Diese Taktiken können, müssen aber nicht sofort erfolgreich sein und sollten geändert werden, wenn sich die Umstände ändern. Aber das Ziel der amerikanischen Außenpolitik sollte klar sein. Wenn es um den Umgang mit diktatorischen Regimen geht, insbesondere mit solchen, die die Macht haben, uns oder unseren Verbündeten Schaden zuzufügen, sollten die Vereinigten Staaten nicht Koexistenz, sondern Transformation anstreben« (Kagan, Kristol, 2003, S. 55, 58*).

9.3. Die »neokonservative Revolution« auf den Spuren von Trotzki und Cloots?

Der Ehrgeiz der neokonservativen Revolution betrifft die ganze Welt und fühlt sich weder dem bestehenden Völkerrecht noch der staatlichen Souveränität der einzelnen Länder verpflichtet: Von welcher Art von Verpflichtung könnte man sprechen, wenn der Grundsatz »es gibt keine klare Trennlinie zwischen Innen- und Außenpolitik« einmal ausgesprochen wurde? Wie wir wissen, drückte sich auch Trotzki in dem Moment, als er den Posten des Volkskommissars für Auswärtige Angelegenheiten antrat, nicht viel anders aus: »Ich werde einige revolutionäre Proklamationen an die Völker erlassen und dann die Bude schließen« (vgl. oben, Abs. 7.2). Wegen ihres exaltierten Internationalismus, der mit Verachtung auf staatliche und nationale Grenzen blickt und das »Westfälische System« ausdrücklich verhöhnt, ist die neokonservative Revolution oft mit der Revolution verglichen worden, die Trotzki seinerzeit vorschwebte und die er propagierte. Mehr noch, es ist in der Tat verschiedentlich darauf hingewiesen worden, dass einige der Kämpen des amerikanischen Neokonservatismus ehemals trotzkistische Militante waren; bei ihnen wäre das in ihrer Jugend verfolgte Ideal des Exports der sozialistischen Revolution im Erwachsenenalter oder der späten Reife durch das Ideal des Exports der liberalen und demokratischen Revolution ersetzt worden; all dies immer im Zeichen eines Internationalismus, der nicht die Absicht hat, sich respektvoll vor künstlichen und mithin irrelevanten Grenzen zu verneigen.

Der Vergleich zwischen verschiedenen Formen des erhabenen Internationalismus sollte, wenn er Sinn haben soll, auch jene Formen berücksichtigen, die auf der Welle der Begeisterung über die Wende von 1789 entstanden sind: Denken wir an die These von Cloots, für den die Revolution bzw. die durch die Revolution befreite Menschheit »überhaupt keine Fremden kennt«; oder denken wir an die Versuchung, die der frühe Fichte verspürt hatte, der die menschliche Gattung, auch dank des Exports der Revolution, zu »einem Körper« zu vereinigen wünschte (siehe oben, Abs. 2.5, 2.8). Die drei hier verglichenen Fälle unterscheiden sich jedoch voneinander. Cloots und Fichte stellten Theorien über die Irrelevanz von Staats- und Landesgrenzen auf, als Frankreich noch nicht die Macht geworden war, die Kontinentaleuropa unangefochten dominierte. Als dies nach dem Triumph Napoleons eintrat, war Ersterer bereits tot und Letzterer rief, ohne die Ideale aufzugeben, zu denen er sich bekannt hatte, zum Aufstand gegen Napoleon und die kaiserliche *Pax Napoleonica* auf und dies gerade im Namen des ewigen Friedens. Was Trotzki angeht, so warfen ihm seine Gegner einen abstrakten Internationalismus vor, der, weil er die Kräfteverhältnisse auf Weltebene nicht berücksichtigte, das Überleben des aus der Oktoberrevolution hervorgegangenen Landes gefährdete, auch wenn er gerade versicherte, es verteidigen zu wollen; andererseits führte Trotzki einen unerbittlichen politischen Kampf gegen die Sowjetunion Stalins, auch weil er ihr vorwarf, den Internationalismus verraten zu haben. Mit anderen Worten: Weder der Internationalismus, zu dem sich Cloots und Fichte bekennen, noch der von Trotzki ist dauerhaft mit einem bestimmten Land verbunden, und schon gar nicht mit einem Land, das weltweite Hegemonie anstrebt. In den Augen der neokonservativen Revolution wird die Sache des Internationalismus jedoch immer und ausnahmslos mit der Sache der Vereinigten Staaten und der unangefochtenen Macht des »Weltgendarmen« gleichgesetzt.

Kehren wir noch einmal zu Engels' Urteil über die Französische Revolution zurück: der anfangs versprochene ewige Frieden verwandelt sich mit Napoleon in nicht endende Eroberungskriege; es ist eine Transformation, die am Ende eines komplexen und widersprüchlichen Prozesses heranreift, bekämpft von eben jenen Leuten (z. B. dem frühen Fichte), die anfangs den Export der Revolution begrüßt hatten. Im Gegensatz dazu ist die neokonservative Revolution in den USA von Anfang an von Napoleonismus geprägt. Der von ihr angeblich angestrebte Frieden ist eindeutig eine Art *Pax Napoleonica*, die auf Vorherrschaft beruht und auf endlosen Kriegen zu ihrer Verteidigung und Festigung.

Man kann also den Weltgendarmen, der von den Neokonservativen dazu berufen ist, höchster Garant des Friedens und der internationalen Ordnung zu sein, mit Napoleon, oder vielmehr, mit Napoleon als Kaiser vergleichen. Sogar für die gegenwärtigen *Regime-Change*-Operationen, die von Neokonservativen unverfroren und unter Verletzung des verachteten westfälischen Systems empfohlen werden, lassen sich Analogien im Europa des frühen neunzehnten Jahrhunderts ausmachen. Lesen wir den Brief, den Napoleon am 15. November 1807 an seinen Bruder Jerôme sandte, den er zum König des neu gebildeten Königreichs Westphalen ernannte, einem formal unabhängigen, aber faktisch dem französischen Kaiserreich unterstellten Staat: »Mein Bruder, beiliegend finden Sie die Verfassung Ihres Königreichs. [...] Ihr Volk muss sich einer Freiheit, einer Gleichheit, eines Wohlstandes erfreuen, die den übrigen Völkern Deutschlands unbekannt sind! Eine solche *liberale* Regierung muß auf diese oder jene Weise für die Politik des Rheinbundes und für die Macht Ihres Reiches die heilsamsten Veränderungen hervorbringen. [...] Die Völker Deutschlands, Frankreichs, Italiens und Spaniens wünschen Gleichheit und aufgeklärte Ideen! Ich, der ich seit vielen Jahren die Angelegenheiten Europas in Händen habe, hatte oft Gelegenheit gehabt, mich zu überzeugen, dass das Murren der Privilegierten mit der Volksmeinung im Widerspruch stand. Seien Sie ein *konstitutioneller* König! Und wenn es Ihnen die Vernunft und die Aufgeklärtheit Ihres Jahrhunderts nicht geböten, so müßten Sie es doch aus weiser Politik sein. Sie werden dadurch große Macht in der öffentlichen Meinung und eine natürliche Überlegenheit über Ihre Nachbarn gewinnen, die alle absolute Fürsten sind« (zit. in: Kleßmann, 1976, S. 277f). Nicht wenige der so genannten »Farbenrevolutionen«, von den Neokonservativen geförderten Staatsstreiche (unter dem Banner des *Regime Change*), gründen auf einer Ideologie, die an den Kampf gegen »absolute« Regierungen und die Verteidigung »liberaler« Prinzipien erinnert, die auch von Napoleon beschworen wurden, und haben Menschen an die Macht oder in Machtpositionen gebracht, die in den Vereinigten Staaten ausgebildet wurden, die enge Beziehungen zu den herrschenden amerikanischen Kreisen pflegen und die perfektes Englisch sprechen. Und so werden wir wieder an die Praxis des französischen

Kaisers erinnert, die Regierung der von ihm eroberten Länder hin und wieder Familienmitgliedern oder Generälen seines Vertrauens anzuvertrauen.

Wenige Monate nach diesem Brief schickte Napoleon am 16. Juli 1808 einen weiteren an seinen Bruder Jerôme, in dem er ihn brüsk zur Ordnung rief: Das Königreich Westfalen müsse einen größeren Beitrag zur Finanzierung der Kriege und des Militärapparats des Kaiserreichs leisten (zitiert ebd., S. 304-306). Es versteht sich von selbst, dass die Machthaber, die durch Putsche der neokonservativen Revolution an die Macht gekommen sind, zu den Kriegen des Imperiums beitragen müssen, indem sie materielle Ressourcen und/oder Kanonenfutter bereitstellen.

Der Internationalismus oder Universalismus der neokonservativen Revolution hat nicht nur von Anfang an imperialen Charakter, sondern geht mit einem übersteigerten und ausdrücklichen Nationalismus einher: »Territoriale Expansion und Ausweitung der Einflusssphäre sind die unleugbare Realität der amerikanischen Geschichte, die sich nicht dem Zufall verdankt. Der Wunsch, eine bedeutende Rolle auf der Weltbühne zu spielen, ist tief im amerikanischen Charakter verwurzelt. Seit der Unabhängigkeit und sogar schon zuvor eint alle Amerikaner, die in vielen Punkten so unterschiedlicher Meinung sind, der Glaube, ihrer Nation sei ein bedeutendes Schicksal beschieden« (Kagan, 2003, S. 99). Und weiter: »Die Vereinigten Staaten wachten schon immer äußerst eifersüchtig über ihre eigene Souveränität, aber während des Kalten Krieges und im Verlauf ihrer ganzen Geschichte machten sie sich weit weniger Sorgen darüber, ob sie die Unverletzlichkeit der Souveränität anderer Nationen respektierten« (Kagan, 2004, S. 38*). Die absolute moralische und politische Überlegenheit der Vereinigten Staaten wird nicht nur gegenüber der Dritten Welt und gegenüber Ländern, die dem Westen ohnehin fremd sind, proklamiert, sondern auch gegenüber westlichen Ländern, die sich schuldig machen, Positionen einzunehmen, die Washington nicht gefallen: Für die Neokonservativen hat es keinen Sinn, das Schicksal des Friedens und der internationalen Ordnung der UNO anzuvertrauen und damit »Staaten wie Syrien, Kamerun, Angola, Russland, China oder Frankreich« (Perle, 2003, S. 102*).

Natürlich versichern die Neokonservativen, dass der US-Nationalismus im Gegensatz zu allen anderen und aufgrund einer Art unerklärlichem Wunder von Natur aus universalistisch sei: Denn in der Tat, »anders als der europäische, basiert er nicht auf Blut und heimatlichem Boden, es ist eine universalistische Ideologie, die die Bürger zusammenhält«, die sich, wie wir wissen, nicht zufällig von Anfang an als »die Vorhut einer weltweiten liberalen Revolution« betrachtet haben (Kagan, 2004, S. 55*). Im Grunde ließe sich die Argumentation leicht umkehren: Für eine lange, lange Zeit wurden Schwarze, selbst jene, die theoretisch frei waren, nicht als Bürger der Vereinigten Staaten angesehen und behandelt; ähnliches gilt für Indianer. »Blut« spielte folglich in der nordamerikanischen Republik für lange Zeit eine wesentliche und sogar entscheidende Rolle.

Selbst wenn wir von den Völkern kolonialer Herkunft abstrahieren wollten, springt doch ins Auge, dass die Neokonservativen die angebliche Vormachtstellung der Vereinigten Staaten in kruden naturalistischen Begriffen begründen. Lesen wir noch einmal zwei zuvor betrachtete Aussagen von Kagan: »Aufgrund *ihrer Natur*, Tradition und Ideologie waren sie [die Vereinigten Staaten] immer geneigt, liberale Prinzipien zu fördern« und ebenso die »weltweite liberale Revolution«. Und weiter: »Der Wunsch, eine bedeutende Rolle auf der Weltbühne zu spielen, ist tief im *amerikanischen Charakter* verwurzelt«. Man muss sich mit der ewigen US-Führung abfinden: Es wäre mühsam und gefährlich, die »amerikanische Natur« und den »amerikanischen Charakter« herauszufordern. Eine Frage bleibt jedoch unbeantwortet: Wie konnte diese liberale »Natur« die Enteignung, Deportation und Ausrottung der Eingeborenen, die Versklavung der Schwarzen und ein Regime der *white supremacy* hervorbringen, das selbst in den Tagen von Martin Luther King nicht völlig verschwunden war? Zur Verdeutlichung des universalistischen Charakters des US-Nationalismus verweist man auf Theodore Roosevelt (Kagan, Kristol, 2003, S. 60*), den Verfechter von Imperialismus und Rassismus!

9.4. »Neokonservative Revolution« oder neokoloniale Konterrevolution?

Die Neokonservativen werden nicht müde, sich als die ungezähmte und unbezwingbare revolutionäre Kraft zu präsentieren, die die tiefe Seele des revolutionären Landes schlechthin zum Ausdruck bringt, das sich seit seiner Gründung bemüht, die »weltweite liberale Revolution« zu fördern und ihr zum Sieg zu verhelfen, ohne sich von staatlichen und nationalen Grenzen beeindrucken oder behindern zu lassen. Angesichts dieser Prämissen ist die Reaktion auf diejenigen, die Kritik oder Vorbehalte gegen das Programm der Kriege (präventiv und ggf. ohne Ermächtigung des Sicherheitsrates) äußern, leicht zu verstehen: »Die Bush-Doktrin [Jr.], so wie sie ist, hat einfach die Tradition des liberalen, revolutionären Amerikas entstaubt und wieder auferstehen lassen.« So wie es in der Vergangenheit mit »europäischen Konservativen wie Metternich« zusammengestoßen sei, so müsse Amerika, das bekanntlich »immer eine revolutionäre Kraft« gewesen sei, heute ebenso mit Despoten und »konservativen Kräften in der islamischen Welt« rechnen wie mit »den Europäern«, die, »der radikalen Veränderungen auf ihrem eigenen Kontinent überdrüssig, Stabilität und Berechenbarkeit in der zukünftigen Welt suchen« (Kagan, 2004, S. 39-41*).

Die betont revolutionäre Sprache ist nicht nur Ausdruck von Koketterie: Ein solch radikales Programm, das im Namen von Demokratie und Frieden die Liquidierung des bestehenden Völkerrechts theoretisch begründet und praktisch betreibt, braucht in der Tat eine »revolutionäre« Legitimation. Es fragt sich allerdings, ob diese Legitimation begründet ist. Bei der Darstellung ihrer ehrgeizigen Agenda gehen die Neokonservativen gerne von dem Prozess, der zur Gründung der Vereinigten Staaten führte, aus. In dem großen Bild, das gezeichnet wird und das fast zweieinhalb Jahrhunderte Weltgeschichte umfasst, springt einem jedoch eine Leerstelle ins Auge: Es gibt keinen Platz für die antikoloniale Revolution. So wird die Geburt der nordamerikanischen Republik gefeiert, Abscheu über die »Schrecken« der Französischen Revolution und erst recht der Oktoberrevolution geäußert, die beiden Weltkriege und der Kalte Krieg werden erwähnt und im Gegensatz dazu wird betont, dass der Triumph der Sache des Friedens mit dem Triumph der »liberalen Weltrevolution« einhergeht, die vom »Weltgendarmen« mit Sitz in Washington vorangetrieben wird, aber nichts, absolut nichts wird über die epische Umwälzung gesagt, die das Ende der klassischen Kolonialreiche und selbst die tiefe Krise der neokolonialen Herrschaft herbeigeführt hat.

Bei näherer Betrachtung ist es mehr als ein Schweigen, es ist eine Verweigerung, und zwar eine solche, die, obwohl schweigend, fest und entschlossen ist. Zum Ersten wird die dauerhafte Gültigkeit der Monroe-Doktrin als selbstverständlich vorausgesetzt: »Die Vormachtstellung, die Amerika im neunzehnten Jahrhundert in der westlichen Hemisphäre erlangte, ist seither eine feste Größe der internationalen Politik« (Kagan, 2003, S. 98). Das klassische Kolonialsystem selbst ist vor Kritik sicher: Der Zweite Weltkrieg zerstörte »den Weltmachtstatus der europäischen Staaten weitgehend. Ihre Unfähigkeit nach dem Krieg, genügend Truppen nach Übersee zu verlegen, um ihre Kolonialreiche in Asien, Afrika und dem Nahen Osten zu erhalten, zwang sie nach fünfhundert Jahren imperialer Vorherrschaft zu einem Rückzug auf breiter Front: Es war die vielleicht stärkste Zurücknahme globalen Einflusses in der Menschheitsgeschichte. Weniger als ein Jahrzehnt nach Beginn des Kalten Krieges traten die Europäer sowohl ihren Kolonialbesitz als auch ihre strategischen Verantwortlichkeiten in Asien und im Mittleren Osten an die Vereinigten Staaten ab, manchmal freiwillig und manchmal, wie etwa in der Suez-Krise, unter amerikanischem Druck« (ebd., S. 22f). Die Vereinigten Staaten als Erbe des »Kolonialbesitzes« und letztlich der europäischen »Kolonialreiche« als solche? Neokonservative haben keine Schwierigkeiten, dies zuzugeben: Im Gegenteil, es scheint eine Quelle von Stolz zu sein.

Entschieden, wenn auch implizit, ist die Verteidigung des Neokolonialismus. Mehr denn je muss der Westen seine Macht auf globaler Ebene weiter ausüben. In erster Linie sind es die ehemaligen Kolonien, die vom »Weltgendarmen« zur Ordnung gerufen werden müssen. »Die feindlichen Tyrannen der Dritten Welt« müssen auf die eine oder andere Weise neutralisiert werden (Kagan, 2004, S. 41*). Aber es sind nicht nur »Tyrannen«, es ist die Dritte Welt als solche, die ins Visier genommen wird. Im Falle des Krieges gegen Jugoslawien, der 1999 von der NATO ohne Ermächtigung des Sicherheitsrates entfesselt wurde, »widersetzten sich die meisten Nationen Lateinamerikas und der arabischen Welt vehement dem mangelnden Respekt vor der Charta der Vereinten Nationen im Kosovo«. Diese Länder befürchteten, dass das Prinzip der bewaffneten Intervention des Westens auch gegen sie selbst in Anwendung gebracht werden könnte. Es war eine wohl begründete Befürchtung: »Die liberalen Prinzipien der moralischen Verantwortung des Westens« müssten im Rest der Welt durchgesetzt werden, notfalls durch eine bewaffnete, souverän vom Westen (und insbesondere von seinem führenden Land) beschlossene Intervention (ebd., S. 28f*).

Damals waren auch »China und Russland« dagegen: Aber »haben sich die Amerikaner und Europäer jemals darum gekümmert?«. Noch viel weniger haben sie sich um die Haltung »der Nationen in Afrika, Lateinamerika und dem Mittleren Osten« gekümmert. Insgesamt gesehen: »Über weite Strecken des letzten Jahrhunderts hat sich die Mehrheit der Weltbevölkerung oft gegen die amerikanische und die europäische Politik gestellt, ohne dass es zu einer Krise des Westens gekommen wäre« (Kagan, 2004, S. 50*). Die Vereinigten Staaten und Europa müssen weiterhin die Welt regieren, ohne sich von den Normen des Völkerrechts einschränken zu lassen; sie müssen auf jeden Fall den »Sieg der Moral über das Recht« sicherstellen, wie es im Fall des Kosovo geschehen ist, einem Modell, dem man folgen muss, wann immer Washington und Brüssel es für notwendig halten. Dies lässt zwar »die Ausübung des internationalen Rechts in Händen einer relativ kleinen Zahl mächtiger Nationen des Westens«, aber das ist auch gut so (ebd., S. 28*). Wie man sieht, stehen der Begründung einer Weltordnung unter dem Banner des Neokolonialismus keine Skrupel im Wege.

Es ist ein Ratschlag, der dafür sorgt, dass das Bild vervollständigt wird. Vor allem das Land, das mehr als jedes andere den westlichen Dominanzanspruch in Frage gestellt und ihn letztlich im Namen des

Antikolonialismus herausgefordert hat, sollte einer strengen Kontrolle und einer Politik der Eindämmung unterworfen werden: »Ein aufstrebendes China tritt ganz klar als unzufriedener Staat auf, der die Kritik am amerikanischem ›Neo-Interventionismus‹, an ›neuer Kanonenbootpolitik‹ und ›wirtschaftlichem Neokolonialismus‹ verstärkt.« Ohne sich von solchen Vorwürfen beeindrucken zu lassen, solle Washington auf keinen Fall seine Aufgabe aus den Augen verlieren, die *Pax Americana* mit »Missionen der polizeilichen oder ›imperialen‹ Überwachung« zu bewahren und zu fördern (Donnelly, 2003, S. 95, 81*).

»Imperiale Überwachung« – das ist der Schlüsselbegriff! Wir dürfen nicht aus den Augen verlieren, dass sich die »neokonservative Revolution« durchsetzte, während die Neubewertung des Kolonialismus und sogar des Imperialismus in vollem Gange war. Es war eine Kampagne, an der Politiker, Journalisten und Historiker beteiligt waren und bei der auch auf die Mitwirkung Poppers gezählt werden konnte. In Bezug auf die ehemaligen Kolonien verkündete der zu dieser Zeit vielleicht bedeutendste Ideologe des Westens: »Wir haben diese Staaten [die ehemaligen Kolonien] zu schnell und zu primitiv befreit«, das sei wie »wenn man einen Kindergarten sich selbst überließe« (Popper, 1992b). Das waren Jahre, in denen angesehene Gelehrte – von gegensätzlichen Standpunkten aus – auf den am Ende des Kalten Krieges eingetretenen Wendepunkt aufmerksam machten. Lesen wir Barry G. Buzan: »Der Westen hat sowohl über den Kommunismus als auch über die Bewegung der Dritten Welt triumphiert«. Der zweite Sieg war nicht weniger wichtig als der erste: »Nie seit dem Beginn der Entkolonisierung war das Zentrum beherrschender und die Peripherie untergeordneter« (Buzan 1991, S. 451*); das Kapitel in der Geschichte der antikolonialen Revolutionen könne als glücklich abgelegt betrachtet werden. Diesem Triumphschrei entsprach auf der anderen Seite die von Giovanni Arrighi geäußerte Sorge: Der Zusammenbruch des klassischen Kolonialismus ging einher mit dem »Aufbau eines viel größeren, potentiell zerstörerischen und der Welt bisher unbekannten Gewaltapparates des Westens« (Arrighi, 1996, S. 41*; siehe auch Losurdo, 2013, Kap. X, Abs. 1).

Es ist dieser Kontext, in den man die »neokonservative Revolution« stellen muss. Trotz ihrer beharrlichen Selbstdarstellungen ist sie das Gegenteil einer Revolution. Es ist, um genau zu sein, die zweite koloniale Konterrevolution. Die erste fand, nachdem sie Ende des 19. Jahrhunderts in den Vereinigten Staaten ein terroristisches Regime der *white supremacy* durchgesetzt hatte, das die von den Schwarzen am Ende des Sezessionskrieges erreichte Emanzipation weitgehend beseitigte, ihren vollendetsten und barbarischsten Ausdruck im Nazismus. Im Gegensatz zu der sich im Gefolge der Oktoberrevolution entwickelnden Emanzipation der Kolonialvölker versuchte Hitler, das Regime der weißen (und arischen) Vorherrschaft im weltweiten Maßstab zu festigen, indem er die koloniale Tradition aufgriff und radikalisierte und sie in Osteuropa selbst durchzusetzen strebte. Die zweite Konterrevolution offenbart etwas andere Züge als die erste: Es geht nicht mehr darum, das klassische Kolonialsystem zu retten, indem man die Fahne der Überlegenheit der weißen und arischen Rasse schwenkt; unter den radikal neuen Bedingungen, die auf globaler Ebene geschaffen wurden, soll es darum gehen, die militärische, politische, wirtschaftliche und technologische Dominanz des Westens (und vor allem seines führenden Landes) über den Rest der Welt im Wesentlichen zu bekräftigen, und dieses Mal die Fahne der Demokratie zu schwenken, die notfalls mit Waffengewalt verbreitet werden muss, um ein für alle Mal die Wurzeln der internationalen Unordnung und des Krieges zu zerstören und einen stabilen Frieden zu gewährleisten.

9.5. Von Wilsons »endgültigem Frieden« bis zur Verhöhnung von Kants »ewigem Frieden«

Wenn der »endgültige Frieden«, der von Wilson mit Blick auf die Monroe-Doktrin postuliert worden war, mit dem Beginn des Übergangs vom Britischen Empire zum Amerikanischen Empire und von der *Pax Britannica* zur *Pax Americana* korrespondiert, so beziehen sich die Neue Weltordnung und vor allem der »Weltgendarm« (von den Neokonservativen dazu berufen, Recht und Ordnung in der Welt durchzusetzen) auf den Sieg (oder den ersehnten Sieg) des Amerikanischen Empire, das die Aufgaben der Weltregierung wahrnimmt, die Rhodes dem Britischen Empire zugeschrieben hatte.

An Wilson schätzen die Neokonservativen den bewaffneten Internationalismus und seine Forderung nach einem Ende despotischer Regime, die als Ursprung von Unordnung, von Krieg und Gewalt in den internationalen Beziehungen identifiziert und gebrandmarkt werden. Mit anderen Worten, sie schätzen die Vision, die Popper mit seinem Slogan brillant zusammengefasst hat: »Wir dürfen keine Angst haben, Kriege für den Frieden zu führen«. Natürlich gibt es inzwischen ein Novum: Die Verdichtung und Verlängerung der »Kriege für den Frieden«, die sich als viel zäher erwiesen haben als erwartet, haben die Erkenntnis gefördert, dass die Verwirklichung des »endgültigen Friedens« bzw. der »neuen Weltordnung«, also der vom »Weltgendarmen« garantierten und kontrollierten Ordnung, nur über den immer wiederkehrenden und skrupellosen Rückgriff auf Waffengewalt geht. Es sind mühevolle und schmerzhafte militärische Interventionen erforderlich, die vielleicht als internationale Polizeieinsätze dargestellt werden, die aber eventuell auch offen als Kriege bezeichnet werden sollten, angesichts derer es keinesfalls erlaubt ist, zu zittern oder zurückzuweichen. Den Krieg beim Namen zu nennen, hat auch seine Vorteile, es kann helfen, ihn mit größerer Entschlossenheit und Kraft zu führen: Es sei an der Zeit, mit Euphemismen und sprachlichen Verboten Schluss zu machen, weil sie die Gefahr der Lähmung oder der Zögerlichkeit bergen, wenn es darum geht, zu den Waffen zu greifen!

An diesem Punkt begannen die US-Neokonservativen, insbesondere mit Blick auf die Weigerung Frankreichs und Deutschlands, sich am Zweiten Golfkrieg zu beteiligen, sich über den übertriebenen und feigen Kantianismus der »Europäischen Union« zu mokieren (Kagan, 2004, S. 37*). Im Streben nach »der Verwirklichung von Kants ›Ewigem Frieden‹« verlören die Europäer die reale historische Welt mit ihren Problemen aus den Augen, die oft nur durch den Rückgriff auf einen stets bereiten und geölten Militärapparat zu lösen seien. »Anders als die Europäer glauben die Amerikaner nicht, dass wir kurz vor der Verwirklichung des kantischen Traums stehen« (Kagan, 2003, S. 9, 104). Was jenseits der entkräfteten und schwächlichen Europäer verspottet wird, ist das »posthistorische Paradies« (ebd., S. 9), die »postmoderne Welt« (ebd., S.112), das »kantische Paradies« schlechthin, das die Lektion von Hobbes vergisst, die »Regeln der Hobbes'schen Welt« (ebd., S. 113), der realen Welt, über die die US-Führer ständig wachen und mit vorgehaltener Waffe wachen sollen, also der »Weltgendarm«.

Die bedeutendste Neuerung ist jedoch eine andere. Wilson wies auf die Notwendigkeit des Sturzes despotischer Regime als Voraussetzung für die Schaffung eines »endgültigen Friedens« hin und schlug die Gründung einer internationalen Organisation (Völkerbund) vor, die die Einhaltung des internationalen Rechts überwachen sollte. Und Bush Sr. selbst legitimierte den Ersten Golfkrieg auch mit dem Verweis auf die »zwölf UNO-Resolutionen«, gegen die Saddam Husseins Irak verstoßen hatte. Mit der neokonservativen Revolution ändert sich das Bild radikal. Zunächst einmal gibt die Verachtung, die dem UN-Sicherheitsrat entgegengebracht wird, Anlass zum Nachdenken: »Der Sicherheitsrat ist freilich nur eine schwache Annäherung an eine echte multilaterale Weltordnung, denn er wurde von den USA so konzipiert, dass er den fünf ›Großmächten‹ der Nachkriegszeit die ausschließliche Vollmacht verlieh, internationale Zwangsmaßnahmen zu legitimieren. Heute ist im Sicherheitsrat nur noch eine ›Großmacht‹ vertreten, die USA« (ebd., S. 48f). Das Bild, das hier gemalt wird, ist ein wenig veraltet. Auf militärischer Ebene ist das Kräfteverhältnis zwischen den Mitgliedsländern des Sicherheitsrates heute weniger unausgewogen als in der Vergangenheit. Die Verachtung, die der UNO entgegengebracht wird, beruht jedoch auf einer Geschichtsphilosophie, die keine Veränderungen vorsieht und keine Zweifel duldet. Es ist die Gewissheit, die schon die Gründerväter hatten, »weil die Prinzipien und Ideale, auf die sie sich gründeten, unzweifelhaft überlegen waren – überlegen nicht nur den korrupten europäischen Monarchien des 18. und 19. Jahrhunderts, sondern auch den Ideen, die die gesamte Menschheitsgeschichte hindurch Staaten und Regierungen prägten. Nicht nur die permanente Vervollkommnung der amerikanischen Institutionen im Inland, sondern auch die Ausweitung des amerikanischen Einflusses in der Welt sollte die überragende Bedeutung des amerikanischen Experiments unter Beweis stellen. Die Amerikaner waren also von jeher Internationalisten, aber ihr Internationalismus war immer ein Nebenprodukt ihres Nationalismus. Wenn die Amerikaner eine Legitimation für ihre Aktionen im Ausland suchten, dann suchten sie nicht bei supranationalen Institution, sondern in ihren eigenen Prinzipien. Aus diesem Grund glaubten und glauben viele Amerikaner, dass sie den Interessen der Menschheit dienen, wenn sie ihre eigenen Interessen fördern. Wie Benjamin Franklin es ausdrückte: ›Die Sache Amerikas ist die Sache der ganzen Menschheit‹« (ebd., S. 100). Das hier skizzierte Geschichtsbild, das implizit die Behandlung von Eingeborenen und Schwarzen als irrelevant ansieht, ist ein reines Hirngespinst. Die Vereinigten Staaten wären schon immer ein Vorbild für den Westen und die ganze Welt gewesen? Wenige Jahre nach der Gründung des neuen Staates schrieb der britische Abolitionist John Wesley, die »amerikanische Sklaverei« sei »das Schändlichste, was die Erde jemals erblickt hat« (siehe Losurdo 2005, S. 207), eine, die die Entmenschlichung und Verdinglichung des Sklaven zur Vollendung bringe. Ein halbes Jahrhundert später beklagte Victor Schoelcher, der nach der Revolution vom Februar 1848 zum Vorkämpfer für die endgültige Abschaffung der Sklaverei in den französischen Kolonien werden sollte, am Ende einer Reise in die Vereinigten Staaten: »Es gibt keine Grausamkeit der barbarischsten Zeiten, deren die Sklavenhalterstaaten Nordamerikas sich nicht schuldig machen würden« (ebd., S. 190). Ende des 19. Jahrhunderts, als sich die Tragödie der Indianer dem Ende zuneigte, erinnerte sich ein Nachfahre der Loyalisten, die zur Zeit der Gründung der nordamerikanischen Republik nach Kanada geflohen waren, daran, dass letztere von Anfang an eine Ausrottungspolitik gegenüber den Indianern verfolgt hatte, die »in den Annalen einer zivilisierten Nation einzig dasteht« (siehe Kap. 5.1. und 10.5 sowie Losurdo 2015, S. 278). Kommen wir schließlich in unsere Tage. Ein bedeutender amerikanischer Historiker (George M. Fredrickson) schrieb: »Die Bemühungen im Süden der Vereinigten Staaten, die ›Reinheit der Rasse‹ zu bewahren, nahmen einige Aspekte der vom Nazi-Regime in den dreißiger Jahren des 20. Jahrhunderts entfesselten Verfolgung der Juden vorweg« (siehe Losurdo 2005, S. 432). Selbst wenn man die koloniale Frage beiseitelässt, drückte selbst Tocqueville in der Mitte des 19. Jahrhunderts seine Besorgnis und Enttäuschung über den anhaltenden »Geist der Eroberung und sogar des Raubes« aus, den die Vereinigten Staaten an den Tag legten (siehe unten 10.5.)[18].

So frei erfunden wie das historische Bild, so ungehobelt ist die Philosophie, die Kagan antreibt, den amerikanischen »Internationalismus« für authentisch und bewundernswert zu halten, der »immer ein Nebenprodukt ihres Nationalismus« war! Eine bestimmte Nation zum Inbegriff der Universalität zu erheben, ist per definitionem gleichbedeutend mit übersteigertem Ethnozentrismus oder »absolutem Empirismus« (in der Sprache Hegels).

Schließlich: Die »absolute Überlegenheit« einer Nation über die anderen zu behaupten, bedeutet, eine internationale oder supranationale Körperschaft unmöglich zu machen, die, um glaubwürdig zu sein, eine gewisse Gleichheit unter ihren Mitgliedern voraussetzen muss. Ausgehend von dem klassischen Problem, mit dem sich die verschiedenen Projekte des ewigen Friedens konfrontiert sehen (wie die Anarchie der internationalen Beziehungen überwunden werden kann), führt die »neokonservative Revolution« zur bedingungslosen Verurteilung der internationalen und supranationalen Gremien, die diese Anarchie, wenn schon nicht überwinden, so doch zumindest eindämmen könnten. Platz gibt es nur noch für das, was Kant als »universelle Monarchie« bezeichnet und gebrandmarkt hat.

18 Siehe Losurdo (2005), für Wesley Kap. II, Abs. 1; für Schoelcher Kap. V, Abs. 6; für Fredrickson Kap. X, Abs. 5. Zum Urteil über den kanadischen Loyalisten und Tocqueville siehe in diesem Buch oben, Abs. 5.1, und unten, 10.5.

10. Kapitel

Universelle Demokratie und »endgültiger Frieden«?

10.1.
Das »Wilson-Theorem« und die Kriege der Demokratien

Unvorhergesehene Entwicklungen (einerseits der rasante Aufstieg der Schwellenländer und insbesondere Chinas, andererseits die ernsten Schwierigkeiten der USA in Afghanistan, im Irak und im gesamten Mittleren Osten) veränderten den internationalen Rahmen, von dem die neokonservative Revolution ausgegangen war, schnell und drastisch: Der Anwärter auf die Rolle des »Weltgendarmen« ist nicht so unangefochten und unbezwingbar, wie er am Ende des Kalten Krieges erschien; er ist nicht in der Lage, das Monopol auf Gewalt aufrechtzuerhalten, geschweige denn auf legitime Gewalt. Der Weltstaat mit seiner Hauptstadt in Washington – der mit seinen machtvollen internationalen Polizeiaktionen der Anarchie in den internationalen Beziehungen ein Ende gesetzt hätte, um damit das von den Projekten des ewigen Friedens erträumte oder verfolgte Ziel auf beispiellose Weise zu erreichen – erscheint heute als ein Hirngespinst ohne jeden Bezug zur Realität.

Das heißt nicht, dass das, was man als »Wilson-Theorem« bezeichnen könnte und das von der neokonservativen Revolution übernommen und radikalisiert wurde, an Glaubwürdigkeit verloren hat, weil es dazu benutzt wurde, um Kriege zum Export von Demokratie und demokratischer Revolution zu legitimieren oder zu fördern. Im Gegenteil, im Herbst 2010 hat dieses Theorem in der Rede des Präsidenten des Nobelkomitees (anlässlich der Verleihung des

Friedenspreises an Liu Xiaobo), die von allen wichtigen Fernsehsendern der Welt live übertragen wurde, eine offizielle und feierliche Weihe erhalten. Das grundlegende Konzept war klar: Demokratien haben sich noch nie gegenseitig bekriegt und bekriegen sich auch nicht gegenseitig; um die Sache des Friedens ein für alle Mal zum Sieg zu führen, ist es daher notwendig, die Demokratie weltweit zu verbreiten. Es sollte eine Friedensrede sein, dabei war es die feierliche Würdigung einer Persönlichkeit, die wiederholt ihre Überzeugung geäußert hatte, dass Chinas Unglück in der zu kurzen Dauer der Kolonialherrschaft lag (Sautman, Hairong, 2010). Und somit wären die besten Jahre des großen asiatischen Landes die gewesen, die mit den Opiumkriegen begannen. Das Komitee für den Friedensnobelpreis blieb seiner Tradition treu: Zu den Kriegen, die es verurteilte, gehörten weiterhin nicht die Kolonialkriege!

An dieser Stelle lohnt es sich, das Wilson'sche Theorem näher zu betrachten. Kehren wir zum ersten Golfkrieg zurück. Am Vorabend seiner Entfesselung führte der im Vorwort zitierte italienische Soziologe zur Demonstration seiner These, dass im »Norden des Planeten«, also im liberal-demokratischen Westen, der Krieg inzwischen der Vergangenheit angehöre, triumphierend einen Beweis an, den er für unumstößlich und entscheidend hielt: »Europa lebt seit fast fünfzig Jahren in Frieden« (Alberoni, 1990*). Ignoriert wurden dabei die Kolonialkriege, die die verschiedenen europäischen Länder nach 1945 in Indochina, Ägypten, Algerien, Angola oder auf den Falklandinseln geführt hatten. Was den »Norden des Planeten« anbelangt, so war der Krieg der USA gegen Vietnam völlig vergessen, ein Krieg in den Hunderttausende von Männern geschickt worden waren, und noch während der italienische Soziologe den Triumph des Friedens pries, trugen Millionen von Männern und Frauen noch immer die schrecklichen Folgen der Jahrzehnte zuvor von Washington verübten terroristischen Bombardierungen in ihren Körpern. Der brillante Soziologe hätte von der langen Liste profitieren können, die ein bedeutender Historiker von den »externen Kriegen« gemacht hat, in die ein Land wie Frankreich verwickelt war. In diesem Kontext interessiert uns nur der Zeitraum von 1945 bis zum Ausbruch des Ersten Golfkrieges: »1945 Syrienkrieg; 1946-1954 Indochinakrieg; 1947 Madagaskarkrieg; 1952-1954 Tunesienkrieg; 1953-1956 Marokkokrieg; 1954-1962 Algerienkrieg; 1955-1960 Kamerunkrieg; 1956 Krieg mit Ägypten; 1957/58 Westsaharakrieg; 1962-1992 Tschadintervention« (Tilly, 1993, S. 204*). Würden wir uns mit anderen demokratischen Ländern (Großbritannien und den Vereinigten Staaten) auseinandersetzen, wäre die Liste nahezu endlos!

Eine erste Schlussfolgerung drängt sich auf: Die Sache der Demokratie kann mit der Sache des Friedens nur unter der Bedingung gleichgesetzt werden, dass Kolonialkriege, also genau jene Kriege, die sich durch ihre besondere Grausamkeit auszeichnen, nicht in die Betrachtung einbezogen werden. Bezieht man auch sie in die historische Bilanz mit ein, kommt man zu einem überraschenden Ergebnis: Es sind vor allem die westlichen Demokratien, die sich als kriegerisch auszeichnen. Dies wird von Autoren anerkannt, die nicht im Verdacht stehen, ihnen gegenüber mit Vorurteilen behaftet zu sein. Mitte des 19. Jahrhunderts rief der englische Liberale Richard Cobden aus: »Wir sind die aggressivste und kämpferischste Gemeinschaft, die es seit dem Römischen Reich gegeben hat. Seit der Revolution von 1688 haben wir über eintausendfünfhundert Millionen [Pfund Sterling] in Kriegen ausgegeben, von denen keiner an unseren Küsten oder zur Verteidigung unserer Herdstätten und Häuser geführt wurde [...]. Diese Kampfbereitschaft ist immer ausnahmslos von allen anerkannt worden, die unseren Nationalcharakter studiert haben« (zit. in: Pick, 1994, S. 33*). Etwa zur gleichen Zeit musste Tocqueville feststellen, dass die von ihm so bewunderte und geliebte amerikanische Demokratie, nachdem sie einen Krieg gegen Mexiko geführt und einen beträchtlichen Teil von dessen Staatsgebiet in Besitz genommen hatte, nicht aufhörte, ihren Expansionismus unter Beweis zu stellen. Ende 1852 äußerte der französische Liberale gegenüber einem US-amerikanischen Diskussionspartner, unter Bezugnahme auf die Expansionsversuche im Süden, die Kuba und Mittelamerika zum Ziel hatten und auch durch »private« Abenteurer vorangetrieben wurden, seine Besorgnis und Enttäuschung über den anhaltenden »Geist der Eroberung und sogar des Raubes«, den die Vereinigten Staaten an den Tag legten (siehe unten, Abschnitt 10.5).

Es war jedoch Herbert Spencer, der am stärksten die kriegerische und blutige Natur des kolonialen Expansionismus betonte. Wir haben gesehen, wie er insbesondere die Vereinigten Staaten und Großbritannien anprangerte, genau die Länder, die als die demokratischsten galten, aber für den Vernichtungskrieg gegen die »Indianer Nordamerikas« bzw. die »Eingeborenen Australiens« verantwortlich waren. Es wüte »sozialer Kannibalismus«, wobei stärkere Nationen (vor allem westliche Demokratien) schwächere verschlangen. Die »weißen Wilden Europas« waren grausamer und barbarischer als die »farbigen Wilden«; und wieder einmal waren es demokratische Länder wie Großbritannien und Frankreich, die für ihre sinnlosen Kriege und ihre Gewalt angeklagt wurden (siehe 5.5 oben).

Der Zusammenhang zwischen Demokratie und Kolonialkriegen (häufig Vernichtungskriegen) ist nicht zufällig. Im Jahr 1864 bemerkte »The Times« in Bezug auf Neuseeland, das sich seit einigen Jahren auf die Selbstverwaltung der weißen Gemeinschaft verlassen konnte: »Wir haben die imperiale Kontrolle über diesen Teil des Empire völlig verloren und sind auf die bescheidene, aber nützliche Funktion reduziert worden, der Kolonialversammlung Männer und Geld für die Ausrottung (Extermination) der Eingeborenen, mit denen wir keinen Streit haben, zur Verfügung zu stellen« (zit. in: Grimal, 1999, S. 109*). Etwas Ähnliches ereignete sich auch in Australien: Auch in diesem Falle hatte der Beginn der Selbstverwaltung der weißen Gemeinschaft auf der Grundlage eines repräsentativen Systems, der Beginn der Demokratie, oder genauer gesagt der »Demokratie für das Herrenvolk« (vgl. Losurdo, 2010/11, Kap. 7), eine drastische Verschlechterung der Lage der Eingeborenen zur Folge, die ausschließlich der lokalen politischen Macht überlassen wurden, dem direkten Ausdruck einer (weißen) Zivilgesellschaft, die entschlossen war, den Prozess der Enteignung, Deportation und schließlich der Dezimierung und Ausrottung zum Nachteil der »Barbaren« zu vollenden.

Es ist bei näherer Betrachtung dieselbe Dialektik, die die Gründung und spätere Entwicklung der nordamerikanischen Republik bestimmte, die oft als die älteste Demokratie der Welt beschrieben und gepriesen wird. Der Aufstieg der aufständischen Kolonisten zur Macht und die Etablierung einer gut organisierten und partizipativen Demokratie für die weiße Gemeinschaft ging nicht nur mit der Stärkung der schwarzen Sklaverei einher (aus Rousseaus Sicht ein kriegerischer Akt), sondern vor allem mit der Verschärfung des echten Krieges gegen die Eingeborenen. Die Regierung in London wurde gerade deshalb ins Visier genommen, weil sie versuchte, den expansionistischen Vormarsch jenseits der Appalachen, und das heißt letztlich den Kolonialkrieg, einzudämmen. Und es war im Wesentlichen ein Krieg ohne Grenzen und Regeln, denn die Feinde, die »wilden« Indianer, wurden von George Washington bekanntlich mit »wilden Tieren des Waldes« gleichgesetzt, mit denen ein Friedensvertrag, der diesen Namen verdient, sicher nicht zu vereinbaren war.

Die Verbindung zwischen Demokratie und Krieg geht aus einer außergewöhnlichen Textstelle von Adam Smith hervor. Dieser bemerkte, während sich der Aufstand der englischen Kolonisten in Amerika, der zur Gründung der Vereinigten Staaten führen sollte, bereits abzeichnete, dass die Sklaverei unter einer »despotischen Regierung« leichter unterdrückt werden könne als unter einer »freien Regierung« mit ihren repräsentativen Organen, die doch ausschließlich den weißen Besitzern vorbehalten seien. Die Lage der schwarzen Sklaven war in diesem Fall verzweifelt: »Jedes Gesetz wird von ihren Herren gemacht, die niemals eine für sie nachteilige Maßnahme passieren lassen werden.« Und folglich: »Die Freiheit des freien Mannes ist die Ursache für die große Unterdrückung der Sklaven [...], und da sie den zahlreichsten Teil der Bevölkerung ausmachen, wird kein mit Humanität begabter Mensch die Freiheit in einem Land wünschen, in dem diese Institution etabliert ist« (Smith, 1982, S. 452f, 182*). Smith spricht nicht von den Eingeborenen, aber die Argumentation, die er entwickelt, gilt auch und gerade für sie. Wenn die Zivilgesellschaft von der weißen Gemeinschaft dominiert wird, ist eine »freie Regierung«, d.h. eine demokratische Regierung, eine echte Katastrophe für die »Rassen«, die als minderwertig angesehen werden und deshalb einem Krieg zur Versklavung oder Dezimierung und Vernichtung ausgesetzt sind.

Die Demokratie und ihre Ausbreitung werden manchmal explizit im Zusammenhang mit Krieg, vor allem dem Kolonialkrieg, beschworen oder vollzogen. Im Jahr 1912 fand in Italien die Einführung des nahezu allgemeinen männlichen Wahlrechts mit der fast vollständigen Beseitigung der Zensusdiskriminierung (was das Unterhaus betrifft) gleichzeitig mit der Invasion und Eroberung Libyens statt. Prominente Vertreter der damaligen herrschenden Eliten (man denke insbesondere an Vittorio Emanuele Orlando) verwiesen gerne auf das »gewiss nicht zufällige Zusammenfallen(s) derartig erinnerungswürdiger Augenblicke [Eroberung Libyens] mit der radikalen demokratischen Reform unserer Ordnungen« hin (Losurdo, 1993, Kap. 2, Abs. 5 S. 97). Die »radikale demokratische Reform« war also berufen, einen Krieg zu ermöglichen und zu legitimieren, der, wie Lenin anprangerte (1955-1970, Bd. 18, S. 329f), das Massaker an »ganzen Familien«, einschließlich »Frauen und Kindern«, beinhaltete.

Was wir gerade gesehen haben, ist nur ein besonders deutliches Beispiel für einen Prozess und eine Praxis, die die Geschichte Europas zwischen dem neunzehnten und zwanzigsten Jahrhundert kennzeichnen. In Großbritannien weitet Benjamin Disraeli aus einer ganz bestimmten Überzeugung heraus das Wahlrecht auf die Volksmassen aus: »Ich behaupte mit Zuversicht, dass in England die Arbeiter in ihrer großen Mehrheit […] im Grunde Engländer sind. Sie sind für die Erhaltung der Größe des Königreichs und des Empires und stolz darauf, Untertanen unseres Souveräns und Mitglieder dieses Empire zu sein.« Und weiter: »Eine Vereinigung zwischen der konservativen Partei und den radikalen Massen stellt das einzige Mittel dar, mit dem wir das Empire erhalten können. Ihre Interessen sind identisch, und vereint bilden sie die Nation« (zit. in: Wilkinson, 1980, S. 52*). Auch hier waren demokratische Reformen und Kolonialkriege zur Errichtung und Ausdehnung des Empire eng miteinander verwoben.

Die Gleichsetzung der Sache der Demokratie mit der Sache des Friedens ist eindeutig ein ideologischer Mythos: Es ist offensichtlich, dass die Kolonialkriege in erster Linie nicht auf das Ancien Régime verweisen, sondern auf die Moderne, und zwar auf eine Moderne, die oft eine mehr oder weniger demokratische Gestalt angenommen hat. Über das ideologische Klima, das zu Beginn des zwanzigsten Jahrhunderts Großbritannien (die älteste europäische Demokratie) charakterisierte, hat uns der berühmteste Theoretiker des »liberalen Sozialismus« ein bedeutendes Zeugnis hinterlassen: »Unter der Herrschaft des Imperialismus ist der Tempel des Janus niemals verschlossen. Das Blut hört nie auf zu fließen.« Mit der Aufeinanderfolge der kolonialen Eroberungen »hat das Ideal des Friedens der Expansion der Vorherrschaft den Platz überlassen« (Hobhouse, 1909, S. 28, 4*). Der hier zitierte Autor stellte die These in Frage, dass »Demokratien per se nicht kriegerisch sein würden« und kritisierte damit bereits im Vorhinein Wilsons Theorem. Natürlich sei es so, dass die Volksmassen, die Gefahr laufen, direkt in den Krieg verwickelt zu werden, ein Interesse daran haben, mit ihrer Stimme den Frieden zu erhalten. Allerdings: »Stellen Sie sich eine Bevölkerung vor, die vor jeder Aussicht auf Wehrpflicht und vor jeder Gefahr einer Invasion geschützt ist«, und das Bild ändert sich völlig. Dies ist kein imaginäres Beispiel; die Rede ist von der »englischen Demokratie«, die Protagonistin ununterbrochener Kolonialkriege ist und daher sogar als noch kriegslüsterner gilt als die »kontinentalen Demokratien« (ebd., S. 144f*).

10.2.
Das »Wilson-Theorem« und die Kriege zwischen Demokratien

Die kolonialen Eroberungskriege sorgten allerdings für Reaktionen auf dem europäischen Kontinent selbst: Die »gefährliche Eifersucht, die durch den Vormarsch des britischen Empire geweckt wurde«, setzte ein allgemeines Wettrüsten in Gang. Die Ergebnisse waren verheerend: »Auf der Grundlage des Imperialismus hat der Militarismus nationale Ressourcen verschlungen, die zur Verbesserung der Lebensbedingungen des Volkes hätten eingesetzt werden können«, während sich am Horizont noch ernstere Gefahren abzeichneten (ebd., S. 30f*). Die Kolonialkriege ließen eine militärische Konfrontation zwischen den großen Kolonialmächten vorausahnen. Im Lichte all dessen ist die Behauptung, dass es in der Geschichte noch nie einen Krieg zwischen demokratischen Ländern gegeben hat, unbegründet und irreführend. Die Realität ist, dass die Länder, die am meisten an der kolonialen Expansion beteiligt waren, erbittert miteinander konkurrierten und sich am Ende nicht selten auf den Schlachtfeldern gegenüberstanden; und diese Länder waren oft, oder besser gesagt, überwiegend, demokratisch. Analysiert man die Auseinandersetzung zwischen Großbritannien und Frankreich, die nach dem Sturz des Ancien Régime in Frankreich aufflammte, so stellt man fest, dass die beiden Protagonisten, zumindest bis zum Staatsstreich von 1799 und der persönlichen Machtübernahme Napoleons, die beiden demokratischsten Länder Europas jener Zeit waren.

Einige Jahrzehnte später standen sich in der internationalen Krise von 1840, bei der es eine Zeitlang so aussah, als könne sie einen großen Krieg in Europa auslösen, in erster Linie Großbritannien und Frankreich gegenüber, die auch zu diesem Zeitpunkt die Avantgarde der demokratischen Ordnung darstellten. Und die Situation änderte sich auch mehr als ein halbes Jahrhundert später nicht grundlegend, als sich anlässlich der Faschoda-Krise im Jahr 1898, die beiden Länder wegen der Schwierigkeit, die Grenzen der jeweiligen Kolonialreiche in Afrika zu bestimmen, drohend gegenüberstanden. Der Zusammenstoß wurde nur deshalb vermieden, weil in der Zwischenzeit mit dem rasanten Aufstieg Deutschlands eine weitaus ernstere Bedrohung für Großbritannien und Frankreich entstanden war, die sich 1904 tatsächlich gegen selbiges verbündeten, um es in dem zehn Jahre später ausbrechenden Weltkrieg zu bekämpfen.

Wir haben die Unsinnigkeit der Versuche gesehen, diesen gewaltigen Konflikt als einen Kampf zur Verteidigung der Sache der Demokratie (und des ewigen Friedens) oder als gegen sie gerichtet zu deuten; wir wissen, dass nach Kissingers eigener Erkenntnis das wilhelminische Deutschland nicht weniger demokratisch war als seine Feinde (siehe oben, Abs. 6.4). Noch viel absurder ist die auf Wilsons Theorem vertrauende Lesart ob der Tatsache, dass die Kontrahenten des gigantischen Konflikts nicht nur die repräsentative Regierungsform und die demokratischen politischen Institutionen teilten, sondern dass sie auch ein ideologisches Klima der chauvinistischen

Begeisterung und das Zelebrieren des Krieges selber, jenseits der jeweiligen verfolgten Ziele, gemeinsam hatten. Noch nach dem unmittelbaren Erleben des Gemetzels erinnerte sich Ernst Jünger 1920 mit einem Gefühl der Zärtlichkeit an den Beginn des Abenteuers an der Front: Es war das Ende des banalen und unrühmlichen »Zeitalters der Sicherheit« und die Ankunft »einer trunkenen Stimmung von Rosen und Blut«; den Schlachten geht es »auf blumigen, blutbetauten Wiesen« entgegen, wie zu einem Fest (Jünger, 1978, S. 11). Weniger bekannt ist die Tatsache, dass ähnliche Töne in den Vereinigten Staaten schon lange vorher angeschlagen wurden. Zum Zeitpunkt des Ausbruchs des Krieges mit Spanien hatte die »Washington Post« einen wortgewaltigen Leitartikel veröffentlicht: »Ein neues Bewusstsein scheint in uns erwacht zu sein, das Bewusstsein der Tapferkeit, und damit ein neuer Appetit, das Verlangen, unsere Tapferkeit [...], unseren Ehrgeiz, das Interesse, den Landhunger, den Stolz, die pure Lust am wie auch immer gestalteten Kampf unter Beweis zu stellen; wir sind von einem neuen Gefühl beflügelt [...], von der Lust auf Blut im Dschungel (zit. in: Losurdo, 2007/2009, S. 122).« Noch weiter war Theodore Roosevelt gegangen, Verkünder der Heldentaten einer »großen Rasse« und einer »expansionistischen Rasse« (ebd., S. 189) wie der der Vereinigten Staaten, Theoretiker der »Ausrottung«, die den »niedrigeren Rassen« (ebd., S. 232) angetan werden sollte, sowie unerbittlicher Kritiker der »sentimentalen Philanthropen«, die er für schlimmer hielt als die »Berufsverbrecher«(ebd., S. 122): »Jeder Mann, der die Kraft in sich hat, sich der Schlacht zu erfreuen, kann sie verspüren, wenn ihm die Bestie ins Herz einzudringen beginnt; dann weicht er nicht erschrocken vor dem Blut zurück und glaubt, die Schlacht müsse aufhören; er genießt vielmehr den Schmerz, das Leid, die Gefahr, so als ob sie seinen Triumph schmückten« (ebd., S. 122). Auch bei Churchill fanden solche Motive Widerhall, wenn auch in abgeschwächter Form, und er verkündete mit Bezug auf die kolonialen Expeditionen: »Der Krieg ist ein Spiel, bei dem man lächeln soll«. Das wütende Gemetzel in Europa ab August 1914 änderte nichts an dieser Auffassung: »Der Krieg ist das größte Spiel der Weltgeschichte. Wir spielen um die höchsten Einsätze«; der Krieg sei »einziger Sinn und Ziel unseres Lebens« (zit. in: Schmid, 1974, S. 48f). Wie wir sehen, feierten selbst in den Vereinigten Staaten und in Großbritannien berühmte und führende Persönlichkeiten der liberaldemokratischen Welt den Krieg, ja sie feierten ihn sogar an sich, unabhängig von den Zielen, die er verfolgte.

Eine letzte Bemerkung. Wenn wir die Definition von Popper akzeptieren (1972, S. 585, 595*), wonach die Demokratie jene »Art von politischem Regiment ist, das ohne Gewaltanwendung ersetzt werden kann« bzw. innerhalb dessen »die Regierung ohne Blutvergießen beseitigt werden kann«, müssen wir (aus der Sicht der heute dominierenden Ideologie) zu einer absolut paradoxen Schlussfolgerung kommen: Einer der blutigsten Kriege der Zeitgeschichte ist jener, in dem zwischen 1861 und 1865 zwei Demokratien gegeneinander standen, und zwar die nordamerikanische Republik gegen die sezessionistische Konföderation der Sklavenhalter des Südens. Auch Letztere war eine Demokratie (nach den von Popper definierten Anforderungen). Nun, es war ein Konflikt, der vom amerikanischen Volk mehr Opfer forderte als die beiden Weltkriege zusammen.

Natürlich kann man Popper zu Recht kritisieren, der mit seiner Argumentation am Ende sogar einen inhärenten Sklavenhalterstaat als demokratisch legitimiert; das heißt, wenn wir Bedingungen, unter denen die Schwarzen zu leiden hatten, als Bezugspunkt nehmen, kann der demokratische Charakter der sezessionistischen Konföderation mit Recht bestritten werden. Unhaltbarer denn je ist in diesem Zusammenhang jedoch die Lesart des Ersten Weltkriegs als Zusammenstoß von Demokratie und Autoritarismus: Wir haben gesehen (vgl. oben, Abs. 6.4), dass Max Weber zu Recht auf die terroristische Diktatur hinwies, die in den Vereinigten Staaten über die Schwarzen ausgeübt wurde und die trotzdem für sich in Anspruch nahm, Deutschland Lektionen in Demokratie zu erteilen. Ein Land, das den Schwarzen sowohl die politischen als auch die bürgerlichen Rechte verweigerte und sie oft mit Lynchmord bedrohte, der sowohl eine unendliche und sadistische Folter für die Opfer als auch ein festliches und unterhaltsames Massenspektakel für die »überlegene Rasse« war, konnte nicht als demokratisch bezeichnet werden!

10.3. Der verdrängte Antagonismus zwischen den »beiden ältesten Demokratien«

Die Beziehungen zwischen jenen, die sich selbst gerne – und manchmal heute noch in Konkurrenz zueinander – als die ältesten Demokratien der Welt feiern, war lange Zeit durch kriegerische Rivalität geprägt. Es wird Zeit, sich mit dem interessantesten und weitgehend verdrängten Kapitel in der Geschichte der Kriege zwischen Demokratien zu beschäftigen. Ich beziehe mich auf den Antagonismus zwischen den Vereinigten Staaten und Großbritannien, der mit dem Aufstand der rebellischen amerikanischen Siedler begann und über ein Jahrhundert lang anhielt. Ja, schon im Unabhängigkeitskrieg, der zur Gründung der Vereinigten Staaten führte, sind es zwei Demokratien, die sich gegenüberstehen, wiederum nach Poppers Definition: Auf beiden Seiten des Atlantiks gibt es ein repräsentatives Regime und einen Rechtsstaat (von dem in beiden Fällen koloniale Völker oder solche kolonialer Herkunft ausgeschlossen sind). Der Krieg, mit dem wir es hier zu tun haben, ist nicht nur heftig und dauert mehrere Jahre, sondern er wird, zumindest auf amerikanischer Seite, mit grimmigem Hass geführt. Die Unabhängigkeitserklärung wirft George III. alle möglichen Schandtaten vor: »Er ist, zu dieser Zeit, beschäftigt mit Herübersendung grosser Armeen von fremden Mieth-Soldaten, um die Werke des Todes, der Zerstörung und Tyranney zu vollführen, die bereits mit solchen Umständen von Grausamkeit und Treulosigkeit angefangen worden, welche selbst in den barbarischsten Zeiten ihres Gleichen nicht finden, und dem Haupt einer gesitteten Nation gänzlich unanständig sind.«[19] In ähnlicher Weise prangert Thomas Paine (1995a, S. 31, 35, 23*) die »britische Barbarei« an, »die barbarische und infernalische Macht, die die Neger und Indianer aufgestachelt hat, uns zu vernichten«. Im Jahr 1776, dem Jahr, in dem diese fürchterliche Anklage erhoben wurde, war der monarchische Despotismus in Kontinentaleuropa unangefoch-

19 Unabhängigkeitserklärung der Vereinigten Staaten in deutscher Fassung unter Wikisource: Unabhängigkeitserklärung der Vereinigten Staaten von Amerika

ten, anders als in England, wo die konstitutionelle Monarchie etabliert war, und dennoch möchte der amerikanische Philosoph klarstellen: »[Kontinental-]Europa und nicht England ist das Mutterland von Amerika«.

Liest man dann die Predigten, die in Amerika in dieser Zeit von den Kanzeln ertönten, stößt man auf einen regelrechten theologischen Furor: Die Regierung Londons wird zu den »Feinden Gottes« gezählt, während die rebellischen Siedler gefeiert und verklärt werden als »die treuen Christen, die guten Soldaten Jesu Christi«, dazu berufen, »einen kriegerischen Geist« und »die Kunst des Krieges« zu pflegen, um »das Werk des Herrn« zu vollenden und seine britischen Feinde zu liquidieren (zit. in: Sandoz, 1991, S. 623f*).

Vielleicht noch aufschlussreicher ist die weltliche Einstellung von Alexander Hamilton. Er hatte große Bewunderung für »die britischen Regierungsformen«, die er für »das beste Modell hielt, das die Welt je hervorgebracht hat« (zit. in: Morison, 1953, S. 259*). Und dennoch, trotz der Verwandtschaft zwischen den beiden mehr oder weniger demokratischen Ländern (in dem bereits beschriebenen Sinne), bleibt Großbritannien auch nach dem Ende des Unabhängigkeitskrieges ein zu besiegender Feind. Der amerikanische Staatsmann klagt Europa an, das sich zur »Herrin der Welt« ausrufen möchte und dazu neige, »den Rest der Menschheit als zum eigenen exklusiven Vorteil geschaffen zu betrachten«. Diesem Anspruch muss energisch widersprochen werden: »Es ist an uns, die Ehre der Menschheit zu rächen und unsere arroganten Brüder den Weg der Mäßigung zu lehren.« Früher oder später wird es die neue Union sein, die »in der Lage sein wird, die Bedingungen für die Beziehungen zwischen der Alten und der Neuen Welt zu diktieren« (Hamilton, 2001, S. 208*; *The Federalist*, 11*). Wenn die Feinde auch ganz allgemein in Europa und in der Alten Welt festgemacht werden, so wird doch insbesondere auf England verwiesen, das in diesem Moment, 1787, nachdem Frankreich im Siebenjährigen Krieg eine Niederlage erlitten hatte, die einzige große imperiale Macht ist.

Jefferson wird da noch deutlicher. Das von ihm erhoffte »Empire for Freedom«, das »von der Schöpfung bis zur Gegenwart« das größte und ruhmreichste werden sollte, setzte die Niederlage und Verdrängung des Britischen Empire voraus, dem inzwischen »in einem kommenden Krieg« Kanada entrissen werden könnte (siehe oben, Abs. 1.2). Der hier beschworene Krieg brach ein paar Jahre später aus und dauerte von 1812 bis 1815. Als er sich dem Ende zuneigte, äußerte Jefferson in einem Brief vom 24. Mai 1813 an Madame de Staël die Meinung, dass Großbritannien nicht weniger despotisch sei als Napoleon; mehr noch, wenn letzterer »seine Tyrannei« mit ins Grab nehmen würde, so sei es dort eine ganze »Nation«, die ihre absolute Herrschaft über die Meere durchsetzen wolle, und es sei diese Nation, die »eine Beleidigung für den menschlichen Intellekt« darstelle (Jefferson, 1984, S. 1272f*). Es ist dieser ideologische Furor, der den amerikanische Staatsmann in einem Brief vom November 1814 so weit gehen lässt, zu erklären: »Unser Feind beweist in Wahrheit den Trost, den Satan bot, als er unsere Vorfahren aus dem Paradies vertrieb: Aus der friedlichen, der Landwirtschaft gewidmeten Nation, die wir waren, verwandelt er uns in eine Nation, die sich den Waffen und den verarbeitenden Industrien widmet« (ebd., S. 1357*). Als Jefferson die Nachricht vom Ende der Feindseligkeiten erfuhr, schrieb er im Februar 1815 an La Fayette, dass es sich um einen »einfachen Waffenstillstand« handelte; so radikal war der Antagonismus nicht nur der Interessen, sondern auch der Prinzipien, dass die beiden Länder in der Tat in einen »ewigen Krieg« verwickelt waren, der dazu bestimmt sein konnte, mit der »Vernichtung (extermination) der einen oder der anderen Seite« zu enden (ebd., S. 1366*). Die emotionale und ideologische Heftigkeit, mit der der Krieg zwischen den beiden ältesten Demokratien geführt wird, ist so groß, dass sie in einem glühenden Demokraten wie Jefferson die Idee oder die Versuchung der totalen Vernichtung des Feindes hervorruft, obwohl dieser ebenso ein Demokrat ist.

Mit dem Ausbruch des Sezessionskrieges 1861 spitzten sich die Spannungen zwischen den beiden Küsten des Atlantiks erneut zu: Angetrieben von »liberalen« Kreisen, die entschlossen waren, die freie Entscheidung der Südstaaten zu unterstützen, war Großbritannien versucht, zugunsten der sezessionistischen Konföderation zu intervenieren. Um es mit Marx zu sagen: »Nicht die Weisheit der herrschenden Klassen, sondern der heroische Widerstand der englischen Arbeiterklasse gegen ihre verbrecherische Torheit bewahrte den Westen Europas vor einer transatlantischen Kreuzfahrt für die Verewigung und Propaganda der Sklaverei« (MEW, Bd. 16, S. 13).

In den Vereinigten Staaten ließ die Feindseligkeit gegenüber dem ehemaligen Mutterland auch in den folgenden Jahrzehnten nicht nach. 1889 stellte Rudyard Kipling mit Enttäuschung fest, dass in San Francisco die Feierlichkeiten zum Unabhängigkeitstag am 4. Juli Anlass für offizielle Reden waren, die gegen das donnerten, was als »unser natürlicher Feind« definiert wurde, repräsentiert durch Großbritannien und seine »Kette von Festungen rund um die Erde« (zit. in: Gosset, 1965, S. 322*).

Und gegen den »natürlichen Feind« scheint der Krieg ein paar Jahre später tatsächlich auszubrechen. Zwischen 1895 und 1896 kam es aufgrund der umstrittenen Grenzziehung zwischen Venezuela und Britisch-Guayana und der Unnachgiebigkeit, mit der Washington die Monroe-Doktrin durchsetzte, zu einer schweren Krise, die in einen Krieg zwischen den Vereinigten Staaten und Großbritannien umzuschlagen drohte. Es war eine Möglichkeit, die man jenseits des Atlantiks mit Spannung und sogar Begeisterung betrachtete. In einer Reihe von Briefen an Senator Henry Cabot Lodge verkündete Theodore Roosevelt: »Wenn es notwendig ist, soll der Kampf kommen. Ich mache mir keine Sorgen darüber, ob unsere Küstenstädte bombardiert werden oder nicht; wir werden Kanada einnehmen.« Und etwas später: »Die Kapriolen der Banker, Börsenmakler und Anglomanen sind unendlich demütigend [...]. Persönlich hoffe ich eher, dass der Kampf bald kommt. Das Geschrei der Friedensfraktion hat mich überzeugt, dass dieses Land einen Krieg braucht.« Die Zögerer und Beschwichtiger entpuppten sich tatsächlich als von »gieriger Unterwürfigkeit gegenüber England« beseelt; schlimmer noch, »auf intellektueller Ebene befinden sie sich immer noch in einem Zustand kolonialer Abhängigkeit von England« (Roosevelt, 1951, Bd. 1, S. 500-506*). Die Kontroverse geht weit über die Grenzen Venezuelas hinaus. Bereits einige Monate zuvor (März 1895) hatte der Empfänger von Theodore Roosevelts Briefen gewarnt: »England hat innerhalb der Westindischen Inseln Festungen installiert, die eine ständige Bedrohung für unsere Atlantikküste darstellen. Zwischen diesen Inseln brauchen wir zumindest einen starken Marinestützpunkt, und wenn der Nicaragua-Kanal gebaut ist, wird die Insel Kuba, die noch dünn besiedelt und von fast unbegrenzter Fruchtbarkeit ist, für uns eine Notwendigkeit werden« (zit. in: Millis, 1989, S. 27*). Die Kontrolle über die Karibik stand auf dem Spiel, und Großbritannien sollte vollständig und dauerhaft aus der westlichen Hemisphäre vertrieben werden.

Die Gemeinsamkeit des liberal-demokratischen Ideals und die Ähnlichkeit der politischen Institutionen verhinderten nicht das Entstehen von Konflikten. Und in der Tat, im Februar 1895 sandte der Unterstaatssekretär Richard Olney eine Note an die Regierung in London, in der er mit Krieg drohte und erklärte, dass auf der Grundlage der Monroe-Doktrin »die Vereinigten Staaten praktisch der Souverän auf diesem Kontinent sind«, und begründete seine harte Haltung wie folgt: Die Republiken Lateinamerikas seien »durch ihre geographische Nähe, durch ihren natürlichen Hang und *durch die Gleichartigkeit ihrer politischen Institutionen* die Freunde und Verbündeten der Vereinigten Staaten« (zit. in: Aquarone, 1973, S. 29*). Eine entscheidende Aussage habe ich kursiv hervorgehoben: Was die »politischen Institutionen« betraf, so fühlten sich die Vereinigten Staaten den Ländern Lateinamerikas, die zu diesem Zeitpunkt kaum als demokratisch bezeichnet werden konnten, näher als dem ehemaligen Mutterland, zu welchem die Beziehungen weiterhin von Feindseligkeit geprägt waren. Und so »dachten die Vereinigten Staaten während eines Großteils des neunzehnten Jahrhunderts ernsthaft über die Eroberung Kanadas« durch einen Krieg gegen Großbritannien nach (Mearsheimer, 2014, S. 366*).

Es war weder die Demokratie, noch die sprachliche Gemeinsamkeit, noch die ethnische Verwandtschaft, die später die Feindschaft zwischen den beiden englischsprachigen Ländern abschwächte. Was die beiden ehemaligen natürlichen Feinde einander näher brachte, war der ungestüme Aufstieg eines neuen Reiches mit tendenziell globalen Dimensionen bzw. Ambitionen, nämlich jenes Reiches, das Deutschland nach der Eroberung der Hegemonie in Kontinentaleuropa zu errichten sich anschickte. Es war diese geopolitische Konstellation, mit der auf beiden Seiten des Atlantiks das Projekt einer weltweiten angloamerikanischen Gemeinschaft Gestalt anzunehmen begann. Ein Vorhaben, das auch bei Cecil Rhodes auf offene Ohren stieß, der allerdings die Vereinigten Staaten mehr zu fürchten schien als das wilhelminische Deutschland. Ja, es könnte ein Handelskrieg zwischen Großbritannien und den Vereinigten Staaten ausbrechen, und vielleicht noch etwas Ernsteres: »Wir werden in Zukunft Probleme mit den Amerikanern bekommen, die Amerikaner stellen für uns die größte Gefahr dar« (zit. in: Noer, 1978, S. 33*). Dies ist eine Erklärung von 1899; in der ersten Hälfte des zwanzigsten Jahrhunderts wurde jedoch die Gefahr, die vom Zweiten und Dritten Reich ausging, größer als alle anderen.

Und doch zeigte sich auch im Verlauf der beiden Weltkriege die Rivalität zwischen den beiden Imperien, d.h. zwischen den beiden demokratischen Imperien, weiterhin. US-Präsident Wilson förderte das Eingreifen seines Landes in den Ersten Weltkrieg mit einem doppelten Ziel: Deutschland im Wettlauf um die Weltherrschaft aus dem Rennen zu werfen und den britischen Verbündeten zumindest finanziell in einen Zustand der Unterordnung zu zwingen (vgl. oben, Abs. 8.1). Noch in der Zwischenkriegszeit betrachteten die Vereinigten Staaten »Großbritannien weiterhin als den wahrscheinlichsten Gegner«. Der 1930 von den USA erstellte und von General Douglas MacArthur unterzeichnete Kriegsplan sah sogar den Einsatz chemischer Waffen vor (Coker, 2015, S. 92f*). Mit Hitlers Aufstieg zur Macht und dem Aufkommen seines unersättlichen Expansionismus veränderte sich die geopolitische Lage erneut. Es darf dabei nicht vergessen werden, dass die Hilfe, die Franklin Delano Roosevelt Großbritannien gewährte, das in diesem Moment kurz davor stand, vom Dritten Reich überwältigt zu werden und dem deshalb das Wasser bis zum Halse stand, an die Bedingung geknüpft war, dass die Londoner Regierung auf das Empire weitgehend verzichtete, das die Vereinigten Staaten ihrerseits zu erben bereit waren.

10.4.
Diktatur und Krieg: eine Umkehrung von Ursache und Wirkung

Während die These keinerlei Grundlage hat, die die Demokratie als Gegenmittel zum Krieg herausstellt und rühmt, ist der Zusammenhang zwischen Diktatur und Krieg offensichtlich. Aber nicht in dem Sinne, dass Diktatur an sich zum Krieg treibt, sondern eher in demjenigen, dass es nicht möglich ist, Krieg in größerem Umfang zu führen, ohne zu mehr oder weniger drastischen Einschränkungen demokratischer Freiheiten und damit zu einer mehr oder weniger harten Diktatur zu greifen. In diesem Zusammenhang bemerkte Schumpeter (2020, S. 390f): »Tatsächlich anerkennen die Demokratien aller Typen mit praktischer Einmütigkeit, dass es Situationen gibt, in denen es die Vernunft erheischt, die Konkurrenz-Führung aufzugeben und eine monopolistische Führung zu akzeptieren. Im alten Rom sah die Verfassung ein Nicht-Wahlamt vor, das solch ein Führungsmonopol in Notzeiten verlieh. Der Inhaber wurde *magister populi* oder *dictator* genannt. Ähnliche Vorsichtsmaßnahmen sind praktisch allen Verfassungen bekannt, einschließlich der der Vereinigten Staaten: Der Präsident der Vereinigten Staaten erlangt unter gewissen Umständen eine Macht, die ihn in jeder Beziehung zu einem Diktator im römischen Sinne macht, so groß auch die Unterschiede sowohl in der juristischen Konstruktion wie in den praktischen Einzelheiten sind.« Um nur ein Beispiel zu nennen: Es besteht kein Zweifel, dass »Woodrow Wilson, Clemenceau und Lloyd George« im Verlauf des Ersten Weltkriegs »mit einer Autorität ausgestattet wurden, die in der Praxis einer Diktatur im römischen Sinne des Begriffs gleichkam« (Cobban, 1971, S. 111*). In diesem Fall ist die Beziehung zwischen Ursache und Wirkung sofort offensichtlich, und kein ernsthafter Mensch würde sagen, dass es die Diktatur in den Vereinigten Staaten, Frankreich und Großbritannien war, die das Eingreifen in das Kriegsmassaker verursacht hatte. Entgegen dem Anschein ist das Verhältnis von Ursache und Wirkung in zwei Ländern (Deutschland und Italien) nicht anders, in denen die Errichtung einer Diktatur das Vorspiel zum Krieg war. Dass der Vertrag und der Frieden von Versailles in Wirklichkeit nur ein kurzlebiger Waffenstillstand war, sagten zwei sehr unterschiedliche Persönlichkeiten voraus: der französische Marschall Foch und der britische Ökonom Keynes. Wir befinden uns in den Jahren 1919/20: Noch kannte niemand Hitler, und Deutschland hatte sich mit der Weimarer Republik eine Ordnung gegeben, die sicher nicht weniger demokratisch war als diejenige, die in den Ländern galt, die es besiegt hatten. Und dennoch sprach man schon wieder von einer Wiederaufnahme des Krieges, der nur ein oder zwei Jahre zuvor unterbrochen worden war; in der Tat hatte Keynes keine Schwierigkeiten, die besondere Brutalität und Barbarei vorherzusehen, die am Ende von dem Land an den Tag gelegt werden würde, das gerade einen schrecklichen »karthagischen Frieden« hatte hinnehmen müssen und das genau aus diesem Grund eine Revanche versuchen würde (siehe oben, Abs. 8.2). In einem Land mit dieser ungünstigen geopolitischen Lage, das während des Ersten Weltkriegs den Zusammenbruch der Heimatfront infolge der Novemberrevolution erlebt hatte und das mit einer sehr starken kommunistischen Partei zu rechnen hatte, setzte die Wiederaufnahme der Feindseligkeiten den Rückgriff auf eine eiserne Diktatur und einen rücksichtslosen präventiven Bürgerkrieg voraus, der dazu bestimmt war, jede mögliche Opposition und jeden inneren Widerstand schon in Friedenszeiten zu liquidieren.

Ähnliches gilt auch für Italien. Der Erste Weltkrieg war noch nicht ganz vorbei und schon äußerte eine Persönlichkeit von großem Ansehen und sicherer demokratischer Überzeugung wie Gaetano Salvemini seine tiefe Unzufriedenheit mit dem sich abzeichnenden Frieden. Die für Italien vorgesehene koloniale Beute war sehr dürftig, besonders wenn man sie mit derjenigen vergleicht, die sich Großbritannien unter den Nagel gerissen hatte. Die Abkommen, die Italiens Eingreifen in den Krieg regelten, der so schwerwiegende Opfer an Blut und Geld gekostet hatte, wurden missachtet (siehe oben, Abs. 6.4). Aus der Unzufriedenheit wurde in den nationalistischen Kreisen, die das Eingreifen in den Ersten Weltkrieg im Namen der Rolle und der Mission Italiens in der Welt betrieben hatten, der Wunsch nach Rache. Die Klage über den »verstümmelten Sieg«, der Italien von seinen undankbaren und egoistischen Verbündeten, trotz des enormen Ausmaßes ihrer kolonialen Besitzungen, zu Unrecht aufgezwungen worden war, wurde dann zu einem wiederkehrenden Motiv der faschistischen Propaganda. Einmal an der Macht, begann Mussolini eine Politik der kolonialen Eroberungen und militärischen Abenteuer, die mit dem Ultimatum an Griechenland und der Besetzung von Korfu 1923 begann und über Äthiopien bis in die Katastrophe des Zweiten Weltkriegs führte. In einem Land, das während des Ersten Weltkriegs die Heimatfront am Rande des Zusammenbruchs gesehen hatte, konnte eine solche Politik, zumal in Anbetracht einer starken Oppositionsbewegung, nur über die Errichtung einer Diktatur erfolgen. Noch einmal: Es ist nicht die Diktatur, die den Krieg provoziert, sondern es sind der Krieg und die Politik des Krieges, die den Rückgriff auf die Diktatur unvermeidlich machen.

Es versteht sich von selbst, dass nicht alle Diktaturen gleich sind. Sie können einen mehr oder weniger brutalen Charakter annehmen, der nicht nur von der geopolitischen Lage der Länder abhängt, denen sie auferlegt werden, sondern auch von der politischen Tradition dieser Länder und von dem Programm und der Ideologie der Partei und der herrschenden Gruppen, die dank der Diktatur in diesem Land an die Macht kommen.

Dass es in erster Linie das Kriegsprogramm ist, das den Weg zur Diktatur ebnet, wird durch einen sehr bedeutsamen, aber oft übersehenen Umstand eindeutig bestätigt: Der junge Mussolini, ein glühender Befürworter des Eintritts Italiens in den Ersten Weltkrieg und für einige Zeit direkt an der Front eingesetzt, forderte ein politisches Regime, das der neuen Situation, entstanden durch den Ausbruch des tödlichen Kräftemessens zwischen den imperialistischen Großmächten, gewachsen wäre. Aber während er diese Notwendigkeit betont, schaut er auf ein Land und ein Modell, die überraschend für eine politische Persönlichkeit sind, die sich darauf vorbereitet, Führer der faschistischen Bewegung und des faschistischen Regimes zu werden: »Eine der Voraussetzungen, um den Krieg zu gewinnen, ist folgende: Das Parlament zu schließen, die Abgeordneten nachhause zu schicken. Wilson zum Beispiel übt eine Diktatur aus. Der Kongress ratifiziert, was Wilson beschlossen hat. Die jüngste Demokratie, wie die älteste, die von Rom, hält die demokratische Kriegsführung für die erhabenste aller menschlichen Dummheiten« (Mussolini, 1951-1980, Bd. 10, S. 144*). Nachdem er eine Zeitlang mit einer Demokratie wie der der Vereinigten Staaten, die sich bei Bedarf leicht in eine gnadenlose und effiziente »römische Diktatur« verwandeln konnte, geflirtet hatte, errichtete Mussolini schließlich eine permanente Diktatur ohne demokratischen Schleier.

Eine ähnliche Suche (nach der politischen Ordnung die dem Ausnahmezustand entspricht) findet auch in Deutschland statt. Unmittelbar nach dem Krieg, bei einem Besuch in den Vereinigten Staaten, kommt ein deutscher Professor zu dieser bedeutsamen Analyse: »In den politischen Erörterungen der Vorkriegszeit ist von den Verteidigern des damals in Mitteleuropa herrschenden Regierungssystems immer wieder betont worden, die Demokratie habe als politische Lebensform zwar mancherlei Vorzüge, sie müsse aber, insbesondere als parlamentarische Demokratie, im Kriege versagen. Die praktische Erfahrung hat das Gegenteil erwiesen. An politischer Geschlossenheit und einheitlicher Zielsetzung waren die Demokratien des Westens dem bürokratischen System Ost- und Mitteleuropas bei weitem überlegen. Die innere Spaltung zwischen Kriegführung und Politik, die die Mittelmächte fast während der ganzen Kriegszeit lähmte, ist bei den Westmächten durch zielbewußte Politiker überwunden worden. Der Aufstieg starker, eigenwilliger Persönlichkeiten, den nach kontinentaler Auffassung gerade die Demokratie unmöglich machen soll, ist bei den Westmächten ungehemmt vor sich gegangen, nicht aber in Rußland, Deutschland oder Österreich, wo die wenigen kraftvollen Individualitäten, die sich überhaupt durchzusetzen vermochten, im endlosen Kampfe bürokratisch-militärischer Intrigen aufgerieben wurden.« Und, zwischen Fassungslosigkeit und Bewunderung, fährt der deutsche Professor fort: »Während der kritischen Perioden des Krieges haben die Ministerpräsidenten von England, Frankreich oder Italien und der Präsident der Vereinigten Staaten eine Machtfülle besessen, neben der die Macht eines Alexander oder eines Cäsar beschränkt war [...]. Diese übertragenen diktatorischen Vollmachten sind in den westlichen Ländern praktisch sehr viel weitergehend gewesen, als diejenigen, die in Rußland und Deutschland von den Monarchen ausgeübt werden konnten« (Bonn, 2015, S. 137f, 160f). In der Tat zielten die Maßnahmen, die in den Vereinigten Staaten während des Ersten Weltkriegs ergriffen wurden, darauf ab, »auch die geringsten Spuren von Opposition auszulöschen« (Schlesinger Sr., 1967, S. 414*), und sie schafften es, sie mit einer Radikalität auszulöschen, die im wilhelminischen Deutschland unbekannt war, wo sich die pazifistische Agitation weiterhin bemerkbar machte, manchmal sogar mit legalen Mitteln, mit der Verteilung von Flugblättern in den Fabriken und mit Presseorganen, die die Oktoberrevolution begrüßten und die von ihr ausgehenden Aufrufe zum sofortigen Frieden veröffentlichten (Losurdo, 1993/2008[1], Kap. 5, Abs. 2).

Insbesondere in Deutschland führte die Suche nach einem Regime, das dem Ausnahmezustand entspricht, aus drei Gründen zur Errichtung einer Diktatur von nie dagewesener Grausamkeit: Es fehlte eine solide liberale und demokratische Tradition in diesem Lande; der deutsche Imperialismus und seine aggressivsten Kreise waren sich der extremen Gefahr wohl bewusst, die im Innern wie auf internationaler Ebene nach der Entfesselung eines Krieges für Deutschland entstehen würde; der Nazismus, der an die Macht kam unter der Fahne der weißen Vorherrschaft, die weltweit durchgesetzt und radikalisiert werden sollte, verfolgte auch im Innern eine Politik zum Aufbau eines Rassenstaats und einer barbarischen rassischen Säuberung. Ein Punkt steht aber nach wie vor fest: *in principio erat bellum*!

10.5. Hamilton und Tocqueville – Kritiker ante litteram *von Wilsons Theorem*

Es gibt ein Paradoxon: Einige klassische Autoren der liberalen Denktradition im Westen kritisieren Wilsons Theorem im Voraus! Zur Zeit der Gründung der Vereinigten Staaten ist es Alexander Hamilton, der trocken und präzise die These widerlegt, dass freie Institutionen (und freier Handel) einerseits und das Aufkommen eines permanenten oder ewigen Friedens andererseits untrennbar miteinander verbunden seien. »Ist es nicht so, dass Volksversammlungen oft den Impulsen des Zorns, des Ressentiments, der Eifersucht, der Habgier und anderer ungezügelter und oft gewalttätiger Leidenschaften unterliegen? […] Und hat sich der Handel nicht bislang darauf beschränkt, die Kriegsziele zu verändern?« Es genügte, einen Blick in die Geschichte zu werfen: Obwohl sowohl Holland als auch England den monarchischen Absolutismus gestürzt hatten und beide an der repräsentativen Regierungsform und am Handel festhielten, erwiesen sie sich als die Nationen, »die am häufigsten in Konflikte verwickelt waren« (Hamilton, 2001, S. 179f*; *The Federalist*, 6*). Was Hamiltons persönliche Einstellung betrifft, so wissen wir von seinem emphatischen Lob der »Form der britischen Regierung, dem besten Modell, das die Welt je hervorgebracht hat«, was ihn aber nicht daran hinderte, zur Abrechnung mit dem ehemaligen Mutterland aufzurufen, das sich als »Herrin der Welt« aufspielte (vgl. oben, Abs. 10.3).

Als großer Bewunderer der »Demokratie in Amerika«, wie der Titel seines Hauptwerks lautet, identifiziert Tocqueville dieses politische Regime deswegen nicht mit Friedensliebe. Mitte des 19. Jahrhunderts zögerte er nicht, die starken expansionistischen Tendenzen anzuprangern, die das (damals) einzige demokratische Land auf dem amerikanischen Kontinent an den Tag legte. In einem an einen amerikanischen Gesprächspartner (Theodore Sedgwick) im Jahr 1852 gerichteten Schreiben wies der französische Liberale auf die Expansionsversuche im Süden – auch durch »private« Abenteurer (man denke an William Walker) – hin: »Ich habe nicht ohne Sorge diesen Geist der Eroberung und sogar des Raubes gesehen, der sich bei Ihnen seit einigen Jahren manifestiert hat. Das ist kein Zeichen von guter Gesundheit bei einem Volk, das bereits mehr Territorium hat, als es füllen kann. Ich gestehe, dass ich mich der Traurigkeit nicht entziehen könnte, als ich erführe, dass die [amerikanische] Nation sich auf ein Unternehmen gegen Kuba einlässt oder, was noch schlimmer wäre, ihre verlorenen Söhne damit betraut« (Tocqueville, 1951-1983, Bd. 7, S. 147*). Der französische Liberale ist so weit davon entfernt, die Demokratie und die Sache des Friedens gleichzusetzen, dass er nicht zögert, neben den Vereinigten Staaten die andere große Demokratie des Westens zu kritisieren: Die Engländer zeichnen sich durch »ihr permanentes Bestreben aus, zu zeigen, dass sie im Interesse eines Grundsatzes oder zum Wohle der Eingeborenen oder gar zum Vorteil der Souveräne, die sie unterjochen, handeln; es ist ihre ehrliche Empörung gegen diejenigen, die Widerstand leisten; mit diesen Verfahren verhüllen sie fast immer die Gewalt« (ebd., Bd. 3.1, S. 505*). In dieser Kritik, die die Kriege aufdeckt, die den Vormarsch des *britischen* kolonialen Expansionismus kennzeichnen (der französische koloniale Expansionismus wird hier verschwiegen), spürt man das Echo einer Rivalität, die 1840 Großbritannien und das Frankreich der Julimonarchie, damals selbst ein mehr oder weniger demokratisches Land, an den Rand eines Krieges getrieben hatte.

Nicht weniger hellsichtig äußerte sich Hamilton. In seinen Augen ist nicht nur die Verschiedenheit der politischen Systeme und der materiellen Interessen die Quelle möglicher Konflikte zwischen verschiedenen Ländern. Auch Leidenschaften spielen eine Rolle: »Ist es nicht wahr, dass, so wie die Könige, auch die Nationen von Aversionen, Vorlieben, Rivalitäten und der Begierde nach ungerechtem Erwerb betroffen sind?« (Hamilton, 2001, S. 179; *The Federalist*, 6*). In ähnlicher Weise argumentiert Tocqueville: »Wird man so weit gehen, zu behaupten, dass zwei Völker notwendigerweise in Frieden miteinander leben müssen, weil sie ähnliche politische Institutionen haben? Dass alle Gründe des Ehrgeizes, der Rivalität, der Eifersucht, alle schlechten Erinnerungen abgeschafft sind? Liberale Institutionen machen diese Gefühle sogar noch lebendiger« (Tocqueville, 1951-1983, Bd. 3.3, S. 249*). Um es mit den Worten von *Demokratie in Amerika* zu sagen: »Alle freien Völker zeigen Stolz auf sich selbst«; die »eifrige und unstillbare Eitelkeit der demokratischen Völker« springt ins Auge. Dies wurde auf besondere Weise von der Republik jenseits des Atlantiks bestätigt: »Die Amerikaner scheinen in ihren Beziehungen zu Ausländern unduldsam gegenüber dem geringsten Tadel und unersättlich gegenüber Lob [...]. Ihre Eitelkeit ist nicht nur gierig, sie ist ruhelos und neidvoll.« Wir sehen uns einem übersteigerten »Nationalstolz«, einem »rasenden Patriotismus« gegenüber, der keinerlei Kritik duldet (ebd., Bd. 1.1, S. 233f, 247*) und der deshalb leicht zu einer Quelle internationaler Spannungen und Konflikte werden kann. Wie wir sehen, ist die Demokratie in den Augen des französischen Liberalen weit davon entfernt, gegen den »Geist der Eroberung und sogar des Raubes« immun zu sein, und kann den »rasenden Patriotismus« sogar noch weiter anheizen: Sie ist die vorweggenommene Widerlegung von Wilsons Theorem.

Es ist ein Theorem, das auch aus einem anderen Blickwinkel heraus das beste Erbe der liberalen Tradition missachtet: Es definiert Demokratie unabhängig vom geopolitischen Kontext und den internationalen Beziehungen. Das war nicht die Meinung von Hamilton. Im Jahr 1787, am Vorabend der Verabschiedung der föderalen Verfassung, erklärte er, dass die Begrenzung der Macht und die Etablierung der Rechtsstaatlichkeit in Großbritannien und den Vereinigten Staaten, zwei Ländern, insularen Typs, die dank des Meeres vor den Bedrohungen durch rivalisierende Mächte geschützt waren, erfolgreich gewesen seien. Wäre das Unionsprojekt gescheitert und auf seinen Trümmern ein ähnliches Staatensystem wie auf dem europäischen Kontinent entstanden, hätten die Phänomene des stehenden Heeres, einer starken Zentralgewalt und sogar des Absolutismus auch in Amerika Einzug gehalten: »Wir würden also in kurzer Zeit die gleichen Instrumente der Tyrannei in unserem Land fest etabliert sehen, die die Alte Welt ruiniert haben« (Hamilton, 2001, S. 192; *The Federalist*, 8*). Daher ist es, zumindest nach diesem Text, nicht die Demokratie per se, die die friedliche Entwicklung der internationalen Beziehungen hervorbringt, sondern es ist in erster Linie die Situation der geopolitischen Ruhe und der Entspannung in den internationalen Beziehungen, die die Entwicklung von Rechtsstaatlichkeit und demokratischen Institutionen ermöglicht.

10.6.
Verantwortung für den Krieg: vom Kolonialismus zu seinen Opfern

Wurde Wilsons Theorem ursprünglich gegen das wilhelminische Deutschland vorgebracht, also gegen einen Konkurrenten im Wettlauf um die Weltherrschaft, so wurde es vor allem nach dem Triumph des Westens im Kalten Krieg gegen Länder eingesetzt, die eine lange Geschichte kolonialer oder halbkolonialer Unterdrückung hinter sich haben: Seit 1989 waren die Kriege gegen Panama, den Irak, Jugoslawien und Libyen, oft ohne Ermächtigung des UN-Sicherheitsrates oder unter Verfälschung und weitgehender Überschreitung des von ihm erteilten Mandats, als Beitrag zur Ausbreitung der Demokratie und damit zur Erreichung des »endgültigen Friedens« im Sinne Wilsons propagiert worden.

Eine Wende hatte sich vollzogen. Angefangen bei Rousseau, Kant, Fichte bedeutete das Schwenken des Banners des ewigen Friedens, trotz Zweideutigkeiten und Schwankungen, gleichzeitig die Verurteilung der kolonialen Sklaverei und der kolonialen Herrschaft. Selbst bei Autoren wie Comte und Spencer verhinderte die Verherrlichung der Industriegesellschaft als Voraussetzung und Garantie für die endgültige Überwindung der militärischen und kriegerischen Gesellschaft nicht den kritischen, ja empörten Blick auf die Realität der Kolonialkriege. Es handelt sich um einen Prozess, der in der sozialistischen und besonders in der kommunistischen Bewegung gipfelte, in der, während das Banner des Friedens geschwenkt wurde, das Ideal des ewigen Friedens und der antikolonialistische Kampf Hand in Hand gingen.

Nun aber ändert sich das Bild dramatisch. Rückblickend, endet Wilsons Theorem, direkt oder indirekt, damit, dass Demokratien, oder besser gesagt, selbsternannte Demokratien, selbst für ihre widerwärtigsten Handlungsweisen freigesprochen werden. Es ist wahrscheinlich, dass die nordamerikanische Republik, die aus dem Unabhängigkeitskrieg gegen Britannien hervorging, demokratischer war als die Gesellschaften, in denen die verschiedenen indianischen Völker jener Zeit organisiert waren; unbestritten ist die Tatsache, dass die Erstere die Letzteren in Kolonialkriegen unterwarf – mit dem Ziel der Dezimierung und Vernichtung der Besiegten (während sie gleichzeitig mit der Versklavung der Schwarzen fortfuhr). Trotzdem kann sich das Land, das von sich behauptet, die »älteste Demokratie der Welt« zu sein, gleichzeitig als oberster Verfechter des Friedens aufspielen.

Es gibt ein weiteres Beispiel. Das Frankreich der Julimonarchie, in dem die intellektuelle und politische Persönlichkeit von Tocqueville herausragte, war wahrscheinlich demokratischer als Algerien, aber es besteht kein Zweifel, dass es das Erstere war, das einen Krieg gegen das Letztere entfesselte, und es war mehr noch ein Krieg, der einem Völkermord gleichkam. Es ist ein Kapitel in der Geschichte des Kolonialismus, das seinen maßgeblichen Interpreten in Tocqueville gefunden hat, der nicht zögerte, eine unheilvolle Parole auszusprechen: »Alles zerstören, was einer permanenten Ansammlung von Bevölkerung oder, mit anderen Worten, einer Stadt ähnelt. Ich glaube, es ist von größter Bedeutung, in den von Abd el-Kàder [dem Führer des algerischen Widerstands] beherrschten Regionen keine einzige Stadt bestehen oder entstehen zu lassen« (Tocqueville, 1951, Bd. III,1, S. 229, auch zit. in: Losurdo, 2005, Kap. VII, Abs. 6). Auf der Grundlage von Wilsons Theorem wäre es jedoch absurd, einen Autor als Befürworter von Krieg und Völkermord darzustellen, der in den Pantheon des liberal-demokratischen Westens emporgestiegen ist, der nach diesem Theorem selbst der Tempel des »endgültigen Friedens« sein sollte.

Selbst die anhaltende Besatzung und die fortwährende Kolonisierung des palästinensischen Territoriums (durchgesetzt mit offenem oder latentem Rückgriff auf eine erdrückende militärische Überlegenheit und daher mit einem kriegerischen Akt) und die tatsächlichen Kriege gegen den Libanon oder gegen Gaza werden, wenn nicht gerechtfertigt, so doch mit Nachsicht betrachtet oder auf eine Bagatelle reduziert: Wie kann man Israel, die »einzige Demokratie im Nahen Osten«, als kriegstreiberisch und militaristisch verurteilen? Es handelt sich um ein Theorem, das den Kolonialismus und seine Kriege verklärt und dies sowohl mit Blick auf die Vergangenheit als auch auf die Gegenwart.

Es erfolgte, in Bezug auf Kant, eine Umkehrung der Positionen. Dieser trennte bei der Analyse des politischen Systems eines Landes weder die Metropole von den Kolonien noch die Innenpolitik von der Außenpolitik: Die vom britischen Monarchen entfesselten Kriege waren der Beweis, dass er ein »absoluter Monarch« war. Mit anderen

Worten: Nach Wilsons Theorem, wie es heute interpretiert wird, bedeutet die Behauptung, ein Land sei demokratisch, seine Kriege als Beitrag zur Sache des »endgültigen Friedens« zu legitimieren; in den Augen des großen Philosophen hingegen war der Rückgriff auf koloniale und imperiale Kriege der Beweis dafür, dass ein Land trotz seiner Selbstdarstellung und seines konstitutionellen Anscheins nicht wirklich demokratisch war (vgl. oben, Abs. 1.8). Die Trennung von Innen- und Außenpolitik wurde auf andere Weise auch von Hamilton abgelehnt, der, wie wir gesehen haben, auf die geopolitische Sicherheit und die Abwesenheit äußerer Bedrohungen als wesentliche Voraussetzung für die Entwicklung liberaler Institutionen und der Rechtsstaatlichkeit in einem Land hinwies.

In unseren Tagen befinden sich gerade die Länder, die die Kolonialherrschaft noch nicht lange hinter sich gelassen und noch mit dem Neokolonialismus zu kämpfen haben, in einer prekären Situation. Sie werden aufgefordert, eine neue Ordnung aufzubauen und zu entwickeln und damit eine an sich schon schwierige Aufgabe zu erfüllen und dies darüber hinaus in einem geoökonomischen und geopolitischen Kontext, der mehr denn je mit Fallstricken und Gefahren behaftet ist: Die Mächte, aus deren Joch sich diese Länder befreit haben, versuchen, sie weiterhin wirtschaftlich zu kontrollieren und sich darüber hinaus das Recht anzumaßen, auch ohne Ermächtigung des UN-Sicherheitsrates, militärische Gewalt gegen sie anzuwenden. Mit anderen Worten: Wenn wir die Lektion von Hamilton beherzigen wollen, müssen wir zu dem Schluss kommen, dass gerade diejenigen, die vorgeben, die Demokratie fördern zu wollen, in Wirklichkeit ihre Entwicklung erschweren.

Ein Kreis hat sich geschlossen: Am Anfang rechtfertigte Wilsons Theorem einerseits die Intervention der Vereinigten Staaten im Ersten Weltkrieg, andererseits gab es dem weit verbreiteten Gefühl der Ungeduld und Empörung über das unaufhörlich weiter wütende Gemetzel im Guten wie im Schlechten eine Stimme, ohne allerdings Kolonialismus, Neokolonialismus und Rassismus in Frage zu stellen und im Gegenteil sogar die Monroe-Doktrin als Vorbild zu nehmen. Heutzutage ist dieses Theorem jedoch zur eigentlichen Ideologie des

Krieges ausgestaltet. Der weit verbreitete Gemeinplatz, der der Ausbreitung der »Demokratie« wundersame Tugenden der Befriedung zuschreibt, ist bei näherer Betrachtung alles andere als beruhigend. Wir stehen vor dem ideologischen Motiv, das der Weltkrieg aus der Taufe hob, der, wie wir gesehen haben, »die erste Katastrophe des zwanzigsten Jahrhunderts, die Katastrophe, aus der alle anderen entsprangen« (vgl. oben, Abs. 6.4), darstellt. Die Tatsache, dass diese bewährte Kriegsideologie, trotz aller Widerlegungen durch die Geschichte, weiterhin breite Zustimmung genießt, verheißt nichts Gutes.

11. Kapitel

Ein neuer großer Krieg im Namen der Demokratie?

11.1. *Der »Weltgendarm« und neue Formen der Kriegsführung*

Trotz des Triumphs, den die Partei Wilsons am Ende des Kalten Krieges mit dem anschließenden Aufstieg der Neuen Weltordnung errungen hat, haben die wiederholten Kriege, die der »Weltgendarm« entfesselt hat, in der Zwischenzeit viele Illusionen zunichtegemacht. So distanziert sich Negri deutlich von der Position, die Hardt eingenommen hat, und bricht (faktisch und ohne es zuzugeben) mit der in *Empire* zum Ausdruck gebrachten Vision, indem er den gegen Jugoslawien entfesselten »Krieg« als »ungerecht und schändlich« bezeichnet (2006, S. 48*). »Der ewige und universelle Friede« ist noch weit entfernt! Selbst Habermas scheint sich von seinen 1999 gehegten Illusionen distanziert zu haben: Die Bombardierung Jugoslawiens hat nicht die »kosmopolitische Ordnung« eingeläutet! Stattdessen stehen Kriege auf der Tagesordnung, zu denen der Möchtegern-«Weltgendarm« und seine Verbündeten immer wieder greifen. Sie sind sogar häufiger, als sie auf den ersten Blick erscheinen, da sie manchmal neue Formen annehmen, die nicht sofort erkennbar sind.

Um diesen Punkt zu verdeutlichen, greife ich auf zwei Artikel zurück, die vor einiger Zeit in zwei maßgeblichen US-Zeitungen erschienen sind. Im Juni 1996 wies ein Artikel des Direktors des »Center for Economic and Social Rights« in der »International Herald Tribune« auf die schrecklichen Folgen der »kollektiven Bestrafung«

des irakischen Volkes durch das Embargo hin: Bereits »mehr als 500.000 Kinder« seien »an Hunger und Krankheiten gestorben«. Viele andere sollten das gleiche Schicksal erleiden: Insgesamt waren »die Menschenrechte von 21 Millionen Irakern« auf verheerende Weise betroffen (Normand, 1996*). Ein paar Jahre später stellte »Foreign Affairs«, eine dem Außenministerium nahestehende Zeitschrift, eine allgemeinere Überlegung an: Nach dem Zusammenbruch des »realen Sozialismus« sei das Embargo in einer unter US-Hegemonie vereinigten Welt die Massenvernichtungswaffe schlechthin; offiziell verhängt, um Saddams Zugang zu Massenvernichtungswaffen zu verhindern, habe das Embargo »mehr Tote im Irak verursacht als alle sogenannten Massenvernichtungswaffen im Laufe der Geschichte« zusammen (Mueller, Mueller, 1999, S. 51*). Es war ein Embargo, das den ersten Golfkrieg (von 1991) verlängerte und in den zweiten Golfkrieg (mit der Invasion des Irak durch die USA und Großbritannien 2003) mündete. Nun, schon sieben Jahre vor seinem Ende, war das Embargo absolut verheerend: Es ist, als hätte das arabische Land gleichzeitig die Atombombenabwürfe auf Hiroshima und Nagasaki, die Senfgasangriffe durch die Armee von Wilhelm II. und dann dieselben, im Zuge der Kolonialkriege, erst von Churchill gegen den Irak und dann von Mussolini gegen Äthiopien, erlitten. Es besteht kein Zweifel: Das Embargo ist, zumindest in seinen schwerwiegendsten Formen, faktisch ein Krieg.

Diese ökonomische Kriegsführung, die zu einer »kollektiven Bestrafung« des Gegners führt, ohne zwischen Kombattanten und der Zivilbevölkerung zu unterscheiden, und in der Tat insbesondere auf letztere abzielt, kann auch bei einem Kräftemessen zwischen Großmächten eingesetzt werden und wurde es auch (z.B. während des Ersten Weltkriegs griff Großbritannien auf sie gegen Deutschland zurück, und am Vorabend von Pearl Harbor taten dies die Vereinigten Staaten gegen Japan). Und dennoch ist das Embargo heute das bevorzugte Instrument, mit dem eine große koloniale oder imperiale Macht, die mehr oder weniger die Weltwirtschaft oder eine wichtige Region der Welt kontrolliert, sich den Gehorsam oder die Unterwerfung eines Landes, das sich in kolonialen oder halbkolonialen Verhältnissen befindet oder das sich endgültig aus solchen Verhältnissen befreien will, zu sichern sucht.

Ohne allzu weit in die Vergangenheit zurückzugehen, können wir gleich bemerken, dass nach dem Ende des Zweiten Weltkriegs die Entwicklung der weltweiten antikolonialen Revolution mit Wirtschaftskrieg einherging, den der Westen und sein Führungsland gegen Länder und Völker entfesselten, die sich schuldig gemacht hatten, einen allzu unabhängigen Weg zu gehen, oder auch nur im Verdacht standen, ihn gehen zu wollen. Im Herbst 1949, unmittelbar nach ihrer Gründung, befand sich die Volksrepublik China, die versuchte, das koloniale »Jahrhundert der Demütigungen«, das mit den Opiumkriegen begonnen hatte, hinter sich zu lassen, in einer äußerst schwierigen Situation: Nach fast zwei Jahrzehnten Krieg (Welt- und Bürgerkrieg) waren ihre Wirtschaft und ihre Infrastruktur zerstört; mit Unterstützung der USA bombardierte die Kuomintang von Taiwan aus, wohin sie sich geflüchtet hatte, weiterhin den kontinentalen Teil des Landes. Und siehe da, auch hier ist mit dem eigentlichen militärischen Krieg der wirtschaftliche verflochten. Wie aus den Eingeständnissen bzw. Erklärungen ihrer Führer ersichtlich ist, hat die Truman-Administration eine klare Agenda: zu erreichen, dass China unter »der Plage« eines »allgemeinen Lebensstandards am oder unter dem Existenzminimum« leidet; »wirtschaftliche Rückständigkeit«, »kulturellen Rückstand« und »Volksunruhen« zu verursachen; die gesamte soziale Struktur »mit hohen und sehr langfristigen Kosten« zu belasten und letztlich »einen Zustand des Chaos« zu schaffen. Es ist ein Konzept, das zwanghaft wiederholt wird: Ein Land in »verzweifelter Not« muss in eine »katastrophale wirtschaftliche Situation«, »in Richtung Katastrophe und Zusammenbruch« getrieben werden (Zhang, 2001, S. 20-22, 25, 27*). Im Weißen Haus folgt ein Präsident dem anderen, aber das Embargo geht unerbittlich weiter. In den frühen 1960er Jahren weist Walt W. Rostow, ein Berater der Kennedy-Administration, erfreut und stolz darauf hin, dass dank dieser Politik die wirtschaftliche Entwicklung Chinas um »zig Jahre« verzögert worden sei (ebd., S. 250, 244*).

Das längste Embargo muss Kuba erleiden, das Land, das mit seiner Revolution die Monroe-Doktrin abgeschüttelt hatte; auch in diesem Fall ist wirtschaftliche Aggression problemlos mit militärischer Aggression verflochten, wie die Invasion in der Schweinebucht 1961 zeigte, die zwar kläglich scheiterte, auf die aber sofort der Versuch der wirtschaftlichen Erdrosselung folgte. Manchmal ist es nicht einmal notwendig, explizit das Embargo zu erklären. Man denke an die Direktive, die Henry Kissinger der Central Intelligence Agency (CIA) nach dem Wahlsieg von Salvador Allende und seinem Aufstieg zum Präsidenten Chiles übermittelte: »Make the economy scream«, die Ökonomie solle vor Schmerz schreien (zit. in: Žižek, 2012, S. 85*). Wie auch immer er geführt wird, der verheerende Angriff auf die Wirtschaft, den Lebensstandard, die Gesundheit, die Existenzgrundlage der Zivilbevölkerung selbst ist gleichbedeutend mit Krieg, einem Krieg, der sich oft gegen die Länder und Völker richtet, die sich vom Joch kolonialer oder halbkolonialer Herrschaft befreien wollen.

Neben der militärischen und wirtschaftlichen kann der Krieg, insbesondere der von einer kolonialistischen oder imperialistischen Großmacht geführte Krieg, eine dritte Form annehmen. Um diese letztere zu erklären, betrachten wir die Art und Weise, wie es Hitler seinerzeit gelang, die Tschechoslowakei zu zerstückeln und zu zerstören. Die von ihm am 20. Mai 1938 erlassenen Direktiven waren eindeutig: Es galt, einerseits »nationale Minderheiten« sowie Unabhängigkeits- und Separatistenbewegungen aller Art aufzuwiegeln, andererseits »die Tschechen durch Drohungen einzuschüchtern und ihre Widerstandskraft zu zermürben« (Shirer, 1974, S. 561*). Und heute? Es geht sicher nicht darum, voreilige und unsachgemäße Vergleiche anzustellen; es besteht aber kein Zweifel daran, dass die soeben beschriebene Form der Kriegsführung sicherlich nicht auf das Dritte Reich beschränkt ist.

Bevor es von der Katastrophe überrollt wurde, die immer noch wütet, während ich dies schreibe, galt Syrien als eine Oase des Friedens und der religiösen Toleranz, insbesondere für irakische Flüchtlinge. Sie landeten dort auf der Flucht aus ihrem Land, das von den religiösen und konfessionellen Zusammenstößen und Massakern, die die US-Invasion verursacht hatte, heimgesucht wurde (Losurdo,

2014, Kap. 1, Abs. 6). Was ist dann passiert? Ist ein Bürgerkrieg aufgrund ausschließlich innerer Ursachen ausgebrochen? Tatsächlich riefen die Neokonservativen schon vor dem Zweiten Golfkrieg dazu auf, Syrien anzugreifen, das in ihren Augen den Fehler hatte, Israel gegenüber feindlich eingestellt zu sein und den palästinensischen Widerstand zu unterstützen (Lobe, Oliveri, 2003, S. 37-39*). An dieses schon altbekannte Projekt erinnerten sich die aufmerksamsten Analysten, die sich mit den jüngsten Entwicklungen der Lage befassten, sofort: Syrien war schon seit einiger Zeit von den Neokonservativen in die Liste der Länder aufgenommen worden, »die als Hindernis für die ›Normalisierung‹ des Nahen Ostens gelten«; »wäre es den USA gelungen, einen Regimewechsel in Bagdad, Damaskus und Teheran zu bewirken, wäre die Region der gemeinsamen Hegemonie der USA und Israels unterworfen und nach Ansicht der Neokonservativen endgültig ›befriedet‹ worden« (Romano, 2015, S. 74*). Außerdem gibt die »New York Times« zu oder es entschlüpft ihr, dass es den USA gelungen war, »in das Internet und das Telefonsystem« des Landes einzudringen, und das ein Jahr, bevor der »Arabische Frühling« Syrien erreicht hatte (Friedman, 2014*). Um was zu tun? Es begann die Bewaffnung der sogenannten »säkularen und gemäßigten Opposition«, deren Anführer – wie die einflussreiche Zeitung stets einräumte – seit »mehreren Jahrzehnten« nicht mehr in Syrien gewesen war. Es waren nicht nur die aus dem Westen zurückgekehrten und von ihm ermutigten, finanzierten und bewaffneten Gegner, die in Aktion traten. Das Regime von Baschar al-Assad – ich beziehe mich immer auf US-Presseberichte – war »sehr ausgeklügelten Cyberangriffen ausgesetzt« (Sanger, Schmitt, 2015*). Aber das war immer noch nicht genug. Und auch die Drohungen mit militärischer Gewalt, die aus Washington kamen, reichten nicht aus: Die mehr oder weniger »gemäßigte« Opposition wurde gezielt und massiv bewaffnet. In Wirklichkeit wurden nicht nur die »Gemäßigten« unterstützt oder gefördert. Wie »The Wall Street Journal« enthüllt, wurden sogar »Kämpfer« aus den radikalsten und grausamsten islamistischen Gruppen, die später im Islamischen Staat im Irak und in Syrien (ISIS) aufgingen, »regelmäßig« in Israels Krankenhäusern behandelt, das wiederum Syriens militärische Einrichtungen bombardierte (Trofimov, 2015*). Natürlich sprechen westliche Staatskanzleien und Medien weiterhin vom »Bürgerkrieg«, aber kann ein Krieg als »Bürgerkrieg« bezeichnet werden, der Tausende von Kilometern entfernt fast ein Jahrzehnt vor seinem Ausbruch geplant wurde und an dem (nach Erkenntnissen der maßgeblichen westlichen Presse) Zehntausende ausländischer Kämpfer beteiligt sind, die dank der »porösen Grenze« zur Türkei (»International New York Times«, 2015) und, allgemeiner gesagt, dank der Komplizenschaft der umliegenden Länder, die mit dem Westen verbündet sind und sich verpflichtet haben, diese Kämpfer mit Waffen und Geld zu versorgen, nach Syrien eindrangen? In Wirklichkeit ist es trotz der neuen Formen, die er angenommen hat, nicht schwer, diesen Krieg als Angriffskrieg zu erkennen, dessen neokolonialer Charakter allein schon dadurch bestätigt wird, dass die Zerschlagung der nationalen Souveränität des kleinen Landes ohne Ermächtigung des UN-Sicherheitsrates, einfach auf der Grundlage des Rechts des Stärkeren, ausgerufen und in Angriff genommen wurde.

Die neue Form der Kriegsführung hat die ausdrückliche und freudige Zustimmung eines angesehenen amerikanischen Politikwissenschaftlers und Polemikers gefunden, der im Sommer 2013 das Verhalten der Aufständischen in Syrien ungeschminkt beschrieb: »Fanatische Salafisten im Stil der Taliban, die sogar fromme Sunniten schlagen und töten, weil sie nicht die ihnen fremden Bräuche nachahmen; extremistische Sunniten, die damit beschäftigt sind, unschuldige Alawiten und Christen allein wegen ihrer Religion zu ermorden […]. Wenn die Rebellen siegen, haben nicht-sunnitische Syrer nur soziale Ausgrenzung und sogar regelrechte Massaker zu erwarten« (Luttwak, 2013*). War eine solch krasse Analyse ein Appell, der von ihr beschworenen Gefahr zu begegnen? Nichts von alledem: »Zum jetzigen Zeitpunkt ist ein längeres Patt das einzige Ergebnis, das den amerikanischen Interessen nicht abträglich wäre […]. Es gibt nur einen Ausgang, der von den Vereinigten Staaten favorisiert werden kann: ein Unentschieden auf unbestimmte Zeit. Indem Assads Armee und seine Verbündeten (Iran und Hisbollah) in einen Krieg gegen extremistische, mit al-Qaida verbündete Kämpfer verwickelt werden, werden vier von Washingtons Feinden in einen Krieg gegeneinander verstrickt und damit in eine Lage gebracht, in der sie unmöglich Amerikaner und Amerikas Verbündete angreifen können« (ebd.*). Wir haben es hier mit einem abscheulichen Zynismus zu tun, der von den Tatsachen durchschlagend widerlegt wird. Allen ist der Schrecken der blutigen Anschläge in Erinnerung, die am 13. November 2015 und am 22. März 2016 zunächst Paris und dann Brüssel erschütterten. Fest steht jedoch, dass es der neuen Form des Krieges gelungen zu sein scheint, Syrien zu zerstören und seine Bevölkerung vollständig auszubluten. Und fest steht auch, dass sich der vermeintliche »Weltgendarm« durch diese neue Form der Kriegführung tatsächlich wie ein Gesetzloser verhält, wenn es auch ein Gesetzloser ist, der manchmal als Zauberlehrling endet.

11.2.
Gefahren eines großen Krieges und das Wilson'sche Theorem

Etwa ein Vierteljahrhundert lang ging die Neue Weltordnung, die das Wilson'sche Versprechen des »ultimativen Friedens« wiederbelebte und deren Garant in den Augen der Neokonservativen der »Weltgendarm« sein sollte, einher mit »kleinen« Kriegen in traditionellen oder neuen Formen. Doch jetzt zeichnet sich eine Wende ab. Die Ankündigung des antichinesischen »Pivots« (die Verlagerung des gigantischen US-Militärapparats nach Asien und in den Pazifik) durch Hillary Clinton (und die Obama-Administration) im Oktober 2011 einerseits und der Putsch in der Ukraine im Februar 2014 sowie die weitere bedrohliche reale und potenzielle Ausdehnung der NATO in Richtung Russland andererseits haben die Gefahren eines großen und sogar weltweiten Krieges wieder in den Mittelpunkt der politischen und kulturellen Debatte gerückt.

Unter diesen Umständen ist es nicht verwunderlich, dass Wilsons Theorem erneut in bedrohlicher Weise aufgegriffen wird, ähnlich wie während des Ersten Weltkriegs: Erneut werden die von den USA ins Visier genommenen Länder als Feinde der Demokratie und damit des Friedens angeklagt. Jetzt ist es mehr denn je offensichtlich, dass das betreffende Theorem als eine Ideologie des Krieges fungiert, das zwar auf historischer und philosophischer Ebene jeder Glaubwürdigkeit entbehrt, aber auf der Ebene der politisch-militärischen Mobilisierung umso furchterregender ist.

In den späten 1980er und frühen 1990er Jahren wurde Japan, welches ein beeindruckendes Wirtschaftswunder erlebte und – so schien es – nicht nur die wirtschaftliche, sondern auch die politische und sogar die politisch-militärische Hegemonie der Vereinigten Staaten herauszufordern versuchte, von den USA und den pro-amerikanischen Medien als kollektivistisch und autoritär, wenn nicht gar totalitär gebrandmarkt (Losurdo, 2014, Kap. 7, Abs. 3). Heute jedoch, obgleich es die pazifistische Verfassung aufgegeben hat und mit einer ganz neuen Hartnäckigkeit jede wirkliche Selbstkritik an seiner schrecklichen Vergangenheit verweigert, gilt Japan als Vorreiter der Demokratie in Asien. Eine Zeitlang sah es so aus, als sollte der Iran, nachdem von Washington (und Tel Aviv) ein Cyberkrieg gegen das Land entfesselt worden war, von einem regelrechten Krieg überrollt werden. Zu diesem Zeitpunkt wurde das Regime in Teheran als das despotischste dargestellt, das man sich vorstellen konnte; allerdings kann der Iran von heute, der kurz davor stand, angegriffen zu werden, keinesfalls als weniger demokratisch angesehen werden als der Iran, der von der brutalen Autokratie des Schahs beherrscht wurde, der 1953 durch einen von der CIA und dem britischen Geheimdienst angezettelten Staatsstreich gegen die demokratische Regierung von Mossadegh an die Macht kam.

Ähnliche Überlegungen lassen sich für die beiden Länder anstellen, die heute die Hauptziele der von Washington orchestrierten Kampagne sind. Das heutige China kann kaum als weniger demokratisch angesehen werden als jenes China, das sich ab 1971, nach Nixons Peking-Reise, bereit erklärt hatte, sich mit den Vereinigten Staaten gegen die Sowjetunion zu verbünden. Und es gibt keinen Grund, Wladimir Putin für weniger demokratisch zu halten als Boris Jelzin, der am 21. September 1993, in offener Missachtung der neu in Kraft getretenen russischen Verfassung, das Parlament auflöste und es dann unter massivem Einsatz von Spezialtruppen und

Panzern bombardierte und zerschlug. Es besteht kein Zweifel daran, dass der heutige Präsident Putin, trotz des systematischen multimedialen Bombardements gegen ihn, eine viel breitere Unterstützung in der Bevölkerung genießt als Jelzin, dem es 1996 nur dank der betrügerischen Hilfe des Westens gelang, die Präsidentschaft zu behalten, nachdem er in den Umfragen einen absolut unbedeutenden Prozentsatz der Stimmen aufweisen konnte (Chiesa, 2009*). Im letzteren Fall fehlt auch ein groteskes Element nicht: Während sich der Westen zum Verfechter der Demokratie aufschwingt, unterstützt er nach dem inszenierten Putsch in Kiew eine Regierung, die – laut »New York Times« – Hunderttausende von Ukrainern zur Flucht gezwungen hat (sie sind zumeist nach Russland geflohen) und sich offen der Kollaboration von eindeutig neonazistischen Gruppen bedient (die den Gruß, Symbole und Dekorationen benutzen, die auf das Dritte Reich verweisen) (Golinkin, 2014*). Um es mit den Worten eines bedeutenden US-Theoretikers aus der Schule des politischen Realismus, genauer gesagt des »offensiven Realismus« (was die internationalen Beziehungen betrifft) zu sagen, hat die »Demokratie« nichts mit der aktuellen Eskalation der Spannungen zwischen den Vereinigten Staaten einerseits und China und Russland andererseits zu tun (Mearsheimer, 2014, S. 4*). Im Gegenteil, es gibt es keinen Mangel an Wissenschaftlern, die argumentieren, dass ein demokratischeres China entschieden ungeduldiger auf die Langsamkeit reagieren würde, mit der die heutige Führung das Problem Taiwan und die Vollendung des nationalen Vereinigungsprozesses zu lösen gedenkt (Friedberg, 2011, S. 249f*).

11.3.
Wilsons Theorem und die »Thukydides-Falle«

In einem Versuch, die wachsenden Spannungen zu erklären, bezieht sich ein anderer namhafter amerikanischer Gelehrter (Graham T. Allison) auf das, was er die »Thukydides-Falle« nennt, wobei er sich auf die Dialektik bezieht, die von dem großen griechischen Historiker beschrieben wurde: Der Aufstieg Athens als der aufstrebenden Macht jener Zeit weckte die Besorgnis und die Eifersucht der bis dahin dominierenden Macht Sparta, so dass der Streit zwischen den beiden Rivalen schließlich im dreißigjährigen Peloponnesischen Krieg mündete. Dieselbe Dialektik wäre dann zu Beginn des 20. Jahrhunderts, anlässlich des Ersten Weltkriegs aufgetreten, der durch den Kampf um die Hegemonie zwischen Deutschland (in der Rolle von Athen) und Großbritannien (in der Rolle von Sparta) ausgelöst worden sei. Heute würde sich dieselbe Falle unter den Füßen Chinas (als der aufstrebenden und herausfordernden Macht) und der Vereinigten Staaten (als der relativ im Niedergang begriffenen und bis zu einem gewissen Grade herausgeforderten Macht) öffnen. In der heute im Westen vorherrschenden Ideologie lässt sich die »Thukydides-Falle« leicht mit Wilsons Theorem verbinden: Wäre China nicht wegen seiner »undemokratischen« politischen Ordnung der Aggressor, so doch in jedem Fall aufgrund einer objektiven Dialektik als eine aufstrebende und herausfordernde Macht.

Angenommen, das Schema, das die »Thukydides-Falle« beschreibt, wäre für das Griechenland des 5. Jahrhunderts v. Chr. zutreffend gewesen, so erweist es sich als wenig nützlich, wenn es darum geht, die Konflikte des 20. und 21. Jahrhunderts zu verstehen, die tendenziell den gesamten Planeten umfassen und eine Vielzahl von Protagonisten und Antagonisten einschließen: Am Vorabend des Ersten Weltkrieges war Deutschland nicht die einzige aufstrebende Macht; da waren auch die Vereinigten Staaten und Japan, vielleicht auch Russland (das einen Prozess der schnellen Industrialisierung erlebte). Auch die heutigen Historiker sind sich nicht einig darin, die Verantwortung für die Entfesselung des Gemetzels ausschließlich dem deutschen Kaiserreich zuzuschreiben, so als ob Frankreich (das darauf erpicht war, Elsass und Lothringen zurückzuerobern und eine Revanche suchte), Russland (das als erstes die Generalmobilmachung anordnete) und auch Großbritannien (das schon vorher auf die Mobilisierung seiner Marine setzte und während der Krise im Sommer 1914 bis zum Schluss eine Haltung der routinierten Zweideutigkeit einnahm) keine Rolle gespielt hätten (Newton, 2014*). Ein grundsätzliches Problem stellt sich jedenfalls: Ist es die aufstrebende Macht (ungeduldig, die Aufteilung der Welt den neuen wirtschaftlichen und militärischen Kräfteverhältnissen anzupassen), die das Feuer entfacht, oder die absteigende Macht (daran interessiert, sich der Kraftprobe zu stellen, bevor es für sie zu spät ist)?

Kommen wir auf die Gegenwart zu sprechen, so kann man den Verweis auf die »Thukydides-Falle« in Bezug auf den begonnenen (und potenziellen) chinesisch-amerikanischen Antagonismus verstehen, nicht aber in Bezug auf den russisch-amerikanischen: Es wäre sehr schwierig, ein Land als aufstrebend zu betrachten, das noch immer von der im Kalten Krieg erlittenen Niederlage belastet ist, das seit langem von einer nur teilweise überwundenen demografischen Krise geplagt wird, das eine schwache Wirtschaftsstruktur und eine zunehmend prekäre geopolitische Position aufgrund der bedrängenden NATO-Erweiterung aufweist. Weitaus aufstrebender ist Deutschland, dessen wirtschaftliches Gewicht und politischer Einfluss mit der Wiedervereinigung (die nicht zufällig von denselben westlichen Verbündeten, oder einigen von ihnen, zunächst abgelehnt oder mit Misstrauen betrachtet wurde) erheblich gewachsen ist. Wenn wir dann die Aufmerksamkeit auf den Konflikt in Asien lenken wollen, müssen wir bedenken, dass Indien heute zweifellos eine aufstrebende Macht ist und auch Japan als solche betrachtet werden kann, umso mehr, als es die verfassungsrechtlichen Grenzen abgeschüttelt hat, die es bisher daran hinderten, im Ausland militärisch zu intervenieren. Andererseits wurde gerade für dieses Land in den späten 1980er und frühen 1990er Jahren das Argument der »Thukydides-Falle« angeführt.

Manchmal wird anstelle des Begriffspaars *aufstrebende Macht* einerseits und *Hegemonialmacht* oder *absteigende Macht* andererseits auf das Paar *revisionistische Mächte* (Mächte, die die internationalen Verhältnisse ändern wollen) und solche Mächte, die an der Aufrechterhaltung des internationalen *Status quo* interessiert oder diesem verpflichtet sind, zurückgegriffen. Die beiden Schemata sind weitgehend deckungsgleich. Und wie Ersteres lässt sich auch Letzteres leicht mit Wilsons Theorem verschränken: Als antidemokratisch bereits gebrandmarkt, werden Russland und China nun auch als revisionistisch und aggressiv beschuldigt.

Es sei gleich angemerkt, dass auch das zweite Schema für das Verständnis eines gegebenen Konflikts nicht wirklich hilfreich ist. Analysieren wir die Situation, die sich in Mittel- und Osteuropa nach der Ukraine-Krise von 2014 ergeben hat, auf der Grundlage eines hellsichtigen und ausgewogenen Buches. Es scheint von einer Prämisse auszugehen: »Russland präsentiert sich als eine mittlere revisionistische Macht« (Di Rienzo, 2015, S. 10*). Im Verlauf der Argumentation wird jedoch die Anfangsprämisse schließlich in Frage gestellt. Stattdessen sollte man bedenken, dass es vielleicht noch andere revisionistische Mächte gibt: »Donald Tusks Polen, besessen von dem Ehrgeiz, seine frühere Vorherrschaft über Litauen, Weißrussland, einen Teil der Ukraine und Lettland wiederherzustellen«. Und die Liste der revisionistischen Mächte hört hier nicht auf: »Mit seiner tatkräftigen Unterstützung der ›ukrainischen Revolution‹ hat Deutschland unter Angela Merkel den letzten notwendigen Mosaikstein zur Schaffung eines großen Raumes wirtschaftlicher und politischer Durchdringung gelegt, der sich von der Oder über das Baltikum bis zur Donau, von der Mündung des Don bis zum Schwarzen Meer erstreckt«. Und vielleicht könnte die Liste noch länger werden und Frankreich einschließen, das damit beschäftigt ist, zu bewahren oder zu polieren, »was von seiner verstaubten *Grandeur* übrig geblieben ist« (und das nicht zufällig eine führende Rolle im Krieg gegen Gaddafis Libyen spielte). Vor allem darf man die Ziele der Vereinigten Staaten nicht aus den Augen verlieren, die den »Staatsstreich« auf dem Maidan in Kiew gefördert haben und darauf abzielen, »den jahrhundertealten Status der Großmacht« Russland zu beseitigen. Denn wenn die Ukraine in die NATO integriert wird, »wird ein potenzieller Marsch gegen Moskau tiefer in das Herz des russischen Territoriums eindringen, als es die Armeen des Dritten Reiches während des ›Großen Vaterländischen Krieges‹ getan haben« (Di Rienzo, 2015, S. 7, 19f, 9*). Ja, nach Kissingers Erkenntnis läuft Russland Gefahr, sich in Europa mit einer Grenze konfrontiert zu sehen, »die in der Vergangenheit die ernsthafteste Bedrohung für das Überleben der russischen Nation darstellte« (zit. ebd., S. 19, 30*).

Mit meinen Zitaten möchte ich nicht die Widersprüche eines Autors oder eines Buches aufzeigen, sondern die Aporien einer Herangehensweise, die, um die Verantwortung für die Entfesselung eines Krieges oder eines Konfliktes festzustellen, auf die Suche nach der oder den »revisionistischen« Mächten geht. Der offensichtlichste und zugleich umfassendste Versuch des »Revisionismus« fand statt, als der Westen und sein führendes Land behaupteten, den Sicherheitsrat durch die NATO oder sogar durch den »Weltgendarmen« als Garanten der Rechtsordnung und des Weltfriedens zu ersetzen. Dieser extreme Revisionismus, der seine vollendetste Form in der neokonservativen Revolution gefunden hat, stößt auf zunehmende Schwierigkeiten, ist aber noch nicht besiegt. Sieht man von diesem Fall des Revisionismus ab, der mir unstrittig zu sein scheint, so variiert die Liste der revisionistischen Kräfte je nach dem jeweils gesetzten Ausgangspunkt. Nach der Auflösung des »sozialistischen Lagers« und der Sowjetunion sah sich Moskau, das die Zusicherung Washingtons, dass die Vereinigten Staaten den Kommunismus und nicht Russland bekämpfen wollten, ernst genommen hatte, einem hemmungslosen Revisionismus ausgesetzt, der dazu führte, dass die Grenzen und Militärstützpunkte der NATO immer weiter vorrückten und schließlich bis in die Ukraine vordrangen. Es besteht kein Zweifel, dass Putin seit Jahren versucht, darauf zu reagieren, aber die übliche Definition des von ihm geführten Landes als revisionistische Macht ist höchst zweifelhaft.

Wenn wir unsere Aufmerksamkeit von Europa nach Asien verlagern, kommen wir zu ähnlichen Ergebnissen. China möchte den Prozess der nationalen Vereinigung vollenden (der seinerzeit durch das Eingreifen Washingtons in den Bürgerkrieg unterbrochen wurde), indem es seine *De-jure*-Souveränität über Taiwan schrittweise in eine *De-facto*-Souveränität umwandelt; die USA tun hingegen alles in ihrer Macht stehende, um diesen Prozess zu behindern, und sind offensichtlich bestrebt, die bestehende *De-facto*-Unabhängigkeit Taiwans in eine *De-jure*-Unabhängigkeit umzuwandeln und damit ein Exempel für andere widerspenstige Regionen Chinas zu statuieren, womit sie gleichzeitig den von ihnen seit 1945 verfolgten Plan vollenden wollen, eine Insel von entscheidendem strategischem Wert aus dem großen asiatischen Land herauszulösen. Und noch einmal: Wer ist die revisionistische Kraft?

11.4.
Krieg als »Fortsetzung der Politik mit anderen Mitteln«

Um uns im Labyrinth der heutigen Widersprüche und Spannungen zu orientieren, die einen neuen Krieg in großem Stil zu provozieren drohen, sind wir gezwungen, auf einen anderen Schlüssel zum Verständnis als den eben analysierten zurückzugreifen. Ja, heutzutage wird Wilsons Theorem, dessen Lesart des Ersten Weltkriegs doch wenig Glaubwürdigkeit genießt, wieder in bedrohlicher Weise bemüht: In der Tat schon widerlegt durch den Anspruch des wilhelminischen Deutschland, im Zuge des Krieges gegen das autokratische (und expansionistische) Russland der Zaren die Sache der Demokratie (und des Friedens) zu vertreten, zieht Wilsons Theorem die ironischen Bemerkungen Kissingers und der Anhänger des »Realismus« auf sich. Wir kommen in unserem Verständnis der Konflikte der Gegenwart sicher nicht weiter, wenn wir statt autoritärer und demokratischer Staaten aufstrebende und revisionistische Länder einander gegenüberstellen. Selbst wenn diese neue Unterscheidung scharf wäre, würden sich vermutlich nur wenige der Illusion hingeben, dass sie das Wesen und den Schrecken des Dritten Reiches erhellen, indem sie es lediglich als eine aufstrebende und revisionistische Macht bezeichnen. Wenn wir einen bestimmten Konflikt klären wollen, kommen wir nicht umhin, uns nach der Geschichte zu fragen, die ihm zugrunde liegt, nach den Interessen und Zielen, die die verschiedenen Konfliktparteien verfolgen, sowie nach der Art und Weise, wie sie diese zu fördern und zu erreichen versuchen.

Da kommt uns die weltberühmte, bereits (im *Vorwort*) zu findende Definition in den Sinn, wonach Krieg »die Fortsetzung der Politik mit anderen Mitteln« ist. Clausewitz' Formel sollte nicht, wie es oft geschieht, so gelesen werden, als reduziere sie den Krieg auf eine Lappalie, als wäre er ein gewöhnliches Ereignis im politischen Leben, gegen das es nichts einzuwenden gäbe. Tatsächlich handelt es sich bei der soeben zitierten Maxime um ein Sachurteil, nicht um ein Werturteil. Wenn er dagegen ein Werturteil äußert, unterscheidet Clausewitz (1862, S. 579) genau und preist den »schönsten aller Kriege, [...] welchen ein Volk in seinen eigenen Fluren um Freiheit und Unabhängigkeit führt«, und formuliert damit indirekt eine Kritik an Kriegen anderer Art. Eroberungs- und Unterwerfungskrieg auf der einen Seite und Verteidigungs- und nationaler Unabhängigkeitskrieg auf der anderen Seite sind beide »Fortsetzung der Politik mit anderen Mitteln«, nur drücken sie zwei unterschiedliche oder gegensätzliche Politiken aus, die man weder verwechseln noch auf die gleiche Stufe stellen kann.

Es ist so sinnlos, die Formel von Clausewitz als Reduktion des Krieges auf eine Lappalie zu verstehen, dass Lenin (1964-1975, Bd. 21, S. 212f, 304) es für notwendig hielt, sich darauf zu beziehen, wenn er das Gemetzel des Ersten Weltkriegs verurteilt, und es ernsthaft zu verurteilen, indem er es nicht auf ein zufälliges Ereignis (das Attentat von Sarajevo), sondern auf eine bewusst betriebene und alles andere als improvisierte Politik zurückführt. Die Katastrophe von 1914-1918 kam nicht wie ein Blitz aus heiterem Himmel. Ihr geht ein langes und hartes Wettrennen voraus, in dessen Verlauf sich die Trennlinie zwischen Freund und Feind ständig verschiebt, ein Wettrennen, dessen Ziel nicht die Ausbreitung von Demokratie und Freiheit in der Welt ist, sondern die Eroberung und Erhaltung von Kolonien (mit der daraus folgenden Verweigerung von Demokratie und Freiheit für die unterworfenen Völker).

Wir haben gesehen (vgl. oben, Abs. 6.1), dass die internationale Krise von 1840 die eine Zeitlang einen Zusammenstoß zwischen Frankreich und Großbritannien zu provozieren schien, Heine veranlasste, zum ersten Mal auf die Rolle der »imperialistischen Gelüste« aufmerksam zu machen, und die vielleicht acht Jahre später Marxens Analyse der dem kapitalistischen System innewohnenden Gefahr eines »industriellen Vernichtungskrieges der Nationen untereinander« beeinflusste. Wir wollen nicht zu weit vom Ausbruch des Ersten Weltkriegs in die Vergangenheit zurückgehen, sondern uns auf die Jahre unmittelbar davor und auf die aufsehenerregendsten Kraftproben konzentrieren. Von 1895 bis 1896 bringen die Grenzziehung zwischen Venezuela und Britisch-Guayana und die Monroe-Doktrin die Vereinigten Staaten und Großbritannien an den Rand eines Krieges. 1898: In Faschoda scheint das britische Kolonialreich mit dem französischen kurz vor einem Zusammenstoß zu stehen. Im selben Jahr errichten die USA nach dem Sieg über Spanien ihr Protektorat über Kuba und verstärken ihre Kontrolle über Lateinamerika; in Asien annektieren sie Hawaii, Guam und die Philippinen, wo sie die Unabhängigkeitsbewegung brutal unterdrücken; auf jeden Fall geht das US-Imperium auf Kollisionskurs sowohl mit dem japanischen als auch mit dem deutschen Reich. Einige Jahre später, während der beiden Marokkokrisen (1905 bzw. 1911), waren es Deutschland und Frankreich, die an den Rand eines Krieges gerieten. Zum anderen war 1911 auch das Jahr, in dem sich Italien mit einem wirklichen Krieg eine ansehnliche Scheibe des Osmanischen Reiches abschnitt, dessen Aufteilung durch verschiedene konkurrierende und sich gegenseitig bekämpfende imperialistische Mächte begonnen hatte. Der Krieg, der im Sommer 1914 ausbrach, war eine Fortsetzung dieser langjährigen Politik.

Neben der Zurückweisung anekdotischer Interpretationen von Konflikten und insbesondere von großen Konflikten hat das von Clausewitz aufgestellte Kriterium zwei weitere Vorzüge. Zum einen macht es Schluss mit plumpen idealistischen oder ideologischen Lesarten des Krieges: Heute gibt es nicht mehr viele, die behaupten und glauben, dass Kolonialkriege entfesselt wurden, um die Ausbreitung von Religion und Zivilisation zu fördern. Viel glaubhafter ist die Sichtweise, die solche Kriege mit der Politik der Eroberung und Kontrolle von Märkten, Rohstoffen und strategischen geopolitischen Positionen verbindet.

Schließlich hat das von Clausewitz formulierte Kriterium das Verdienst, die mehr oder weniger naturalistische Lesart von Konflikten, die sich stattdessen auf die Politik, d. h. auf die Geschichte, beziehen, zurückzuweisen und zu widerlegen. Es hat keinen Sinn, von einem »Rassenkrieg« zu sprechen: Im Ersten Weltkrieg standen sich Weiße und Weiße gegenüber und schlachteten sich gegenseitig ab, und die Schwarzen griffen nur ein, weil sie von ihren Kolonialmächten gezwungen wurden, als Kanonenfutter zu dienen. Offensichtlich können die gleichen Überlegungen für die farbigen Völker angestellt werden. Eines der blutigsten Kapitel in der Geschichte der Kriegsführung ist dasjenige, in das zwei Länder verwickelt sind, die vom Westen lange Zeit als Angehörige der »gelben Rasse« betrachtet wurden: Ich beziehe mich auf die groß angelegte Aggression, die 1937 vom imperialistischen kaiserlichen Japan gegen China entfesselt und nach einer langen Reihe von Gräueltaten erst acht Jahre später beendet wurde.

Der rassistische Diskurs ist inzwischen völlig diskreditiert. Er taucht aber schließlich, wenn auch in milderer Form, in jenen Interpretationen wieder auf, die die aktuellen Konflikte und die sich abzeichnenden Kriege als Zusammenstoß von Religionen, Zivilisationen, Werten, gegensätzlichen Seelen lesen. Es lohnt sich, eine Definition in Erinnerung zu rufen, die der führende Theoretiker des Dritten Reiches einmal formuliert hat: Die »Seele« ist die »Rasse von innen gesehen«, so wie die Rasse die »Außenseite einer Seele« ist (Rosenberg, 1937, S. 2). Das heißt, wir können das Abdriften in den Naturalismus, das im rassistischen Diskurs seine Vollendung findet, nicht überwinden, wenn wir uns bei der Erklärung eines Krieges weiterhin in erster Linie auf Gegebenheiten (Religionen, Zivilisationen, Seelen, Werte) stützen, die, wenn sie auch nicht wirklich ewig sind, so doch durch lange Dauer und beträchtliche Stabilität im Laufe der Zeit gekennzeichnet sind. Der Fokus sollte nicht auf einer mythischen Natur oder auf Gegebenheiten liegen, die sich leicht auf die Natur reduzieren lassen, sondern auf der Politik, die per Definition immer historisch bestimmt ist. Genau aus diesem Grund gibt es auch keine ewigen Feinde: Der historische Wandel ist unaufhörlich, und er übt natürlich seinen Einfluss auf die Innen- und Außenpolitik eines Landes aus und verändert die Bedeutung seiner internationalen Position. Wer will, kann die angelsächsische Welt unter Bezugnahme auf die Kategorie der Rasse, der Zivilisation oder der Werte lesen; Tatsache bleibt, dass diese Welt, beginnend mit der Revolution, die zur Gründung der Vereinigten Staaten führte, durch einen langen Antagonismus und wahre und echte Kriege gekennzeichnet war. Die Ergebnisse sind nicht anders, wenn wir statt von der angelsächsischen Welt von der westlichen Welt und den westlichen Werten sprechen.

11.5.
Das Imperium, die Vasallen und die Barbaren

Versuchen wir nun, die Konflikte der Gegenwart im Lichte der von Clausewitz (und Lenin) formulierten Kriterien zu analysieren. Was ist die »Politik«, von der wir ausgehen müssen? Wir erinnern uns der Jubelschreie nach dem Ende des Kalten Krieges, die von den Verfechtern und Befürwortern der Neuen Weltordnung ausgestoßen wurden: Die »Bewegung der Dritten Welt« habe eine Niederlage erlitten; trotz formaler »Entkolonialisierung« genieße der Westen weiterhin eine dominantere Position als je zuvor; die Weltmacht und »Ausübung des internationalen Rechts« seien fest »in den Händen einer relativ kleinen Anzahl mächtiger Nationen des Westens«. Wir sind uns auch der Warnung vor der Lockerung der »imperialen Überwachung« und vor der übereilten Aufgabe des »Kindergartens«, den die koloniale Welt darstelle, bewusst; ebenso ignorieren wir nicht den an den Westen gerichteten Appell, auf souveräne Weise die *Pax Civilitatis* zu erreichen und zu vollenden, ohne zu zögern, »Kriege für den Frieden« oder »internationale Polizeieinsätze« in jedem Winkel der Welt zu führen. Die Mutigeren oder Unverfroreneren gingen noch weiter: Warum nicht offen die historischen Verdienste und die segensreiche Bedeutung von Kolonialismus und Imperialismus anerkennen? (vgl. oben, Abs. 9.1, 9.4).

An diesem Punkt stellt sich die Frage: Gibt es in der Welt, in der wir leben, noch eine koloniale Frage? Bei dem Versuch zu verstehen, was in Palästina geschieht, erteilen wir einem Professor der Hebräischen Universität Jerusalem das Wort, dem Autor eines Aufsatzes, der in einer angesehenen amerikanischen Zeitschrift veröffentlicht wurde und der zugleich ein schmerzliches Zeugnis ist: Die Kolonisierung und Annexion von Land, das den Palästinensern mit militärischer Gewalt entzogen wurde, geht ununterbrochen weiter. Diejenigen, die es wagen zu protestieren, »werden hart behandelt, manchmal für lange Zeit inhaftiert, manchmal im Zuge von Demonstrationen getötet«. Das alles ist Teil »einer bösartigen Kampagne, die darauf abzielt, das Leben der Palästinenser so elend wie möglich zu machen [...], in der Hoffnung, dass sie weggehen«. Hier ist eine ethnische Säuberung am Werk, wenn auch zeitlich abgeschwächt. Insgesamt haben wir es mit einer »Ethnokratie« zu tun, und das ist letztlich ein Rassenstaat (Shulman, 2012*). Die hier beschriebenen Verhältnisse verweisen auf die Geschichte des klassischen Kolonialismus: Die Eingeborenen werden unterdrückt, systematisch enteignet, ausgegrenzt, gedemütigt und, wenn nötig, getötet.

Obwohl symptomatisch für die Haltung des Westens als Ganzes, ist die Art und Weise, wie sich die Tragödie des palästinensischen Volkes heute darstellt, die Ausnahme, nicht die Regel. Die internationale Situation, die nach dem Ende des Kalten Krieges entstanden ist, wird durch die Analyse eines bedeutenden amerikanischen Politikers und Strategen deutlich. Auf militärischer Ebene besteht kein Zweifel: Nur die Vereinigten Staaten sind mit einer »technologisch unvergleichlichen Armee« ausgestattet, »die einzige, die in der Lage ist, den gesamten Planeten zu kontrollieren« (Brzezinski, 1998, S. 33, 35*). Man kann hinzufügen: Sie sind das einzige Land, das danach strebt, die Fähigkeit zu erlangen, ungestraft einen nuklearen Erstschlag zu führen, um damit eine schreckliche Macht zur Erpressung des Rests der Welt auszuüben (Romano, 2014, S. 29*). Als ob all dies nicht genügen würde, verfügen die Vereinigten Staaten über ein imposantes und weit verzweigtes Netz von Militärbasen und Marinebasen, die es ihnen ermöglichen, jeden Winkel der Welt zu kontrollieren und, wenn nötig, anzugreifen.

Der bereits zitierte amerikanische Autor hat keine Schwierigkeiten, das heutige amerikanische Imperium mit dem Römischen Reich zu vergleichen, dessen Ausdehnung allerdings – wie er voller Stolz betont – »zweifellos kleiner« war. Per Definition basiert ein Imperium nicht auf Beziehungen der Gleichheit. Bei genauerem Hinsehen entpuppen sich Washingtons vermeintliche Verbündete als »Vasallen- und Tributstaaten« oder »Protektorate«: Das gilt für »Westeuropa« und »Mitteleuropa« ebenso wie für Japan. In einer noch untergeordneteren Position haben wir dann die »Kolonien« (oder Halbkolonien) (Brzezinski, 1998, S. 19f, 40, 84*).

Schauen wir uns nun an, was auf der Ebene der Finanzen geschieht, wobei wir uns wieder auf denselben einflussreichen Analysten stützen: »Auch das internationale Netzwerk technischer und insbesondere finanzieller Agenturen kann nun als integraler Bestandteil des amerikanischen Systems betrachtet werden. Der Internationale Währungsfonds (IWF) und die Weltbank vertreten zwar ›globale‹ Interessen, werden aber in Wirklichkeit stark von den USA beeinflusst« (ebd., S. 40f*). Schließlich zögert das Land, das diese politische, militärische und finanzielle Vormachtstellung innehat, nicht, sich als die »unverzichtbare Nation«, als die von Gott »auserwählte Nation«, die »außergewöhnliche« Nation par excellence zu präsentieren: Ein stolzes imperiales Selbstbewusstsein, das keiner der »Vasallen und Tributpflichtigen« und keine der »Kolonien« (oder Halbkolonien) in Frage zu stellen wagt. Das ist auch der Grund, warum die Vereinigten Staaten, wie jedes andere Imperium, das etwas auf sich hält, dazu neigen, ihre Rechtsprechung weit über ihre nationalen Grenzen hinaus auszudehnen: Zum Beispiel können europäische Banken gezwungen werden, sehr hohe Strafen zu zahlen, wenn sie die *US-amerikanischen* Gesetze, die ein Embargo gegen dieses oder jenes Land verhängen, nicht genügend respektieren!

Sowohl in der Vergangenheit als auch in der Gegenwart regen sich außerhalb dieses mächtigen, hierarchisch organisierten internationalen Organismus, den das Imperium darstellt, Rebellen, »Barbaren«, die irgendwie, früher oder später, unterworfen oder entmachtet werden müssen. Aus der Sicht des heutigen amerikanischen Imperiums sind Russland und China die »Barbaren« schlechthin, zwei Länder, die aufgrund ihrer Größe, ihrer Geschichte und ihrer Kultur nicht vorhaben, sich als Vasallen zu unterwerfen, geschweige denn, sich einer kolonialen oder halbkolonialen Knechtschaft zu beugen. Wie verhält man sich ihnen gegenüber? Ende der neunziger Jahre erschien Russland, das gerade erst eine Niederlage im Kalten Krieg erlitten hatte, als »zerfallender Staat«, zusätzlich geschwächt und gedemütigt durch die »geopolitische Katastrophe« der Abspaltung der Ukraine und zudem bedroht durch islamischen Irredentismus, »wofür der Krieg mit Tschetschenien vielleicht nur das erste Beispiel war«. Die Situation war umso gefährlicher, als die tschetschenische Sezession offensichtlich von einem NATO-Mitgliedsland, nämlich der Türkei, unterstützt wurde, die daran interessiert war, »ihren lange verlorenen Einfluss in der Region wiederherzustellen« und unterdessen ihre Rolle »in der Schwarzmeerregion« zu stärken. Die geopolitische Fragilität Russlands wurde weiter verschärft durch die »gemeinsamen Marine- und Landungsmanöver der NATO und der Ukraine« und die fortschreitende »Erweiterung der NATO«. Selbst »viele russische Demokraten« waren am Ende besorgt (ebd., S. 121, 127, 129, 139*). Und das zu Recht: »Eine Bedrohung für das Überleben der russischen Nation« zeichnete sich ab (um es mit den Worten Kissingers zu sagen).

11.6.
China, der Antikolonialismus und das Gespenst des Kommunismus

Was China betrifft, so haben die Vereinigten Staaten noch vor der Gründung der Volksrepublik interveniert, um zu verhindern, dass die größte antikoloniale Revolution der Geschichte ihren natürlichen Abschluss findet, nämlich die Wiederherstellung der nationalen und territorialen Einheit des großen asiatischen Landes, das durch die Opiumkriege und die kolonialistische Aggression geschädigt und zerstört worden war. Durch den Einsatz ihrer militärischen Macht und die wiederholte Androhung des Einsatzes von Atomwaffen erzwangen die Vereinigten Staaten die *faktische* Trennung der Republik China (Taiwan) von der Volksrepublik China. Es waren die Jahre, in denen die scheinbar unbesiegbare Supermacht von einer aufschlussreichen Debatte zerrissen wurde: »Wer hat China verloren?«. Wer war verantwortlich für den Verlust eines Landes mit enormer strategischer Bedeutung und einem potenziell unbegrenzten Markt? Und wie konnte man die Situation wieder in den Griff bekommen, die da unglücklicherweise entstanden war? Für mehr als zwei Jahrzehnte blieb die Volksrepublik China aus dem UN-Sicherheitsrat und von der UNO selbst ausgeschlossen. Zur gleichen Zeit war es einem Embargo unterworfen, das es zu Hunger und Hungertod verurteilen sollte, zumindest aber zu Unterentwicklung und Rückständigkeit. Mit der wirtschaftlichen waren noch andere Formen der Kriegsführung verflochten: Die Eisenhower-Administration gewährleistete die »Unterstützung der taiwanesischen Angriffe auf das chinesische Festland und auf den ›Seehandel mit dem kommunistischen China‹«; gleichzeitig garantierte die CIA »Waffen, Training und logistische Unterstützung« für die tibetische »Guerilla« (Friedberg, 2011, S. 67*) und nährte in jeder erdenklichen Weise jede Form von Opposition und »Dissidenz« gegen die Pekinger Regierung.

Es ist richtig, dass China in der Endphase des Kalten Krieges de facto zum Verbündeten der USA wurde, die aber deswegen nicht auf ihre hegemonialen Ziele verzichteten. Mit dem Einsetzen der Reformen von Deng Xiaoping keimte in Washington die Hoffnung auf, das dreißig Jahre zuvor »verlorene« Land wiederzugewinnen: »Einige Analysten sagten sogar voraus, dass die Sonderwirtschaftszonen zu einer Art amerikanischer Kolonie in Ostasien werden würden [...]. Die Amerikaner glaubten, dass China ein riesiger wirtschaftlicher Ableger der Vereinigten Staaten werden würde« (Ferguson, 2008, S. 585f*). Als der Kalte Krieg beendet war, gab ein Wissenschaftler, Berater von Vizepräsident Dick Cheney, ganz gelassen zu, dass die See- und Luftstreitkräfte der alleinigen Supermacht »Chinas Luftraum und Hoheitsgewässer beiläufig und in aller Ruhe verletzten, ohne Angst, behindert und abgefangen zu werden«. Das große asiatische Land war machtlos. Heute hat sich die Situation spürbar verändert. Und dennoch sind die Vereinigten Staaten immer noch in der Lage, die Seewege zu kontrollieren. So ist »China schon jetzt anfällig für die Auswirkungen einer Seeblockade und wird es noch mehr werden, wenn seine Wirtschaft wächst«; in der Tat »kann sein Schicksal durchaus von der amerikanischen Geduld (*forbearance*) abhängen« (Friedberg, 2011, S. 217, 228, 231*). Und diese Situation möchten die Vereinigten Staaten gerne verewigen.

So werden die Territorialkonflikte im Ostchinesischen und im Südchinesischen Meer verständlich. Unterdessen lohnt es sich, sie in eine historische Perspektive zu stellen. Unmittelbar nach dem Ersten Weltkrieg übergaben die Westmächte auf der Versailler Konferenz die chinesischen Gebiete der Halbinsel Shandong, die bis zu diesem Zeitpunkt vom inzwischen besiegten Deutschland besetzt waren, an Japan. Es handelt sich um einen typischen Vorfall in der Geschichte des Kolonialismus, der auch mehr als dreißig Jahre später noch seine Fortsetzung kennt. Mit dem Vertrag von San Francisco 1951 überließen die Vereinigten Staaten die Senkaku-Inseln (japanischer Name) oder Diaoyu-Inseln (chinesischer Name) dem ja zweifelsohne besiegten Japan, das im Kalten Krieg aber zu einem wertvollen Verbündeten Washingtons geworden war. Weder die taiwanesische noch die Pekinger Regierung wurden zu der angeblichen Friedenskonferenz eingeladen. China wurde auch weiterhin genauso wie eine Kolonie betrachtet und behandelt.

Kehren wir in die Gegenwart zurück. Die Interventionen der Kolonialmächte und die Schwierigkeiten und Wechselfälle des Prozesses der Entkolonialisierung haben die Grenzziehung problematisch und kompliziert gemacht. Die Macht über die Paracel-Inseln (Xisha auf Chinesisch) lag 1921 unbestritten bei den Autoritäten Südchinas, die – so wendet der Historiker, dessen Rekonstruktion ich hier verwende, vielleicht ein wenig verkürzt ein – erst 1928 von den »Großmächten« international anerkannt wurden. Unmittelbar nach dem Ende des Zweiten Weltkriegs war die Kontrolle über die Paracel-Inseln zwischen China unter Chiang Kai-shek und Frankreich umstritten, das seine Herrschaft über Indochina ausübte und dabei die Oberhand über sie gewann: Inwieweit kann nun Vietnam als legitimer Erbe der von einer Kolonialmacht durchgesetzten Eroberung angesehen werden? Schließlich bekräftigte die Volksrepublik China 1958 ihre Souveränität außer über Taiwan auch über die Paracel- und Spratly-Inseln (Nansha auf Chinesisch) in einer feierlichen Erklärung, die kurz darauf von der Kommunistischen Partei Vietnams aufgenommen und in einer Note des Premierministers Vietnams Pham Văn Đông (das damals in erster Linie mit dem Widerstand gegen die US-Aggression beschäftigt war) an die chinesische Führung übernommen wurde: Handelt es sich um die Anerkennung des von der Regierung in Peking erhobenen Anspruchs? (Hayton, 2014, S. 63f, 97f).

Eines ist jedoch sicher: Die Kampagne, die den Konflikt allein auf das Konto der angeblichen Aggressivität der Volksrepublik China setzt, entbehrt jeder Grundlage. Letztere hat einfach die Ansprüche geerbt, die seinerzeit von Chiang Kai-sheks China (einem subalternen Verbündeten der Vereinigten Staaten) erhoben wurden und die auch von Taiwans Führern immer vertreten werden. Aber es lohnt sich, das Problem der umstrittenen Inseln in einen größeren Zusammenhang zu stellen. Lassen wir einen angesehenen US-Wissenschaftler zu Wort kommen, der dem Land, das Washingtons Hegemonie herausfordert, nur sehr ungern Zugeständnisse macht: In Bezug auf Landgrenzen habe China die meisten seiner Streitigkeiten gelöst, »größtenteils weil es bereit war, der anderen Seite Zugeständnisse zu machen« (Mearsheimer, 2014, S. 375*). Und – so bemerkt wiederum ein britischer Wissenschaftler – es waren bedeutende und in der Tat beträchtliche Zugeständnisse: Die Volksrepublik China gab »mehr als 3,4 Quadratkilometer Territorium auf, das Teil des Mandschu-Reiches gewesen war« (Tai, 2015, S. 158*). Und was ist mit den maritimen Streitigkeiten? Würde das Land der tausendjährigen Zivilisation und des anerkannten Pragmatismus genau dort Aggression zeigen, wo es am schwächsten ist (militärisch und geopolitisch)? In der Tat »verstehen Chinas Nachbarn, dass die Zeit nicht zu ihren Gunsten arbeitet, da sich das Gleichgewicht der Kräfte zu ihren Ungunsten und zu denen der USA verschiebt. Sie haben daher einen Anreiz, Krisen wegen territorialer Streitigkeiten jetzt, wo China relativ schwach ist, zu provozieren, anstatt zu warten, bis es eine Supermacht sein wird […]. Es sind Chinas Nachbarn, nicht Peking, die die Spannungen der letzten Jahre ausgelöst haben« (Mearsheimer, 2014, S. 382*). Und diese Länder haben die Spannungen zum Teil deshalb ausgelöst, weil sie von einer Supermacht angestachelt wurden, die, wie von den Theoretikern der neokonservativen Revolution mit ungewöhnlicher Offenheit eingeräumt wurde, ein Interesse daran hat, das noch für einige Zeit offene Zeitfenster zu nutzen, um ihre Hegemonie zu festigen und dauerhaft zu machen. Daher ist es notwendig, dass Washington weiterhin die souveräne Kontrolle über die Seewege und, was Asien betrifft, über das Ostchinesische und das Südchinesische Meer behält. Mit der Entwicklung der weltweiten antikolonialen Revolution entstand eine Situation, über die es sich lohnt nachzudenken: »Obwohl die meisten westlichen Kolonien nach dem Zweiten Weltkrieg aufgelöst wurden, sind viele Inseln immer noch Kolonien der reichen Länder oder zumindest unter deren Kontrolle.« Nach dem UN-Übereinkommen von 1983 gehört zu jeder dieser Inseln eine ausschließliche Wirtschaftszone von 200 Seemeilen. Auf diese Weise kommen die großen westlichen Mächte, die (ehemaligen) Kolonialmächte, zu einem maritimen Gebiet von Millionen und Abermillionen von Quadratkilometern, das in großer Entfernung zu ihrem Territorium liegt (Tai, 2015, S. 158f*). Der wirtschaftliche Vorteil ist mit dem geopolitischen verflochten: Für die Inseln wird auch die Souveränität über den Luftraum und die umliegenden Hoheitsgewässer von 12 Seemeilen anerkannt. In militärischer Hinsicht lässt sich die heutige Situation wie folgt zusammenfassen: »Das Südchinesische Meer ist ein Gebiet das von U-Booten des amerikanischen Militärs stark frequentiert wird, die ungehinderten Zugang zu den Gewässern der Insel Hainan haben«, wo sich die wichtigste chinesische U-Boot-Basis befindet, die eventuell den amerikanischen Kontinent angreifen könnten; allerdings sind sie technologisch noch nicht weit fortgeschritten und kaum geräuschlos, so dass sie im Falle einer Krise leicht entdeckt und präventiv von der US-Flotte vernichtet werden könnten (Lee, 2015*), die sich damit dem von ihr seit langem angestrebten Ziel nähern könnten, nämlich ungestraft über die nukleare Erstschlagskapazität zu verfügen.

Washington nimmt sich also mit dieser eindeutig aggressiven Strategie vor, China gewissermaßen zu »terrestrisieren«. Daher eine Politik, die darauf abzielt, die Wiedervereinigung Taiwans mit dem Mutterland zu blockieren und die Insel möglicherweise in einen gigantischen und unsinkbaren antichinesischen Flugzeugträger zu verwandeln; daher der Versuch, Peking daran zu hindern, eine stabile Kontrolle über Inseln auszuüben, über die China schon lange bevor die Kommunisten an die Macht kamen, die Souveränität beanspruchte, ohne dass Washington etwas dagegen einzuwenden hatte; über Inseln also, die, wie ein unmittelbar vor dem »Pivot« von einer quasi offiziellen US-Institution (Strategic Studies Institute, US Army War College) veröffentlichtes Buch einräumt, vor den Opiumkriegen »unter der Jurisdiktion von Chinas südlichen Küstenprovinzen standen« (Lai, 2011, S. 127*). Für die USA geht es letztlich darum, das große asiatische Land auf sein Landgebiet zu begrenzen und es mit möglichst vielen Luft- und Marinestützpunkten und einem gigantischen Militärapparat zu umgeben, der durch den »Pivot« noch weiter wachsen soll. Sollte dieser Plan gelingen, wäre China der Gnade der Vereinigten Staaten ausgeliefert, die es jederzeit erpressen könnten, indem sie eine Seeblockade errichten oder androhen oder die Seewege blockieren, über die die für die Wirtschaft des großen asiatischen Landes absolut unerlässlichen Rohstoffe und der Außenhandel fließen. Ganz zu schweigen von der Erpressung durch den ungestraften nuklearen Erstschlag! An diesem Punkt würde der Traum des Beraters des ehemaligen Vizepräsidenten Dick Cheney (ein »Falke« und Verfechter des Neokonservatismus) wahr werden, der Traum, wonach China auf ewig auf das keineswegs garantierte »Wohlwollen« der Vereinigten Staaten angewiesen wäre.

Und damit sogar das Land, das Protagonist der größten antikolonialen Revolution der Geschichte war, auf einen Zustand eines einfachen Vasallen zu reduzieren: Das wäre der Triumph des Empire! Auch in diesem Falle ist die Sprache der Neokonservativen besonders klar, und so warnen sie vor China: Dieses boomende Land sei das Sprachrohr derer, die »Kritik am amerikanischem ›Neo-Interventionismus‹, an ›neuer Kanonenbootpolitik‹ und ›wirtschaftlichem Neokolonialismus‹« äußerten und die »imperiale Überwachung« in Frage stellten, zu der die USA berufen seien (vgl. oben, Abs. 9.4). Nicht unähnlich äußert sich ein Autor, der von 2006 bis 2008 in herausgehobener Position im State Department arbeitete: »China ist das mit Abstand einflussreichste Entwicklungsland der Weltgeschichte«, und seine Politik sei von einem »postkolonialem Nationalismus« inspiriert (Christensen, 2015, S. 115, 290*). Wir sind erneut bei der kolonialen bzw. der neokolonialen Frage angelangt.

Für die USA und den Westen zeichnet sich ein umso beunruhigenderes Szenario ab, als das Land, das die antikolonialistische Agitation vorantreibt, ein Land ist, das aufgrund seiner politischen Führung und deren erklärter Ideologie weiterhin mit jener Bewegung verbunden ist, die die weltweite antikoloniale Revolution inspiriert hat. Was China charakterisiere, sei eine »wandelbare Mischung aus Marxismus-Leninismus und postkolonialem Nationalismus« (ebd., S. 290*). Wir stoßen hier auf einen neuen Anklagepunkt: »Marxismus-Leninismus«. Ja – so mahnt ein anderer US-Analyst –, wir dürfen uns nicht vom Schein täuschen lassen: Dass China im Kapitalismus gelandet ist, sei ein Mythos, der von den Führern der Kommunistischen Partei verbreitet werde, um den Westen zu täuschen und leichteren Zugang zu der von ihnen benötigten Technologie zu haben; die Realität sei, dass die Staatsunternehmen »immer noch 40 Prozent des chinesischen BIP produzieren« (Pillsbury, 2015, S. 159f*). So äußert sich ein Autor, der, wie die Rückseite seines Buches verdeutlicht, »in Administrationen der Präsidenten von Richard Nixon bis Barack Obama gedient hat« und der bei der Anprangerung der sogenannten chinesischen Bedrohung ganz vorne mit dabei sein will. Er räumt jedoch ein, dass 2011 »während die Militärausgaben in den Vereinigten Staaten etwa 5 % des BIP ausmachten, sie in China nur 2,5 % erreichten«. Darüber hinaus »bestand Chinas Strategie darin, auf die Entwicklung einer global ausgerichteten Streitkraft und Macht zu verzichten und ein merkwürdig kleines Arsenal an nuklearen Sprengköpfen zu unterhalten […]. Viele westliche Analysten sind erstaunt, dass China nicht stärkere militärische Kapazitäten aufgebaut hat, um sich und seine Seewege zu verteidigen« (ebd., S. 41*). Und doch fordert der amerikanische Autor dazu auf, gerade in dieser scheinbaren Zurückhaltung den Beweis für die besondere Gefährlichkeit eines Landes mit jahrtausendealter Zivilisation zu sehen, das eine vorzeitige militärische Konfrontation vermeiden will. Ob es sein nukleares und militärisches Arsenal weiterhin »merkwürdig klein« hält oder es angesichts der Risiken, denen es ausgesetzt ist, verstärkt, ist China in jedem Fall eine Bedrohung. An diesem Punkt wird die Politik deutlich, deren Fortsetzung am Horizont einen möglichen

Krieg erscheinen lässt: Benötigte der aufstrebende »Weltgendarm« zu Zeiten der neokonservativen Revolution nur bescheidene internationale Polizeieinsätze gegen widerstandsunfähige und praktisch unbewaffnete Länder, um sich als solcher zu etablieren, so muss er nun stattdessen viel größere Kriege gegen Länder erwägen und vorbereiten, die aufgrund ihrer Dimensionen und ihres ökonomischen Potenzials für die bisher alleinige Supermacht bereits schwer handhabbar sind. Es gibt einen klaren Zusammenhang zwischen der Rehabilitierung von Kolonialismus und Imperialismus, die der Westen in den vergangenen Jahren erlebt hat, und den groß angelegten Kriegen, die wir heute zunehmend als Gefahr wahrnehmen.

11.7.
Ist ein »irregulärer Krieg« bereits im Gange?

Wie kann das Imperium Russland und China, diese »Barbaren«, zur Vernunft bringen? Vielleicht – so bemerken Militäranalysten und erfolgreiche Politiker – ist es besser, ihnen nicht sofort militärisch entgegenzutreten, sondern sie im Innern, nach einer bereits in einer Reihe von kleinen und mittleren Ländern glücklich erprobten Methode, zu destabilisieren. In der »Newsweek« vom 30. Januar 2015 kann man einen Artikel mit einem recht vielsagenden Titel lesen: *Russland, es ist Zeit für einen Regime Change*. Der Autor, Alexander J. Motl, erklärt, dass die Operation nicht schwierig sein müsse. Angesichts der vor allem wirtschaftlichen Schwäche und der ethnischen und sozialen Fragilität des eurasischen Landes könnte »an einem bestimmten Punkt ein relativ moderater Schock – ein Aufruhr, ein Attentat, der Tod von Jemandem – leicht einen Aufstand, einen Staatsstreich oder sogar einen Bürgerkrieg auslösen« (Motl, 2015*). Damit wäre das Problem gelöst.

In Bezug auf China ist das Bild ebenfalls klar: »Von allen diplomatischen Spitzfindigkeiten entkleidet, besteht das ultimative Ziel der amerikanischen Strategie darin, eine Revolution zu beschleunigen, wenn auch eine friedliche« (Friedberg, 2011, S. 184*). Selbstverständlich muss die Krise des Regimes, das gestürzt werden soll, in jeder Hinsicht vorbereitet und befördert werden. Schon zu Beginn des Jahrhunderts schloss ein erfolgreicher amerikanischer Historiker sein Buch über die »Politik der Großmächte« mit der Aufforderung an sein Land, auf ein bewährtes Instrument des Kalten Krieges zurückzugreifen und es infolge des stürmischen und unerwarteten Aufstiegs des großen asiatischen Landes neu aufzulegen: »Die Vereinigten Staaten haben ein grundlegendes Interesse an einer beträchtlichen Verlangsamung von Chinas Wirtschaftswachstum in den kommenden Jahren [...]. Es ist nicht zu spät für die Vereinigten Staaten, ihren Kurs zu ändern und alles in ihrer Kraft Stehende zu tun, um den Aufstieg Chinas zu bremsen. Die strukturellen Zwänge des internationalen Systems, die sehr stark sind, werden die Vereinigten Staaten wahrscheinlich dazu zwingen, ihre Politik des konstruktiven Engagements aufzugeben. Tatsächlich gibt es bereits Anzeichen dafür, dass die neue Bush-Administration die ersten Schritte in diese Richtung getan hat« (Mearsheimer, 2001, S. 402*). Muss man sich auf das ökonomische Instrumentarium beschränken, oder können die »zahlreichen klandestinen Operationen«, die Washington »in den 1950er und 1960er Jahren« (Mearsheimer, 2014, S. 387) gestartet hatte, erneut nützlich sein? Bei diesem letzten Punkt verweilt ein unlängst erschienenes und für die Kreise, aus denen es stammt, umso wichtigeres Buch: Herausgegeben von einem Verlag, der eindeutig mit dem politisch-militärischen Establishment verbunden ist (Naval Institute Press), wird es von bedeutenden Persönlichkeiten dieses Establishments empfohlen und auf seiner vierten Umschlagseite sogar in unkonventionellen Worten gefeiert, z. B. vom »Marineminister von 1981 bis 1987« und dem »Chefplaner der Militäraktion im Golfkrieg 1991«. Nun, was sind die Pläne und Vorschläge, die in diesem Text zu lesen sind? »Chinas innenpolitische Fragilität ist ein Risikofaktor für seine Machthaber und könnte ein Element der Verwundbarkeit sein, das Gegner ausnutzen könnten« (Haddick, 2014, S. 86*). Ausgehend von der Feststellung der »strikten Kontrolle, die die Führer der Kommunistischen Partei über die Armee, die Regierung und die chinesische Gesellschaft insgesamt aufrechterhalten wollen«, wird eine Reihe von »Drohungen« und »Angriffen« nicht näher spezifizierter und auf jeden Fall sehr unterschiedlicher Natur in den Raum gestellt. An erster Stelle sollte die Aufmerksamkeit auf »irreguläre, informationsbezogene, unkonventionelle Methoden der Kriegsführung gerichtet werden, die die Möglichkeit beinhalten, Instabilität z. B. in Tibet oder Xinjiang zu verursachen«. Dies ist ein Punkt, auf dem der US-amerikanische Militäranalyst ganz besonders beharrt: »Verdeckte Aktionen und unkonventionelle Kriegsführung, die darauf abzielen, für die KPCh Unruhe in Tibet und Xinjiang zu schaffen«, können ein ausgezeichneter Ausgangspunkt sein. Aber nicht nur Regionen, die von nationalen Minderheiten bewohnt werden, sollten ins Visier genommen werden. Es drängen sich »aggressivere Operationen gegen China im Multimediabereich und im Bereich der Informationen« (und Desinformationen) auf; man muss in der Lage sein, »psychologische und Informations- [und Desinformations-] Operationen, die schwarzen Künste der irregulären und offensiven Kriegsführung, die unkonventionelle Kriegsführung« voll einzusetzen. Das Bestreben, Unruhe und Instabilität in der Zivilgesellschaft zu erzeugen, insbesondere durch das Aufhetzen einzelner Nationalitäten gegen andere, ist verbunden mit dem Bestreben, den staatlichen Sicherheitsapparat zu zersetzen: »Schläge gegen die Führung der inneren Sicherheitskräfte könnten verheerend sein« (*compelling*); es wäre von großem Nutzen, »ungehorsame Elemente in der Armee und im bürokratischen Apparat zu beeinflussen oder zu gewinnen«. Das Werk der Destabilisierung würde einen qualitativen Sprung machen, wenn die Einheit der Führungsgruppe gebrochen werden könnte: »Angriffe auf das persönliche Vermögen der höchsten Führungsebene der Kommunistischen Partei Chinas könnten Uneinigkeit innerhalb der chinesischen Führung provozieren« (ebd., S. 137, 148, 151*).

Bisher haben wir die psychologische und wirtschaftliche Kriegsführung am Werk gesehen. Wenn nun »nicht-staatliche Akteure« in die »irreguläre Kriegsführung« einbezogen werden – ohne dass dabei die psychologische Kriegsführung aus den Augen zu verloren wird –, ergibt sich eine neue Dimension: »Ebenso wichtig könnte der Einsatz von zivilen Schiffen sein, zum Beispiel von Fischerbooten, die mit Funksendern und Satellitentelefonen ausgestattet sind und die Aufgabe haben, Informationen über Chinas militärische und nicht-militärische maritime Aktivitäten zu sammeln. Chinesischen Kommandeuren wird es politisch peinlich sein, wenn sie versuchen müssen, die Datenerfassung durch zivile Schiffe zu behindern. Und aufgrund des Schutzes, den diese als Nicht-Kombattanten genießen, können solche Schiffe Orte erreichen, die vergleichbaren militärischen oder paramilitärischen Schiffen verwehrt sind« (ebd., S. 144f*). Man könnte dann mit anderen Maßnahmen der »irregulären Kriegsführung« fortfahren, wie z. B. der »Sabotage chinesischer Ölinstallationen im Südchinesischen Meer« oder der »Sabotage von Unterseekabeln, die mit China verbunden sind«; man könnte auch an das »heimliche Platzieren von Seeminen denken, die auf chinesische militärische oder paramilitärische Schiffe zielen« (ebd., S. 148*). All dies, während man zu verhindern versucht, als offener Aggressor zu erscheinen und dennoch das Ziel zu verfolgen: Mit allen Mitteln das Land, das ein gefährlicher Konkurrent zu sein droht, ins Chaos zu stürzen und durch den immer wieder beschworenen »irregulären Krieg« außer Gefecht zu setzen.

11.8.
Vorzeichen des 21. Jahrhunderts?

Die »irreguläre Kriegführung« ist vielleicht nicht ausreichend. Die US-Führung ist sich dessen sehr wohl bewusst und will bekanntlich sicherstellen, dass sie selbst einen nuklearen Angriff entfesseln kann, während sie gleichzeitig eine Vergeltung durch das betroffene Land verhindert und neutralisiert. Es ist dieses Bestreben, das die Kündigung des dreißig Jahre zuvor geschlossenen Vertrages durch Präsident Bush Jr. am 13. Juni 2002 erklärt. Es war »das vielleicht wichtigste Abkommen des Kalten Krieges« (Romano, 2015, S. 24*), mit dem sich die USA und die Sowjetunion verpflichteten, den Bau von Raketenabwehrbasen stark einzuschränken und damit auf das Ziel der nuklearen Unverwundbarkeit und folglich auf die weltweite Dominanz, die eine solche Unverwundbarkeit garantieren könnte, zu verzichten.

Eine Zeitlang glaubte Washington, dass ein solches Ziel nun in Reichweite sei. Im Jahr 2006 verkündete ein Artikel in »Foreign

Affairs« (eine dem Außenministerium nahestehende Zeitschrift): »Wahrscheinlich wird es für die USA bald möglich sein, die Langstrecken-Atomwaffenarsenale Russlands oder Chinas mit einem Erstschlag zu zerstören«, und zwar ohne Vergeltungsmaßnahmen befürchten zu müssen. Das russische Atomwaffenarsenal, das einem rapiden Verfall ausgesetzt war, war nicht mehr glaubwürdig, und noch weniger glaubwürdig war dasjenige von China: »Die Chancen, dass Peking im nächsten Jahrzehnt eine überlebensfähige nukleare Abschreckung erwirbt, sind gering [...]. Gegen China haben die Vereinigten Staaten heute eine [ungestrafte nukleare] Erstschlagskapazität und werden diese für ein Jahrzehnt oder länger aufrechterhalten können« (Lieber, Press, 2006, S. 43, 49f*). Vielleicht beginnt diese anmaßende Selbstgewissheit in unseren Tagen zu schwinden.

Dies erklärt den beunruhigendsten Aspekt des gegenwärtigen Wettrüstens: Während die Vereinigten Staaten danach streben, nukleare Unverwundbarkeit zu erlangen, sind die potenziell von ihnen bedrohten Länder bestrebt, dies zu verhindern oder so schwierig und problematisch wie möglich zu machen. Aus diesem Grund haben Strategen sowie politische und militärische Analysten die Analyse des möglichen Verlaufs eines Atomkriegs wieder aufgenommen (oder mit neuem und schärferem Interesse wieder aufgenommen).

Ein besonders interessanter Artikel war im »National Interest« vom 7. Mai 2015 zu lesen. Der Autor, Tom Nichols, ist keine unbedeutende Persönlichkeit; er ist »Professor of National Security Affairs at the Naval War College«. Und der Titel ist an sich schon vielsagend und höchst alarmierend: *Wie Amerika und Russland einen Atomkrieg auslösten könnten* (*How America and Russia Could Start a Nuclear War*). Es ist ein Konzept, das der bekannte Professor mehrfach wiederholt: Ein Atomkrieg »ist nicht unmöglich«; anstatt ihn zu verhindern, täten die Vereinigten Staaten gut daran, sich militärisch und politisch auf ihn vorzubereiten.

Und hier ist das gedachte Szenario: Russland – das schon 1999 unter Jelzin anlässlich des NATO-Bombardements gegen Jugoslawien furchtbare Drohungen aussprach und das sich mit Putin weniger denn je mit der erlittenen Niederlage im Kalten Krieg abfindet

– provoziert schließlich einen Krieg, der vom konventionellen zum nuklearen übergeht und auch auf dieser Ebene immer weiter eskaliert. Das Ergebnis ist eine nie dagewesene Katastrophe: In den Vereinigten Staaten können die Opfer nicht gezählt werden; das Schicksal der Überlebenden ist vielleicht noch schlimmer, so dass man ihnen, um ihr Leiden zu verkürzen, den Tod durch Euthanasie geben muss; es herrscht totales Chaos und nur das »Kriegsrecht« kann die öffentliche Ordnung aufrecht erhalten. Nun wollen wir sehen, was auf dem Territorium des besiegten Feindes passiert, der nicht nur von den Vereinigten Staaten, sondern auch von Europa und insbesondere von Frankreich und Großbritannien, die selbst Atommächte sind, getroffen wird: »In Russland wird die Situation noch schlimmer sein [als in den Vereinigten Staaten]. Der *vollständige Zerfall des Russischen Reiches*, der 1905 begonnen und nur durch den sowjetischen Irrweg unterbrochen worden war, wird endlich vollendet werden. Ein zweiter russischer Bürgerkrieg wird ausbrechen und Eurasien wird für Jahrzehnte, wenn nicht länger, nur ein Sammelsurium von verwüsteten ethnischen Staaten sein, die von starken Männern regiert werden. *Einige Überbleibsel des russischen Staates mögen aus der Asche wieder auferstehen, aber sie werden wahrscheinlich ein für alle Mal von einem Europa erstickt werden*, das nicht bereit ist, eine solch große Verwüstung zu verzeihen.« Der hier zitierte Artikel bezieht sich im Titel zwar nur auf den möglichen Atomkrieg zwischen den USA und Russland, aber der Autor gibt sich offensichtlich nicht mit halben Sachen zufrieden. Seine Ausführungen beschwören eine Wiederholung des eben dargestellten Szenarios in Asien herauf. In diesem Fall ist es nicht Moskau, sondern Peking, das zuerst einen konventionellen und dann einen nuklearen Krieg provoziert, mit noch schrecklicheren Folgen. Das Ergebnis ändert sich jedoch nicht: »Die Vereinigten Staaten von Amerika werden irgendwie überleben. *Die Volksrepublik China wird, ähnlich wie die Russische Föderation, aufhören, als politische Einheit zu existieren*« (Nichols, 2015*).

Sind die hier beschworenen Szenarien Vorzeichen des 21. Jahrhunderts? Ein Umstand gibt zu denken. Zu Beginn des zwanzigsten Jahrhunderts erblickte *The Great Illusion* von Angell zur gleichen

Zeit das Licht der Welt wie zwei Texte von London und Wells, die, wenn auch in literarischer Form, das Grauen des gerade beginnenden Jahrhunderts voraussahen. Am Übergang vom 20. zum 21. Jahrhundert verkündeten Habermas auf der einen und Hardt und Negri auf der anderen Seite den Anbruch einer Welt, die sich eine »kosmopolitische Ordnung« zu geben begann und im Begriff war, einen »ewigen und universellen Frieden« zu erreichen oder ihn vielleicht sogar erreicht hatte. Wenige Jahre später sehen wir in einer angesehenen US-amerikanischen Zeitschrift nicht einen Gelehrten, sondern einen Strategen und Analysten, der die Hypothese aufstellt, dass es einen oder zwei totale Atomkriege geben könnte.

Wir stehen vor einem aufschlussreichen Text, der ungewollt Licht auf das Projekt oder vielmehr auf den Traum wirft, der von den fanatischsten Anhängern einer Religion der »absoluten Überlegenheit« der Vereinigten Staaten gehegt wird, von jenen Kreisen, die bereit sind, mit allen Mitteln den Widerstand zu zerschlagen, der der weltweiten Vorherrschaft des »Weltgendarmen« im Wege steht. Ihnen geht es nicht darum, die Russland und China zugeschriebene »Aggression« zurückzuweisen, und es geht auch nicht darum, diese Länder zu entwaffnen und sie in eine Lage zu versetzen, in der sie keinen Schaden mehr anrichten können. Nein, es sei vorzuziehen, sie als Staaten, als »politische Gebilde«, zu vernichten. Zumindest was Russland betrifft, lässt der Autor durchblicken, dass dessen »Zerfall« das Ergebnis eines segensreichen Prozesses ist, der 1905 begann, leider durch die Sowjetmacht unterbrochen wurde, aber »endlich« (*finally*) seinen Abschluss finden könnte. Der hier zitierte US-amerikanische Dozent scheint seinen Ärger und seine Enttäuschung über die von Nazi-Deutschland bei Stalingrad erlittene Niederlage zum Ausdruck zu bringen.

Eines ist sicher: Die Zerstörung Russlands als »politisches Gebilde« war ein Projekt, das dem Dritten Reich am Herzen lag, und es ist beunruhigend, dass die NATO sich in der Ukraine auch Neonazi-Gruppen als politischen Handlangern bedient oder bedient hat. Die Zerstörung Chinas als »politisches Gebilde« war hingegen das Projekt, das dem japanischen Imperialismus am Herzen lag, der in

Asien dem Hitler-Imperialismus nacheiferte. Es gibt folglich zu denken, dass die Vereinigten Staaten ihre Achse mit einem Japan stärken, das seine pazifistische Verfassung aufkündigt und mehr denn je nur widerwillig die Verbrechen anerkennen will, die das Reich der aufgehenden Sonne bei seinem Versuch, die Chinesen und andere asiatische Völker zu unterjochen und zu versklaven, begangen hat.

Auch wenn der oben zitierte Artikel nicht als Ausdruck einer allgemeinen und unwidersprochenen Tendenz gelesen werden sollte, ist er dennoch symptomatisch. Schon in der Vergangenheit hat der amerikanische Stratege Brzezinski, wenn auch nicht die tatsächliche Vernichtung zweier wichtiger »politischer Einheiten« beschworen, so doch die »Zerstückelung« Chinas oder einen Prozess von reihenweisen Sezessionen in Russland (Brzezinski, 1998, S. 218, 121, 127*). Andererseits maßen sich die Vereinigten Staaten seit der von Bush Jr. verkündeten Doktrin das Recht an, das Aufkommen möglicher Konkurrenten der damals völlig einsamen Supermacht umgehend zu unterbinden. In der Tat haben wir gesehen, wie ein Vertreter des Neokonservatismus ruhig »potenzielle Rivalen« mit »Kriminellen« und »Straftätern« gleichsetzt hat (siehe oben, Abs. 9.1). Offensichtlich spielen bestimmte militärische und politische Kreise in der nordamerikanischen Republik mit dem Gedanken, Länder zu liquidieren, die die von dem einsamen »Weltgendarmen« garantierte Weltordnung in Frage stellen könnten, wobei einige aus diesen Kreisen sogar bereit sind, das Risiko eines Atomkrieges einzugehen. Die Version des Traums vom »ewigen Frieden«, der auf der Welle des Triumphs der Vereinigten Staaten und des Westens im Kalten Krieg versprochen hatte, die Geißel des Krieges durch die Verbreitung von Demokratie und freiem Markt auf planetarischer Ebene (notfalls unter Einsatz von Waffen) ein für alle Mal auszurotten, droht sich in den Albtraum eines nuklearen Holocausts zu verwandeln.

12. Kapitel

Wie heute für eine Welt ohne Krieg kämpfen?

12.1.
Auf der Suche nach dem mythischen »Haus des Friedens«

Die Enttäuschung, die historisch auf jedes Projekt zur Verwirklichung des ewigen Friedens folgte, kann die Flucht aus der Geschichte befördern, hin zu der Suche nach einer ursprünglichen Weisheit und einer Religion, die durch dieses oder jenes Volk verkörpert wird und gegründet ist auf den Gewaltverzicht als solchen und die daher, dank der fortschreitenden Bekehrung zu ihr seitens der Individuen und Massen in der Lage ist, eine Welt des Friedens zu erreichen.

Die bekannteste Bewegung in dieser Richtung ist diejenige, die in Indien Millionen von Männern und Frauen veranlasst hat, Gandhi und seiner religiösen und politischen Führung zu folgen: Die Alternative zur kolonialen Herrschaft und zur Kultur der Gewalt, die so typisch für den gesamten Westen ist, war im Osten zu finden, in der alten indischen Weisheit und besonders im Jainismus, durchdrungen vom Glauben an *Ahimsa*, an die Gewaltlosigkeit, die gegenüber jedem fühlenden Wesen praktiziert werden muss.

Die Bewegung, von der wir hier sprechen, ist von einem Mythos umgeben, der, sobald er von der historischen Forschung hinterfragt wird, nicht lange braucht, um zu verschwinden. Wichtig ist nicht so sehr die Tatsache, dass ausgerechnet der Verfechter der Gewaltlosigkeit es unternimmt, anlässlich des Ersten Weltkriegs 500.000 Mann für die britische Armee zu rekrutieren, sich als »Hauptrekrutierer« zu brüsten (Gandhi 1969-2001, 17, S. 12*) und die Bereitschaft des indischen Volkes, »alle tauglichen Söhne als Opfer für das Empire in diesem seinem kritischen Augenblick« aufzubieten (Gandhi 2009, S. 375f), zu beschwören und zu rühmen. Es ist auch nicht besonders wichtig, dass die Unabhängigkeit Indiens nicht so sehr das Ergebnis der gewaltfreien Bewegung war, sondern der gigantischen Konflikte, die auf der einen Seite das britische Empire schwächten und zur Ohnmacht verurteilten. Und auf der anderen Seite war es die antikoloniale Revolution, die sich weltweit auf dem unwiderstehlichen Schwung entwickelte, der zunächst aus der Oktoberrevolution von 1917 und dann aus der Niederlage des Projekts der Wiederaufnahme und Radikalisierung der kolonialen Tradition, das dem deutschen und japanischen Imperialismus so teuer war, hervorging.

Viel bedeutsamer ist, was aus der Analyse des heutigen Indien hervorgeht. Es zieht unsere Aufmerksamkeit und unsere Sympathie auf sich, weil es darum kämpft, aus der Unterentwicklung herauszukommen und dem Massenelend (das immer noch sehr präsent ist) ein Ende zu setzen. Dabei sind wir mit einem Land konfrontiert, das, weit davon entfernt, das Ideal der Gewaltlosigkeit zu verkörpern, eines der gewalttätigsten Länder der Erde ist: Bewaffnete Zusammenstöße zwischen verschiedenen religiösen und ethnischen Gruppen sind weit verbreitet, Pogrome kommen immer wieder vor, und es mangelt nicht an Massakern an Muslimen (und manchmal auch an Christen). Vor einigen Jahren zeichnete die »International Herald Tribune« ein beredtes und entmutigendes Bild: »Politisch motivierte Schlägereien, Brandstiftungen und Tötungen« sind an der Tagesordnung. Gewalt nimmt, »selbst für die blutrünstigen Standards« in diesen Regionen, einen erstaunlichen Stellenwert ein: »Vergessen Sie, was Sie in Indien über Gandhi und Gewaltlosigkeit gelernt haben. Dies ist heute eine Nation von bewaffneten Milizen« (Giridharadas, 2008*). Die Regierung reagiert auf die Aufstände der Bauern und der separatistischen Bewegungen, indem sie neben der normalen Polizei auch paramilitärische Banden auf sie loslässt, die vor »Plünderungen und dem Niederbrennen von Dörfern«, die verdächtigt werden, mit dem Aufstand zu sympathisieren, nicht zurückschrecken. Damit einher geht der Aufstieg einer Ideologie, die, indem sie die »hinduistische« und »arische« Überlegenheit feiert, sogar der Entfesselung des

Rassenhasses reichlich Raum lässt (Lakshmi, 2002*). Schrecklich ist die Gewalt, die immer noch gegenüber Frauen, vor allem der unteren Kasten, verübt wird; das Fehlen einer authentischen Revolution von unten macht sich schmerzlich bemerkbar in der Fortdauer der Gewalt, die den sozialen Beziehungen einer Kastengesellschaft innewohnt.

Auch was die internationale Politik betrifft, scheinen die Lehren Gandhis oder die ihm zugeschriebenen Lehren keine relevanten Spuren hinterlassen zu haben. Indien ist eine Atommacht und – wie einige Analysten schon zu Beginn dieses Jahrhunderts feststellten – hegt »maßlose Ambitionen« und betreibt »eine zynische Machtpolitik«; so hat es »seine Interventionen in Sri Lanka von 1987 bis 1990 vervielfacht« und eine nicht unerhebliche Kriegsmarine aufgebaut, die ihre Stärke bis »zur Straße von Malakka« entfaltet (Jacobsen, Khan, 2002*). Was den Süden Asiens betrifft, so scheint das 1947 unabhängig gewordene Land die Ambitionen und die Haltung des britischen Empire geerbt zu haben; auch diesbezüglich spürt man das Fehlen einer authentischen Revolution von unten. Das Mindeste, was man sagen kann, ist, dass sich das heutige Indien, trotz Gandhi und *Ahimsa*, nicht von den anderen größeren Mächten unterscheidet.

Die Suche nach einer Religion, einer ursprünglichen Weisheit und einer Ethnie, die den Wert des Friedens verkörpert, ist abwegig und mythisch. Es war Gandhi selbst, der anlässlich des Ersten Weltkriegs und zur Rechtfertigung seines interventionistischen Engagements über die Anhänger des Jainismus bemerkte: diese achteten peinlich genau auf die vegetarische Diät und vermieden und verurteilten die Gewalt gegenüber jedem Lebewesen, »sie haben einen abergläubischen Horror vor dem (vergossenen) Blut, teilen aber mit den Europäern die Geringschätzung des Lebens der Feinde. Ich will damit sagen, dass sie sich über die Zerstörung des Feindes genauso freuen wie alle anderen Erdbewohner« (Gandhi, 1969-2001, 17, S. 121). Im Großen und Ganzen »sind die Hindus nicht weniger kampfbereit als Mohammedaner« (ebd.). Das jainistische oder hinduistische »Haus des Friedens« hat nicht mehr Glaubwürdigkeit als das islamische oder christliche (gerade der Islam stellt sich gerne als »Haus des Friedens« dar).

Manchmal wird das mythische »Haus des Friedens« nicht in einer bestimmten Religion, Kultur oder ethnischen Gruppe, sondern mit dem weiblichen Geschlecht identifiziert und darauf hingewiesen: Die Frau verkörpere die Ablehnung der Kultur des Todes aufgrund ihrer Rolle bei der Reproduktion des Lebens. Historisch gesehen hat diese Rolle jedoch oft eine gegenteilige Bedeutung als die angenommen, die ihr heute zugeschrieben wird. In Sparta war es gerade die Mutter, die ihren Sohn ermahnte, dem Tod im Kampf ins Auge zu sehen: »Komm zurück mit diesem Schild oder auf ihm«, also siegreich und mit Waffen in der Faust oder tot als tapferer und geehrter Krieger. Historisch gesehen ist es auch vorgekommen, dass in verzweifelten Situationen die Mütter selbst den Tod der Neugeborenen herbeiführten, die sie vor einer Zukunft bewahren wollten, die sie für schrecklich oder jedenfalls für unerträglich hielten: So verhielten sich indianische Frauen, als sie durch die Schandtaten der Konquistadoren bedrängt wurden, oder auch die schwarzen Sklaven. Oder, noch früher, im Mittelalter sahen sich jüdische Frauen der Verfolgung durch christliche Kreuzfahrer ausgesetzt, die entschlossen waren, sie und ihre Kinder um jeden Preis zu bekehren. Und wieder waren sie es, die ein Leben auslöschten, das sie geboren hatten. Es stimmt, dass Frauen traditionell in bewaffneten Konflikten keine direkte, sondern eine indirekte Rolle gespielt haben, aber das war eine Hommage an die Kultur nicht des Friedens, sondern des Krieges: Auf der militärstrategischen Ebene spielten Frauen eine wesentliche Rolle nicht als Kriegerinnen, sondern als Erzeugerinnen von Kriegern; für eine ganze historische Periode war die Reproduktion des Lebens gleichzeitig die Reproduktion und Entwicklung der Kriegsmaschine.

Unabhängig von dieser strategischen Funktion waren Frauen, obwohl sie nicht direkt die Waffen führten, auch auf der taktischen Ebene sehr wohl am Krieg beteiligt. Vor allem spornten sie die Kämpfer mit ihren Aufrufen und Gesängen an: »Schreitet Ihr vorwärts, werden wir euch umarmen / werden wir Euch die Kissen aufschlagen; / weicht ihr zurück, werden wir euch verlassen / und nicht im mindesten liebevoll sein« (Rodinson, 1995, S. 177 u. 180). Eine ähnliche Arbeitsteilung fand, wenn auch in weniger plastischer Form, ebenso im Westen statt, zumindest in den tragischsten und blutigsten Perioden seiner Geschichte. Wenn wir von den Frauen in Großbritannien lesen, die schon vor 1914 versuchten, ihren Freunden, Ehemännern und Söhnen klar zu machen, »sie sollten sich schämen, wenn sie sich nicht freiwillig zum Militärdienst verpflichteten« (Best, 1989, S. 20*); müssen wir wieder an die Frauen oder die Grazien und Musen denken, die Mohammeds Krieger ermutigten und anspornten. Auch Kurt Tucholsky entging die Rolle der Frauen bei dieser Arbeitsteilung im Zeichen der totalen Mobilmachung und der allgemeinen kriegerischen Begeisterung nicht, wenn er 1927 in Deutschland, in der Zeit zwischen den beiden Weltkriegen, mit einer harschen Anklage hervortrat: »Neben den evangelischen Pastören hat es im Kriege noch eine Menschengattung gegeben, die gar nicht genug Blut saufen konnte: Das war eine bestimmte Schicht, ein bestimmter Typus der deutschen Frau« (Tucholsky 1985, S. 267). Während das Massaker immer schrecklichere Formen annahm, opferte sie »Kinder und Gatten« und beklagte, »nicht noch einen Sohn zu haben, damit ich ihn dem Vaterlande geben kann« (ebd.).[20]

Jedenfalls geht die traditionelle Arbeitsteilung zwischen Männern und Frauen auch im Militär ihrem Ende zu, was sich unter anderem an der zunehmenden Präsenz von Frauen in den Streitkräften und teilweise sogar in den Elitekorps zeigt. Und was das Weltbild betrifft, so ist der Abstand, zwischen einer Soldatin und einem Soldaten wahrscheinlich geringer als der Abstand zwischen diesen beiden und, sagen wir, jenen, die einen freien Beruf ausüben. Schließlich ist das »Haus des Friedens« auch in seinem neuen weiblichen und feministischen Gewand weiterhin ein mythischer Ort.

12.2. Der Westen als Haus der Begrenzung des Krieges?

Wenn schon nicht das »Haus des Friedens«, so ist Europa oder war es doch zumindest für lange Zeit das Haus der Begrenzung des Krieges,

20 Siehe dazu ausführlicher Losurdo (2007, Kap. I, Abs. 10*); Ders. (2015a, Kap. II, Abs. 3-4, 6-7); Ders. (2016, Kap. XII, Abs. 5)

oder nicht? Das ist letztlich die These von Carl Schmitt, der sich bei dieser Würdigung auf das authentische, das eigentliche Europa bezieht, das Europa vor der Französischen Revolution und nach dem Westfälischen Frieden, das Europa also, dessen Ordnung auf der strikten Achtung des Prinzips der staatlichen Souveränität, auf der Ablehnung von Religionskriegen und auf der Verurteilung der Einmischung eines Staates in die inneren Angelegenheiten eines anderen Staates im Namen einer Religion oder einer Ideologie beruhte. All dies sei mit der Zeitenwende von 1789 hinweggefegt worden. Indem sie das Ideal des ewigen Friedens verfolgte, endete sie schließlich damit, den Feind zu kriminalisieren, ihn als Verantwortlichen für einen ungerechten Krieg und ein nicht zu rechtfertigendes Blutvergießen zu brandmarken und somit unter Anklage zu stellen; auf diese Weise habe, immer noch nach Schmitt, der traditionelle Krieg als Duell mit seinen Regeln und seinen strikten Begrenzungen das Feld räumen müssen für den Krieg als Kreuzzug, der sich mit einer universellen Mission betraut fühlte, die nicht mehr an staatliche und nationale Grenzen gebunden war und die Tendenz hatte, neben der feindlichen Armee, die verfassungsmäßige und politische Ordnung des feindlichen Landes und das feindliche Land als Ganzes ins Visier zu nehmen. Letztlich hätte sich mit der Französischen Revolution (und noch mehr mit der Oktoberrevolution) die Utopie des ewigen Friedens in die Dystopie eines zumindest tendenziell grenzenlosen Krieges verwandelt; die Utopie des ewigen Friedens hätte schließlich das Haus der Begrenzung des Krieges zugrunde gerichtet.

Dass sie völlig einseitig ist, ist das Mindeste, was man über diese historisch-theoretische Einschätzung sagen kann. Zu Beginn des Krieges zwischen dem revolutionären Frankreich und den Mächten des Ancien Régime drohte der Herzog von Braunschweig im Namen der letzteren, dass Franzosen, die mit der Waffe in der Hand gefangen genommen würden, als Rebellen gegen den rechtmäßigen König betrachtet und daher gewöhnlichen Verbrechern gleichgestellt würden. Das gleiche Schicksal hätten »alle Mitglieder der Nationalversammlung, des Departements, der Bezirke und des Gemeinderates, alle Friedensrichter von Paris« usw. zu gewärtigen. Im Falle eines respektlosen Verhaltens gegenüber dem König müsse ganz Frankreich »eine beispiellose und für alle Zeiten denkwürdige Rache« und Paris im Besonderen mit einer »militärischen Exekution und einem gänzlichen Ruin«[21] rechnen. Unterstützt durch das Ancien Régime, begann so, um es mit den Worten des großen französischen Historikers Jules Michelet (1961, Bd. 1, S. 945*) zu sagen, »ein sonderbarer, neuer Krieg, der völlig im Widerspruch zum Recht der zivilisierten Nationen steht«, ein Krieg, der nicht mehr zwischen Kombattanten und der Zivilbevölkerung unterschied, ein Krieg, dem jedoch Edmund Burke seine Zustimmung gab, als er den Herzog von Braunschweig aufforderte, nicht auf halbem Wege stehen zu bleiben, seine schrecklichen Drohungen in die Tat umzusetzen, anstatt sich auf »hochtrabende Reden« (Burke,1958-1970, Bd. 7, S.169*) zu beschränken. Der große Widersacher der Französischen Revolution plädierte für eine harte kollektive Bestrafung (und die entschlossene Verletzung des Völkerrechts) im Namen eines »Religionskrieges« (*a religious war*) (Burke, 1826, Bd. 7, S. 174ff*.), der gegen die Verantwortlichen für den Sturz des Ancien Régime ausdrücklich eingefordert wurde. Gegen die Feinde der legitimen, durch Sitte und Religion geweihten Ordnung wurde eine Art Kreuzzug ausgerufen: Nicht zufällig erhielt Burke einen Brief des Papstes, der sein edles Engagement für die Verteidigung der »causa humanitatis« segnete (siehe Brief Pius' VI. in Burke, 1958-1970, Bd. 7, S. 420*). Es war – so bekannte Burke und verkündete dies auch lautstark – ein Krieg, der »unter vielen Gesichtspunkten ganz anders« als die traditionellen Kriege zwischen einer Nation und einer anderen sei (ebd., S.387*); diesmal sollten die von den Höfen des Ancien Régime entsandten Armeen nicht nur den Armeen (des revolutionären) Frankreichs entgegentreten und sie besiegen, sondern auch den Jakobinismus »an seinem Ursprungsort« ausrotten, um schließlich zur »exemplarischen Bestrafung der wichtigsten Urheber und Planer des Ruins Frankreichs« (ebd.*), d. h. der Hauptverantwortlichen der Revolution, überzugehen, also ohne

21 Text des Manifests: www.epoche-napoleon.net/quellen/1792/07/25/braunschweiger-manifest.html

deren Anstifter zu verschonen. Wir sehen, die Kriminalisierung des Feindes wurde lautstark proklamiert. Es war notwendig, »die Sache der Menschheit« (*the Cause of Humanity*) zu verteidigen, »die zivilisierte Welt vor der Gottlosigkeit und vor der Barbarei« zu retten und ein für alle Mal die schreckliche Bedrohung abzuwenden, die dem »Glück der ganzen zivilisierten Welt« (ebd., S. 354*) drohte (siehe ausführlich bei Losurdo, 2007/09, Kap. V, Abs. 12, und Kap. III, Abs. 4). Als völlig unbegründet erweist sich Schmitts These, die die Wiederkehr der Religions- und Kreuzfahrerkriege in Europa ausschließlich auf das revolutionäre Ideal des ewigen Friedens zurückführt.

Ein objektiv gesehen ironischer Kommentar zu dieser These ist die Tatsache, dass in unseren Tagen einer der maßgeblichen Exponenten des amerikanischen Neokonservatismus, Robert Kagan, sich das Recht anmaßt, liberale und demokratische Institutionen und den Freihandel in die ganze Welt zu exportieren, wenn nötig mit Waffengewalt und ohne sich von der westfälischen Ordnung und dem Völkerrecht einschränken zu lassen, und sich dabei auf Burke bezieht, den Verfechter des Rechts/der Pflicht zur Intervention der europäischen Mächte gegen Frankreich, das durch die »Schrecken« der 1789 ausgebrochenen Revolution verwüstet und entstellt ist (vgl. oben, Abs. 9.2).

12.3.
Ein Krieg ohne Grenzen – von den Kolonien zum Mutterland

In der Skizzierung seiner historisch-theoretischen Bilanz verweist Schmitt auf den »großen, mutigen Denker des *ancien régime*«, den »genialen [Joseph] de Maistre« (1981, S. 46, 41). Und man versteht wohl, dass diese Hommage an den Autor gerichtet ist, der als erster der Französischen Revolution vorwarf, den ritterlichen »europäischen Krieg«, in dem »nur der Soldat gegen den Soldaten kämpfte, während die Nationen nie im Krieg waren«, barbarisch und unbarmherzig gemacht zu haben. Wir haben aber schon gesehen, dass der Krieg als Duell in Wirklichkeit bereits durch den Krieg als Kreuzzug gegen das Land, das für den Sturz des Ancien Régime verantwortlich war, in eine Krise geraten ist. Es wird nun Zeit einen Blick auf die andere Seite der Verteidigung des Krieges als Duell *in Europa* zu werfen: Mit Blick auf die koloniale Welt bejubelt der von Schmitt so geschätzte Autor die »Begeisterung für das Blutbad« und scheint sogar die Ausrottung der Indianer zu rechtfertigen, dieser »degradierten Menschen«, denen »die Europäer« zu Recht die Anerkennung als »ihresgleichen« verweigern. Das Verschwinden der ritterlichen Kriege wird nur in Bezug auf jenen Teil des Globus beklagt, über dem »der göttliche Geist« in ganz besonderer Weise leuchtet; für den Rest ist klar, dass es innerhalb des »permanenten Blutbads«, das Teil der Ökonomie des »großen Ganzen« ist, »bestimmte Nationen« gibt, die der »Engel der Vernichtung« »verbissen« in Blut taucht (Maistre, 1984, Bd. 4, S. 83, und Bd. 5, S. 18-28*).

Während Schmitt das Verschwinden des *jus publicum europaeum* und des Prinzips der Begrenzung des Krieges verurteilt, nimmt er davon ausdrücklich das Schicksal, das der Westen den Kolonialvölkern zugedacht hat, aus. Doch wie die historische Analyse zeigt, hatte dieser Ausschluss schließlich auch für die Völker innerhalb Europas, des Westens, der »zivilisierten Welt« als solcher, katastrophale Folgen. Tatsache ist, dass die Grenze, die zwischen Zivilisierten und Barbaren gezogen wird, fließend ist und bei großen historischen Krisen ganz verschwinden kann. Diese pflegen eine doppelte Dialektik in Gang zu setzen. Erstens kann sich die Verwischung der Grenze zwischen Zivilisation und Barbarei innerhalb eines einzelnen Landes manifestieren. Während der Auseinandersetzungen, die auf den Sturz des Ancien Régime folgten, wurden die Revolutionäre in Frankreich mit den Barbaren und den Wilden der Kolonien verglichen: Galt das *jus publicum europaeum* in diesem Falle noch, oder konnte man sich ihnen gegenüber der Methoden bedienen, die traditionell der Herrschaft über die zivilisationsfremden Völker vorbehalten waren? Zwischen der Mitte des neunzehnten und dem Beginn des folgenden Jahrhunderts überlief hin und wieder ein Schauer den liberalen Westen: Möglicherweise drohten die rücksichtslosen Methoden, mit denen die Barbaren der Kolonien unterjocht wurden, auch in Europa um sich zu greifen.

Während er einerseits seine überzeugte Zustimmung zu der erbarmungslosen Entschlossenheit zum Ausdruck brachte, mit der Frankreich die Eroberung Algeriens betrieb, gestand Tocqueville (1951-1983, Bd. 3.1, S. 236*) in einem Text von 1841 seine »heimliche Sorge«: Was würde geschehen, wenn die in den Kolonien erworbenen »Gewohnheiten« und die »Art und Weise zu denken und zu handeln« sich im Mutterland ausbreiten würden? »Gott bewahre uns für immer davor, zu erleben, dass Frankreich von einem Offizier der afrikanischen Armee geführt wird.« Und tatsächlich, Cavaignac, der General, der nicht davor zurückscheute, auf Praktiken des Völkermords zurückzugreifen, um den arabischen Widerstand zu liquidieren, wurde ein paar Jahre später zum Hauptverantwortlichen für die blutige Unterdrückung und die Massenhinrichtungen, die über die Barbaren des Mutterlandes, das heißt die Pariser Arbeiter, hereinbrachen, weil sie sich im Juni 1848 erhoben hatten und das Recht auf Arbeit und Leben einforderten. Trotz seiner vorherigen Warnung gab Tocqueville diesem General jedoch seine beständige Unterstützung, die nie Risse bekam; Tatsache bleibt aber, dass seine »heimliche Sorge« keineswegs unbegründet war.

Und wohlbegründet war auch die Mahnung, die mehr als ein halbes Jahrhundert später, diesmal von einem liberalsozialistischen Kritiker des Kolonialismus, ausgesprochen wurde: Früher oder später würde der »weiße Mann« schließlich auch gegen »andere weiße Männer« zu den brutalen oder unmenschlichen »Kriegspraktiken« greifen, die traditionell gegen »Eingeborene«, gegen Kolonialvölker angewandt wurden (Hobhouse, 1909, S. 179f, Anm.*).

Es war eine Warnung, die sich im Laufe des zwanzigsten Jahrhunderts als prophetisch erweisen sollte. Die koloniale Tradition hatte eine gewaltige Wirkung auf den faschistischen und nazistischen Totalitarismus. Das zeigt sich im Falle Spaniens ganz deutlich. Der maßgebliche Historiker des Bürgerkriegs, der dieses Land zwischen 1936 und 1939 mit Blut tränkte, erklärt die Schandtaten, derer sich die aufständischen Militärs schuldig machten: »Die Anführer des Aufstandes, die Generäle Mola, Franco und Queipo de Llano, hatten die gleiche Sichtweise auf das spanische Proletariat wie auf die

Marokkaner; sie waren eine minderwertige Rasse, die mit Gewalt unterworfen werden musste, ohne Zögern oder Kompromisse. So wandten sie in Spanien den beispiellosen Terror an, den sie in Nordafrika gelernt hatten, als sie auf die spanische Fremdenlegion und marokkanische Söldner (*die Regulares*) in der Kolonialarmee setzten. Die Zustimmung zur grauenhaften Gewalt ihrer Männer findet ihren Ausdruck in Francos Kriegstagebuch von 1922, das mit Genugtuung die Zerstörung marokkanischer Dörfer und die Enthauptung ihrer Verteidiger beschreibt. Mit Vergnügen erzählt er, wie sein jugendlicher Trompeter einem Gefangenen das Ohr abschnitt. Franco befehligte selbst zwölf *Legionäre* bei einer Expedition, von der sie mit den blutigen Köpfen von zwölf Mitgliedern des Stammes (*harquenos*) als Trophäen zurückkehrten. Enthauptungen und Verstümmelungen von Gefangenen waren an der Tagesordnung. Als General Miguel Primo de Rivera 1926 Marokko besuchte, wartete ein ganzes Bataillon der Legion mit blutenden Köpfen auf ihren Bajonetten auf die Inspektion. Während des Bürgerkriegs wurde der von der Armee in Afrika ausgeübte Terror auf ähnliche Weise auf dem spanischen Festland als Instrument eines kaltblütig geplanten Projekts eingesetzt, das darauf abzielte, die Grundlagen für das zukünftige autoritäre Regime zu schaffen« (Preston, 2012, S. XII-XIII*). Ja, in jenen tragischen Jahren »fand die Gewalt der spanischen Kolonialgeschichte der Jahre zuvor einen Weg, auf die Metropole zurückzufallen«. Nur so ist das Verhalten der franquistischen Offiziere zu verstehen: »Die Härte und Schrecken der marokkanischen Stammeskriege zwischen 1909 und 1925 hatten sie verroht« (ebd., S. 9*).

Zum Anderen kann sich die Verwischung der Grenze zwischen Zivilisation und Barbarei international manifestieren. Es ist die Dialektik, die den Kern der Tragödie und des Grauens des zwanzigsten Jahrhunderts ausmacht. Nach dem Schock, den die Oktoberrevolution und insbesondere ihr Aufruf an die »Sklaven der Kolonien«, sich zu erheben, auslöste, brachte Oswald Spengler eine nicht nur in Deutschland, sondern im gesamten Westen weit verbreitete Orientierung zum Ausdruck und erklärte, dass Russland die »›weiße‹ Maske« abgeworfen habe, um »wieder eine asiatische, ›mongolische‹

Großmacht« zu werden, mittlerweile ein integraler Bestandteil der »farbigen Welt«, die vom Hass gegen die »weiße Menschheit« beseelt sei (Spengler, 1933, S. 150). Auch in Hitlers Augen waren die Völker der Sowjetunion (und Osteuropas im Allgemeinen) ein integraler Bestandteil der kolonialen Welt und sollten entsprechend behandelt werden. Eine ähnliche Erwägung galt erst recht für die Juden, die aus dem Mittleren Osten stammten und sich mit dem Bolschewismus identifiziert hatten (dessen Führung sie stark gemacht hatten) und zusammen mit ihm an der Aufhetzung der »minderwertigen« Rassen beteiligt waren. Es hilft ganz sicher nicht, das Problem der Begrenzung des Krieges mit einem nostalgischen Blick auf das *jus publicum europaeum* lösen zu wollen, das auf einer Unterscheidung zwischen Zivilisten und Barbaren beruht, die schon immer problematisch war und sich oft als Vorbote des Unheils zeigte und die in einer unumkehrbar globalisierten Welt ohnehin keinen Sinn mehr hat. Das erste große Verdienst des universalistischen Ideals des ewigen Friedens liegt gerade darin, diese Unterscheidung in Frage gestellt zu haben.

12.4.
Der Krieg, von der »Natur« zur Geschichte

Auch wenn die bei Schmitt (und Maistre) so beliebte Bilanz, die die Utopie des ewigen Friedens in die Dystopie der Zerstörung des *jus publicum europaeum* und den totalen Krieg umschlagen sieht, nicht als richtig angesehen werden kann, bleibt doch ein Problem offen: Sollen wir uns vom Ideal des ewigen Friedens als einer in jedem Falle irreführenden und verheerenden Utopie endgültig verabschieden? Indem er das Scheitern dieses Ideals verspottete, feierte der große reaktionäre französische Autor den Krieg als eine Art heiligen Ritus, dem der Mensch auf keinen Fall entkommen könne: »Hörst du nicht die Erde schreien und nach Blut rufen? […] Habt Ihr nicht bemerkt, dass der Mensch auf dem Feld des Todes niemals ungehorsam ist? Er mag Nerva oder Heinrich IV. massakrieren; aber den abscheulichsten Tyrannen, den unverschämtesten Schlächter von Menschenfleisch wird man nie sagen hören: *Wir wollen dir nicht mehr dienen*. Eine

Revolte auf dem Schlachtfeld, eine Übereinkunft, sich gegenseitig zu umarmen, indem man den Tyrannen verleugnet, ist ein Phänomen, das sich der Erinnerung nicht stellt« (Maistre, 1984, Bd. 5, S. 24f*). In der Ideologie des Ancien Régime waren sowohl der Krieg als auch das Massenelend ein Verhängnis oder vielmehr ein von der Vorsehung bestimmtes Naturereignis. Heutzutage würden es nur wenige wagen, sich auf die Natur oder auf den göttlichen Willen zu berufen, um das Fortbestehen der Geißel der Armut in diesem oder jenem Gebiet der Erde zu erklären: Einerseits hat die industrielle Revolution eine ungeheure Entwicklung der Produktivkräfte gefördert, andererseits haben ständige politische Revolutionen das Problem der Produktion und Verteilung des gesellschaftlichen Reichtums auf die Tagesordnung gesetzt. Die These vom endemischen Elend als Naturtatsache wird inzwischen durch massenhafte historische Erfahrungen widerlegt. Um nur ein Beispiel zu nennen: Man denke an die Höhen und Tiefen in der Geschichte, die dazu geführt haben, dass ein Land mit einer tausendjährigen Zivilisation wie China erst in schwärzeste Armut stürzte und dann auf wundersame Weise wieder auflebte. Die zentrale Bedeutung des politischen Handelns und der historische Charakter des Massenelends sind für alle sichtbar.

Sollen wir Maistres Meinung, was den Krieg betrifft, teilen? Tatsächlich hatte er, als er seine historische Bilanz zog, wonach es nie einen »Aufstand auf dem Schlachtfeld« gegeben habe und geben würde, nur Recht mit Blick auf die Geschichte, die hinter ihm lag: Im zwanzigsten Jahrhundert kam der Aufstand der Armee eines Landes gegen die eigene Regierung, gegen den Krieg und die Kriegstreiber auf die Tagesordnung, beginnend mit der Oktoberrevolution, die entschlossen war, dem Massaker des Ersten Weltkrieges ein Ende zu setzen. Darüber hinaus waren es nicht nur Kriege großen Ausmaßes, die Revolten und Revolutionen provozierten: Die »Nelkenrevolution«, die im April 1974 die faschistische Diktatur in Portugal stürzte, ist ohne die wachsende Unduldsamkeit der Armee in Bezug auf den barbarischen Krieg, den sie in den Kolonien führen musste, nicht zu verstehen.

Ein wesentlicher Wandel im Diskurs über den Krieg wurde durch die Entwicklungen der industriellen und technologischen Revolution herbeigeführt, die beispiellose Gemetzel, Verwüstungen und sogar den nuklearen Holocaust möglich und leicht zu bewerkstelligen machten. Ungeachtet aller anderen Unterschiede können wir für den Krieg die Argumentation wiederholen, die für das Massenelend angeführt wurde: Auf der einen Seite haben die industrielle und technologische Revolution, auf der anderen Seite die politischen Revolutionen ein für alle Mal die Vorstellung vernichtet, die diese beiden Geißeln auf eine Naturkatastrophe reduzierte, gegen die politisches Handeln und Geschichte nichts ausrichten könnten.

Die Entstehung des Ideals des ewigen Friedens als politisches Projekt (und nicht als bloßer Traum), und zwar als politisches Projekt, das die gesamte Menschheit umfassen soll, ist ein Wendepunkt in der Geschichte des Denkens und der Geschichte als solcher: Statt mit einem Naturphänomen oder einer Naturkatastrophe gleichgesetzt zu werden, wird der Krieg nun unter dem Gesichtspunkt von Machtverhältnissen untersucht, die innerhalb eines einzelnen Landes oder auf internationaler Ebene herrschen. Auf diese Weise hat das Ideal des ewigen Friedens, wie naiv, emphatisch oder messianisch die Formen auch sein mögen, auch auf wissenschaftlicher Ebene das Verdienst, zur Entnaturalisierung und zur Historisierung des Phänomens Krieg beizutragen.

12.5.
Wie kann der Krieg verhindert werden: imperiale Macht oder Machtbegrenzung?

Selbstverständlich können die verschiedenen Versionen des Ideals des ewigen Friedens nicht alle auf die gleiche Ebene gestellt werden. Im Laufe meiner Ausführungen habe ich bereits eine klare Zweiteilung vorgenommen und mich kritisch gegen jene Versionen geäußert, die explizit oder implizit den universalistischen Ansatz ablehnen oder in Frage stellen, wie dies auf besonders schrille oder entschieden widerwärtige Weise von jenen Theoretikern des »ewigen Friedens« getan wird, für die die Ausrottung des Krieges mit der Vernichtung von Völkern oder »Rassen« zusammenfällt, die zuvor als »Krieger« gebrandmarkt wurden.

Wir können nun mit einer zweiten Zweiteilung fortfahren: Es gibt Vorstellungen, nach denen die Anarchie der internationalen Beziehungen und die damit verbundene ständige Kriegsgefahr überwunden oder eingedämmt werden kann, indem die Macht der einzelnen Staaten mehr oder weniger gleichmäßig begrenzt wird. Im Gegensatz dazu befürworten andere Visionen, entweder offen oder de facto, die Konzentration der Macht in einem einzigen Staat oder einer Gruppe von Staaten, die dafür verantwortlich wären, als internationale Polizei oder Exekutivorgan der Weltregierung zu agieren. Zu dieser zweiten Kategorie gehören die – wenn auch sehr unterschiedlichen – Projekte, die historisch versucht haben, die *Pax Napoleonica, Britannica, Americana* oder die Macht der Heiligen Allianz über die »christliche Nation« durchzusetzen. Auf diese zweite Kategorie verweist auch der heute wiederkehrende Diskurs, wonach der Westen – und in erster Linie sein führendes Land – das Recht, ja die Pflicht hätte, auch ohne Ermächtigung des UN-Sicherheitsrates die Verbreitung der Demokratie (d.h. die Achtung der Menschenrechte) in der Welt gewaltsam durchzusetzen, um endlich auch die Wurzeln des Krieges auszumerzen und den endgültigen Triumph des Friedens zu ermöglichen.

Diesbezüglich kommt es zu einer paradoxen Umkehrung der Positionen. Wenn die Bewegung, die von Marx und Engels ausging, oft den Traum vom Verschwinden der Macht als solcher verfolgt hat, mit der verhängnisvollen Folge, dem Problem ihrer Begrenzung wenig Aufmerksamkeit geschenkt zu haben, so hatte die liberale Tradition das Verdienst, gerade auf diesen letzten Punkt die Aufmerksamkeit zu lenken. Das große Diktum von Lord Acton ist allseits bekannt: »Macht korrumpiert, absolute Macht korrumpiert absolut«. Es war daher notwendig, den Schwerpunkt von der Suche nach exzellenten Herrschern auf die Einführung von Regeln und Mechanismen zu verlagern, die die Macht eindämmen und damit akzeptabel oder erträglich und möglichst ungefährlich machen sollten. Adam Smith (2001, S. 527, Buch IV, Kap. VII) wiederum, der in gewisser

Weise Lord Actons Vision vorwegnahm, sie aber auf die Ebene der internationalen Beziehungen übertrug, stellte fest, dass zur Zeit der Entdeckung und Eroberung Amerikas »das Übergewicht an Macht auf Seiten der Europäer so groß [war], dass sie sich jede Art Ungerechtigkeit in diesen fernen Gebieten erlauben konnten«. Auch und vielleicht besonders auf internationaler Ebene korrumpiert absolute Macht absolut: Ein kolossales Missverhältnis der Kräfte und das Ausnutzen einer unwiderstehlichen militärischen Macht des Westens haben das ermöglicht und geprägt, was man die »kolumbianische Ära« nennen könnte, jenen historischen Zyklus, in dem der Westen Protagonist ununterbrochener Kriege zur Unterwerfung, Versklavung und Vernichtung kolonialer Völker war.

Wir kommen zur Gegenwart. Indem der Westen sich das Recht anmaßt, einen Krieg auch ohne Autorisierung durch den UN-Sicherheitsrat zu entfesseln, beansprucht er de facto auf internationaler Ebene eine Macht, die keiner Kontrolle unterliegt. Indem sie das Prinzip der Achtung der staatlichen Souveränität für obsolet ansehen, ja dies sogar proklamieren, jedoch ausschließlich sich selbst das Recht vorbehalten, die Souveränität dieses oder jenes Staates für überholt zu erklären, schreiben sich die Großmächte des Westens, allen voran sein Führungsland, eine über das eigene Staatsgebiet hinausgehende, erweiterte Souveränität zu, eine imperiale Souveränität.

Auf einer streng militärischen Ebene ist uns das Bestreben der Vereinigten Staaten bekannt, ein De-facto-Monopol für Atomwaffen zu erlangen, das heißt, in der Lage zu sein, sie ohne Angst vor Vergeltung einzusetzen. Beherzigt man das Motto von Lord Acton, drängt sich eine Schlussfolgerung sofort auf: Unabhängig von der Persönlichkeit des im Weißen Haus sitzenden Präsidenten, wie demokratisch seine Ideen und Einstellungen auch sein mögen, würde die absolute Macht über Leben und Tod, über die er auf planetarischer Ebene verfügte, »absolut« korrumpieren, und zwar absoluter denn je. Aus der Sicht von Acton ist dies eine höchst bedenkliche Situation. Der liberale Westen und seine angesehensten Denker äußern jedoch die gegenteilige Besorgnis: Sie zeigen sich unruhig und alarmiert durch die Tatsache, dass die von Washington beanspruchte absolute Macht durch den unerwarteten Widerstand, auf den das Imperium in verschiedenen Ecken der Welt gestoßen ist und noch stößt, durch die wirtschaftlichen Schwierigkeiten, die die Aufrechterhaltung und Entwicklung eines solchen Mammut-Militärapparats behindern, und durch den Aufstieg der Schwellenländer und insbesondere Chinas in die Krise gerät.

Die absolute Macht hat im weitgehend unangefochtenen Westen tatsächlich katastrophale Folgen gehabt. Das zeigt sich besonders deutlich im Mittleren Osten. Nach Hunderttausenden von Toten, Millionen von Verwundeten und Millionen von Flüchtlingen, materieller Zerstörung in großem Ausmaße und dem Entstehen der Hölle des Konzentrationslagers Abu Ghraib, ist die Realität für alle sichtbar: Ganze Länder (Irak, Libyen, Syrien) sehen ihr staatliches Gefüge und ihre territoriale Integrität zertrümmert; Religionskriege flammen auf; die Lage der Frauen erfährt eine drastische Verschlechterung (man denke an die Wiedereinführung der Polygamie in Libyen); überall wüten barbarische fundamentalistische Gruppen, die anfangs vom Westen oder von mit ihm verbündeten Ländern (Saudi-Arabien) unterstützt wurden. Die Utopie des »endgültigen Friedens«, der durch die Verbreitung der »Demokratie«, dank der vom Westen ausgeübten absoluten Macht und unter Missachtung oder Verfälschung von Resolutionen und Leitlinien des Sicherheitsrates durchgesetzt werden soll, hat sich in ihr Gegenteil, in eine Dystopie, verkehrt.

Hat die Sache der Demokratie wenigstens einen bescheidenen Schritt nach vorne gemacht? Am Ende des Krieges gegen Jugoslawien (der, wie gesagt, ohne Zustimmung des UN-Sicherheitsrates entfesselt wurde) veröffentlichte die einflussreiche »International Herald Tribune« einen Artikel, der einer in den Vereinigten Staaten und in der Europäischen Union weit verbreiteten Euphorie und einem Allmachtswahn Ausdruck verlieh: »Was Gutes aus dem Kosovo hervorgeht, sollte die Welt jetzt zur Kenntnis nehmen; die NATO kann tun, was immer nötig ist, um ihre vitalen Interessen zu verteidigen« (Fitchett, 2000, S. 4*). Als sie so frohlockte, feierte die angesehene amerikanische Zeitung nicht den Triumph der Demokratie in einem einzelnen Land, sondern den des Despotismus auf internationaler Ebene. Und es war ein Triumph, der nichts Gutes verhieß und der neue selbstherrlich beschlossene Kriege und neue Katastrophen ankündigte. Und so schamlos war der Despotismus, dass er sich nicht einmal auf »Werte« berief, sondern explizit den absoluten Vorrang westlicher und amerikanischer »Interessen« postulierte, ohne jede Rücksicht auf das Völkerrecht oder auf »humanitäre« Gründe. Und wieder sehen wir, wie die Utopie in die Dystopie umschlägt.

Tatsache ist, dass die Sache des Friedens nicht von der Sache der Demokratisierung der internationalen Beziehungen trennbar ist. Es war eine Vision, über die sich am Ende des Zweiten Weltkriegs die gesamte internationale Gemeinschaft einig zu sein schien: Was war das Dritte Reich gewesen, wenn nicht der Versuch, die koloniale Tradition wieder aufzunehmen und zu radikalisieren, die »kolumbianische Epoche« zu verlängern und zu erneuern – unter dem Banner der überwältigenden »Überlegenheit der Kräfte« des Westens, als deren Vorkämpfer sich Hitler gegenüber den Kolonialvölkern, zu denen auch die »Eingeborenen« Osteuropas zählten, aufschwang? Ähnlich, nur in einem völlig anderen geographischen Kontext, verhielten sich das Reich der aufgehenden Sonne und das von Mussolini. So konnte sich Gandhi eines breiten Konsenses erfreuen, als er am Ende des Zweiten Weltkriegs auf dem Prinzip der »Gleichheit aller Rassen und Nationen« als Grundlage eines »wahren Friedens« bestand (zit. in: Tendulkar, 1990, Bd. 7, S. 2*).

Der Kampf um dieses Prinzip ist jedoch noch lange nicht zu Ende. Kehren wir zu Lord Acton zurück. Es ist wahr, dass man ihm das zu Recht berühmte Motto verdankt, das vor dem Missbrauch von Macht warnt. Es ist jedoch erwähnenswert, dass er anlässlich des Bürgerkriegs in den Vereinigten Staaten mit großer Sympathie und sogar Bewunderung auf die Sache des sezessionistischen und sklavenhaltenden Südens blickte: Mit anderen Worten, er machte das Prinzip der Begrenzung der Macht nur innerhalb der weißen, zivilisierten Gemeinschaft geltend, während er sich nicht über die absolute Macht empörte, die von weißen Herren über ihre schwarzen Sklaven ausgeübt wurde (Losurdo, 2010/11, Kap. V, Abs. 9). Es ist diese Tradition, die es dem liberalen Westen erlaubt, sich nicht im Widerspruch zu sich selbst zu fühlen, sondern mit sich selbst im Reinen zu sein, wenn er sich unter Umgehung der UNO den Anspruch anmaßt, mit seinen Armeen und seiner Kriegsmaschinerie in jedem Winkel der Welt eigenmächtig zu intervenieren.

12.6.
Wer schützt uns vor der »Responsibility to Protect«?

Selbstverständlich hätte in der heutigen Zeit das Schwenken der Fahne der Rassenungleichheit und Rassenhierarchie keinerlei Aussicht auf Erfolg. Man geht ganz anders vor. Die Theoretiker der »neokonservativen Revolution« (genauer: der zweiten kolonialistischen Konterrevolution) wissen das sehr wohl, und sie urteilen folgendermaßen: Im Falle eines Gegensatzes zwischen Rechtsnorm und moralischer Norm ist es die letztere, die sich bedingungslos durchsetzen muss. Gewiss, das Völkerrecht und die Satzung der UNO sanktionieren das gleiche Recht eines jeden Landes auf Achtung seiner staatlichen Souveränität; bei Vorliegen einer schweren und umfangreichen Verletzung der Menschenrechte kann man sich jedoch der »Schutzverantwortung« nicht entziehen und muss daher »humanitär intervenieren«; wer sich an den legalistischen Bürokratismus klammert, zeigt, dass er für die höheren Gründe der Moral und der Menschlichkeit taub ist.

Selbst mit ihrer demagogischen Großspurigkeit (die die Vernunft zum Schweigen bringen will, indem sie an Gefühle und Emotionen appelliert) und selbst wenn sie notfalls von einem gigantischen multimedialen Apparat unterstützt wird, gelingt es dieser zum Gemeinplatz der herrschenden Ideologie gewordenen Argumentationsweise nicht, eine elementare und unausweichliche Frage überzeugend zu beantworten: *quis judicabit (wer urteilt)*? Wenn dem Westen und den USA, und nur ihnen, wenn der NATO, und nur ihr, das Recht eingeräumt wird, zu beurteilen, wann es notwendig ist, die Resolutionen des Sicherheitsrates abzuwarten und einzuhalten, und wann es erlaubt und sogar richtig ist, auf sie zu verzichten oder sie zu missachten und zu verletzen, dann ist klar, dass das Prinzip der Gleichheit zwischen den Nationen, das freundlicherweise durch die Tür hereingelassen wurde, brutal aus dem Fenster hinausgeworfen wird, so dass die zur Schau gestellten edlen moralischen Gefühle nur als Deckmantel für einen skrupellosen Wunsch nach Macht und Herrschaft dienen.

Ein Blick in die Geschichte kann die logische und moralische Unhaltbarkeit des (dem Westen vorbehaltenen) Rechts auf humanitäre Intervention zusätzlich bekräftigen. Zu Beginn des zwanzigsten Jahrhunderts war es ein Patriarch des Neoliberalismus, der dieses Recht beanspruchte. Im Namen des Freihandels war er bereit, die Intervention der großen Kolonialmächte in jedem Winkel der Welt zu rechtfertigen, und in der Tat bezeichnete er rückblickend den Krieg, mit dem Großbritannien China den freien Handel mit Opium aufgezwungen hatte, als legitim und sogar verdienstvoll: »Daß vom Standpunkte der Freihändler auch dem Handel mit Giften keine Hindernisse in den Weg gelegt werden dürfen und jedermann aus eigenem Antrieb sich der Genüsse, die seinem Organismus schädlich sind, enthalten soll, ist nicht so niederträchtig und gemein, wie es sozialistische und anglophobe Schriftsteller darzutun pflegen« (Mises, 1922, S. 220f, Anmerkung). Das war das Argument, das seinerzeit von John Stuart Mill vorgebracht worden war. Aber es gab einen erschwerenden Umstand. Der soeben zitierte Text stammt aus dem Jahr 1922: Drei Jahre zuvor hatte die Prohibition gerade in den Vereinigten Staaten, die dem Patriarchen des Neoliberalismus besonders am Herzen lagen, gesiegt. Aber er hütete sich davor, China (oder einer europäischen Großmacht) zu erlauben, in das Land einzumarschieren, das sich dem freien Handel mit alkoholischen Getränken widersetzte! Aber es ist müßig, bei Mises ein Bemühen um die Überwindung des Ethnozentrismus durch die Formulierung allgemeiner Regeln zu suchen; es wäre vergeblich, bei ihm das kritische Bewusstsein zu erwarten, das Leibniz zu dem Wunsch oder zur Hypothese getrieben hatte, dass chinesische Missionare nach Europa geschickt würden. Der Text von 1922, der den Opiumkrieg bejubelte, ließ keinen Zweifel daran, dass der liberale Westen jedes Recht hatte, »die Regierungen [zu] beseitigen, die durch Handelsverbote und andere Verkehrsbeschränkungen ihre Untertanen von den Vorteilen der Teilnahme am Weltverkehr auszuschließen suchen und damit die Versorgung aller Menschen verschlechtern«. Der Patriarch des Neoliberalismus war gleichzeitig ein Prophet der humanitären Intervention, aber nur der Westen hatte das Recht, Missionare, und zwar bewaffnete Missionare, in jeden Winkel der Welt zu schicken. Es blieb dabei, dass der Westen und insbesondere Großbritannien, selbst wenn sie zum Opiumkrieg gegriffen hatten, nichts anderes getan hatten, als ihrem glorreichen »Beruf [...], die rückständigen Völker in die Kultur einzubeziehen« (ebd.) zu folgen.

In den Fußstapfen des Propheten der humanitären Intervention, den wir gerade kennengelernt haben, bewegt sich, ohne es zu wissen, einer der prominentesten Theoretiker der heutigen »neokonservativen Revolution«, nämlich Kagan. Er beruft sich eigentlich auf Burke und seine Aufforderung an die Mächte des christlichen Abendlandes, den Untaten, die man dem revolutionären Frankreich angelastet hatte, ein Ende zu bereiten. Eine derartige Position bezieht er in einem Brief vom 18. August 1792. Der Volksaufstand, der acht Tage zuvor, am 10. August, in Paris stattgefunden hatte, ebnete den Weg für die Abschaffung der Bourbonen-Dynastie und die Einführung des allgemeinen (männlichen) Wahlrechts und der Demokratie. Das Regime, das einerseits auf den Terror zurückgreifen würde, um eine ausländische Invasion abzuwehren, und andererseits die Abschaffung der Sklaverei in den französischen Kolonien besiegeln würde, zeichnete sich ab, war aber noch nicht entstanden. Laut Kagan ist es Burkes großes Verdienst, dass er die damalige internationale Gemeinschaft dazu aufgerufen hat, gegen die »Schrecken der Französischen Revolution« vorzugehen. Aber hätten die französischen Jakobiner nicht auch das Recht gehabt, eine internationale Intervention gegen Großbritannien zu fordern, das eine große Zahl von Sklaven hielt, den schwarzen Sklavenhandel förderte und mit Burke die Kampagne gegen die in Paris proklamierten »Menschenrechte« anführte? Wäre es vor allem nicht erlaubt oder gerechtfertigt gewesen, gegen die Vereinigten Staaten zu intervenieren, die von einer großen internationalen Öffentlichkeit beschuldigt wurden, die Sklaverei, »das Schändlichste, das die Erde jemals erblickt hat«, zu unterhalten und sich mit der »Grausamkeit der barbarischsten Zeiten« zu beflecken, und die letztlich im Amt des Präsidenten einen Sklavenhalter nach dem anderen erlebten (vgl. oben, Abs. 9.5, 1.2)?

Noch in der heutigen Zeit kann man sich fragen: Wer schützt uns vor denen, die einseitig und eigenmächtig die »Schutzverantwortung« übernommen haben? Und wer wird den Protagonisten der humanitären Kriege Lektionen über die Achtung der Menschenrechte und die Grundprinzipien der Menschlichkeit erteilen? Ein Jahr nach dem zweiten Golfkrieg, der auch im Namen des Kampfes gegen Brutalität und Grausamkeit gerechtfertigt wurde, rechnete eine konservative französische Zeitung vor, dass es dreißig Jahre nach dem Ende der Feindseligkeiten in Vietnam immer noch »vier Millionen« Opfer gibt, deren Körper vom »schrecklichen Agent Orange« (gemeint ist die Farbe des Dioxins, das von US-Flugzeugen rücksichtslos über ein ganzes Volk versprüht wurde) entstellt sind (Hauter, 2004*). Es dürfte kein Zweifel mehr bestehen: Der Anspruch eines Landes oder einer Gruppe von Ländern, die privilegierten oder ausschließlichen Interpreten universeller Werte zu sein, die sie auch durch einseitige und eigenmächtige Anwendung von Waffengewalt zu schützen befugt wären, dient nur dazu, das Recht des Stärkeren in der internationalen Arena zu verankern, den Krieg zu verewigen und die Sache des Friedens noch schwieriger oder gar aussichtslos zu machen.

12.7.
Mit welchen Veränderungen kann der Frieden gefördert werden?

Wenn der zentrale Stellenwert des Problems der Demokratisierung der internationalen Beziehungen erst einmal geklärt ist und wenn wir die Auffassung zurückgewiesen haben, die einer imperialen Macht die Verwirklichung des ewigen Friedens zuweist, können wir zu einer weiteren Zweiteilung (der dritten und letzten der von mir vorgeschlagenen) der Projekte des ewigen Friedens übergehen. Es gibt einen Ansatz, nach dem es, um die Wurzeln des Krieges auszureißen, genügen würde, die Zivilgesellschaft in die Lage zu versetzen, sich frei zu äußern, ohne durch das Gewicht der politischen Macht und noch mehr durch das Gewicht einer despotischen politischen Macht belastet zu werden. Diese Auffassung hält jedoch der historischen Analyse nicht stand. Wie wir schon wissen, war es bereits Hegel, der in der Polemik mit Kant auf die kriegerische »Begeisterung« aufmerksam machte, die ein repräsentatives, wenn auch von unten gewähltes Gremium wie das britische Unterhaus entflammen kann. Dieses gehörte zu den wichtigsten Akteuren der fünfundzwanzig Jahre dauernden Kriege, die auf den Ausbruch der Französischen Revolution folgten. Im Übrigen sollte man sich, mehr als auf die Autorität dieser oder jener Persönlichkeit, auf die historischen Erfahrungen mit den Kriegen beziehen, die von Demokratien, auch untereinander, entfesselt wurden. Vor allem lohnt es sich, über die Geschichte des Kolonialismus nachzudenken: Sie ist weitgehend die Geschichte von Bestrebungen, die der (weißen und westlichen) Zivilgesellschaft entsprangen. Dabei wurden häufig die von der Staatsmacht gesetzten Grenzen infrage gestellt und ignoriert, um die Kolonialvölker zu enteignen, zu deportieren oder zu versklaven, indem sie entweder die Entfesselung offener Kriege durch den Staat förderte oder selbst unmittelbar zu nicht erklärten, aber deshalb nicht weniger blutigen Kriegen griff.

Die mythologische Verklärung der Zivilgesellschaft als Sinnbild des Friedens ist auch in der Vorstellung präsent, die, ausgehend von Constant (oder noch früher von Washington oder Melon), in der Förderung der wirtschaftlichen und produktiven Tätigkeit und in der Entwicklung des Handels und des Marktes die Garantie sieht für das Verschwinden sowohl des Militarismus als auch des Anreizes, sich durch militärische Eroberung und Krieg zu bereichern. Nach dieser Ansicht würde die Zivilgesellschaft, wenn sie ihren Neigungen frei folgen könnte, nur friedliche Arbeit verrichten, um die für ihren Unterhalt und ihr Wohlergehen notwendigen Güter zu produzieren und auszutauschen. Wir sollten uns jedoch alle des Zusammenhangs bewusst sein, der zu Beginn des Kapitalismus zwischen dem Aufbau des Weltmarktes und der Versklavung und Dezimierung oder Vernichtung ganzer Völker bestand; insbesondere nach den Erfahrungen des 20. Jahrhunderts wissen wir sehr wohl, dass der Kampf um den Absatz der industriellen Produktion und die Kontrolle des Weltmarktes durchaus zu dem »industriellen Vernichtungskrieg der Nationen untereinander« führen kann, den das *Manifest der Kommunistischen Partei* voraussah.

Bei seiner Analyse der Gesellschaft und der Welt hatte Marx das Verdienst, die Aufmerksamkeit auf die Machtverhältnisse (und auf Herrschaft und Unterdrückung) zu lenken, die sowohl in der Zivilgesellschaft als auch in der Politik gelten. Es ist ein Ansatz, der auch für das Verständnis des Phänomens Krieg gilt: Es kann sehr wohl eine Zivilgesellschaft sein – und ist es historisch oft gewesen –, die einen solchen Krieg provoziert, eine Zivilgesellschaft, die »frei« und ohne von der politischen Macht behindert zu werden, die in ihrem Besitz befindlichen Territorien oder die Zahl ihrer Sklaven oder des von ihr kontrollierten kolonialen oder halbkolonialen Gebiets und Einflussbereichs mit Waffengewalt ausweitet.

Das hier vorgeschlagene methodische Kriterium, das den Mythos einer friedliebenden Zivilgesellschaft per se verwirft, wurde von keinem Geringeren als US-Präsident Dwight D. Eisenhower in gewisser Weise bestätigt. In seiner Abschiedsrede an die Nation am 17. Januar 1961 warnte er vor der Gefahr, die vom »militärisch-industrielle Komplex« für den Frieden ausgeht: Für die Industrien, die damit beschäftigt sind, einen gigantischen Militärapparat zu versorgen, könne der beschleunigte und massenhafte Verbrauch von Waffen und Kriegsmaterial, also der Krieg, eine Chance zur wirtschaftlichen Expansion und Bereicherung sein. Und die demokratische Ordnung war an sich keine Garantie für den Frieden: Gerade bei der Wahl des Kongresses und des Präsidenten machte sich der »militärisch-industrielle Komplex« mit seinem ganzen Gewicht bemerkbar. Der weitreichende Einfluss, den die Waffenlobby in den repräsentativen Gremien der Vereinigten Staaten (für den Verkauf auf dem heimischen Markt) ausübt, ist bekannt; es ist zu vermuten, dass der Einfluss der Lobby, die sich mit dem Verkauf von Waffen auf dem internationalen Markt (einem noch lukrativeren Geschäft) abgibt, sicher nicht bescheidener ist. Der ersten Lobby gelingt es, die

Appelle zum Schweigen zu bringen, die vor allem in der Folge aufsehenerregender blutiger Ereignisse die Einführung dieser oder jener Begrenzung des nationalen Waffenmarktes fordern; es ist zu vermuten, dass die zweite Lobby, ein integraler Bestandteil des militärisch-industriellen Komplexes, nicht weniger erfolgreich dabei ist, die Initiativen derjenigen zu blockieren, die das im Namen der nationalen Sicherheit (oder der Verteidigung der Menschenrechte in der Welt) geförderte Wettrüsten eindämmen und den Verkauf von Waffen auf dem internationalen Markt sowie den Rückgriff auf den Krieg begrenzen möchten.

Es scheint keinen Zweifel an der wesentlichen Rolle zu geben, die der militärisch-industrielle Komplex der USA bei der Wiederbelebung des Kalten Krieges in Osteuropa spielte, bei der Schürung eines der gefährlichsten Spannungsherde unserer Zeit, bei dem sich, als Ergebnis des unerbittlichen Vormarsches der NATO, der Westen und Russland in der Ukraine gegenüberstehen. Laut dem ehemaligen italienischen Botschafter in Moskau war dies ein Vorstoß, der »der amerikanischen Rüstungsindustrie« sehr gefiel. Das ist alles andere als überraschend: »Wenn die militärische Organisation des Atlantikpaktes auf die ehemaligen Satelliten der UdSSR ausgedehnt worden wäre, wie viele Flugzeuge, Panzer, Geschütze und andere militärische Ausrüstung hätten die neuen Mitglieder dann benötigt, um sich ordnungsgemäß in das atlantische System einzufügen? […] Die Aussicht auf neue Aufträge reizte auch jene Abgeordneten und Senatoren, die in ihren Wahlkreisen Rüstungsindustrie hatten. Und schließlich konnten dem Präsidenten die Stimmen nicht egal sein, mit denen sich die nationalen Lobbys dafür bedanken würden, dass er ihre Wünsche erfüllt hatte« (Romano, 2015, S. 106f*).

Tatsächlich handelt es sich bei näherer Betrachtung nicht nur um den militärisch-industriellen Komplex im engeren Sinne. Das Gewicht, das die Zivilgesellschaft bei der Entfesselung eines Krieges haben kann, zeigt sich auf verschiedenen Ebenen. Heutzutage sind es private *Public-Relations*-Agenturen, die während einer internationalen Krise skrupellose Kampagnen starten, um den Feind zu dämonisieren und damit den Einsatz von Waffen zu legitimieren und sogar zu fördern; und sie starten solche Kampagnen nicht einer Ideologie oder einem politischen Programm zuliebe, sondern primär, um ein privates Interesse zu verfolgen. Genau dies war während des ersten Golfkrieges der Fall. Im Januar 1991, am Vorabend seiner Entfesselung, verbreitete eine US-amerikanische Werbeagentur, die dafür großzügig oder sagenhaft entlohnt wurde, grausame Details über irakische Soldaten, die widerständigen Kuwaitis die »Ohren« abschnitten. Dann kam das Husarenstück: Die Invasoren unter dem Befehl von Saddam Hussein hatten ein Krankenhaus überfallen, 312 Babys aus ihren Brutkästen genommen und sie auf dem eiskalten Boden des Krankenhauses von Kuwait City sterben lassen. Von Präsident Bush Sr. wiederholt vorgeführt, vom Kongress bekräftigt, von der maßgeblichen Presse und sogar von Amnesty International bestätigt, machten diese von Grund auf erfundenen, aber sehr ausführlichen (und entsetzlichen) »Nachrichten« die Strafexpedition gegen den »neuen Hitler« legitim und sogar notwendig. Was die Kampagne angeht, die die Bombenangriffe auf Jugoslawien im Jahr 1999 vorbereiteten, genügt es, einen Zeugen zu zitieren, nämlich den Direktor einer US-amerikanischen Agentur (Ruder & Finn Global Public Affairs), der stolz darauf war, die Aufgabe, die ihm von Miloševićs Feinden übertragen worden war, »für 17 Millionen Dollar im Jahr« bestmöglich ausgeführt zu haben: »Wir haben in der öffentlichen Meinung Serben und Nazis zu einer Einheit machen können […]. Wir sind Profis. Wir haben eine Arbeit zu erledigen und wir tun das. Wir werden nicht für Moral bezahlt« (Toschi Marazzani Visconti, 1999, S. 31; siehe auch Losurdo, 2017, Kap. III, Abs. 3, 5). Es liegt auf der Hand, dass in beiden hier betrachteten Kriegen private Interessen, die skrupellos und in der Tat zynisch verfolgt wurden, perfekt mit dem Plan und dem Willen der politischen Macht übereinstimmten. Es bleibt die Tatsache, dass der gesellschaftspolitische Block, der dazu neigt, dauerhaften Frieden eher als Bedrohung denn als Verheißung zu sehen, viel umfangreicher ist, als Eisenhower dachte, oder besser gesagt, er ist viel umfangreicher geworden, als er zu dessen Zeit war.

Dies gilt umso mehr, als heutzutage sogar die Durchführung von Kriegseinsätzen im engeren Sinne und die Vorbereitung und Durchführung der damit verbundenen logistischen Aktivitäten privaten Unternehmen anvertraut werden können. Im Irak, der 2003 im zweiten Golfkrieg angegriffen wurde, waren insgesamt Zehntausende von »contractors« am Werk. Sie wurden oft mit den heikelsten und schmutzigsten Aufgaben betraut. Im Gegenzug wurden sie großzügig bezahlt: bis zu 1000 Dollar pro Tag (Losurdo, 2007, Kap. I, Abs. 13*). Damit wird der Kreis derjenigen, die potenziell am Krieg interessiert sind, weiter ausgedehnt. Mehr noch, wenn der Krieg von einer alleinigen oder fast alleinigen Supermacht gegen Länder und Völker geführt wird, die nicht in der Lage sind, entsprechenden Widerstand zu leisten, wird tendenziell die gesamte Volkswirtschaft davon erfasst: Sie profitiert von einem kleinen Krieg, der innenpolitisch eine Maßnahme des militärischen Keynesianismus darstellt und international die Eroberung neuer Märkte und neuer geopolitischer und geoökonomischer Positionen ermöglicht. Natürlich können auch »kleine Kriege« in große Kriege münden: Das gilt für die Gegenwart ebenso wie für die Vergangenheit. Eines gibt jedoch zu denken. Ein Autor, der unter der Clinton-Administration Finanzminister war und auch danach noch wichtige politische Ämter innehatte, muss heute feststellen, dass nicht erkennbar sei, wie »außerhalb eines Krieges« die Weltwirtschaft (oder die westliche Wirtschaft) eigentlich aus der Krise heraus und wieder in Schwung kommen könne; es stimme zwar, dass die in den 1930er Jahren gemachten Vorhersagen einer lang anhaltenden Stagnation durch den Wirtschaftsboom der folgenden Jahre schnell widerlegt worden seien, aber es handelte sich um einen »Wirtschaftsboom«, der »während und nach dem Zweiten Weltkrieg« stattgefunden hatte (Summers, 2014, S. 36*).

Die Verbindung zwischen dem Kapitalismus/Imperialismus einerseits und dem modernen Krieg andererseits ist klar. Wir werden gewissermaßen zurück zu Lenin geführt. Dieser berücksichtigt bei der Entwicklung seiner Analyse nicht nur die wirtschaftliche, sondern auch die ideologische Dimension. In seinen Augen ist eines der wesentlichen Merkmale des Imperialismus der Anspruch der Großmächte, sich als »Musternationen« aufzuspielen, indem sie sich selbst »das *ausschließliche* Privileg auf staatliche Konstituierung« zuschreiben und es den Barbaren der Kolonien oder Halbkolonien absprechen (Lenin, 1955-1970, Bd. 20, S. 442). Und wiederum wird die Verbindung zwischen Krieg und Kapitalismus/Imperialismus bestätigt. Wir haben die Euphorie des Westens bei seinem Triumph im Kalten Krieg erlebt: Zusammen mit dem Kommunismus war auch die »Dritte-Welt-Bewegung« bezwungen worden; die Vereinigten Staaten und ihre Verbündeten konnten mehr denn je ihren »Exzeptionalismus« geltend machen, indem sie in jedem Winkel der Welt militärisch intervenierten und sich in der Tat das »exklusive Privileg« der Souveränität und die internationale Polizeigewalt vorbehielten (die Macht, die kolonialistische oder neokolonialistische Mächte seit jeher für sich beansprucht haben, und das natürlich exklusiv). Es ist wohl wahr, dass die UNO fortbestand, aber vor mehr als zwanzig Jahren berichtete eine maßgebliche italienische Tageszeitung (»La Repubblica«) darüber, wie die Debatten und Abstimmungen im Sicherheitsrat abliefen: »China war gegen Sanktionen gegen Libyen, und die drei Westmächte drohten mit verheerenden wirtschaftlichen Vergeltungsmaßnahmen« (Caretto, 1992*); auf diese Weise konnten mögliche Dissidenten zum Gehorsam gezwungen werden. Doch heute, auch dank der außerordentlichen wirtschaftlichen und technologischen Entwicklung des großen asiatischen Landes (und in geringerem Maße auch anderer Schwellenländer), hat sich alles geändert oder beginnt sich zu ändern. In den Ländern und den Kreisen, die den Exzeptionalismus für sich in Anspruch nahmen, weicht die Euphorie der Sorge und sogar der Angst: Bezog sie sich auf wirtschaftlicher Ebene auf die 2008 ausgebrochene Krise, so hängen auf der politischen Ebene die wachsenden Kriegsgefahren mit der Weigerung der USA und ihrer engsten Verbündeten zusammen, sich mit dem Verlust des »Exzeptionalismus« und mit dem Rückgang von Kolonialismus und Neokolonialismus sowie mit der Demokratisierung der internationalen Beziehungen abzufinden, die sich trotz allem zaghaft abzuzeichnen beginnt.

12.8.
Der Staat, der Krieg und die Utopien des 20. Jahrhunderts

Die Sache des Friedens ist eng mit dem Kampf gegen Kapitalismus und Imperialismus verbunden. Reicht es, sich dessen bewusst zu werden, um dem Ideal des ewigen Friedens Relevanz und Konkretheit zu verleihen? Das Streben nach einer von der Geißel des Krieges befreiten Welt zu bekräftigen und damit die von Maistre oder Schmitt favorisierte Bilanz abzulehnen, heißt nicht, darauf zu verzichten, dieses Ideal neu zu überdenken, um es schließlich von seinem messianischen Charakter zu befreien, den es manchmal annimmt, als ob so etwas wie das Ende der Geschichte und das Verschwinden jeder Form von Rivalität oder Divergenz zwischen den Nationen und Staaten, ja das Verschwinden des einen wie des anderen möglich wären. Es gilt die allgemeine Regel: Große Ideen und Projekte können nur durch einen mühsamen Lernprozess zur Reife gelangen. Was heißt das in diesem Fall?

Zunächst ist festzuhalten, dass die Utopie des ewigen Friedens historisch oft mit der des Absterbens des Staates verbunden und verwoben ist. Nehmen wir eine der großen Persönlichkeiten, die von der Französischen Revolution hervorgebracht wurden: Mit der Verwirklichung der universellen Republik »wird es keine Kriege mehr zu erklären, keinen Frieden mehr zu schließen, keine Bündnisse mehr zu schließen und keine Kreditgeschäfte mehr zu tätigen geben« (Cloots, 1979, S. 394*). Alles wird einfacher: »Ohne die Zersplitterung (*morcellement*) des Menschengeschlechts bräuchten wir die komplizierte, zerbrechliche und ruinöse Maschine namens Regierung nicht mehr« (ebd., S. 443*). Sobald die künstlichen Barrieren weggefegt sind, die die Menschheit zersplittern und nationale Antagonismen ermöglichen oder befördern, wird der Regierungs- und Staatsapparat weitgehend überflüssig. Es ist eine Thematik, die in einer theoretisch reicheren und deutlicheren Formulierung bei Fichte wiederkehrt, nicht zufällig vor allem in den Schriften, die unmittelbar auf die Französische Revolution folgen und von ihr am meisten beeinflusst sind. Fichte, der uns als Philosoph des ewigen Friedens schlechthin bekannt ist, erklärt in anderer Hinsicht: »Der

Staat geht, ebenso wie alle menschlichen Institute, die blosse Mittel sind, auf seine eigene Vernichtung aus: Es ist der Zweck aller Regierung, die Regierung überflüssig zu machen« (FVB, S. 306). Um die »zukünftige Freude« zu erreichen, realisiert die Menschheit neue und fortschrittlichere politische Institutionen. Diese können nicht auf das jeder rechtlichen und staatlichen Organisation eigene Moment des Zwangs verzichten; andererseits stellen sie einen Fortschritt auf dem Weg zur Verwirklichung einer vollständig versöhnten Gesellschaft dar. In dieser Perspektive erscheint der Staat als eine Kerze, die allmählich erlischt, die aber erst durch ihr Licht den Fortschritt und damit ihr eigenes allmähliches Verlöschen ermöglicht (FBB, S. 103). Bei Cloots und Fichte fließen das Ideal des ewigen Friedens und das Ideal der Auslöschung des Staates in der Utopie des Aufkeimens eines Zustandes zusammen, der auf der inneren und der internationalen Ebene (vorausgesetzt, dass diese beiden Sphären noch unterschieden werden können) durch das Verschwinden jeder Form von Gewalt und Widerspruch und damit dem Verschwinden jedes Grundes für die Existenz eines Zwangsapparates auf der inneren und internationalen Ebene gekennzeichnet ist.

Es ist eine Vision, die bei Marx und Engels wiederkehrt, aber in einer weniger naiv-utopischen Form. Manchmal sprechen sie vom Absterben des Staates als solchem, mit dem Verschwinden der »politischen Gewalt im eigentlichen Sinne« (MEW 4, S. 482) und der Ersetzung der »Regierung über Personen« durch eine »Verwaltung von Sachen« und die »Leitung von Produktionsprozessen« (MEW 19, S. 224); manchmal theoretisieren sie ein Absterben des »Staates im jetzigen politischen Sinne« (MEW 18, S. 634), mit der impliziten Anerkennung der Tatsache, dass, wenn auch nur in einem anderen »politischen Sinne« als dem »jetzigen«, irgendeine Form der juristischen und staatlichen Organisation auch nach den radikalsten revolutionären Umwälzungen weiterbestehen wird. Wiederholt betonen Marx und Engels, dass der Staat neben der Organisation der Klassenherrschaft die Aufgabe hat, eine »wechselseitige Assekuranz«, d. h. eine »gegenseitige Versicherung« (MEW 7,

S. 288) zwischen den Mitgliedern der herrschenden Klasse sicherzustellen. Und man versteht nicht, warum nach dem Verschwinden der Klassen und des Klassenkampfes die »Assekuranz« oder »Versicherung« für die einzelnen Mitglieder einer vereinigten Gemeinschaft überflüssig werden sollte. Vielleicht ist es Engels, der die Polemik gegen Anarchisten und »Antiautoritäre« weiter treibt, indem er deren prinzipiellen Anti-Etatismus einer spöttischen Kritik unterzieht, die aber auf den »abstrakten Staatsbegriff« abzielt, beziehungsweise »den abstrakten Staat, den Staat als solchen, einen Staat, der nirgends existiert« oder der nur »in den Wolken« zu finden ist (MEW 18, S. 342). Aber läuft eine solche Polemik nicht darauf hinaus, die Theorie vom Absterben des Staates als solchem in Frage zu stellen? Fest steht, dass trotz aller Schwankungen und Widersprüche der Lernprozess begonnen hat, der eine Kritik an der messianischen Erwartung des Herannahens einer Gesellschaft fördert, einer Gesellschaft, die so eindeutig vor jeglichen Widersprüchen und Konflikten geschützt ist, dass sie kein Rechtssystem mehr benötigt.

Bei den Überlegungen von Engels und Lenin beginnt sich ein ähnlicher Lernprozess auch für die nationale Frage abzuzeichnen (siehe oben, Abs. 7.4). Zumindest für einige Zeit nach dem Sturz des kapitalistischen und imperialistischen Weltsystems könnten und würden die Widersprüche zwischen den verschiedenen Nationen und Nationalstaaten weiter bestehen.

Allerdings wurden diese Ansätze eines politischen Realismus durch die Katastrophe des Ersten Weltkrieges weitgehend erstickt. Das wütende Gemetzel, für das selbst Staaten mit einer gefestigten liberalen Tradition im Namen der Verteidigung der Nation die Massenopferung ihrer männlichen Bürger fordern und praktizieren, und sie zwingen, ohne zu zögern, zu töten und sich töten zu lassen, fördert die Wiederbelebung einer emphatischen und abstrakten Utopie, die von einer Menschheit träumt, die ein für alle Mal befreit ist von den Tragödien, die ihr durch den Staat und die Macht an sich, durch nationale Identitäten und durch staatliche und nationale Grenzen zugefügt werden.

12.9.
Das Ideal des ewigen Friedens in der Schule des politischen Realismus

Der durch den Ersten Weltkrieg unterbrochene und blockierte Lernprozess wurde in den folgenden Jahren und Jahrzehnten mühsam wieder aufgenommen, und an ihn muss nun wieder angeknüpft werden, um das Ideal des ewigen Friedens von aller Abstraktheit und Naivität zu befreien. Es reicht nicht aus, von der Denktradition zu lernen, die ein solches Ideal kultiviert hat. Spielt es in der Französischen Revolution und mehr noch in der Oktoberrevolution eine relevante Rolle, so ist das Ideal des ewigen Friedens in den beiden englischen Revolutionen (des 17. Jahrhunderts) und in der Amerikanischen Revolution (des 18. Jahrhunderts) im Wesentlichen nicht vorhanden: Die wenig überzeugende Hommage Washingtons an das biblische Motiv der Verwandlung von Schwertern in Pflugscharen, als der Unabhängigkeitskrieg schon vorbei ist, spielt keine wirkliche politische Rolle.

Insgesamt ist das Ideal des ewigen Friedens in der liberalen Tradition weitgehend abwesend. Die »Resignation« vor dem Krieg kann als Beschränkung betrachtet werden, sie kann als Synonym für die Kapitulation vor der bestehenden Ordnung und der *Realpolitik* verstanden werden, aber man darf die andere Seite der Medaille nicht aus den Augen verlieren, nämlich die Lektion des politischen Realismus, die in einer solchen »Resignation« enthalten ist: Man kann den Beitrag nicht ignorieren, den Autoren wie Hamilton und Tocqueville zur Klärung des hier diskutierten Problems leisten können. Mit anderen Worten: Die Neubewertung des Ideals des ewigen Friedens erfolgt durch eine Auseinandersetzung mit der liberalen Tradition. Doch das ist nicht genug. Noch wichtiger ist es, über den quälenden Reifungsprozess nachzudenken, den eine große Idee, die zu ihrer Verwirklichung strebt, notwendigerweise durchläuft; es ist notwendig, die schmerzhaften historischen Erfahrungen (Ernüchterung, Enttäuschung, Empörung über die Nichtverwirklichung der Versprechungen der Revolutionen von 1789 und 1917) zu analysieren, die das Ideal des ewigen Friedens durchlaufen hat und in gewisser

Weise auch durchlaufen musste. Somit haben wir zwei Quellen für den Lernprozess, der mit dem gebotenen Überdenken dieses Ideals verbunden ist. Auf beide wurden im vorliegenden Buch zurückgegriffen. Wollen wir nun versuchen, einige Schlussfolgerungen zu ziehen, indem wir auf einige der wichtigsten Probleme eingehen, die sich im Laufe meiner Ausführungen ergeben haben.

Müssen wir uns den Sieg der Sache des Friedens als die Vereinigung der gesamten Menschheit zu einem Organismus vorstellen, der nur einzelne Individuen und keine anderen Unterscheidungen und Gliederungen mehr kennt? Selbstverständlich spricht nichts gegen die Vorstellung, dass in einer sehr fernen Zukunft nationale Identitäten und Staatsgrenzen verschwinden werden, so dass die gesamte Menschheit organisch und unwiderruflich vereinigt sein wird. Es ist jedoch eine historische Bilanz erforderlich: Wir haben schon gesehen, wie Fichte behauptete, dass »die Aufgabe unseres Geschlechts darin besteht, sich in einem einzigen Körper zu vereinen«, und sich der Illusion hingab, dass diese Mission schon zu seiner Zeit, vor mehr als zwei Jahrhunderten, kurz vor der Verwirklichung stand; ebenso haben wir gesehen, wie ein Zeitgenosse des großen Philosophen, nämlich der deutsch-französische Revolutionär Cloots, mit Begeisterung den Anbruch der »universellen Republik«, der universellen »Republik der vereinigten Individuen«, des »Staates der vereinten Individuen«, der den ganzen Planeten umfasst, begrüßte, der in seinen Augen im Entstehen war. Ähnliche Visionen und Illusionen haben sich auch nach 1917, im Zuge der Revolution, die gegen den Ersten Weltkrieg ausbrach, verbreitet. Es geht nicht nur darum, den nicht-dialektischen Charakter einer Universalität zur Kenntnis zu nehmen, die nur Individuen kennt und jede andere Gliederung ausschließt; vor allem muss man sich vor der perversen Dialektik hüten, durch die ein übersteigerter Internationalismus oder Universalismus, der die nationalen Identitäten und Besonderheiten und ihre beständige und feste soziale Objektivität aus den Augen verliert, leicht in einen ebenso übersteigerten Chauvinismus umschlägt, der die Gewaltakte, Aggressionen und Unterdrückungsmaßnahmen der mächtigsten und bedrohlichsten Macht oder Supermacht als Schritte auf dem Weg zur Verwirklichung der »universellen Republik« oder des »einen Körpers« der Menschheit verklärt. Betrachten wir insbesondere, was heute geschieht: Auf einen vermeintlichen Weltstaat, der auf dem Weg zu seiner Verwirklichung ist, verweisen die neokonservativen Ideologen bzw. die Anhänger des Neokonservatismus, die mit der Legitimation der ständig wiederkehrenden neokolonialen Kriege beschäftigt sind.

Für einen langen, einen sehr langen Zeitraum der Geschichte, letztlich für die realistischerweise absehbare Zukunft – und auf diese Zukunft müssen sich Politik und Verantwortungsethik beziehen – wird die Menschheit weiterhin durch das Fortbestehen unterschiedlicher Staaten und Nationen (mit unterschiedlichen Kulturen und unterschiedlichen und manchmal divergierenden Interessen) gekennzeichnet sein. Das bedeutet nicht, dass der derzeitige internationale Rahmen unverändert bleibt. Es ist möglich, dass neue Nationen entstehen; andererseits können wir eine Integration zwischen mehr oder weniger homogenen Ländern als Ergebnis eines langen und mühsamen Prozesses (der immer noch der Möglichkeit der Niederlage ausgesetzt ist) annehmen. Es ist die Perspektive, die die Geburt und Entwicklung der Europäischen Union geleitet hat; aber selbst wenn sie am Ende ein einziger Bundesstaat werden sollte und wenn ähnliche Prozesse in anderen Teilen der Welt (zum Beispiel in Lateinamerika) stattfinden würden und von Erfolg gekrönt sein sollten, würde dies das Problem der Beziehung zwischen verschiedenen Staaten und Nationen (mit verschiedenen Kulturen und unterschiedlichen und manchmal divergierenden Interessen) nicht lösen. Dies ist ein Problem, das historisch gesehen nicht durch den Prozess der nationalen Einigung in Ländern wie Italien und Deutschland beseitigt wurde und auch nicht durch die letztendliche Entstehung größerer Staaten beseitigt werden würde.

Wie kann also ein stabiler Frieden zwischen verschiedenen Staaten und Nationen gesichert werden? Die vor allem von Kant und Fichte gehegte Hoffnung, dass die allgemeine Verbreitung der aus dem Sturz des feudalen und absolutistischen Ancien Régime hervorgehenden Ordnung die Wurzeln des Krieges ein für alle Mal beseitigen würde, wird von Autoren wie Hamilton und Tocqueville nicht geteilt. Die historische Bilanz, die sie gezogen haben, kennen wir bereits: Es gibt keine vorherbestimmte Harmonie zwischen Staaten, die sich eine liberale oder demokratische Ordnung gegeben haben. Auch zwischen ihnen besteht weiterhin der Gegensatz nicht nur der Interessen, sondern auch der Leidenschaften. Die »Gier« und die »Begierde nach ungerechtem Erwerb«, von denen Hamilton spricht, sind ebenso wenig verschwunden wie der »Geist der Eroberung und sogar des Raubes«, der in Tocquevilles Augen die Vereinigten Staaten in der Mitte des neunzehnten Jahrhunderts charakterisierte. Auch die Leidenschaften dürfen wir nicht aus den Augen verlieren: Es sind die »Impulse des Zorns, des Ressentiments«, die der amerikanische Autor hervorhebt, oder die »Motive des Ehrgeizes, der Rivalität, der Eifersucht, alle schlechten Erinnerungen« und vor allem der übermäßige »Nationalstolz« und der »rasende Patriotismus«, die, so der französische Liberale, nach dem Aufkommen der »liberalen Institutionen« keineswegs verschwinden, sondern durch sie sogar »noch lebendiger« werden können.

Gelten diese Überlegungen und Warnungen nur für bürgerliche Revolutionen? Versuchen wir eine Bestandsaufnahme, was mit den sozialistisch orientierten Revolutionen geschah. Kehren wir noch einmal zurück zu der von Lenin 1916 entwickelten Analyse, die beginnt mit der Warnung von Engels vor der im »siegreichen Proletariat« möglicherweise entstehenden Versuchung, einem anderen Volk das »Glück« aufzuzwingen. Ja – wiederholt der russische Revolutionär –, »eigennützige Interessen – der Versuch, auf Kosten anderer zu leben«, können eine Zeitlang in einem Proletariat überleben, auch wenn es Protagonist einer sozialistischen Revolution gewesen ist, und die harte und legitime Reaktion des Landes oder des Volkes provozieren, dem man das Glück oder die Subalternität aufzwingen will; und dennoch wird sich die »Politik« (einschließlich der internationalen Politik) früher oder später an die »Ökonomie« anpassen, an die neuen ökonomisch-sozialen Verhältnisse, die auf das Verschwinden eines Systems folgen, nämlich des kapitalistischen, das durch die Jagd nach maximalem Profit und Ausbeutung gekennzeichnet ist.

Machen wir nun einen Sprung von vierzig Jahren. Mit Blick auf den Konflikt, der zuerst zwischen Jugoslawien und Albanien und dann zwischen Jugoslawien und der Sowjetunion (drei Ländern des »sozialistischen Lagers«) entstanden war, warnen die Kommunistische Partei Chinas (und Mao Zedong) vor einem »Phänomen, das nicht charakteristisch für dieses oder jenes Land ist«, vor »der Tendenz großer Nationen zum Chauvinismus«, die mit dem besiegten bürgerlichen oder halbfeudalen Regime keineswegs sofort verschwinden wird und die sogar in einem durch den Sieg der Revolution geweckten »Gefühl der Überlegenheit« weitere Nahrung finden kann; um diese Tendenz zu »überwinden«, sind »ständige Anstrengungen erforderlich« (»Renmin Ribao«, 1971, S. 37*). Während Lenin dazu auffordert, die »eigennützigen Interessen« im Auge zu behalten, ruft Mao dazu auf, die Leidenschaften, die nationalen Leidenschaften, den »Chauvinismus einer großen Nation« nicht aus den Augen zu verlieren und unter strenge Kontrolle zu bringen. Die »eigennützigen Interessen« sind eine abgeschwächte Version der »Begierde nach ungerechtem Erwerb« oder des »Geistes der Eroberung und sogar des Raubes«, von denen Hamilton bzw. Tocqueville sprechen; aber da die ökonomische Basis verschwunden ist, sind sie nach Lenin dazu bestimmt, in nicht allzu ferner Zeit zu verschwinden. Dauerhafter und hartnäckiger scheint der »Chauvinismus der großen Nationen« zu sein, der sich in den Augen des chinesischen Revolutionsführers sogar in einem kleinen Land wie Jugoslawien (wenn auch gegen ein noch kleineres Land wie Albanien) manifestieren konnte und der an den übermäßigen »Nationalstolz« und »rasenden Patriotismus« erinnert, den Tocqueville für die USA und die demokratisch-bürgerlichen Länder diagnostizierte.

Selbst aus den historischen Bilanzen großer Protagonisten sozialistisch orientierter Revolutionen geht hervor, dass auch nach der Überwindung des kapitalistisch-imperialistischen Systems (die auch notwendig ist, wenn man den Kampf gegen den Krieg ernst nehmen will) der Weg zur Verwirklichung eines dauerhaften und allgemeinen Friedens (zumindest für einige Zeit) unsicher und problematisch bleibt. Es bleibt die Tatsache, dass – in den Worten der Hegel'schen

Grundlinien der Philosophie des Rechts (§ 322) – der Staat eine »Individualität« ist: In einer Beziehung, die ein Individuum »als ausschließendes Für-sich-sein« zu anderen Individuen unterhält, ist die Möglichkeit (nicht die Notwendigkeit) von Meinungsverschiedenheiten und Konflikten enthalten. Eine radikale politisch-soziale Umgestaltung kann die Verständigung zwischen den Individuen vereinfachen und die Lösung des Problems erleichtern, ohne es jedoch beseitigen zu können: Dies gilt für empirische Individuen (daher die Substanzlosigkeit des Ideals vom Absterben des Staates) ebenso wie es, was die internationalen Beziehungen betrifft, für jene Individuen gilt, die auch weiterhin die Staaten und Nationen sind (daher der illusorische und kontraproduktive Charakter eines »Internationalismus« oder »Universalismus«, der die staatlichen und nationalen Besonderheiten nicht respektiert). Sicherlich kann man davon ausgehen, dass die Überwindung des imperialistischen Kapitalismus die ökonomisch-soziale Polarisierung zwischen verschiedenen Ländern beseitigen und den Anspruch auf »Exzeptionalismus« hinwegfegen würde, wodurch die Gründe für die Divergenz von Interessen und Leidenschaften verringert und der Raum für Konflikte begrenzt würde. Unter solchen Umständen sollten die Vereinten Nationen in der Lage sein, ihre Rolle der Vermittlung und der Förderung der Verständigung zwischen verschiedenen staatlichen und nationalen »Individualitäten« mit noch ungekannter Effizienz zu spielen. Diese würden jedoch noch, wer weiß wie lange, weiter existieren und mit ihnen würde die Möglichkeit eines Konflikts weiter bestehen, wenn auch zunehmend abgeschwächt. Wenn der Kampf für den Frieden Ergebnisse für die Gegenwart und für eine nicht allzu ferne Zukunft bringen kann und muss, so bezieht sich das Ziel der endgültigen Ausrottung des Krieges auf eine sehr, sehr langfristige Perspektive.

Schlussfolgerung

Der »Ewige Frieden« und der beschwerliche Weg der Universalität

Wenn die Geschichte des Ideals des ewigen Friedens einerseits weit davon entfernt ist, einen triumphalen oder doch unzweifelhaft voranschreitenden Siegeszug darzustellen, so ist sie andererseits ebenso wenig eine Abfolge von Niederlagen. Stattdessen ist es die Geschichte eines Kampfes, der sich über Jahrhunderte erstreckt und noch lange nicht abgeschlossen ist; und es ist eine Geschichte, die als einheitlich betrachtet werden kann, weil das ideelle Schlachtfeld, auf dem sie stattfindet, eine beträchtliche Kontinuität aufweist. Es gibt jedoch ein Merkmal, das der Mühe lohnt, ein wenig dabei zu verweilen. Die widerstreitenden Kräfte, die auf diesem Schlachtfeld aufeinandertreffen, schwenken dieselbe Fahne oder tun es jedenfalls dem Scheine nach: Das Ideal des »ewigen Friedens«, des »universellen Friedens«, des »endgültigen Friedens«, des Friedens, der auf stabile und dauerhafte Weise der Geißel des Krieges und der Anarchie der internationalen Beziehungen ein Ende setzen soll. Selbstverständlich lässt sich eine ähnliche Überlegung auch für die Geschichte anderer Ideale anstellen, etwa die des »Sozialismus« oder der »Demokratie«: Wir sehen gegensätzliche Kräfte, die zumindest dem Anschein nach die gleiche Fahne schwenken. In all diesen Fällen entpuppt sich die Übereinstimmung, die bei oberflächlicher Betrachtung vorschnell als Synonym für ideologische und politische Nähe angenommen werden kann, bei näherem Hinsehen stattdessen als Ausdruck eines Antagonismus. Dies gilt insbesondere für das Ideal des ewigen Friedens.

Häufig geht man davon aus, ein Grundwiderspruch wäre klar: Denjenigen, die an dieses Ideal glauben oder ihm huldigen, stehen diejenigen gegenüber, die aus ihrer Skepsis keinen Hehl machen. In Wirklichkeit liegen die Dinge ganz anders und sind viel komplexer; historische und philosophische Genauigkeit zwingt dazu, eine differenzierte Bilanz der verschiedenen Konfigurationen, die im Laufe der Zeit und je nach den Umständen das Ideal und die Losung des ewigen Friedens angenommen haben, zu ziehen. Um ein krasses Beispiel zu nennen: Es hat keinen Sinn, Projekte, die zwar ihr Ziel nicht erreicht haben, aber dennoch die Sache der Gleichheit der Völker und ihr gleiches Recht auf ein Leben in Sicherheit und Frieden vorangebracht haben, mit Projekten kolonialistischer, imperialistischer und sogar rassistischer Prägung gleichzusetzen, die als entscheidendes Moment für die erhoffte Ausrottung der Geißel des Krieges das Verschwinden (d.h. die Dezimierung und Vernichtung) der »kriegerischen Rassen« (die in Wahrheit die kolonialen Völker waren, die sich der ihnen aufgezwungenen Unterjochung nicht passiv unterwerfen wollten) bezeichnet haben.

Was ist also der Unterschied, der zu beachten ist? Dieses Buch hat, nachdem es festgestellt hat, dass das Streben nach einem Zustand des permanenten Friedens, der die gesamte Menschheit umfasst, selbstverständlich die Entstehung der Idee der Universalität voraussetzt (etwa im Zuge der Französischen Revolution), fünf Projekte des ewigen Friedens analysiert: Da sind diejenigen, die, wenn auch in unterschiedlichem Ausmaß und auf unterschiedliche Weise, beträchtliche Massen von Männern und Frauen inspiriert haben und eine echte politische Kraft im Verlauf von fünf zentralen Kapiteln der modernen Zeitgeschichte darstellten. In den Bewegungen, die zunächst von der Französischen Revolution und dann (in größerem Umfang und mit größerer Intensität) von der Oktoberrevolution inspiriert waren, sind das Ideal des ewigen Friedens und das universalistische Pathos eng miteinander verflochten: Im Lichte dieser Verflechtung ist eine Ordnung nicht hinnehmbar, die auf ausdrücklicher oder impliziter kolonialer Sklaverei, und damit auf einem de facto zum Schaden der versklavten und unterjochten Völker geführten Krieg beruht. Es ist kein Zufall, dass die beiden Revolutionen, von denen hier die Rede ist, nicht nur außerhalb der Länder, in denen sie stattfanden, die koloniale Herrschaft in Frage stellten, sondern auch innerhalb dieser Länder, indem sie die territoriale Konfiguration des Französischen und des Russischen Reiches konkret beeinflussten, ihre jeweilige Ausdehnung zumindest anfänglich spürbar reduzierten und die Beziehungen zwischen den verschiedenen Nationalitäten, die in ihnen lebten, mehr oder weniger tiefgreifend veränderten.

Die anderen drei Projekte sind recht unterschiedlich, jedes hat seine eigenen Besonderheiten, aber alle vereint die Minderung und manchmal die Verneinung der Universalität. Bei Novalis, der zum Referenzautor der Heiligen Allianz wird, bedeutet die Beschwörung des »ewigen Friedens« den Appell an die »europäische Christenheit«, »Versöhnung und Auferstehung« zu erreichen, auch um in der Lage zu sein, über die »anderen Weltteile« Herrschaft auszuüben. Trotz der sanften Prosa des Literaten und Poeten bedarf der »ewige Frieden«, den er beschwört, der Herrschaft und letztendlich des Krieges, der notwendig ist, um diese zu erlangen. Die Minderung der Sache der Universalität oder gar der Verzicht auf diese manifestiert sich auch in dem Projekt, das die Verwirklichung des ewigen Friedens der vollen Entfaltung der Gesellschaft auf der Grundlage der kommerziellen und industriellen Entwicklung (und des kolonialen Expansionismus) anheimstellt. Wenn auch mit bedeutenden Ausnahmen, denen es jedoch nicht gelingt, das Problem bis auf den Grund zu durchschauen, wird der Krieg fast ausschließlich mit Blick auf die Verhältnisse innerhalb der »zivilisierten« Welt verurteilt und als solcher wahrgenommen; die Negierung der Universalität wird besonders deutlich und nimmt sogar abstoßende Töne bei jenen Autoren an, die das Voranschreiten der universellen Zivilisation und des universellen Friedens mit einem kolonialen Expansionismus zusammenfallen lassen, der auch vor genozidalen Praktiken oder regelrechtem Genozid nicht zurückschreckt. Selbstverständlich ist ein Philosoph wie John Stuart Mill weit von einer solchen Vision entfernt; aber es gibt einem zu denken, dass auch er auf das britische Empire als Förderer und Garant des »universellen Friedens« verweist, das sich dem Expansionismus und den Kolonialkriegen verschrieben hat und nach einer Rassenhierarchie strukturiert ist, die nur Verachtung und Unterdrückung für die *niggers* und die Unterjochten im Allgemeinen übrighat. Das jüngste Kapitel in der Geschichte des Ideals des ewigen Friedens beginnt schließlich mit dem Eingreifen von Wilson in den Ersten Weltkrieg im Namen des »endgültigen Friedens«, der erreicht werden sollte dank der weltweiten Ausbreitung der Demokratie und der Beseitigung despotischer Regime, die als eigentliche Quelle und Ursache des Krieges angesehen wurden. Derjenige aber, der dieses scheinbar so vielversprechende Programm bewirbt, ist ein Präsident, der sich sowohl in der Innen- als auch in der Außenpolitik weigert, das Prinzip der Gleichheit der Völker und der »Rassen« anzuerkennen, und der zur Erreichung des »endgültigen Friedens« dazu aufruft, Anregungen aus der Monroe-Doktrin zu ziehen, d.h. einem eindeutig neokolonialistischen Modell. Noch deutlicher wird die Abkehr von der Universalität in der »neokonservativen Revolution«, die das Wilson'sche Motiv des Kampfes gegen Despotismus als Kampf gegen Regime aufgreift, die Gewalt, internationale Unordnung und Krieg provozieren, und dem als Vorkämpfer von Freiheit und Demokratie gefeierten amerikanischen »Weltgendarmen« die Aufgabe zuweist, für Ordnung »in einer barbarischen Welt« zu sorgen.

Die fünf Projekte, die ich analysiert habe, sind nicht nur sehr unterschiedlich, sondern stehen oft auch in einem polemischen Verhältnis zueinander. 1799 versuchte Novalis, der aus der Französischen Revolution hervorgegangenen und bis dahin als antifeudale und antikoloniale Revolution propagierten Losung vom ewigen Frieden eine andere, ja gegensätzliche Bedeutung zu geben. Auch die Vision, die die Ausrottung des Krieges der Entwicklung der kommerziellen und industriellen Gesellschaft anvertraut, ist in Bezug auf einen Teil ihrer Geschichte eine polemische Antwort auf die Französische Revolution (wie bei Constant deutlich wird); in Bezug auf einen anderen Teil ihrer Geschichte steht sie in Opposition zu der Vorstellung von Marx, Lenin und der Oktoberrevolution (wie aus den Positionen von Autoren wie Schumpeter und Mises deutlich wird). Eine Antwort auf die Bolschewiki sind auch der »endgültige

Frieden« und die 14 Punkte von Wilson. Und schließlich: Die *Pax Napoleonica*, die *Pax Britannica* und die *Pax Americana* fußen zwar jeweils auf dem »ewigen Frieden« der Französischen Revolution, dem u. a. von Constant postulierten »Zeitalter des Handels« und des Friedens sowie dem »endgültigen Frieden« von Wilson, sie sind aber auch Ausdruck des (kurzlebigen) militärischen Triumphs, den zunächst Frankreich im frühen 19. Jahrhundert, dann Großbritannien im Zuge des »hundertjährigen Friedens« und schließlich die USA am Ende des Kalten Krieges errungen haben.

Die Abfolge der verschiedenen Projekte ist einerseits durch den Kampf für oder gegen die Universalität gekennzeichnet, andererseits durch den Prozess, durch den die Universalität angeeignet wird, ein Prozess, der selbst von Widersprüchen und bitteren und sogar tödlichen Kämpfen geprägt ist. Im Laufe seines kurzen Daseins und seines tragischen Endes legitimierte Cloots, obwohl er ein aufrichtiger und leidenschaftlicher Verfechter der Universalität war, am Ende den Expansionismus des postthermidorianischen Frankreichs. Wenn er nicht in der Lage ist, das Besondere zu subsumieren und zu respektieren, verwandelt sich der Universalismus leicht in einen absoluten Empirismus, ja er kann sogar darin münden, einem sehr umstrittenen oder völlig inakzeptablen Besonderen den Segen der Universalität zu verleihen. Dies ist die große Lehre Hegels, die sich Lenin zu eigen gemacht hat. Und dennoch stößt gerade der Universalismus der Oktoberrevolution, auch mit dieser kritischen Lehre im Hintergrund, auf unvorhergesehene und umso schärfere Widersprüche, die erst das Zerreißen der bolschewistischen Partei und dann das Zerreißen des »sozialistischen Lagers« und schließlich die Niederlage des Sozialismus in Osteuropa verursachen.

Der rote Faden der von mir rekonstruierten Geschichte ist letztlich die fortschreitende Durchsetzung der Universalität im Verlauf eines historischen Prozesses, der alles andere als geradlinig ist, sondern im Gegenteil von Konflikten und Kämpfen aller Art sowie von Fortschritten und Rückschritten geprägt ist. Es ist der von Hegel aufgezeigte Faden, der in der Französischen Revolution die bis dahin vollendetste Affirmation des »Prinzips der allgemeinen Grundsätze«

sah (Hegel, 1919/20, S. 919f). Dies war eine deutliche Überwindung des »krassen Nominalismus«, der die Zentralität der »Bestimmung des Allgemeinen« (Hegel, 1969-1979, Bd. 19, S. 573, 577) aus den Augen verlor und die Konstruktion des universellen Begriffs des Menschen unmöglich machte. Auch bei Marx ist der historische Fortschritt durch die fortschreitende Bekräftigung der Universalität gekennzeichnet. In diesem Sinne ist die Feststellung zu lesen, dass die »Weltgeschichte« erst an einem bestimmten Punkt des historischen Prozesses erzeugt wird. Sie setzt u. a. die weltweite Entwicklung von Handel und Kommunikation voraus (MEW, Bd. 3, S. 60); sie ist ein »Resultat«, sie »existierte nicht immer« (MEW, Bd. 42, S. 44). Erst recht, was die Entwicklung des Bewusstseins betrifft, beginnt der Mensch erst nach einem langen und komplexen historischen Prozess, sich als »Gattungswesen«, als Mitglied des universellen Menschengeschlechts zu empfinden (MEW, Bd. 1, S. 360).

Es ist wahr, heute ist eine Kultur weit verbreitet, die den Universalismus als Mittel zur Legitimierung jeder Form von Unterdrückung und Gewalt und insbesondere von kolonialer Herrschaft und Expansionismus anprangert. Ich habe diesen Einwand jedoch bereits berücksichtigt, als ich darauf aufmerksam machte, dass der Universalismus nicht nur proklamiert, sondern angeeignet werden muss; und ich habe hinzugefügt, dass dieser Prozess der Aneignung weder einfach noch schmerzlos ist. Wir kennen die Dialektik, die von Hegel, ausgehend von der historischen Bilanz der Französischen Revolution, analysiert wurde, auf deren Grundlage sich der Universalismus in einen absoluten Empirismus verwandeln kann, der selbst die unmittelbarste, umstrittenste und inakzeptabelste Anschauung, einschließlich des Kolonialismus von gestern und heute, schleichend legitimiert und verklärt. Der Universalismus ist jedoch in gewisser Weise dem Diskurs und der intersubjektiven Kommunikation als solcher implizit, die, um sich zu entfalten, nicht darauf verzichten kann, sich allgemeiner Konzepte zu bedienen, auf die sie unweigerlich auch dann zurückgreifen muss, wenn es darum geht, praktisches Verhalten zu motivieren. Andererseits liegt der absolute Empirismus immer im Hinterhalt, egal ob man sich nun zum Universalismus oder zum Relativismus bekennt. Ja, man kann dem kritischen Denken huldigen, man kann dem Zweifel, dem Antidogmatismus, dem Problematismus, dem Relativismus unablässig huldigen, jedoch kann all das sehr wohl ein Grund zur Prahlerei und Selbstbeweihräucherung werden: Von hier aus hat eine bestimmte Kultur und Zivilisation (die westliche nämlich) keine Schwierigkeiten, die eigene Überlegenheit über alle anderen zu behaupten. Und gerade hier bricht wieder der absolute Empirismus durch: Die Huldigung des kritischen Denkens, des Zweifels, des Antidogmatismus, des Problematismus, des Relativismus führt selbst zur Weihe einer bestimmten Empirie, einer bestimmten Kultur und Zivilisation. Und der absolute Empirismus, der den Westen als Hüter des kritischen und antidogmatischen Denkens und sogar des Relativismus verklärt, ist nicht weniger kriegerisch und nicht weniger Feind der Sache des Friedens als der absolute Empirismus, der den Westen als Hort unbestrittener und unanfechtbarer universeller Werte verherrlicht.

Die Tatsache, dass es ein Theoretiker des Universalismus wie Hegel war, der vor der Falle des absoluten Empirismus warnte, ist eine Bestätigung dafür, dass der Universalismus in der Lage ist, selbstkritische Reflexion zu befördern. In dieser Hinsicht ist auf der historischen Ebene vielleicht Fichte das bedeutendste Beispiel. In seinen jüngeren Jahren verleitete ihn ein unzureichend durchdachtes universalistisches *Pathos* dazu, (im Namen des ewigen Friedens) den Export der Revolution zu begründen und den Expansionismus des nachthermidorianischen Frankreichs als Beitrag eben zur Sache des ewigen Friedens zu lesen: Dies war der Moment, in dem der proklamierte Universalismus in absoluten Empirismus umschlug. In der Folge ist es jedoch gerade seine Treue zum Universalismus, die Fichte dazu bringt, seinen bisherigen Ansatz radikal in Frage zu stellen und sich aus der Falle des absoluten Empirismus, in die er getappt war, zu befreien: In diesem Moment begreift der Philosoph, dass die Verteidigung der nationalen Unabhängigkeit und die damit verbundene Ablehnung der halbkolonialen (und imperialen) Unterdrückung integraler Bestandteil der Bekräftigung des authentischen Universalismus sind.

Das ist kein Zufall: Der Kolonialismus hat seine grausamsten Kapitel geschrieben, nicht während er die Fahne des Universalismus schwenkte, sondern die des anthropologischen »krassen Nominalismus«, der das universalistische Konzept des Menschen ausdrücklich bestritt. Man vergleiche die beiden Losungen, die sich während des Vernichtungskrieges gegenüberstanden, mit dem Napoleons Armee versuchte, die koloniale Unterwerfung und die schwarze Sklaverei in Saint-Domingue / Haiti wieder zu etablieren. Napoleon: »Ich bin auf Seiten der Weißen, weil ich weiß bin; darüber hinaus gibt es keinen anderen Grund als diesen, aber dieser ist ein guter Grund« (Dubois, 2004, S. 261*). Auf der Gegenseite forderte Toussaint Louverture, der Anführer der schwarzen Sklavenrevolution, »die uneingeschränkte Anwendung des Prinzips, dass kein Mensch, sei er rot [d. h. Mulatte], schwarz oder weiß, Eigentum von Seinesgleichen sein darf«; wie bescheiden ihr Zustand auch sein möge, die Menschen könnten nicht »mit den Tieren in eins gesetzt werden«, wie es unter dem Sklavensystem der Fall war (ebd., S. 242, 210*). Die Antwort auf das noch ausgeprägtere universalistische *Pathos*, das in der Oktoberrevolution und ihrem Aufruf an die Kolonialsklaven widerhallt, ihre Ketten zu zerreißen, ist die Theorie vom *Underman/Untermensch*: Es handelt sich um eine Kategorie, die, nachdem sie von dem amerikanischen Autor Lothrop Stoddard in ihrer Funktion gegen die Schwarzen gerichtet wurde, das Leitmotiv für Hitlers Feldzug zur Kolonisierung Osteuropas und der Versklavung der Slawen ebenso wie der Vernichtung der Juden darstellt, die zusammen mit den Bolschewiki als Ideologen und Anstifter des ruchlosen Aufstands der »minderwertigen Rassen« gebrandmarkt werden (siehe auch Losurdo, 2013, Kap. XI, Abs. 5).

Auch in unseren Tagen ist der Universalismus alles andere als etabliert und gefestigt. Was den neokolonialen Kriegen neuen Schwung gibt, ist ein »Exzeptionalismus«, der zwar die Fahne der »universellen Werte« schwenkt, aber per definitionem das Gegenteil von Universalismus ist; es ist der Anspruch auf eine privilegierte Behandlung des Westens und insbesondere seines führenden Landes, dem das alleinige Recht vorbehalten sein soll, Kriege auch ohne Autorisierung durch den UN-Sicherheitsrat zu führen. Als Konsequenz dieser Ideologie und dieser Praxis, die es einer kleinen Handvoll Staaten erlauben, sich selbst ein so großes Maß an Souveränität zuzusprechen, dass die Souveränität des Rests der Welt, auf jeden Fall aber jener Staaten, die von Zeit zu Zeit ins Visier genommen werden, zunichtegemacht wird, wird ein Verhältnis eindeutiger Ungleichheit zwischen den Nationen hergestellt, und wir befinden uns wieder einmal diametral entgegengesetzt zum Universalismus. Der anti-universalistische »Exzeptionalismus« behauptet sogar, eine theologische Grundlage zu haben, wenn er sich dazu berufen fühlt, sich selbst als die einzigartige, »unverzichtbare Nation« als »von Gott auserwählt« zu begreifen. Ein ernsthafter Kampf gegen den Krieg erfordert, dass wir uns entschieden dem Versuch widersetzen, den Fortschritt, der in den Jahrhunderten der Geschichte bei der Bekräftigung des Prinzips der Gleichheit zwischen verschiedenen Völkern gemacht wurde, rückgängig zu machen.

Über den langen und qualvollen Weg der Universalität lohnt es sich, einen Brief von Engels vom 11. April 1893 erneut zu lesen (MEW, Bd. 39, S. 63): »Die Natur hat Millionen Jahre gebraucht, um bewußte Lebewesen hervorzubringen, und nun brauchen diese bewußten Lebewesen Tausende von Jahren, um bewußt zusammen zu handeln; bewußt nicht nur ihrer Handlungen als Individuen, sondern auch ihrer Handlungen als Masse; zusammen handelnd und gemeinsam ein im voraus gewolltes gemeinsames Ziel verfolgend. Jetzt haben wir das beinahe erreicht.« Das Element der Illusion, das in der Geschichte des hier angedeuteten Prozesses der bewussten Einswerdung der Menschheit enthalten ist, ist deutlich: »Jetzt haben wir das beinahe erreicht«. In Wirklichkeit würde nicht viele Jahre später der Erste Weltkrieg ausbrechen (der übrigens von Engels selbst mit außerordentlicher Klarheit vorhergesehen wurde). Vor allem zu einem anderen Aspekt seiner Vision lohnt es sich, eine kritische Anmerkung zu machen. Unter Berücksichtigung der Lehre Hegels kann man sagen, dass in dem eben zitierten Brief die Einheit des Menschengeschlechts von Engels zu kompakt gedacht wird, ohne die Tatsache angemessen zu berücksichtigen, dass es sich um eine Einheit handelt, die Differenz und Widerspruch nicht ausschließt. Es bleibt aber dabei, dass an der Vorstellung, wonach die Geschichte durch die fortschreitende Schaffung der Universalität und der Einheit des Menschengeschlechts gekennzeichnet ist, festgehalten werden muss. Und es ist dieser Kontext, in den wir die Genese, die historische Entwicklung, die Abenteuer und Missgeschicke sowie die Perspektiven des Ideals des ewigen Friedens stellen können.

Literatur

Bei allen zitierten Texten wurde die Kursivschrift entsprechend den sich aus der Darstellung ergebenden Bedürfnissen wahlweise beibehalten, unterdrückt oder verändert. Losurdo hat die in den folgenden Werken enthaltenen italienischen Übersetzungen frei verwendet: Immanuel Kant, *Scritti politici e filoso a della storia*, trad. di Gioele Solari e Giovanni Vidari, ed. postuma a cura di Norberto Bobbio, Luigi Firpo e Vittorio Mathieu (1956), UTET, Torino 1965[2]; Johann G. Fichte, *La missione dell'uomo*, edited by Remo Cantoni, Laterza, Bari 1970; Ders., *Sulla rivoluzione francese*, Hrsg. von Vittorio Enzo Alfieri, Laterza, Roma/Bari 1974; Ders., *Lo Stato di tutto il popolo*, Hrsg. von Nicolao Merker, Editori Riuniti, Roma 1978; Alexander Hamilton, James Madison, John Jay, *Il Federalista*, Hrsg. von Mario D'Addio und Guglielmo Negri, il Mulino, Bologna 1980 (Originalausg. *The Federalist*, 1787/88).

In der Übersetzung werden die deutschen Originalzitate verwandt. Zitate aus Werken anderer Sprachen, die von der Übersetzerin aus dem Italienischen übersetzt wurden, sind mit * gekennzeichnet.

Werke, die mit Siglen zitiert wurden

Fichte, Johann Gottlieb, *Werke*, 11 Bde., Hrsg. von Immanuel Hermann Fichte, de Gruyter, Berlin 1971:

FAB = *Anwendung der Beredsamkeit für den gegenwärtigen Krieg* (1806), in Bd. 7, S. 505-508;

FBB = *Beitrag zur Berichtigung der Urtheile des Publicums über die französische Revolution* (1793), in Bd. 6, S. 37-288;

FBM = *Die Bestimmung des Menschen* (1800), in Bd. 2, S. 165-319;
FBN = *In Beziehung auf den Namenlosen* (1806), in Bd. 7, S. 512-6;
FEF = *Zum ewigen Frieden. Ein philosophischer Entwurf von Immanuel Kant* (1796), in Bd. 8, S. 427-436;
FEP = *Aus dem Entwurfe zu einer politischen Schrift im Frühlinge 1813* (1813), in Bd. 7, S. 546-573;
FEZ = *Episode über unser Zeitalter, aus einem republikanischen Schriftsteller* (1806-07), in Bd. 7, S. 519-29;
FGH = *Der geschlossne Handelsstaat* (1800), in Bd. 3, S. 386-513;
FGN= *Grundlage des Naturrechts* (1796), in Bd. 3, S. 1-385;
FGS = *Grosse Schreibe- und Pressfreiheit in Machiavellis Zeitalter* (1806), in Bd. 7, S. 413-28;
FGZ = *Grundzüge des gegenwärtigen Zeitalters* (1806), in Bd. 7, S. 3-256;
FMS = *Über Machiavelli als Schriftsteller* (1807), in Bd. 11, S. 401-408;
FRD = *Die Republik der Deutschen, zu Anfang des zwei und zwanzigsten Jahrhunderts unter ihrem fünften Reichsvogte* (1806-07), in Bd. 7, S. 530-545;
FRN = *Reden an die deutsche Nation* (1808), in Bd. 7, S. 259-499;
FVB = *Einige Vorlesungen über die Bestimmung des Gelehrten* (1794), in Bd. 6, S. 289-346;
FZD = *Zurückforderung der Denkfreiheit von den Fürsten Europas die sie bisher unterdrückten. Eine Rede* (1793), in Bd. 6, S. 2-35.

KGS = Kant, Immanuel, *Gesammelte Schriften*, Hrsg. von der Königlichen Preußischen Akademie der Wissenschaften, Reimer, Berlin 1900ff.
MEW = Marx, Karl / Engels, Friedrich, *Werke*, Dietz, Berlin 1955ff.

Bibliografie

Abegg, Johann F. (1976), *Reisetagebuch von 1798*, Hrsg. von Walter Abegg, Jolanda Abegg, Zwi Batscha, Insel, Frankfurt a. M.
Agosti, Aldo (Hrsg.) (1974-79), *La Terza Internazionale. Storia documentaria*, 3 Bde., Editori Riuniti, Roma.
Alberoni, Francesco (1990), *Ma il Terzo mondo parla con le armi*, in »Corriere della Sera«, 6. August.

Angell, Norman (2007), *The Great Illusion: A Study of the Relation of Military Power in Nations to their Economic and Social Advantage* (1909), Cosimo Classics, New York.

Aquarone, Alberto (1973), *Le origini dell'imperialismo americano. Da McKinley a Taft (1897-1913)*, il Mulino, Bologna.

Arendt, Hannah (1963), *On Revolution*, The Viking Press, New York.

Arndt, Ernst Moritz (1953a), *Briefe an den Grafen Kurt Philipp Schwerin*, in Ders., *Gerettete Arndt-Schriften*, Hrsg. von Albrecht Dühr / Erich Gülzow, Weizacker / Arolsen.

Ders. (1953b), *Spanien und Portugal*, in Ders., *Gerettete Arndt-Schriften*, Hrsg. von Albrecht Dühr / Erich Gülzow, Weizacker / Arolsen.

Ders. (o. D.), *Die deutsche Wehrmannschaft*, Insel, Leipzig.

Ders. (1813) *Der Rhein Teutschlands Strom aber nicht Teutschlands Gränze*, Verlag Wilhelm Rein, Leipzig.

Ders. (1972), *Briefe*, Hrsg. von Albrecht Dühr, Wissenschaftliche Buchgesellschaft, Darmstadt.

Arrighi, Giovanni (1996), Il lungo XX secolo. Denaro, potere e le origini del nostro tempo, il Saggiatore, Milano.

Bairati, Piero (Hrsg.) (1975), *I profeti dell'impero americano. Dal periodo coloniale ai nostri giorni*, Einaudi, Torino.

Baker, Nicholson (2008), *Human Smoke: The Beginnings of World War II, the End of Civilization*, Simon & Schuster, London / New York.

Barnave, Antoine-P.-J.-M. (1960), *Introduction à la révolution française* (1792), éd. par Fernand Rude, Colin, Paris.

Barny, Roger (1988), *L'éclatement révolutionnaire du rousseauisme*, Annales Littéraires de l'Université, Besançon.

Bastid, Marianne / Bergère, Marie-Claire / Chesneaux, Jean (1974), *La Cina*, Einaudi, Torino (Originalausg. *Histoire de la Cine*, Hatier, Paris 1972).

Bauer, Otto (1936), *Zwischen zwei Weltkriegen? Die Krise der Weltwirtschaft, der Demokratie und des Sozialismus*, Eugen Prager, Bratislava.

Beard, Charles A. (1959), *Interpretazione economica della Costituzione degli Stati Uniti d'America*, Feltrinelli, Milano (Originalausg. *An Economic Interpretation of the Constitution of the United States*, Macmillan, New York 1913).

Best, Geoffrey (1989), *The Militarization of European Society, 1870-1914*, in: John R. Gillis (Hrsg.) *The Militarization of the Western World*, Rutgers University Press, New Brunswick / London.

Beveridge, Albert J. (1968), *The Meaning of the Times, and Others Speeches* (1908), Books for Libraries Press, Freeport (NY).

Bloch, Ernst (1970), *Fichtes Reden an die deutsche Nation* (1943), in Ders., *Politische Messungen, Pestzeit, Vormärz*, Suhrkamp, Frankfurt a. M.

Ders. (1959), *Subjekt – Objekt. Erläuterungen zu Hegel*, Suhrkamp, Frankfurt a. M.

Bobbio, Norberto (1991), *Ci sono tutti i presupposti perché sia una guerra giusta, ma dev'essere utile ed efficace*, Interview mit Riccardo Chiaberge, in »Corriere della Sera«, 17. Januar.

Boffa, Giuseppe (1995), *Dall'URSS alla Russia. Storia di una crisi non finita 1964-1994*, Laterza, Roma / Bari.

Bonn, Moritz J. (1925), *Die Krisis der europäischen Demokratie*, Meyer & Jessen, München. Neuausgabe von Jens Hacke (2015) *Zur Krise der Demokratie*, Politische Schriften in der Weimarer Republik 1919-1932, De Gruyter, S. 137-200.

Boot, Max (2003), *Il destino dell'America è sorvegliare il mondo*, in Lobe / Oliveri, S. 64-66.

Börne, Ludwig (1977), *Über die geometrische Gestalt des Staatsgebiets* (1808), in *Sämtliche Schriften*, 5 Bde., Hrsg. von Inge Rippman / Peter Rippman, Melzer, Dreieich, Bd. 1, S. 116-122.

Buzan, Barry G. (1991), *New Pattern of Global Security in the Twenty-first Century*, in: »International Affairs« Nr. 6, Juli.

Brzezinski, Zbigniew K. (1998), *La grande scacchiera*, trad. di Mario Baccianini, Longanesi, Milano (Originalausg. *The Grand Chessboard*, Basic Books, New York 1997).

Buchez, Philippe-Joseph-Benjamin / Roux, Pierre-Célestin (1834), *Histoire Parlementaire de la Révolution Française*, Paulin, Paris.

Burke, Edmund (1826), *Remarks on the Policy of the Allies with Respect to France* (1793), in Ders., *The Works: A New Edition*, Rivington, London, Bd. 7.

Ders. (1958-1979), *Correspondence*, Hrsg. von Th. W. Copeland und J. A. Woods, Cambridge University Press.

Campe, Joachim Heinrich (1977), *Briefe aus Paris zur Zeit der Revolution geschrieben*, Hrsg. von Hans-Wolf Jäger, Olms, Hildesheim (anastatischer Druck Gerstenberg, Braunschweig 1790).

Caretto, Ennio (1992), *L'onu vuol punire la Libia*, in »la Repubblica«, 29./30. März.

Carr, Edward H. (1964), *La rivoluzione bolscevica*, trad. di Franco Lucentini / Sergio Caprioglio / Paolo Basevi, Einaudi, Torino (Originalausg. *A History of Soviet Russia: The Bolshevik Revolution 1917-1923*, Macmillan, London 1950).

Catherwood, Christopher (2004), *Churchill's Folly: How Winston Churchill Created Modern Iraq*, Carrol & Graf, New York.

Césaire, Aimé (1961), *Toussaint Louverture. La révolution française et le problème colonial*, Présence Africaine, Paris.

Chiesa, Giulietto (2009), *Chirac e Kohl aiutarono Eltsin con fondi neri*, in »La Stampa«, 1. Oktober, S. 1, 16.

Christensen, Thomas (2015), *The China Challenge*, Norton, New York / London.

Clark, Christopher (2013), *The Sleepwalkers: How Europe Went to War in 1914*, Penguin, London.

Clausewitz, Carl von (1862), *An den Herrn Verfasser des Aufsatzes über den Machiavelli*, in Fichte (1862), Bd. 2, S. 575-581.

Ders. (1978[3]) *Della guerra*, Mondadori, Milano (Originalausg. *Vom Kriege*, Dümmler, Berlin 1832-34).

Cloots, Anacharsis (1979), *Écrits révolutionnaires 1790-1794*, Hrsg. von Michèle Duval, Champ Libre, Paris.

Cobban, Alfred (1971), *Dictatorship: Its History and Theory* (1939), Haskell, New York.

Coker, Christopher (2015), *The Improbable War: China, The United States and the Logic of Great Power Conflict*, University Press, Oxford.

Commager, Henry Steele (Hrsg.) (1963[7]), *Documents of American History*, Appleton-Century-Crofts, New York.

Comte, Auguste (1979), *Corso di filosofia positiva*, trad. di Franco Ferrarotti, 2 Bde., Utet, Torino (Originalausg. *Cours de philosophie positive*, Rouen, Paris 1830-42).

Constant, Benjamin (1961), *Dello spirito di conquista e dell'usurpazione nei loro rapporti con la civiltà europea*, trad. di Augusto Donaudy, Rizzoli, (Originalausg. *De l'esprit de conquête et de l'usurpation dans leurs rapports avec la civilisation européenne*, Murray, London 1814).

Ders. (1969), *Diari*, trad. di Paolo Serini, Einaudi, Torino (Originalausg. *Journaux intimes*, Gallimard, Paris 1952)

Ders. (1980), *De la liberté des anciens comparée à celle des modernes* (1819), in Ders., *De la liberté chez les modernes. Ecrits politiques*, éd. par Marcel Gauchet, Hachette, Paris, S. 493-515. Deutsche Übersetzung: platypus1917.org/wp-content/uploads/2014/10/Von-der-Freiheit-des-Altertums.pdf

Cotta, Friedrich (1963), *Von der Staatsverfassung in Frankreich* (1792), in Claus Träger (Hrsg.) *Mainz zwischen Rot und Schwarz. Die Mainzer Revolution 1792-1793 in Schriften, Reden und Briefen*, Rütten & Loening, Berlin.

Davis, David B. (1971), *Il problema della schiavitù nella cultura occidentale*, trad. di Maria Vaccarino, SEI, Torino (Originalausg. *The Problem of Slavery in Western Culture*, Cornell University Press, Ithaca, NY, 1966).

Delanoë, Nelcya / Rostkowski, Joëlle (1991), *Les Indiens dans l'histoire américaine*, Presses Universitaires, Nancy.

Deng, Xiaoping (1992-95), *Selected Works*, 3 Bde., Foreign Languages Press, Beijing.

Djilas, Milovan (1962) *Gespräche mit Stalin*, S. Fischer, Frankfurt a. M.

Dilthey, Wilhelm (1929[10]), *Das Erlebnis und die Dichtung*, Teubner, Leipzig / Berlin.

Di Rienzo, Eugenio (2015), *Il conflitto russo-ucraino. Geopolitica del nuovo dis(ordine) mondiale*, Rubbettino, Soveria Mannelli (CZ).

Dockès, Pierre (1989), *Condorcet et l'esclavage des nègres*, in Jean-Michel Servet (éd.), *Idées économiques sous la Révolution 1789-1794*, Presses Universitaires, Lyon, S. 85-123.

Donnelly, Thomas (2003), *La riforma della difesa nel mondo unipolare*, in Lobe / Oliveri (2003), S. 71-96.

Drechsler, Karl et al. (1975), *Deutschland im Zweiten Weltkrieg, 2. Vom Überfall auf die Sowjetunion bis zur sowjetischen Gegenoffensive bei Stalingrad*, Pahl-Rugenstein, Köln.

Erasmo da Rotterdam [Erasmus von Rotterdam] (1990), *Querela pacis* (1517), testo latino e trad. di Carlo Carena, Einaudi, Torino.

Ferguson, Niall (2001), *The Cash Nexus: Money and Power in the Modern World. 1700-2000*, Penguin, London.

Ders. (2004), *Empire: How Britain Made the Modern World* (2003), Penguin, London.

Ders. (2008), *Ventesimo secolo, l'età della violenza*, trad. di Donatella Laddomada, Mondadori, Milano (Originalausg. *The War of the World: History's Age of Hatred*, Allen Lane, London 2006).

Fichte, Immanuel H. (1862), *Johann Gottlieb Fichte's Leben und Literarischer Briefwechsel*, 2 Bde., Brockhaus, Leipzig.

Fichte, Johann Gottlieb (1967), *Briefwechsel*, Hrsg. von Hans Schulz, 2 Bde., Olms, Hildesheim (Originalausg. hrsg. von H. Haessel, Leipzig 1930).

Ders. (1980), *Rechtslehre* (1812), Hrsg. von Richard Schottky, Meiner, Hamburg.

Filoni, Marco (2008), *Il filosofo della domenica. La vita e il pensiero di Alexandre Kojève*, Bollati Boringhieri, Torino.

Fitchett, Joseph (2000), *Clark Recalls »Lessons« of Kosovo*, in »International Herald Tribune«, 3. Mai, S. 1, 4.

Flores d'Arcais, Paolo (1991), *Politica di pace, non l'assolutismo di certi pacifisti*, in »l'Unità«, 22. Januar, S. 13.

Friedberg, Aaron L. (2011), *A Contest for Supremacy: China, America, and the Struggle for Mastery in Asia*, Norton, New York / London.

Friedman, Thomas L. (2014), *Will the Ends, Will the Means*, in »International New York Times«, 21. August, S. 7.

Fuchs, Erich (Hrsg.) (1980), *Fichte im Gespräch*, Band 2: *1798-1800*, Frommann-Holzboog, Stuttgart-Bad Cannstatt.

Fukuyama, Francis (1989), *The End of History?*, in »The National Interest«, Summer, S. 3-18.

Furet, François / Richet, Denis (1968) *Die französische Revolution*, S. Fischer, Frankfurt a. M.; (Originalausg. *La Révolution française*, Hachette, Paris 1965-66)

Gandhi, Mohandas K. (Mahatma) (1969-2001), *The Collected Works of Mahatma Gandhi*, Publications Division, Ministry of Education and Broadcasting, Government of India, New Dehli (Neuausg. in 100 Bänden).

Ders. (2009), *Eine Autobiografie oder Die Geschichte meiner Experimente mit der Wahrheit*, Hinder + Deelmannn, Gladenbach, 9. Aufl.

Geggus, David (1982), *British Opinion and the Emergence of Haiti, 1791-1805*, in James Walvin (ed.), *Slavery and British Society: 1776-1846*, Macmillan, London, S. 123-149.

Gentz, Friedrich von (1836-38), *Über den Ursprung und Charakter des Krieges gegen die französische Revolution* (1801), in Ders., *Ausgewählte Schriften*, Hrsg. von Wilderich Weick, Rieger, Stuttgart / Leipzig, Bd. 2.

Ders. (1953), *Über den ewigen Frieden* (1800), in Kurt von Raumer (Hrsg.), *Ewiger Friede. Friedensrufe und Friedenspläne seit der Renaissance*, Alber, Freiburg / München, S. 461-497.

Giridharadas, Anand (2008), *Forget Gandhi, Violence Is Now the Chosen Path*, in »International Herald Tribune«, 24. Oktober, S. 2.

Godechot, Jacques (1962), *La grande nazione. L'espansione rivoluzionaria della Francia nel mondo. 1789-1799*, trad. di Franco Gaeta, Laterza, Bari (Originalausg. *La Grande Nation. L'expansion de la France révolutionnaire dans le monde 1788-1799*, Aubier, Paris 1956).

Golinkin, Lev (2014), *Driving Ukrainians into Putin's arms*, in »International New York Times«, 10. Dezember, S. 10.

Görres, Joseph (1928), *Gesammelte Schriften*, Hrsg. von Wilhelm Schellberg, 2 Bde., Gilde, Köln.

Ders. (1822), *Die Heilige Allianz und die Völker auf dem Congresse von Verona*, J. B. Metzler'sche Buchhandlung, Stuttgart.

Ders. (1979), *Der allgemeine Frieden, ein Ideal* (1798), in *Friedensutopien. Kant, Fichte, Schlegel, Görres*, Hrsg. von Zwi Batscha / Richard Saage, Suhrkamp, Frankfurt a. M., S. 111-176.

Gosset, Thomas F. (1965), *Race: The History of an Idea in America* (1963), Schocken Books, New York.

Gramsci, Antonio (1996) *Gefängnishefte*, Hrsg. vom Deutschen Gramsci-Projekt, unter Leitung von Klaus Bochmann / Wolfgang Fritz Haug, 10 Bde., Argument Verlag, Hamburg (Originalsausg. *Quaderni del carcere*, ed. critica a cura di Valentino Gerratana, 4 Bde., Einaudi, Torino 1975.

Ders. (1987), *L'Ordine Nuovo 1919-1920*, a cura di Valentino Gerratana, Antonio A. Santucci, Einaudi, Torino.

Grewe, Wilhelm G. (1988), *Epochen der Völkerrechtsgeschichte*, Nomos, Baden-Baden.

Grimal, Henri (1999), *De l'Empire britannique au Commonwealth* (1971), Colin, Paris.

Grotius, Hugo (1913), *De jure belli ac pacis libri tres*, ed. by James Brown Scott, Carnegie Institution, Washington, DC (Reproduktion der Ausgabe von 1646).

Habermas, Jürgen (1998) *Die postnationale Konstellation. Politische Essays*, Suhrkamp, Frankfurt a. M.

Ders. (1999a), *Imparare dalle catastrofi? Ripensando il secolo breve* (1998), in Ders., *La costellazione postnazionale. Mercato globale, nazioni e democrazia*, a cura di Leonardo Ceppa, Feltrinelli, Milano, S. 5-28.

Ders. (1999b), *Bestialität und Humanität. Ein Krieg an der Grenze zwischen Recht und Moral*, in »Die Zeit«, 29. April, S. 1, 6-7.

Haddick, Robert (2014), *Fire on the Water: China, America, and the Future of the Pacific*, Naval Institute Press, Annapolis (MD).

Hamilton, Alexander (2001), *Writings*, ed. by Joanne B. Freeman, the Library of America, New York.

Hardt, Michael (1999), *La nuda vita sotto l'Impero*, in »il manifesto«, 15. Mai, S. 8-9.

Hardt, Michael / Negri, Antonio (2002), *Empire. Die neue Weltordnung*, übersetzt von Thomas Atzert und Andreas Wirthensohn, Campus Frankfurt / New York (Originalausg. *Empire. Globalization as a new Roman order, awaiting its early Christians*, Harvard University Press, Cambridge, MA / London 2000)

Hauter, François (2004), *La campagne contre l'»agent orange« des Américains*, in »Le Figaro«, 6. Oktober, S. 4.

Haym, Rudolf (1854), *Friedrich von Gentz*, Hrsg. von Johann Samuel Ersch / Johann Gottfried Gruber, *Allgemeine Encyclopädie der Wissenschaften und Künste*, Sekt. I, Bd. 5, Gleditsch, Leipzig.

Hayton, Bill (2014), *The South China Sea: The Struggle for Power in Asia*, Yale University Press, New Haven (CT) / London.

Heckscher, August (1991), *Woodrow Wilson: A Biography*, Scribner's Sons, New York / Toronto.

Hegel, Georg Wilhelm Friedrich (1919-20), *Vorlesungen über die Philosophie der Weltgeschichte*, Hrsg. von Georg Lasson, Meiner, Leipzig.

Ders. (1924), *Vorlesungen über die Philosophie der Geschichte*, Hrsg. von Friedrich Brunstäd, Reclam, Leipzig.

Ders. (1969), *Jenaer Realphilosophie*, Hrsg. von Johannes Hofmeister, Meiner, Hamburg.

Ders. (1969-79), *Werke in zwanzig Bänden*, Hrsg. von Eva Moldenhauer / Karl Markus Michel, Suhrkamp, Frankfurt a. M.

Ders. (1969-81^{3}), *Briefe von und an Hegel*, Hrsg. von Johannes Hofmeister / Friedhelm Nicolin, 4 Bde., Meiner, Hamburg.

Ders. (1973-74), *Vorlesungen über Rechtsphilosophie 1818-1831*, Hrsg. von Karl-Heinz Ilting, 4 Bde., Frommann-Holzboog, Stuttgart-Bad Cannstatt.

Ders. (1983a), *Die Philosophie des Rechts. Die Mitschriften Wannenmann (Heidelberg 1817-18) und Homeyer (Berlin 1818-19)*, Hrsg. von Karl-Heinz Ilting, Klett-Cotta, Stuttgart.

Ders. (1983b), *Philosophie des Rechts. Die Vorlesung von 1819-20 in einer Nachschrift*, Hrsg. von Dieter Henrich, Suhrkamp, Frankfurt a. M.

Heine, Heinrich (1969-78), *Sämtliche Schriften*, Hrsg. von Klaus Briegleb, 6 Bde., Hanser, München.

Herder, Johann Gottfried, *Briefe zur Beförderung der Humanität*. 2 Bände, Band 1, Berlin und Weimar 1971, S. 271-349.

Herzen, Aleksandr (1949) *Ausgewählte philosophische Schriften*, Verlag für deutschsprachige Literatur, Moskau (Russische Originalausg. 1850-55).

Ders. (1994), *Breve storia dei russi. Lo sviluppo delle idee rivoluzionarie in Russia*, trad. di Ida Giordano, Corbaccio, Milano (Originalausg. *Du développement des idées révolutionnaires en Russie*, Franck, Paris 1851).

Hill, Christopher (1977), *La formazione della potenza inglese. Dal 1530 al 1780*, trad. di Vittorio Ghinelli, Einaudi, Torino (Originalausg. *Reformation to Industrial Revolution: 1530-1780*, Weidenfeld & Nicolson, London 1967).

Hobhouse, Leonard Trelawney (1909[2]), *Democracy and Reaction* (1905), Fisher Unwin, London.

Hofstadter, Richard (1967), *The American Political Tradition and the Men Who Made It* (1948), Knopf, New York.

Hölderlin, Friedrich (1978), *Sämtliche Werke und Briefe* (1970), Hrsg. von Günther Mieth, 2 Bde., Hanser, München.

»International New York Times« (2015), *Turkey's Drift from nato*, 16. März.

Jacobsen, Kurt / Khan, Sayeed Hasan (2002), *Le smisurate ambizioni dell'India*, in »Le Monde diplomatique / il manifesto«, Juli, S. 22.

Jaurès, Jean (1959), *Textes choisis*, Bd. 1, Éditions Sociales, Paris.

Jefferson, Thomas (1984), *Writings*, ed. by Merrill D. Peterson, the Library of America, New York.

Jonas, Ludwig / Dilthey, Wilhelm (Hrsg.) (1860-63), *Aus Schleiermachers Leben in Briefen*, 4 Bde., Reimer, Berlin.

Julien, Claude (1969), *L'Impero americano*, trad. di Furio Belfiore et al., il Saggiatore, Milano (Originalausg. *L'Empire américain*, Grasset, Paris 1968).

Jünger, Ernst (1978), *In den Kreidegräben der Champagne* (1920), in *Sämtliche Werke*, Klett-Cotta, Stuttgart, Bd. 1, S. 11-21.

Kagan, Robert (2004) *Macht und Ohnmacht*, Goldmann Verlag München. (Originalausg. *Of Paradise and Power: America and Europe in the new world order*, Knopf, New York 2003).

Ders. (2004), *Il diritto di fare la guerra. Il potere americano e la crisi di legittimità*, trad. di Sergio Giuliese, Mondadori, Milano (Originalausg. *American Power and the Crisis of Legitimacy*, Knopf, New York 2004).

Kagan, Robert / Kristol, William (2003), *Il pericolo odierno*, in Lobe / Oliveri (2003), S. 43-63.

Kautsky, Karl (1917), *Der imperialistische Krieg, 2. Die Notwendigkeit des Imperialismus,* in »Die neue Zeit«, Februar, S. 475-487.

Ders. (1919), *Die Wurzeln der Politik Wilsons*, Neues Vaterland, Berlin.

Ders. (1977), *Sozialismus und Kolonialpolitik* (1907), Buchhandlung Vorwärts, Berlin.

Keynes, John Maynard (1988), *The Economic Consequences of the Peace* (1920), Penguin, London.

Kissinger, Henry (1994), *Diplomacy*, Simon & Schuster, New York.

Ders. (2011), *On China*, Penguin, New York.

Kleist, Heinrich von (1978): *Die Hermannsschlacht*, in Werke und Briefe in vier Bänden. Band 2, Berlin und Weimar, S. 264-265.

Kleßmann, Eckart (Hrsg.) (1976), *Deutschland unter Napoleon in Augenzeugenberichten*, dtv, München.

Klopstock, Friedrich Gottlieb, *Werke,* Verlag Georg Joachim Göschen Leipzig 1798.

Kluckhohn, Paul (Hrsg.) (1935), *Deutsche Vergangenheit und deutscher Staat*, Reclam, Leipzig.

Kommunistische Internationale (KI) (1921) *Der 1. Kongress der Kommunistischen Internationale. Protokoll der Verhandlungen in Moskau vom 2. bis zum 19. März 1919* (1921), Bibliothek der Kommunistischen Internationale, Bd. VII, Verlag der Kommunistischen Internationale Carl Hoym Hamburg; www.sinistra.net/komintern/wk1/protid.html#top

Kommunistische Internationale (KI) (1920) *Manifest, Richtlinien, Beschlüsse des Ersten Kongresses, Aufrufe und offene Schreiben des Exekutivkomitees bis zum Zweiten Kongress*, Bd. I, Verlag der Kommunistischen Internationale Carl Hoym, Hamburg, S. 92-99); https://sites.google.com/site/sozialistischeklassiker2punkt0/sinowjew/1919/grigori-sinowjew-nieder-mit-dem-frieden-von-versailles

Krastins, Valdis (2000), *Latvia's Past and Present*, in »International Herald Tribune«, 7. April, S. 7.

Labbé, François (1999), *Anacharsis Cloots le Prussien fancophile. Un philosophe au service de la Révolution ançaise et universelle*, L'Harmattan, Paris.

Lai, David (2011), *The United States and China in Power Transition*, Strategic Studies Institute, Carlisle (PA).

Lakshmi, Rama (2002), *Hindu Rewriting of History Texts Splits India*, in »International Herald Tribune«, 15. Oktober, S. 12.

London, Jack (1910) *The Unparalleled Invasion*. McClure's Magazine, New York (NY).

Lassalle, Ferdinand (1919), *Gesammelte Reden und Schriften*, Hrsg. von Eduard Bernstein, 12 Bde., Cassirer, Berlin.

Lee, Peter (2015), *Goodbye Honest Broker, Hello Anti-Submarine Warrior in the South China Sea*, in »Asia Times«, 2. August.

Lenin, Wladimir I. (1956-1972), *Werke*, 40 Bde. Dietz Verlag, Berlin.

Léon, Xavier (1922-27), *Fichte et son temps*, 3 Bde., Colin, Paris.

Lieber, Keir Alexander / Press, Daryl G. (2006), *The Rise of US Nuclear Primacy*, in »Foreign Affairs«, March/April, S. 42-54.

Liebknecht, Karl (1981), *Thesen* (1910), in Wladimir I. Lenin / Karl Liebknecht, *Militarismus – Antimilitarismus*, Marxistische Blätter, Frankfurt a. M.

Lobe, Jim / Oliveri, Adele (Hrsg.) (2003), *Introduzione*, in *I nuovi rivoluzionari. Il pensiero dei neoconservatori americani*, Feltrinelli, Milano.

Logan, Rayford W. (1997), *The Betrayal of the Negro: From Rutherford B. Hayes to Woodrow Wilson* (1954), Da Capo Press, New York.

Losurdo, Domenico (1989), *Hegel und das deutsche Erbe. Philosophie und nationale Frage zwischen Revolution und Reaktion*, Pahl-Rugenstein, Köln.

Ders. (1995), *Die Gemeinschaft, der Tod, das Abendland. Heidegger und die Kriegsideologie*, Metzler, Stuttgart (Originalausg.. *La comunità, la morte, l'Occidente. Heidegger e l'»ideologia della guerra«*, Bollati Boringhieri, Torino 1991).

Ders. (1997a), *Hegel e la Germania. Filosofia e questione nazionale tra rivoluzione e reazione*, Guerini-Istituto italiano per gli Studi filosofici, Milano 1997.

Ders. (1997b), *Antonio Gramsci dal liberalismo al »comunismo critico«*, Gamberetti, Roma.

Ders. (2002), *Nietzsche, il ribelle aristocratico. Biografia intellettuale e bilancio critico*, Bollati Boringhieri, Torino. Deutsch (2012a): *Nietzsche, der aristokratische Rebell*, Argument Verlag, Hamburg.

Ders. (2005), *Controstoria del liberalismo*, Laterza, Roma / Bari. Deutsch: (2010/11) *Freiheit als Privileg. Eine Gegengeschichte des Liberalismus*, PapyRossa, Köln.

Ders. (2007), *Il linguaggio dell'Impero. Lessico dell'ideologia americana*, Laterza, Roma / Bari. Deutsch (2011): *Die Sprache des Imperiums. Ein historisch-philosophischer Leitfaden*, PapyRossa, Köln.

Ders. (2008a) *Demokratie oder Bonapartismus. Triumph und Niedergang des allgemeinen Wahlrechts*, PapyRossa, Köln (Originalausg. *Democrazia o bonapartismo. Trionfo e decadenza del suffragio universale*, Bollati Boringhieri, Torino 1993).

Ders. (2008b), *Stalin. Storia e critica di una leggenda nera*, Carocci, Roma. Deutsch (2012b): *Stalin. Geschichte und Kritik einer schwarzen Legende*, PapyRossa, Köln.

Ders. (2010), *La non-violenza. Una storia fuori dal mito*, Laterza, Roma / Bari. Deutsch (2015a): *Gewaltlosigkeit. Eine Gegengeschichte*, Argument Verlag, Hamburg.

Ders. (2013), *La lotta di classe. Una storia politica e filosofica*, Laterza, Roma / Bari. Deutsch (2016): *Der Klassenkampf oder die Wiederkehr des Verdrängten. Eine politische und philosophische Geschichte*, PapyRossa, Köln.

Ders. (2014), *La sinistra assente. Crisi, società dello spettacolo, guerra*, Carocci, Roma. Deutsch (2017): *Wenn die Linke fehlt… Gesellschaft des Spektakels, Krise, Krieg*, PapyRossa, Köln.

Ders. (2015b), *Il revisionismo storico. Problemi e miti*, Laterza, Roma / Bari (nuova ed. ampliata). Deutsch (2007/09): *Kampf um die Geschichte. der historische Revisionismus und seine Mythen. Nolte, Furet und die anderen*, PapyRossa, Köln.

Lukács, György (1954a) *Die Zerstörung der Vernunft*, Aufbau, Berlin.

Ders. (1954b), *Der junge Hegel und die Probleme der kapitalistischen Gesellschaft*, Aufbau, Berlin.

Ders. (1952), *Die Tragödie Heinrich von Kleists*, in Ders., *Deutsche Realisten des 19. Jahrhunderts*, Aufbau, Berlin, S. 19-48.

Luttwak, Eduard N. (2013), *Keep Syria in a Stalemate*, in »International Herald Tribune«, 24./25. August, S. 6.

Luxemburg, Rosa (1968), *Die Krise der Sozialdemokratie* (1916), in Dies., *Politische Schriften*, Hrsg. von Ossip K. Flechtheim, Europäische Verlagsanstalt, Frankfurt a. M., Bd. 2, S. 19-157.

Maistre, Joseph de (1984), *Les soirées de Saint-Pétersbourg* (1821, postume), in *Œuvres complétes*, Olms, Hildesheim / Zürich / New York (anastatischer DruckVitte et Perrussel, Lyon 1884), Bd. 4, S. 1-399 und Bd. 5, S. 1-257.

Michelet, Jules (1961), *Histoire de la Révolution Française (1847-53)*, coll. de La Pléiade, 2. Aufl., Gallimard, Paris.

Mao Zedong (1956ff.) Ausgewählte Schriften, Dietz Verlag, Berlin.

Marramao, Giacomo (1991), »*Caro Pds le alleanze si rispettano*«, Interview mit Monica Ricci Sargentini, in »l'Unità«, 25. Januar, S. 10.

Mearsheimer, John J. (2001), *The Tragedy of Great Power Politics*, Norton, New York / London (first edition).

Ders. (2014), *The Tragedy of Great Power Politics* (2001), Norton, New York / London (updated edition).

Mehring, Franz (1960-66), *Gesammelte Schriften*, Hrsg. von Thomas Höhle / Hans Koch / Josef Schleifstein, 15 Bde., Dietz Verlag, Berlin.

Melon, Jean François (1736), *Essai politique sur le commerce* (1734), s.n., s.l. (2a ed. ampliata).

Mill, John Stuart (1971), *Betrachtungen über die repräsentative Demokratie*, neu übersetzt von Hannelore Irle-Dietrich Schönigh, Paderborn (Originalausg. *Considerations on Representative Government*, Parker, Son, and Bourn, London 1861).

Millis, Walter (1989), *The Martial Spirit* (1931), Elephant, Chicago (IL).

Mises, Ludwig von (1932), *Die Gemeinwirtschaft. Untersuchungen über den Sozialismus*, 2. Aufl., Fischer, Jena.

Misra, Amaresh (2008),*War of Civilisations: India 1857 AD*, 2 Bde., Rupa, New Delhi.

Monteleone, Renato (Hrsg.) (1977), *La questione coloniale. Antologia degli scritti sul colonialismo e sull'imperialismo*, Feltrinelli, Milano.

Morison, Samuel E. (Hrsg.) (1953[2]), *Sources and Documents Illustrating the American Revolution and the Formation of the Federal Constitution 1764-1788* (1923), Clarendon Press, Oxford.

Morris, James (Jan) (1992), *Pax Britannica* (1968-78), 3 Bde., The Folio Society, London.

Motl, Alexander J. (2015), *Russia: It's Time for Regime Change*, in »Newsweek«, 30. Januar.

Mount, Ferdinand (2015), *The Tears of the Rajas: Mutiny, Money and Marriage in India 1805-1905*, Simon & Schuster, London.

Mueller, John / Mueller, Karl (1999), *Sanctions of Mass Destruction*, in »Foreign Affairs«, May/June, S. 43-53.

Müller, Johannes von (1952), *Briefwechsel mit Johann Gottfried Herder und Caroline von Herder geb. Flachsland. 1782-1808*, Hrsg. von K. E. Hoffmann, Meier, Schaffhausen.

Mussolini, Benito (1951-80), *Opera Omnia*, a cura di Edoardo Susmel, Duilio Susmel, 44 Bde., La Fenice, Firenze.

Negri, Antonio (2006), *Goodbye Mr Socialism*, a cura di Raf Valvola Scelsi, Feltrinelli, Milano.

Newton, Douglas (2014), *The Darkest Days: The Truth Behind Britain's Rush to War, 1914*, Verso, London / New York.

Nichols, Tom (2015), *How America and Russia Could Start a Nuclear War*, in »The National Interest«, 7. Mai.

Noer, Thomas J. (1978), *Briton, Boer, and Yankee: The United States and South Africa 1870-1914*, The Kent State University Press, Kent (OH).

Normand, Roger (1996), *Deal Won't End Iraqi Suffering*, in »International Herald Tribune«, 7. Juni.

Novalis (1978a), *Die Christenheit oder Europa* (1799), in Ders., *Werke, Tagebücher und Briefe*, 2 Bde., Hrsg. von Hans-Joachim Mähl / Richard Samuel, Hanser, München, Band 2, S. 731-750.

Ders. (1978b), *Vermischte Bemerkungen / Blüthenstaub* (1797-98), in Ders., *Werke, Tagebücher und Briefe*, 2 Bde., Hrsg. von Hans-Joachim Mähl / Richard Samuel, Hanser, München, Bd. 2, S. 225-285.

Paine, Thomas (1995a), *Common Sense* (1776), in Ders., *Collected Writings*, ed. by Eric Foner, The Library of America, New York.

Ders. (1995b), *Rights of Man* (1791), in Ders., *Collected Writings*, ed. by Eric Foner, The Library of America, New York, S. 431-661.

Panaccione, Andrea (2000), *Socialisti europei. Tra guerre, fascismi e altre catastrofi (1912-1946)*, FrancoAngeli, Milano.

Penn, William (1953), *Ein Essay zum gegenwärtigen und zukünftigen Frieden von Europa durch Schaffung eines europäischen Reichstags, Parlaments oder Staatenhauses* (1693), in Kurt von Raumer (Hrsg.), *Ewiger Friede. Friedensrufe und Friedenspläne seit der Renaissance*, Alber, Freiburg / München, S. 321-341.

Perle, Richard (2003), *(Nazioni) Unite in caduta libera*, in Lobe / Oliveri (2003), S. 101-103.

Philonenko, Alexis (1975-81), *L'Oeuvre de Kant*, 2 Bde., Vrin, Paris (2a ed).

Pick, Daniel (1994), *La guerra nella cultura contemporanea*, trad. di Giovanni Ferrara degli Uberti, Laterza, Roma / Bari (Originalausg. *War Machine: The Rationalisation of Slaughter in the Modern Age*, Yale University Press, New Haven (CT) / London 1993).

Pillsbury, Michael (2015), *The Hundred-Year Marathon: China's Secret Strategy to Replace America as the Global Superpower*, Holt, New York.

Platon (1985), *Werke. Dritter Theil. Der Staat*, Hrsg. von Friedrich D.E. Schleiermacher, Neuausgabe der zweiten verbesserten Auflage (Berlin, 1817-26) bzw. der ersten Auflage des dritten Theils (Berlin, 1828), Akademie Verlag, Berlin; www.projekt-gutenberg.org/platon/platowr3/staat05.html

Popper, Karl R. (1972), *Congetture e confutazioni*, trad. di Giuliano Pancaldi, il Mulino, Bologna (Originalausg. *Conjectures and Refutations*, Routledge, London 1963).

Ders. (1992a), *La lezione di questo secolo*, Interview mit Giancarlo Bosetti, Marsilio, Venezia.

Ders. (1992b), *Kriege führen für den Frieden*, Interview mit Olaf von Ihlau, in »Der Spiegel«, 23. März, S. 202-211.

Ders. (1992c), *Io, il Papa e Gorbaciov*, Interview mit Barbara Spinelli, in »La Stampa«, 9. April, S. 17.

Preston, Paul (2012), *The Spanish Holocaust: Inquisition and Extermination in the Twentieth Century Spain*, Harper Press, London.

Procacci, Giuliano (1989), *Premi Nobel per la pace e guerre mondiali*, Feltrinelli, Milano.

Raynal, Guillaume T. (1981), *Histoire philosophique et politique des Deux Indes* (3a ed. 1781, unter erweiterter Mitarbeit von Denis Diderot), éd. par Yves Benot, Maspero, Paris.

»Renmin Ribao« (»Quotidiano del Popolo«) (1971[3]), *Ancora a proposito dell'esperienza storica della dittatura del proletariato* (1956), in *Sulla questione di Stalin*, Edizioni Oriente, Milano.

Ribbe, Claude (2005), *Le crime de Napoléon*, Privé, Paris.

Riedel, Alfred (1981), *Aufruf an alle Deutschen zu einem antiaristokratischen Gleichheitsbund* (1792), in Zwi Batscha / Jorn Garber (Hrsg.), *Von der ständischen zur bürgerlichen Gesellschaft, politisch-soziale Theorien im Deutschland der zweiten Hälfte des 18. Jahrhunderts*, Suhrkamp, Frankfurt a. M., S. 394-402.

Ritter, Gerhard (1967), *I militari e la politica nella Germania moderna*, 1. *Da Federico il Grande alla prima guerra mondiale*, trad. di Giuseppina Panzieri Saij, Einaudi, Torino (Originalausg. *Staatskunst und Kriegshandwerk. Das Problem des »Militarismus« in Deutschland*, Oldenbourg, München 1954).

Ders. (1981[4]), *Stein. Eine politische Biographie*, DVA, Stuttgart.

Robespierre, Maximilien (1950-67), *Œuvres*, 10 Bde., PUF, Paris.

Rodinson, Maxime (1967), *Maometto*, Turin. Deutsch (1975): *Mohammed* Verlag C. J. Bucher, Luzern / Frankfurt a.M.

Romano, Sergio (2014), *Il declino dell'impero americano*, Longanesi, Milano.

Ders. (2015), *In lode della guerra fredda. Una controstoria*, Longanesi, Milano.

Romeo, Rosario / Talamo, Giuseppe (Hrsg.) (1974), *Documenti storici*, 3 Bde., Loescher, Torino.

Roosevelt Theodore (1901), *The Strenuous Life: Essays and Addresses*, The Century, New York.

Ders. (1951), *The Letters*, ed. by Elting E. Morison / John M. Blum / John J. Buckley, Harvard University Press, Cambridge (MA).

Rosenberg, Alfred (1937), *Der Mythus des 20. Jahrhunderts* (1930), Hoheneichen, München.

Rosenkranz, Karl (1844), *Hegels Leben*, Duncker & Humblot, Berlin 1844.

Rousseau, Jean-Jacques (1959-69), *Œuvres complètes*, éd. par. Bernard Gagnebin / Marcel Raymond, Gallimard, Paris. Deutsch (1989): Kulturkritische und politische Schriften, 2 Bände, Rütten & Loening, Berlin.

Ruge, Arnold (1968), *Der Patriotismus* (1844), Hrsg. von Peter Wende, Insel, Frankfurt a. M.

Saint-Pierre, Abbé de (1986), *Projet pour rendre la paix perpétuelle en Europe* (1713-17), éd. par Simone-Goyard Fabre, Fayard, Paris.

Saitta, Armando (1948), *Dalla* res publica christiana *agli Stati Uniti d'Europa*, Edizioni di Storia e Letteratura, Roma.

Ders. (1952), *Costituenti e costituzioni della Francia moderna*, Einaudi, Torino.

Sala-Molins, Louis (1988[2]), *Le Code Noir ou le calvaire de Canaan* (1987), PUF, Paris.

Salvemini, Gaetano (1964-78), *Opere*, 9 Bde., Feltrinelli, Milano.

Ders. (1984), *Carteggio. 1914-1920*, a cura di Enzo Tagliacozzo, Laterza, Roma / Bari.

Sandoz, Ellis (Hrsg.) (1991), *Political Sermons of the American Founding Era, 1730-1805*, Liberty Fund, Indianapolis (IN).

Sanger, David E. / Schmitt, Eric (2015), *Hackers Use Old Lure to Help Syrian Government*, in »International New York Times«, 3. Februar, S. 1, 6.

Sautman, Barry / Yan Hairong (2010), *Liu Xiaobo Deserves an Ig Nobel Peace Prize*, in »South China Morning Post«, 12. Oktober.

Scheel, Heinrich (1980[2]), *Süddeutsche Jakobiner* (1962), Topos, Vaduz.

Schelling, Friedrich W. J. (1856-61), *Sämmtliche Werke*, Cotta, Stuttgart / Augsburg.

Schiller, Friedrich (1993), *Über die ästhetische Erziehung des Menschen*, in *Sämtliche Werke*, Bd. 5, S. 570-699, 9. Aufl., Carl Hanser Verlag München (Lizenzausgabe für die Wissenschaftliche Buchgesellschaft).

Schlegel, Friedrich (1924), *Versuch über den Begriff des Republikanismus veranlasst durch die Kantische Schrift zum ewigen Frieden* (1796), in Jacob Baxa (Hrsg.), *Gesellschaft und Staat im Spiegel deutscher Romantik*, Fischer, Jena.

Schleiermacher, Friedrich D. E. (1967), *Werke. Auswahl in vier Bänden*, Hrsg. von Otto Braun / Johannes Bauer, Scientia, Aalen (Meiner, Leipzig 1927-28).

Schlesinger Jr., Arthur M. (1967), *A thousand Days: John F. Kennedy in the White House* (1965), Fawcett Crest, New York.

Schlesinger Sr., Arthur M. (1967[4]), *Storia degli Stati Uniti. Nascita dell'America moderna (1865-1951)*, trad. di Gina Martini, Garzanti, Milano (Originalausg. *The Rise of Modern America 1865-1951*, Macmillan, New York 1951).

Schmid, Alex P. (1974), *Churchills privater Krieg. Intervention und Konterrevolution im russischen Bürgerkrieg, November 1918 – März 1920*, Atlantis, Zürich.

Schmitt, Carl (1981), *Teoria del partigiano*, trad. di Antonio De Martinis, il Saggiatore, Milano (Originalausg. *Theorie des Partisanen*, Duncker & Humblot, Berlin 1963).

Schulz, Hans (Hrsg.) (1923), *Fichte in vertraulichen Briefen seiner Zeitgenossen*, Haessel, Leipzig.

Schumpeter, Joseph A. (1946), *Kapitalismus, Sozialismus und Demokratie*, Francke, Bern 1946). Zitiert aus: Ausgabe des Narr Francke Attempto Verlags, Tübingen 2020.

Ders. (1919), *Zur Soziologie der Imperialismen*, Mohr, Tübingen.

Shirer, William L. (1974[4]), *Storia del Terzo Reich*, trad. di Gustavo Glaesser, 2 Bde., Einaudi, Torino (Originalausg. *The Rise and Fall of the Third Reich*, Simon & Schuster, New York 1960).

Shulman, David (2012), *Israel in Peril*, in »The New York Review of Books«, 7. Juni.

Skidelsky, Robert (1989), *John Maynard Keynes*, 1. *Speranze tradite 1883-1920*, trad. di Federico Varese, Bollati Boringhieri, Torino (Originalausg. *John Maynard Keynes*, 1. *Hopes Betrayed 1883-1920*, Macmillan, London 1983).

Smith, Adam (2001) *Der Wohlstand der Nationen*, 9. Aufl., dtv, München.(Originalausg. *An Inquiry into the Nature and the Causes of the Wealth of Nations*, Whitestone, Dublin 1776).

Ders. (1982), *Lectures on Jurisprudence* (1762-63, 1766), Liberty Fund, Indianapolis (IN).

Smith, James M. (Hrsg.) (1995), *The Republic of Letters: The Correspondence between Thomas Jefferson and James Madison 1776-1826*, Norton, New York / London.

Soboul, Albert (1988), *Die französische Revolution*, 5. Aufl., Athenäum, Frankfurt a.M. (Originalausg. *Précis d'Histoire de la Révolution française*, Sociales, Paris 1964).

Spencer, Herbert (1873), *Social Statics* (1851), Appleton, New York.

Ders. (1902), *Facts and Comments*, Appleton & Company, New York.

Ders. (1967), *Princìpi di sociologia*, trad. di Franco Ferrarotti, 2 Bde., UTET, Torino (Originalausg. *The Principles of Sociology*, Williams & Norgate, London 1876-98).

Ders. (1981), *The Proper Sphere of Government* (1843), in Ders., *The Man Versus the State*, Liberty Fund, Indianapolis (IN).

Ders. (1996), *Collected Writings*, 2. *The Life and Letters of Herbert Spencer* (1908), ed. by David Duncan, Reprint, Routledge/Thoemmes Press, London.

Spengler, Oswald (1933), *Jahre der Entscheidung. Deutschland und die weltgeschichtliche Entwicklung*, C.H. Beck, München.

Spies, Hans-Bernd (Hrsg.) (1981), *Die Erhebung gegen Napoleon 1806-1814/15*, Wissenschaftliche Buchgesellschaft, Darmstadt.

Stalin, Josef W. (1953), *Problemi della pace*, prefazione di Pietro Secchia, Edizioni di Cultura Sociale, Roma.

Ders. (1971-76), *Werke*, 16 Bde., Roter Morgen, Hamburg.

Stein, Heinrich Friedrich Karl (1929), *Aufsätze und Bemerkungen über mancherlei Gegenstände* (1809), in Ders., *Ausgewählte Schriften*, Hrsg. von Klaus Thiede, Fischer, Jena.

Summers, Laurence H. (2014), *Reflections on the ›New Secular Stagnation Hypothesis‹*, in Coen Teulings / Richard Baldwin (eds.), *Secular Stagnation: Facts, Causes and Cures*, CEPR Press, London, S. 27-38.

Sun Yat-Sen (2011), *The three Principles of the People* (1924), trad. di Frank W. Price, Soul Care Publishing, Vancouver.

Tai, Michael (2015), *US-China Relations in the Twenty-First Century*, Routledge, Abingdon / New York.

Taylor, Alan J. P. (1975), *Storia dell'Inghilterra contemporanea*, trad it. di Lucia Biocca Marghieri, 2 Bde., Laterza, Roma / Bari (Originalausg. *English History 1914-1945*, Clarendon, Oxford 1965).

Tendulkar, Dinanath G. (1990), *Mahatma: Life of Mohandas Karamchand Gandhi*, 8 Bde., Publications Division, New Delhi.

Thomas, Hugh (1988), *Armed Truce: The Beginnings of the Cold War 1945-46* (1986), Sceptre, London.

Tilly, Charles (1993), *Le rivoluzioni europee 1492-1992*, trad. di Giovanni Mainardi, Laterza, Roma / Bari (Originalausg. *European Revolutions, 1492-1992*, Blackwell, Oxford / Cambridge (MA) 1993).

Tocqueville, Alexis de (1951-83), *Œuvres complètes*, Hrsg. von Jacob Peter Mayer, 18 Bde., Gallimard, Paris.

Togliatti, Palmiro (1973-84), *Opere*, a cura di Ernesto Ragionieri, 6 Bde., Editori Riuniti, Roma.

Tolstoj, Lev (2000), *Krieg und Frieden, Artemis und Winkler, Düsseldorf, Zürich* (russische Originalausg. 1868-69).

Toschi, Marazzani / Visconti, Jean (1999) *Milisevic visto da vicino*, Supplemento al n. 1 (Quaderni Speciali) di Limes, Rivista italiana di geopolitica, S. 27-34.

Toynbee, Arnold (1951-54), *A Study of History* (1934-54), Oxford University Press.

Trevelyan, George M. (1976), *La rivoluzione inglese del 1688-89*, trad. di Cesare Pavese, il Saggiatore, Milano (Originalausg. *The English Revolution, 1688-1689*, Butterworth, London 1938).

Trofimov, Yaroslav (2015), *Syria War Pulls the US and Israel Apart*, in »The Wall Street Journal«, 13.-15. März, S. 10.

Trotzki, Leo D. (1917) *Geheimdiplomatie und Geheimverträge*, »Iswestija«, Nr. 221 vom 10.11.1917

Ders. (1930), *Mein Leben*, S. Fischer Verlag, Berlin.

Ders. (2009), *Verratene Revolution*, Mehring Verlag, Essen.

Ders. (1988), *Schriften. Sowjetgesellschaft und stalinistische Diktatur*, 2 Bde., Hrsg. von Helmut Dahmer et al., Rasch und Röhring, Hamburg.

Ders. (1997-2001), *Schriften. Linke Opposition und vierte Internationale*, 3 Bde., Hrsg. von Helmut Dahmer et al., Rasch und Röhring, Hamburg. (3. Bd., Die Vierte Internationale und der Krieg)

Tucholsky, Kurt (1927), *Der Krieg und die deutsche Frau*, in: Ders. *Gesammelte Werke*, Bd. 5, Hrsg. von M. Gerlod-Tucholsky und F. J. Raddatz, Hamburg.

Vercors [Pseudonym von Jean Marcel Bruller] (1945) *Le Silence de la Mer*, Éditions des trois Collines, Genève / Paris. Deutsch (1945): *Das Schweigen*. Autorisierte Übertragung aus dem Französischen, Oprecht, Zürich / New York.

Voltaire (1961), *Micromégas* (1752), in Ders., *Zadig, Micromégas et autres contes*, éd. par Pierre Grimal, Colin, Paris. Deutsch (1981): *Mikromegas, eine philosophische Geschichte*, in *Erzählungen, Dialoge, Schriften*, 3 Bände, Bd. 1, S. 47-65, Rütten & Loening, Berlin.

Washington, George (1988), *A Collection*, ed. by William B. Allen, Liberty Fund, Indianapolis (IN).

Weber, Max (1971^3), *Gesammelte politische Schriften* (1958), Hrsg. von Johannes Winckelmann, Mohr, Tübingen.

Ders. (1988), *Zur Politik im Weltkrieg. Schriften und Reden 1914-1918*, Hrsg. von Wolfgang J. Mommsen / Gandolf Hübinger, Mohr, Tübingen.

Wedekind, Georg C. (1963), *Über die Regierungsverfassungen. Eine Volksrede in der Gesellschaft der Freunde der Freiheit und der Gleichheit, gehalten zu Mainz am 5. November im ersten Jahre der Republik, Mainz 1792*, in Claus Träger (Hrsg.), *Mainz zwischen Rot und Schwarz. Die Mainzer Revolution 1792-1793 in Schriften, Reden und Briefen*, Rütten und Loening, Berlin, S. 190-204.

Weinberg, Albert K. (1963), *Manifest Destiny: A Study of Nationalist Expansionism in American History* (1935), Quadrangle Books, Chicago (IL).

Wells, Herbert G. (1908), *The War in the Air*, G. Bell, London.

Weston, Rubin Francis (1972), *Racism in U.S. Imperialism: The Influence of Racial Assumption on American Foreign Policy, 1893-1946*, University of South Carolina Press, Columbia (SC).

Wieland, Christoph M. (1879), *Über Krieg und Frieden*, in Ders., *Werke*, Hrsg. von Heinrich Düntzer, Bd. 34, Hempel, Berlin.

Wilkinson, William J. (1980), *Tory Democracy* (1925), Octagon Books, New York.

Williams, Basil (1921), *Cecil Rhodes*, Constable and Company, London.

Wilson, Woodrow (1927), *War and Peace: Presidential Messages, Addresses, and Public Papers (1917-1924)*, ed. by Ray S. Baker, William E. Dood, Harper & Brothers, New York / London. Deutsch (1918): *Der Krieg – Der Friede. Sammlung der Erklärungen des Präsidenten der Vereinigten Staaten von Amerika über Krieg und Frieden. Vom 20. Dezember 1916 bis zum 27. September 1918*, Kommissionsverlag: Art. Institut Orell Füssli, Zürich.

Zhang, Shu Guang (2001), *Economic Cold War: America's Embargo against China and the Sino-Soviet Alliance 1949-1963*, Stanford University Press (CA).

Žižek, Slavoj (2011), *Welcome to Interesting Times!*, in AA.VV., *Revolution and Subjectivity*, Matadero, Madrid, S. 125-136.

Ders. (2012), *Benvenuti in tempi interessanti*, trad. di Carlo Salzani, Ponte alle Grazie, Firenze (Originalausg. *Welcome to Interesting Times!*, Verso, London 2011).

Personenregister

Domenico Losurdo

DER WESTLICHE MARXISMUS

Wie er entstand, verschied und auferstehen könnte

Paperback
279 Seiten, € 19,90
ISBN 978-3-89438-694-8

»Westlicher Marxismus«, mit diesem Etikett werden sehr unterschiedliche Theoretiker versehen, gemeinsam ist ihnen die Abgrenzung zum »klassischen« oder »orthodoxen« Marxismus. Domenico Losurdo argumentiert, dass dem eine Loslösung von den epochalen Emanzipationskämpfen zugrunde liegt. Dies reiche zurück bis in die Periode, »in welcher der Erste Weltkrieg und die Russische Revolution theoretisch verarbeitet wurden«. Hier und nicht erst in der Stalin-Ära sucht er den Ursprung dieses Strangs der Marx-Diskussion. »Und wenn die Risse und die darauffolgende Entfremdung«, so fragt er, »außer auf die Unterschiedlichkeit der objektiven Situation und der kulturellen Tradition zurückgingen auf die theoretischen und politischen Grenzen vornehmlich des westlichen Marxismus?« Von dieser Frage ausgehend setzt er sich auseinander mit namhaften Theoretikern von Ernst Bloch, Max Horkheimer und Theodor W. Adorno über Louis Althusser und Michel Foucault bis zu Giorgio Agamben, Alain Badiou, Slavoj Žižek, Antonio Negri und Michael Hardt. Außerdem bezieht er Hannah Arendt in seine Betrachtung mit ein.